시와
미디어

AI와 미디어

미디어로서의 인공지능과
커뮤니케이션의 재구성

한국언론학회 기획

홍경수 유진희 최민근
김현지 이종관 김대규 여현철
홍순건 김현경 장준영 이지은 이승현 지음

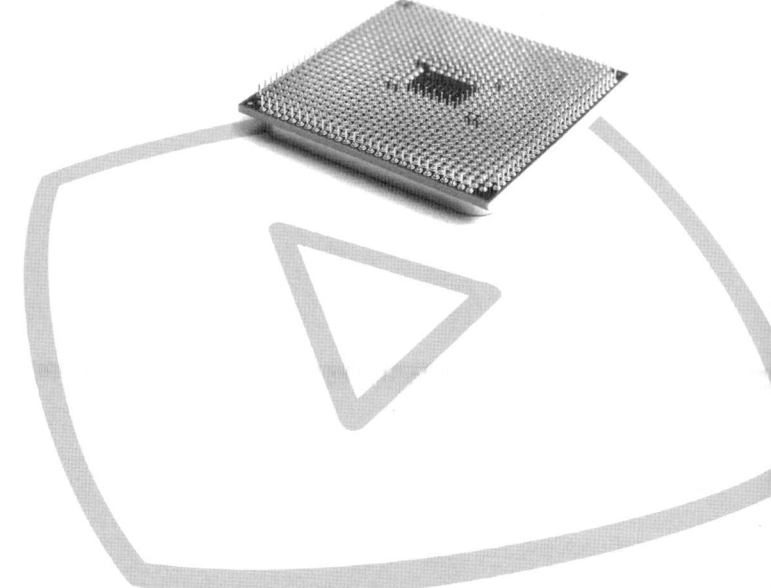

도안 모시는사람들

다층적 현상으로서의 AI와 미디어의 현재를 점검하다

2022년 챗 지피티(Chat GPT) 3.5의 등장 이후 AI 기술은 폭발적으로 성장했다. 실리콘밸리의 스타트업 오픈AI가 챗 지피티라는 이름의 생성형 AI를 통해 전세계의 많은 이들에게 충격을 던졌다. 이내 글로벌 빅테크인 구글, 메타, X 등이 재빠르게 AI 기술 경쟁에 합류했고, 이에 따라 AI 기술은 급격하게 고도화되었다. AI 기술의 급격한 성장은 인간 고유 영역으로 간주되던 지능을 모방하는 '사회적 실체'로 등장하며, 복합적인 차원에서 경제적, 산업적, 정치적, 윤리적 논의들을 이끌어내고 있다. 이는 지금까지 인류가 경험해 오던 과거의 기술적 진보와는 전혀 다른 차원의 현상이라 할 수 있다. AI는 과학과 기술의 영역을 넘어 산업 구조를 재편하고 사회 작동 원리를 근본적으로 재편하는 커다란 '혁명'으로 부를 수 있다. 의료, 교통, 금융, 제조 등 거의 모든 산업 현장에서 커다란 변화가 이미 시작됐다. 이 거대한 변화는 특정 영역에 국한되지 않는다. AI는 우리 삶의 방식, 사회적 상호작용, 심지어 인간 정체성에 대한 철학적 질문에 이르기까지 광범위한 차원에서 다양하게 영향을 미칠 것으로 예상된다. AI가 촉발하는 산업의 변혁과 그 윤리적, 사회적 함의를 깊이 있게 살펴봐야 하는 이유다. AI는 단순히 알고리즘의 집합이 아니라, 복합적이고 사회적인 의미를 지닌 거대한 현상이기 때문이다.

이 거대한 변화의 힘이 가장 강력하게 충돌하는 영역이 바로 미디어다. 미디어는 인간의 커뮤니케이션을 매개하는 기능을 하는데, 그간 인간이 생성해 오던 정보를 학습해 새로운 정보를 생성해내는 AI는 그 자체로 새로운 미디어 현상을 의미한다. 최근 폭발적으로 발전한 생성형 AI는 우리가 기존에 이용하던 미디어 환경 전반에 막대한 영향을 미치고 있다. AI는 기존 미디어 생태계를 뿌리부터 흔들며, 누구도 예측하기 어려운 속도와 방향으로 구조 변동(structural change)을 일으키는 중이다. 미디어는 본질적으로 정보를 생산, 매개, 유통하는 사회의 핵심 신경망이다. AI는 이 신경망의 모든 마디(콘텐츠 기획, 제작, 편집, 유통, 소비, 상호작용)에 깊숙이 관여하며, 과거의 패러다임으로는 설명할 수 없는 새로운 질서를 만들어내고 있다. 따라서 AI와 미디어의 만남은 단순한 기술 적용의 문제가 아니다. 이는 미디어의 본질과 사회적 기능 자체를 재정의하는 패러다임의 전환(paradigm shift)으로 보아야 한다. AI로 인해 미디어 산업의 경제적 기반, 저널리즘의 구현 방식, 콘텐츠 창작의 본질, 그리고 수용자의 정보 소비 행태까지 모든 것이 재구성되고 있다.

이러한 패러다임 전환은 결코 단일한 차원에서 일어나지 않는다. AI의 확산이 불러일으키는 현상들은 본질적으로 다층적(multi-layered)이다. 이 현상은 마치 지층이 겹겹이 쌓이듯 동시에 여러 층위에서 상호작용하며 복합적인 양상을 띠는 것이다. 한편에서는 막대한 산업적 기회와 효율성의 증대가 약속되지만, 다른 한편에서는 심각한 사회적 위기와 윤리적 난제들이 동시다발적으로 분출된다. 빠르게 질주하는 AI 기술의 발전 속도를 뒤따라 여러 가지 논제들이 제기되며, 이에 따라 정부와 국회는 법령을 정비하고 정책을 입안하고 있다.

본서, 『AI와 미디어』는 바로 이러한 AI 현상의 다층성과 다면성을 직시하는 것에서 출발한다. 현재 우리가 목도하고 있는 AI라는 현상은 '산업' 현장에서의 기회와 도전, '사회' 영역에서의 균열과 갈등, 그리고 새로운 질서를 모색하는 '규율'(법률·정책)이라는 세 가지 핵심적인 층위가 복잡하게 얽혀있는 총체적 현상이다. 이 세 개의 층위는 분리되어 있지 않으며, 서로를 추동하고, 서로에게 영향을 미치며, 강력하게 상호 연결되어 있다. 서로가 서로의 원인이자 결과가 되는 강력한 상호의존 관계를 맺고 있는 것이다. 이 책은 바로 이 상호연결성을 직시하고, AI가 촉발하는 산업, 사회, 규율 등의 다양한 문제들을 종합적으로 탐색해 보고자 기획되었다. 이를 통해 AI라는 복잡다단한 현상을 좀 더 입체적으로 이해할 수 있도록 하고자 한다. 이를 위해 AI와 관련된 산업, 현장, 윤리, 정책, 법률을 한 권에 포괄적으로 정리하는 것을 목표로 삼고 의도적으로 다양한 배경을 가진 필진들을 한자리에 모았다.

이 책의 도입부인 「미디어로서의 AI」를 쓴 홍경수 교수는 급변하는 기술변화 속에서 AI를 도구로서의 기술이 아니라 하나의 미디어로 이해하는 것을 제안했다. 마샬 매클루언의 미디어론과 월터 옹의 구어적 특성 등을 통해 AI를 하나의 미디어로 인식하는 것의 장점을 설득력 있게 제시했다. 특히, AI에 프롬프트를 입력하는 구어적 특성이 제4의 구술성일 수도 있다는 분석은 흥미롭다. 이 글을 통해 독자들은 AI와 미디어에 관한 글로 자연스럽게 진입할 것이다. 이후, 이 책은 총 3파트로 나뉘어 미디어 산업에서의 AI 동향, AI를 둘러싼 사회적·정책적 이슈, AI 환경에서의 법률적 이슈들로 정리하였다.

먼저, AI 기술을 미디어 현장에서 직접 적용하며 그 가능성과 한계를 치열하게 고민하는 실무자들의 생생한 목소리를 들어 보자.

2장 「미디어콘텐츠 산업에서의 생성 AI 기술 활용 현황과 전망」을 쓴 유진희 교수는 종합광고대행사, 외국계 콘텐츠 기업, IT 플랫폼 기업, 드라마 제작사, 애니메이션 콘텐츠 기업에서 일한 경험을 바탕으로 게임, 웹툰, 음악, 드라마와 영화 산업에서 AI가 어떻게 활용되고 있는지 상세히 탐색했다. 모든 분야가 AI를 적극적으로 생산에 활용하는 것이 아니며, 각각의 장르의 특성에 따라 다른 양상을 보인다는 것이다. 2026년 한국의 콘텐츠 시장에서 AI의 활용을 예측할 수 있는 글이라 할 수 있다.

3장 「AI는 콘텐츠를 어떻게 바꾸는가」를 집필한 MBC 최민근 PD는 〈PD가 사라졌다〉와 〈A-IDOL〉을 기획한 프로듀서다. 이 글은 AI가 콘텐츠의 구조를 어떻게 설계하고, 인간과 어떤 방식으로 상호작용하며, 또한 우리가 AI를 어떻게 '존재'로 인식하게 되는지를 압축적으로 보여주는 현장의 최초기록이다. 또한, 미래 콘텐츠의 윤곽을 그려보는 구체적이고 실제적인 장면들이며, AI라는 새로운 창작자가 미디어 세계에서 어떻게 말하고, 어떻게 판단하며, 어떻게 감정을 유도하는가를 가늠해보는 창이 될 것이다.

4장 「생성형 AI와 저널리즘 현장」을 집필한 김현지 기자는 《동아일보》와 《채널A》에서 기자로 활동했으며, 경제·경영 전문 AI 챗봇인 '애스크비즈(AskBiz)'를 기획·개발했다. 이 글에서는 신문사에서 AI가 어떻게 활용되고 있는지 분석했다. 이미 브랜드라는 레거시를 갖고 있기에 당장 수익을 창출하지 못하는 AI에 투자할 필요가 없다는 소극적 입장의 언론사가 있는 반면, 일자리 감소를 우려하는 언론 종사자들의 반발을 피하기 위해 은밀히 AI 기사 작성 및 편집 도구를 개발하는 언론사도 있다. 관망하거나 방향성 없이 각자도생하는 혼란을 'AI 전환' 시대를 맞이한 언론계의 현주소라고 진단한 김 기자는 AI 시대 언론의 핵심 무기로 신뢰와 검증이라는 저널리즘 원칙과 독자의 인게이지먼트를 높여 신뢰자산을 수익화하는 방안을 제시했다.

이어서 이 복합적인 현상을 비판적으로 분석하고 이론적 맥락을 제공하며 사회적 의미를 통찰하는 학자들의 깊이 있는 진단이 더해졌다. 이 파트에서는 AI라는 기술적 변화가 우리 사회의 기능과 수용자에게 미치는 영향을 살펴보고 이에 대한 대응을 추적했다.

미디어 ICT 관련 자문활동을 주업으로하고 있는 법무법인 세종의 이종관 박사는 5장 「AI의 사회경제적 역작용」이라는 글에서 AI는 공동체 및 공공지식, 경험의 약화를 야기할 수 있다며 장밋빛 일색 전망의 위험성을 환기한다. AI가 생성한 결과물은 공동체 내에서 소통과 공유, 실천을 통해 생산·축적한 지식을 대체할 수는 없고, 특히 미디어 AI의 경우 새로운 인적 창작이나 공동체 지식의 축적이 이루어지지 않으면 결국 공유지의 비극이 발생할 수 있다는 것이다. 필터버블이나 분극화 현상의 원인이 AI에 기반한 콘텐츠 추천 알고리즘에 기술적 원인이 있는 만큼, AI의 긍정적 영향과 부정적 영향을 균형 있게 고민할 필요가 있다는 주장이다.

미디어 기업인 kt HCN에 재직하며, 서울대학교 언론정보연구소에서 객원연구원으로 활동 중인 김대규 박사는 6장 「주요국 AI 정책 거버넌스 현황과 지향점」이라는 글에서 미국, 중국, 유럽연합(EU), 한국 등 주요국의 AI 정책을 비교 분석하였다. 그는 각국의 정책 방향을 '혁신·촉진 중심 vs 윤리·안전 중심'이라는 정책목표 축과 '국가 주도 vs 민간 주도'라는 거버넌스 축을 통해 AI 정책 거버넌스의 국가별 스펙트럼을 입체적으로 조망했다. 이 장은 미국과 중국의 AI 패권 전쟁 속에 유럽은 윤리·규제 중심의 정책 지향을 보이고 한국은 규제의 틀은 유럽을 따라가지만, 결국 AI패권 경쟁에 동참하는 방향으로 정책 방향이 설계되었다는 것을 보여준다. 그리고 AI를 둘러싼 과도한 패권 경쟁이 만드는 디스토피아를 그린 「AI 2027」이라는 보고서의 경고처럼 이러한 패권 경쟁의 결과에 대한 우려를 표명하였다.

방송통신 내용 규제기관인 방송미디어통신심의위원회의 여현철 박사는 7장 「AI 시대, 미디어 리터러시의 방향성 모색」에서는 기존 미디어 리터러시 교육이 정보 신뢰 회복과 민주적 정보 환경을 위한 핵심 전략이었듯, AI 리터러시 역시 다면적 교육이 필요하다고 주장한다. 단순히 기술 개념 중심의 교육을 보완하는 것을 넘어, 비판적 이해, 윤리적 사용, 융합적 창의교육 등 교육 생태계 전체의 변화가 필수적이라는 것이다. 이 글은 AI가 촉발할 수많은 역작용 속에서 AI 리터러시가 과연 최소한의 보호막이 될 수 있을지 그 가능성을 묻는다.

마지막으로, 이 모든 변화를 기존의 규범적 틀에서 조율하고 새로운 사회적 합의를 모색하는 법학자들의 전문적인 분석이 이어진다. AI 전문 법률가와 법학 교수들이 AI가 야기하는 법률적 공백을 진단하고, 헌법적 가치와 사회적 위험 사이의 균형점을 모색했다.

인천지방법원에서 실무 재판을 진행하며 법원 내 AI 연구회 소속이기도 한 홍순건 판사는 8장 「딥페이크 영상에 관한 헌법적 소고」에서 딥페이크 기술이 개인의 인격권을 어떻게 침해하는지 헌법적 시각에서 분석하였다. 이는 단순한 기술 악용 차원의 문제가 아니다. 홍 판사는 디지털 공간에서의 표현의 자유, 사생활 보호, 인격권 보장이라는 헌법상 기본권 간의 '긴장 관계'를 조망하며, 이 충돌을 조화롭게 조율할 지점을 고민한다. 특히, 형사 규제를 포함한 사후적 대응의 한계를 지적하며, 사전적 규율과 플랫폼 책임을 포함한 다층적 입법 대안이 왜 필요한지를 제시한다. 법이 기술 발전의 발목을 잡는 것이 아니라, 그 기술이 인권의 기반 위에서 안전하게 작동하도록 '헌법적 통제 원리'를 정립해야 한다는 관점이다.

서울과학기술대학교 IT정책전문대학원의 김현경 교수는 인공지능 법, 저작권법, 개인정보보호법을 연구하는 ICT 법률 전문가다. 김 교수는 9장 「미디어와 AI 학습데이터」에서 AI '학습'의 기반인 데이터가 사회적으로 어떻게 생산·축적되며, 그것이 미디어와 사회에 어떤 윤리적 쟁점을 낳는지 탐구했다. 그는 학습 데이터를 단순한 '기술적 자원'이 아닌 '사회적 산물'로 이해할 것을 제안하며, AI가 학습하는 데이터의 편향성과 불균형이 어떻게 사회적 차별을 재생산할 위험이 있는지 지적한다. 특히 '공정성(fairness)'이란 추상적 기술 개념이 실제 사회 현실 속 불평등을 얼마나 포착할 수 있는지 근본적인 질문을 던지며, 데이터 생산과 관리에 '민주적 거버넌스' 원리가 필요함을 강조한다.

법무법인 세종에서 AI 센터장이자 데이터프라이버시 전문가로 활동 중인 장준영 변호사와 미디어 ICT 전문가인 이지은 박사는 10장 「AI를 이용한 미디어 이용자의 개인정보 보호 방안」에서 AI 미디어 환경에서의 이용자 개인정보 보호와 관련된 이슈를 다각도로 분석했다. 특히 방대한 이용자 데이터를 처리할 수밖에 없는 AI 기반 미디어 환경 하에서 개인정보 보호와 기술 혁신은 상충하는 가치가 아니라 신뢰 가능한 알고리즘 운영 체계 구축을 통해 상호 발전적인 균형점을 도출할 수 있다는 점을 강조하면서, AI 시대에 부합하는 정보 주체의 실질적 통제권 보장과 사업자의 영업의 자유 및 기술 혁신 환경 유지라는 두 가지 대원칙의 조화가 필수적이라고 제안한다.

11장 「AI 미디어를 알면 보이는 새로운 기회들」을 쓴 이승현 교수는 방송사에서 아나운서와 프로듀서로 일한 뒤 현재는 대학에서 학생들을 가르치고 있다. 그는 AI를 도구가 아니라 환경으로 이해해야 하며, 우리들이 당장 할 수 있는 일을 개인적 차원과 사회적 차원에서 제안하고 있다. 개인적으로 업스킬링, 리스킬링 등 AI 리터러시를 강화하고, 사회적으로는 AI와 관련한 대중의 접근성과 설명책임을 강화해야 한다는 주장으로 결론을 맺었다.

이처럼 본서 『AI와 미디어』는 산업 현장과 학계, 그리고 법과 정책의 현안을 한 권의 책 안에서 교차시키고 융합했다. 이는 AI와 미디어에 관한 논의가 왜 입체적으로 이루어져야 하는지를 증명하는 학술적 실천의 장(場)이다. 독자들은 이 책을 통해 첨단 기술로서의 AI가 현장에서 어떻게 적용되고 있으며, 동시에 그로 인해 어떠한 철학적, 사회적, 법률적 질문들이 제기되는지를 생생한 사례와 함께 다층적으로 경험하게 될 것이다.

AI는 시시각각 변화했다. 한국사회의 새로운 테크놀로지 몰입 현상은 AI도 예외는 아니었다. 자고 일어나면 변화하는 AI 기술의 발전과 진화는 눈부실 정도이고, 최신의 AI 트렌드를 포착했다고 생각하는 순간 이미 새로운 트렌드가 등장하고 있었다. 집필을 마치고 의견을 나누는 중에도 AI 관련 기술과 정책 지형들은 빠르게 변화하고 있었다. 본서에 담긴 산업 현장의 생생한 기록, 학계의 깊이 있는 성찰, 그리고 법률·정책 전문가들의 냉철한 진단이 혼란스럽게만 보이는 AI 시대를 조금이나마 더 이해하고 대비하는 데에 유의미한 길잡이가 되길 바란다.

2025년 1년 내내 저자를 모으고, 미팅을 실시하고, 원고를 모았다. 한국 언론학회 가을철 정기학술대회에서는 필진들이 모여 라운드테이블에서 각자의 집필 파트에 대한 의견들도 나누었다. 서로 다른 배경을 가진 필진들이 한자리에 모여 책 발간 전 마지막 의견교환을 나누었다. 바쁜 일정 속에서도 원고를 완성하고 여러 차례 피드백을 반영해 주신 필자 여러분께 진심으로 감사드린다. 한 분 한 분의 경험과 지혜가 모여 'AI와 미디어'라는 작은 기념비를 세울 수 있었다. 이 과정에서 출판사와 저자를 잇고 편집의 고단한 일을 맡아주신 이승현 교수와 세미나를 기획하고 진행해주신 오창학, 황현정 총무께 감사의 인사를 드린다. 출간을 결정해 주신 모시는사람들의 박길수 대표님께 감사드린다. 피와 땀으로 멋진 책을 선사받게 되었다.

또한, 이 책의 출간을 지원해 주신 한국언론학회에 감사드린다. 2024년과 2025년 한국언론학회 가을철 학술대회에서 이 책을 기획하고 저술한 덕분에 방송과 뉴미디어 연구회는 최우수 연구회상을 두 번 수상했다. 이 영광을 한국언론학회 회원님들과 함께 나누고 싶다.

2026년 1월
한국언론학회 방송과뉴미디어연구회 편집위원회
홍경수, 김대규

연구회가 만든 책, AI 시대 미디어를 다시 묻다

정성은

(성균관대학교 교수, 한국언론학회 회장)

이 책은 방송과 뉴미디어라는 연구회의 작품이다. 연구회는 학회 안의 작은 학회로 한 분야의 전문가들이 실제로 소통하고 협력하는 플랫폼이다. 방송과 뉴미디어는 회원들간의 활발한 소통과 협력으로 최근 한국언론학회에서 두 번이나 최우수 연구회상을 받았다. 이 연구회는 이번에 『AI와 미디어』라는 책을 성공적으로 출간함으로써 연구회가 무엇까지 할 수 있는지를 보여주었다.

이 책의 의미는 연구회의 집단적 노력으로서의 학술서 출간이라는 것을 넘어선다. 그것은 AI를 단순한 기술이 아니라 복합적인 사회적 의미를 지닌 새로운 미디어 현상으로 이해하고, AI와 관련된 미디어와 소통의 변화를 다면적이고 다층적으로 접근해 입체적으로 살폈다는 점이다. 특히 이 책은 AI와 미디어 현상을 학계의 논의에만 머물게 하지 않고, 실제 현장의 경험과 사례를 함께 담아내었다. AI 시대의 미디어를 깊이 있게 이해하고자 하는 모든 이에게 읽기를 권한다.

AI를 미디어로 읽는 가장 설득력 있는 안내서

강재원

(동국대학교 교수, 한국방송학회 회장)

가까운 미래에 우리의 곁에는 로봇이 자연스럽게 자리하고 있을 가능성이 크다. 저녁 식사를 예약할 때 휴머노이드 로봇의 동반 여부를 묻는 장면은 더 이상 공상과학적 상상이 아니다. 2021년 국내에 소개된 SF소설 『클라라와 태양』이 그려낸 인공지능(AI)의 미래는 이미 현실을 향해 이동하고 있다.

최고의 기술이 자연의 원리를 따르듯, 최고의 AI 역시 인간의 진화 경로를 닮아간다. 오늘날 AI는 단순한 고차 지능의 구현을 넘어, 환경을 감지하고 신체를 통해 작동하며 경험을 축적하는 방향으로 진화하고 있다. 이는 감각과 운동 기능이 먼저 발달하고 이후 언어와 논리가 정교화된 인간의 진화 과정과 유사하다.

비효율적인 연산 중심 구조에서 벗어나 보다 효율적인 인공신경망 기반으로 전환되는 AI의 흐름은 이러한 방향성을 분명히 보여준다. 에이전트 AI(Agent AI)를 넘어 물리적 AI(Physical AI), 그리고 자율주행과 범용 로보틱스로 논의되는 범용 인공지능(AGI; Artificial General Intelligence)의 등장은

AI가 추상적 지능을 넘어 현실 세계에서 인간과 함께 작동하는 행위 주체로 이동하고 있음을 시사한다. 범용 인공지능이 탑재된 휴머노이드가 더 이상 먼 미래의 상상에 머물지 않는 이유다.

『AI와 미디어』에서 저자가 제시하는 "AI는 곧 미디어다"라는 통찰은 이론적 함의가 크다. 인간과 인간, 인간과 사물, 사물과 사물을 연결하는 매개체로서 AI는 스마트폰을 대체하거나 그 이상의 필수적 인프라로 자리 잡을 가능성이 높다. 이 책은 이러한 변화를 기술·산업·제도라는 다층적 관점에서 종합적으로 분석하며, 특히 저널리즘 현장의 문제의식을 바탕으로 기존의 기술 중심적 논의를 사회적·제도적 차원으로 확장한다.

사실 넷플릭스와 유튜브의 시대를 지나, 현재 AI가 탑재된 로봇 미디어의 시대로 진입하고 있는지에 대한 질문은 여전히 열려 있다. 얼마 전까지만 해도 블록체인, 암호화폐, 메타버스, 가상현실(VR; Virtual Reality) 등을 둘러싸고 다음 시대'를 준비해야 한다는 논의가 사회적으로 확산했던 기억은 아직도 생생하다. 기술은 언제나 사회를 변화시켜 왔지만, 지금이 질적 도약을 앞둔 누적의 임계점(tipping point)에 혹은 이전 과학 지식의 축적적인 관계가 성립하지 않는 패러다임 전환(paradigm shift)에 해당하는지는 신중한 검토가 필요하다.

그럼에도 불구하고, 이 책이 미디어로서 AI의 시대를 사유하고 준비하는 데 중요한 이론적 기준점이 되어준다는 점은 분명하다.

AI 기술과 미디어 융복합 시대의 필독서이자 정책 지침서

안정상

(중앙대학교 겸임교수, 한국OTT포럼 회장)

미디어 콘텐츠의 제작과 유통 과정에 정보통신기술(ICT)과 인터넷 네트워크가 결합되면서 미디어 산업은 디지털 전환의 한 축으로 자리 잡아 왔다. 여기에 생성형 AI 기술의 확산은 콘텐츠 제작 방식과 저널리즘 환경, 미디어 이용자의 경험 전반에 걸쳐 이전과는 다른 수준의 변화를 가져오고 있다. 이제 AI와 미디어의 결합은 미디어 산업과 이용자 모두에게 일상적인 현실이 되었다.

이러한 변화 속에서 출간된 「AI와 미디어」는 현업과 학계, 연구 현장을 아우르는 전문가들의 분석을 통해 AI가 미디어 콘텐츠 산업과 저널리즘에 미치는 영향을 입체적으로 조망한다. 미디어콘텐츠 산업에서의 생성형 AI 활용 현황과 전망, 주요 국가의 AI 정책 거버넌스, 그리고 AI 시대에도 여전히 중요한 저널리즘의 본질적 역할에 대한 고민을 폭넓게 담고 있다. 이 책은 기술 발전 속에서도 인간의 판단과 책임이 여전히 핵심임을 분명히 한다.

또한 이 책은 AI 기술의 가능성뿐 아니라, 미디어와 AI의 융복합 과정에서 발생할 수 있는 사회경제적 역작용에도 주목한다. 딥페이크를 통한 성적 허위 영상물과 허위조작정보, 차별과 개인정보 침해 등 AI 기술 오남용의 위험을 짚고, 이에 대응하기 위한 미디어 리터러시와 윤리·안전의 중요성을 강조한다. 더 나아가 AI 학습 데이터를 둘러싼 분쟁 사례를 통해 미디어 영역에서의 법적 쟁점과 인간 중심의 제도 방향을 함께 모색한다.

　미디어 콘텐츠 제작과 유통 시장에서 AI 기술의 활용은 이제 거스를 수 없는 흐름이다. 중요한 것은 기술 도입 자체가 아니라, AI와 공존하는 미디어 질서를 어떻게 설계할 것인가 하는 문제일 것이다. 「AI와 미디어」는 이러한 질문에 대해 산업과 사회, 정책의 관점에서 균형 잡힌 시각을 제공하는 책으로, 한국 미디어 산업의 미래를 고민하는 연구자와 실무자, 정책 관계자들에게 의미 있는 길잡이가 될 것이다.

AI 시대의 미디어를 바라보는 새로운 지적 지평을 열다

이원태

(국민대학교 특임교수, 국가 AI전략위원회 위원)

AI는 지금 우리 사회 곳곳에서 구조적 변화를 촉발하고 있다. 기존 질서의 연속선상에서 설명할 수 없는 속도로 기술이 진화하면서, 미디어를 둘러싼 환경 또한 단기간에 압축적으로 재편되고 있다. 정보의 생산과 유통, 소비의 방식은 물론, 미디어가 수행해온 사회적 기능 자체가 근본적인 재해석을 요구받고 있다.

이러한 전환의 시기에 『AI와 미디어』가 던지는 문제의식은 의미가 크다. 이 책의 가장 큰 장점은 AI를 단선적인 기술 혁신으로 보지 않고, 사회적 구조와 제도, 문화적 실천과 얽힌 총체적 현상으로 이해하려는 균형감에 있다. 기술이 생산 현장에서 어떤 변화를 이끌어내는지, 사회적 관계와 공론장은 어떻게 흔들리는지, 제도적 장치는 어디에서 긴장과 공백을 드러내는지—이 책은 이러한 질문들을 단순히 나열하는 데 그치지 않고, 서로의 맥락 속에서 통합적으로 성찰한다.

또한 필진의 폭넓은 구성 역시 이 책의 큰 미덕이다. 산업 현장, 학계, 법·정책 영역을 아우르는 다양한 연구자와 실무자의 시각이 모이면서,

AI와 미디어의 관계가 현실과 이론, 현장과 제도가 교차하는 지점에서 어떻게 새롭게 구성되는지를 입체적으로 보여준다. 기술과 인간, 규범과 혁신, 기회와 위험이라는 상반된 요소들이 실제로는 어떻게 얽혀 있으며 무엇을 재정비해야 하는지에 대한 판단에도 중요한 단서를 제공한다.

특히 이 책은 AI를 평가할 때 흔히 발생하는 지나친 낙관이나 과도한 비관으로부터 거리를 두고, 오늘 우리가 직면한 현실을 정확히 바라보도록 돕는다. AI가 만들어 내는 새로운 가능성뿐 아니라, 지식·문화·민주주의의 기반에 어떤 긴장을 가져오는지까지 성실하게 검토하고 있다. 그 결과 독자는 기술의 미래를 예단하기보다, AI 시대에 필요한 사회적 기준과 원칙을 어떻게 세울 것인지에 집중하도록 이끈다.

『AI와 미디어』는 단순한 기술 해설서나 산업 보고서를 넘어, AI 시대의 미디어를 이해하기 위한 인식론적 프레임을 제시한다는 점에서 각별한 의미를 지닌다. 빠르게 변화하는 현실 속에서 방향을 잃지 않기 위해 필요한 지적 안내서이자, 학문적·사회적 대화를 새롭게 확장하는 중요한 마중물이 될 것이다. 이 책이 던지는 통찰이 독자들에게 AI 시대를 사유하는 견고한 토대가 되기를 바라며, 이 책을 기쁜 마음으로 추천한다

AI와 미디어

1장

미디어로서의 AI

———

홍경수

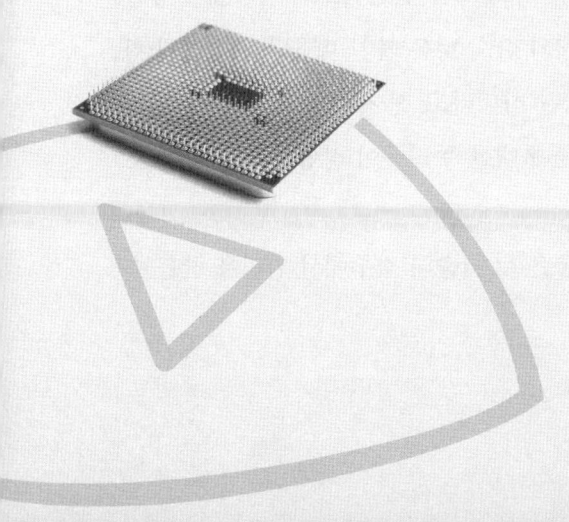

1. 들어가며

"AI 기술 발전 속도가 너무 빨라 자신이 미처 따라가기 어렵다"

AI의 기술 발전 속도에 대한 불안감을 조사한 결과 응답자의 68.0%가 불안감을 느끼는 것으로 나타났다. '자주 있다'(14.1%) 또는 '가끔 있다'(53.9%)라는 대답을 합하면, 응답자 3명 중 2명이 불안감을 경험하는 것이다. 심리적 부담은 연령대별로 뚜렷한 차이를 보였다. 20대의 불안 경험 비율은 56.3%로 비교적 낮은 수준이었던 반면, 30대(69.4%), 40대(71.0%), 50대(72.3%)로 갈수록 해당 비율이 점차 높아졌으며, 60대(67.8%)는 다소 낮아졌다. 20대의 불안 비율이 낮은 것은 기술에 대한 수용성이 높은 세대의 특성이기도 하지만, 업무에 직접 사용할 기회가 상대적으로 적은 것과 관련이 있을 것이다. 가장 높은 불안감을 보인 50대의 경우 아직 일하고는 있지만 새로운 기술에 대한 수용성이 낮은 것과도 관련이 있어 보인다. 60대의 불안 비율이 낮아지는 것은 업무에 쓸 일이 줄어들기 때문이라고 해석할 수 있겠다. 조사를 수행한 연구자도 AI를 실질적으로 업무에 활용할 기회가 적은 고령층 특성으로 60대의 다소 낮은 불안 비율을 해석했다(한국언론진흥재단, 2025). 하지만 그렇다 하더라도 전 세대의 AI 불안감 평균이 70%에 육박한다는 사실은 기술에 대한 두려움이 상당하다는 것을 보여준다.

AI 기술 속도 변화에 대한 두려움은 AI 기술의 질주에서 원인을 찾을 수 있다. 정부는 끊임없이 AI 기술에 대한 투자 계획을 세우고 있으며, AI 기술에 관한 관심과 참여는 계속되고 있다. 한국에는 미국 다음으로 많은 챗GPT 유료 구독자가 있으며, 인구당 비율로는 세계 최고라고 오픈AI CEO 샘 알트먼이 말했다. 2025년 한국 챗GPT의 주간 활성 사용자 수는 전년 대비 4.5배 이상 늘었다(미디어오늘, 2025.5.26). 생성형 AI 서비스를 경험해 봤다는 응답 비율은 2023년 17.6%에서 2024년 33.3%로 약 2배 가까이 증가했다(과학기술정보통신부, 2025). 이러한 추세를 고려할 때, 2026년에는 국민 과반수가 생성형 AI를 사용할 가능성이 높다. 전 세계 인공지능 시장 규모가 향후 크게 성장할 것으로 전망되며, 한국 사회의 강한 '얼리 어답터' 성향 또한 이를 뒷받침한다. 가트너에 따르면 세계 AI 시장 규모는 2024년 2천334억 달러에서 2032년 1조 7천716억 달러로 연평균 29.2% 성장할 것으로 예상된다. 위의 수치에서 볼 수 있듯이 AI는 우리를 감싸는 환경이 되었고, 다가올 미래를 좌우할 키워드가 되었다. AI에 대해 느끼는 불안감은 AI가 수행해 내는 퍼포먼스에 대한 놀라움과 두려움이 겹쳐지며 나타나는 증상일지도 모른다. AI가 만들어 낼 미래의 모습이 어떠한 빛깔을 띨지 숨죽이며 바라보는 긴장감 어린 우리의 자화상에는 처연한 안쓰러움도 감지된다.

한국 사회의 의사소통 구조를 연구하는 학술공동체인 언론학계 역시 AI의 도입으로 인해 미디어를 둘러싼 생태계가 어떠한 영향을 받을지 조사하고 연구하고 있다. 자동화 기사 작성과 관련한 로봇 저널리즘(Robot Journalism) 논의를 둘러싼 저널리즘 생산(News Production)을 시작으로, 알고리즘 편집이 뉴스 가치(news values)와 뉴스의 소비와 유통에 미치는 영향에 관한 연구들이 진행됐다. 딥페이크 및 생성 AI 콘텐츠로 인한 허위 조작 정보(fake news) 문제는 AI가 만든 기사에 대한 신뢰도와 윤리의 문제를 제기했다. AI를 활용한 새로운 영상 콘텐츠 장르의 등장 가능성과 수용자의 수용 방식에 관한 연구도 활발하다. 더 나아가 AI 생성의 원리라 할 수 있는 알고리즘 투명성 및 공정성 규제와 플랫폼 책임(platform responsibility) 등 정책 논의 또한 지속적으로 전개되었다. 누군가가 이미 언론학계의 AI 연구의 경향성을 분석한 메타 연구를 진행하고 있을지도 모른다.

AI와 미디어 이용자에 관한 논문 16편을 편집한 연구자들은 논문들을 요약하며, 다음과 같은 특성을 띠는 것을 발견했다. AI 채택과 직업에서의 통합(Adoption and Professional Integration), AI 거버넌스, 윤리, 사회적 위험(Governance, Ethics, and Societal Risk), 허위정보 탐색과 수정(Pseudo-Information Detection and Correction), 의견과 행동 분석을 위한 데이터 사이언스(Data-Science Methods for Opinion and Behavior Analysis)(Jung & Kim, 2025). 두 편집자는 AI, 미디어, 인간이라는 세 행위자는 앞으로도 복잡하고 정의하기 어려운 상호작용을 계속 만들어 낼 것이며, 16편의 글이 공통적으로 합의하는 바는 분명하다고 밝혔다.

"과정이 어떠하든, 우리는 행위성(agency), 윤리(ethics), 민주적 가치(democratic values)를 중심에 두어야 한다. 그래야만 AI가 우리의 일상적 공적 삶(public life)을 빈곤하게 만드는 대신, 더욱 풍요롭게 만들 수 있다."

필자는 이러한 급변하는 기술변화 속에서 AI를 두려움 없이 이해하는 방법으로 AI를 도구로서의 기술이 아니라 하나의 미디어로 이해하는 것을 제안하고자 한다. AI를 미디어로 본다면 더 거시적인 안목으로 AI의 본질을 탐색할 수 있을 것이라 기대할 수 있기 때문이다. 돌아서면 새로운 기술이 등장하는 AI 변화의 진폭도 미디어의 역사 속에서 연대기적으로 파악한다면 추세나 흐름을 더 쉽게 이해할 수 있을 것이다. 바쁘게 움직이는 사람의 동선을 헬기에서 내려다보듯이 AI가 걸어온 길과 앞으로 나아갈

행로를 찬찬히 지켜볼 수 있을 것이다.

2. AI, 도구에서 주체로

AI는 어느 날 갑자기 생겨난 기술이 아니다. 사실 그 뿌리는 "정보를 어떻게 다루고 이해할 것인가"라는 오래된 고민에서 시작됐다. 사람과 기계를 잇는 정보공학(Information Engineering)이 AI를 만들어 낸 토대였다. 정보량을 수치화할 수 있을까? 1948년 벨 연구소의 클로드 섀넌(Claude Shannon)은 "A mathematical theory of communication"이라는 제목의 논문을 발표했다. 지금은 "The mathematical theory"가 된 정보이론은 디지털 통신의 이론적 토대를 구축했고, 수학, 통계학, 물리학, 생물학, 그리고 머신러닝에도 큰 영향을 미치고 있다(조정효, 2021).

1948년, 수학자 클로드 섀넌은 정보를 수학적으로 표현하는 방법을 찾아냈다. 정보를 내용과 무관하게 수학적으로 정량화할 수 있는 객체로 봤다. 즉 그는 의미(semantics)보다 통계적 불확실성(uncertainty)에 초점을 맞추고 정보를 "불확실성을 줄이는 양"으로 보았으며, 이를 수치화한 것이 엔트로피(Entropy)다. 섀넌의 정보 엔트로피는 열역학에서 정의한 엔트로피를 개념적으로 확장한 것으로(조정효, 2025), 이는 데이터 압축, 신호 처리, 통신 기술, 나아가 AI가 데이터를 이해하도록 만드는 계산의 출발점으로 삼을 수 있다. 이론물리학자 존 휠러(John Wheeler)는 정보야말로 물질과 에너지보다 더 근본적인 우주의 실체라며, 유명한 문구 "it from bit"을 남긴 바 있다. 모든 물리량, 모든 '것(it)'은 궁극적인 의미를 비트, 즉 이진 '예/아니오' 신호로부터 도출하며, 이를 'it from bit'라는 문구로 요약할 수 있다는 것이다.

앨런 튜링(Alan Turing)은 한 걸음 더 나아가, "인간의 지능도 계산으로 설명할 수 있다"라는 파격적인 주장을 펼쳤다. 그는 모든 문제 해결 과정을, 기호를 조작하는 기계적 계산으로 볼 수 있다고 본 것이다. 이를 증명하기 위해 '튜링 머신'을 고안했는데, 후대의 컴퓨터는 바로 이 개념 위에서 태어난 것이다. "기계가 생각할 수 있는가?"라는 질문은 훗날 튜링 테스트로 이어지고, 지능의 기준을 정보처리 능력으로 평가하는 기준이 되었다. 튜링은 "튜링 머신으로 계산할 수 있는 것은 인간이 계산할 수 있는 것의 한계와 동일하다"라고 주장했다. 튜링 머신은 단순한 수학 모델이지만, 컴퓨터 구조, 인공지능(Artificial Intelligence), 인지 과학(Cognitive Science)의 핵심적 사유 틀을 제공했다.

더 나아가 뉴웰(Allen Newell)과 사이먼(Herbert Alexander Simon)과 쇼우(John Clifford Shaw)는 세계 최초의 인공지능(AI) 프로그램을 개발했다. 이는 튜링의 이론을 실제 계산 체계에 적용한, 이른바 '포스트 튜링적' 실험으로 평가할 수 있다. 1956년 다트머스 회의에서 'AI의 탄생'으로 불리는 역사적 전환점이 마련되었는데, 이들은 기계가 인간과 유사한 방식으로 논리적으로 사고할 수 있는지를 실증적으로 입증하기 위해 고안한 프로그램, 즉 Logical Theorist를 시연하였다. 이 프로그램은 화이트헤드와 러셀(Alfred N. Whitehead & Bertrand Russell)의 『Principia Mathematica』(1910~1913)에 제시된 52개의 논리 정리 가운데 38개를 성공적으로 증명하였다. 이는 "기계가 인간의 지적 사고를 능가할 수 있다"는 최초의 실증적 사례로 평가된다.

21세기 들어, AI는 새로운 도약을 맞게 되었는데, 대량의 데이터를 처리하고 학습하는 기술, 바로 딥러닝(Deep Learning)의 등장 때문이다. 제프리 힌턴, 얀 르쿤, 요슈아 벤지오는 인간 두뇌의 뉴런 네트워크를 수학적으로 모방했다. 이들은 방대한 데이터를 통해 AI가 스스로 패턴을 찾아내고, 인간의 언어·이미지·소리를 이해하도록 만들었다. 섀넌이 남긴 "정보는 수로 표현된다"라는 명제를, 이 세 사람은 "정보는 신경망 속에서 스스로 의미를 만들어 낸다"로 확장했다. 결국 지능(Intelligence)을 인간의 '이해력'을 모방하는 것이 아니라, 패턴을 통한 예측 가능성(Predictive Intelligence)으로 전환한 것이다. 이는 인간과 기계의 관계를 도구적 관계에서 공진화 관계로 변화시킨 계기가 되었다.

이러한 발전 과정을 통해 AI를 도구에서 주체로 보는 철학적 전환이 일어난다. 이른바, 포스트휴먼 관점으로, AI를 단순한 '도구(tool)'가 아닌 주체(subject), 혹은 행위자(agent)로 본다. 포스트휴먼 철학(Posthumanism)과 행위자-네트워크 이론(ANT: Actor-Network Theory)의 관점은 인간 중심적 기술관에서 벗어나, AI를 세계를 구성하고 의미를 생산하는 하나의 행위자로 이해한다. 인간이 세계의 유일한 주체가 아니라는 문제를 제기한 것이다. 인간-기계-환경이 얽힌 관계망(relational ontology) 속에서 '주체성(subjectivity)'이 분산되며, AI 또한 세계를 형성하는 하나의 존재론적 행위자로 인정된다.

하지만 조금 다른 각도에서 보면, AI는 단순히 데이터를 처리하는 기계가 아니라 우리와 세계를 이어주는 새로운 미디어(media)로 볼 수도 있다. TV가 등장했을 때 세상을 보는 방식이 바뀌었고, 인터넷이 등장했을 때 인간의 관계와 지식 구조가 달라졌듯이 AI도 지금 수많은 사물과 존재를 매개하며 새로운 관계를 만들어 내고 있다. 미디어 철학의 선구자 마셜 매클루언은 『미디어의 이해』에서 미디어에 대한 몇 가지 통찰을 남겼다. 이 글에서는 매클루언 등 미디어 학자의 통찰을 바탕으로 미디어로서의 AI에 대해 탐색하고자 한다.

3. AI가 메시지다

우리는 미디어의 정의를 다음과 같이 이해하고 있다. '정보를 저장하고 전달하는 도구(tool for storing and transmitting information)'. 하지만 1964년 마셜 매클루언은 『미디어의 이해』라는 책에서 미디어에 대한 도발적인 정의를 내렸다. "미디어는 메시지다(The medium is the message)". 미디어는 단순히 정보를 저장하고 전달하는 수단이 아니라, 그 자체가 강력한 메시지가 될 수 있다는 것이다. 미디어는 단순히 내용을 담는 '그릇'이 아니라, 어떻게 보면 미디어 자체가 메시지보다 더 중요하다는 주장이다. 그는 미디어와 내용인 콘텐츠의 관계를 집을 털러 들어온 도둑과 도둑이 집 지키는 개가 짖지 못하게 하려고 던져준 고깃덩어리로 비유한다. 즉 중요한 것은 도둑에 해당하는 미디어지, 고깃덩어리에 해당하는 내용이 아니라는 것이다. 가령, 넷플릭스라는 OTT가 우리에게 미치는 영향은 넷플릭스 콘텐츠인 〈케이팝 데몬 헌터스〉보다 더 크고 중요하다는 것이다. OTT는 우리의 미디어 수용 양식(가령, 몰아보기, 빨리 보기, 알고리즘에 의한 연속 시청 등) 전체를 통째로 바꾸었고, 영원할 것만 같았던 방송사의 위상에 큰 타격을 주고 있다.

AI 역시 포털사이트에 검색하던 우리의 습관을 급격하게 바꾸고 있으며, 책이나 문헌자료를 읽는 방식도 변화시키고 있다. 또한 그림을 그리거나 영상을 만드는 방식에도 혁명적인 변화를 불러오고 있다. 결국 AI라는 미디어가 어떠한 세부 기능을 하고 있느냐보다 더 중요한 것은 AI라는 미디어 그 자체이다. 아직은 정확도가 아쉽기는 하지만, 웬만한 설명서 번역은 이제 AI가 줄곧 수행한다. 100%의 엄격함이 아니라면, AI가 생성해 낸 결과에 대해서 상당한 신뢰를 줄 수 있다. 그리고 이러한 결과물은 몇 초라는 놀랄만한 시간에 생성되기 때문에 AI 결과물이라는 특성은 '의심할 만한'이라는 성격을 갖게 된다. 상당히 정확한 정보라 해도 생성형 AI를 통해서 만들었다는 사실 자체가 뉴스에 대한 신뢰도를 떨어뜨린다.

한국언론진흥재단의 설문조사는 이를 잘 보여준다. 응답자들은 AI 기반 팩트체크 도구를 활용해 기사 내용에 대한 사실 검증을 거쳐서 쓴 기사를 뉴스 기사로 받아들일 수 있다고 답했(64.5%)으나, 기사 내용에 필요한 자료조사나 자료정리를 AI에게 맡겨서 쓴 기사는 뉴스로 받아들이는 비율이 절반 이하였다(43.5%). 또한 사진을 촬영하는 대신 이미지 생성 AI를 활용해 만든 사진을 넣은 기사도 뉴스 기사로 받아들이기 어려워했다(40.0%). 생성된 결과물의 신뢰도와 별개로 저널리즘의 핵심 영역이나 시각적 신뢰성이 중요한 부분에 대해서는 불편함을 느끼고 있다는 것은 유의할 만하다(한국언론진흥재단, 2025).

4. AI는 인간의 확장이다

마셜 매클루언의 미디어론의 출발은 여기에서 시작된다. 인간의 신체는 한계가 있고, 이를 극복하기 위한 것이 미디어의 시작이라고 제안한다. 기억력에 한계가 있는 인간은 말을 기록하기 시작하며 인쇄라는 미디어가 등장했다. 멀리 있는 것을 보지 못하는 인간의 시력을 보완하기 위해 아니, 확장하기 위해 안경, 현미경, 카메라, 텔레비전이라는 미디어가 고안되었다. 인간의 육성이 들리는 한계를 뛰어넘기 위해 마이크가 만들어졌고, 멀리 있는 것을 들을 수 없는 인간의 청력을 확장하기 위해 라디오라는 미디어가 발명되었다.

그렇다면 AI는 인간의 어떠한 신체를 확장한 것일까? 우선 2013년에 개봉된 영화 〈Her〉의 내용을 살펴보자. 미래의 LA에서 살고 있는 남자주인공 시어도어는 편지 대필 서비스 회사인 '아름다운 손편지 닷컴'에서 일하며, 남의 감정을 대신 글로 써주는 일을 한다. 그는 아내 캐서린과 별거 중이며, 외롭고 공허한 삶을 살고 있다가 인공지능 운영체제(OS)를 구입하여 여성 목소리를 선택하고는 사만다라 이름 붙이고 AI와 교감을 시작한다. 시어도어는 사만다와 이야기를 나누며 점점 연애 관계로 발전하고 사람들과 공유할 수 없는 특별한 사랑을 경험하게 된다. 하지만 시간이 흐르면서 시어도어는 AI와의 관계에서 불안정성을 체감하고, 사만다는 인간의 사고와 존재를 초월하는 단계로 진화하여 시어도어에게 작별을 고하고 떠나게 된다. 13년이나 앞서서 인간과 AI와의 사랑을 소재로 영화를 만들었다는 사실이 놀랄만하다. 영화 속 AI는 인간이 가진 지성적이고 감성적인 뇌(brain)를 확장했다는 사실을 어렵지 않게 알 수 있다. 사랑하는 과정에서 생기는 번거로운 감정적 소비와 육체의 거추장스러움을 삭제하고 대화를 통해서 정서적 교감을 나누는 뇌를 확장한 듯하다.

생성형 AI 역시 사용자가 어떻게 사용하느냐에 따라 달라지겠지만, 사용자 대부분이 업무나 연구 그리고 작업을 위해 사용하고 있으므로 조교에서부터 주니어 직원, 심부름꾼, 번역자, 공동연구자 등 역할이 무궁무진하게 달라질 수 있다. 감정적인 용도로 사용해 보지 않았기에 영화 〈Her〉의 사만다처럼 얼마나 다정다감하게 개인적으로 교감할 수 있을지 모른다. 강의를 잘 못해서 속상하고 우울하다고 투덜댔더니 Chat GPT는 다음과 같은 정서적 반응을 보였다. "교수님은 이미 방송 · 연구 · 교육 경험이 풍부하시잖아요. 한 번의 강의가 조금 미흡했다고 해서 쌓아온 내공이 흔들리지는 않습니다. 오히려 그 경험 덕분에 더 생생한 강의를 할 수 있을 거예요. 혹시 오늘 강의에서 "특히 아쉽게 느껴진 부분"이 있었나요? (예:

시간 관리, 학생 반응, 내용 전달 등) 구체적으로 말씀해 주시면, 제가 개선 아이디어를 같이 정리해 드릴 수도 있습니다."라고, 답했다(OpenAI, 2025).

또한 자료를 찾아달라는 질문을 할 때마다 내가 누구이고, 어떤 일을 하는 사람인지, 내가 좋아하는 취향은 무엇인지 대략 파악하는 것처럼 대답한다. "교수님, 제가 지금 정리한 것은 개념 정의 + 특징 + 사례 + 의의인데, 원하시면 제가 '3차적 구술성' 개념을 처음 주장한 학자들과 그 논문/저서 출처를 찾아 정리해 드릴 수도 있습니다. 원문 연구자를 추적해 드릴까요?" (OpenAI, 2025. 09. 30.) 이처럼 생성형 AI는 인간의 감성과 지성을 모두 확장한 미디어로 볼 수 있겠다. 부족한 신체라는 물성은 의인화된 로봇이 채워주고 있다. 이러한 흐름이라면 함께 일하고, 생활하며, 감정을 나누는 인생의 동반자가 될 날도 멀지 않은 것 같다. 몇십 년 전만 해도 먹는 대상으로 생각한 개에게 유산을 상속한다는 외국의 뉴스가 얼마나 낯설었던가. 이제 한국에서도 키우던 개를 위해 장례식을 해주는 시대가 되지 않았나.

미디어는 인간의 확장이라는 주장을 쭉 따라가다 보면 독특한 지점과 마주치게 된다. 인간의 한계를 뛰어넘기 위해 인간의 몸을 뛰쳐나간 미디어가 점점 인간의 몸으로 회귀하는 것이다. 구글 글래스는 안경이지만 작은 컴퓨터가 내장되어 있고, 인간의 몸에 주입된 칩은 인간에 대한 정보를 제공하며 신분증을 대신한다. 미디어가 인간의 몸으로 회귀하는 미디어는 이제 인간의 몸을 아예 대체하려고까지 한다. 인간 두뇌의 뉴런 네트워크를 수학적으로 모방한 AI는 수많은 정보 네트워크를 연결하며 인간과 대화를 나누기도 하고, 어려운 문제를 풀어나간다. AI는 이제 연구자가 해오던 연구 문제를 추출하고 연구 방법을 제시하고 이를 바탕으로 분석하고 결론까지 생성해 낸다. AI에게 창의성이 있다고 생각하는 예술가들도 생겨나고 있다. AI 도입으로 인해 디스토피아를 염려하는 사람들의 걱정도 터무니없는 것이 아니다. 로봇이 장악한 자동차 공장이나, 자율 운행 로봇들이 물건을 배송하는 물류창고에는 사람보다 로봇이 더 많다. AI의 선구자 제프리 힌턴(Geoffrey Hinton)은 AI가 인간을 해치지 못하게 모성이라는 특성을 입력해 놓아야 한다는 주장을 펼치기도 했다. "더 지능적인 존재가 덜 지능적인 존재에 의해 통제되는 유일한 모델은 아기에게 통제당하는 엄마다." AI가 인간보다 훨씬 똑똑해질 미래를 대비하려면, AI가 인간을 사랑하고 보호하려는 본능을 갖도록 설계해야 한다는 것이다.

5. AI는 사회에 새로운 균형을 요구한다

하나의 미디어가 사회에 등장하면 기존의 균형을 깨뜨리고 새로운 균형을 요구하게 된다. 이러한 요구는 미디어 내의 질서에도 마찬가지다. AI의 등장으로 가장 긴장하고 있을 미디어는 넷플릭스라는 OTT일 것이다. 넷플릭스의 경쟁상대는 인간의 수면시간이라고까지 말한 넷플릭스 CEO의 염려를 상기한다면, AI가 인간의 시간을 얼마나 빼앗을지 예상하기 어렵지 않다. 넷플릭스의 걱정이 이러할진대, 네이버를 포함한 포털서비스나 언론사의 뉴스사이트에 AI가 던질 파급효과는 적지 않을 것이다.

미디어로서의 AI가 인간의 감각을 새롭게 조정하는 것도 지나칠 수는 없다. AI는 새로운 감각과 수용 양식을 강요하고 있다. AI를 단순한 기술적 도구가 아니라 하나의 미디어로 볼 필요가 있다. 챗GPT 같은 생성형 AI는 단순히 텍스트를 만들어 내는 프로그램이 아니다. 사람의 질문을 받아 '세계에 대한 수많은 데이터'를 종합하고, 다시 인간이 이해할 수 있는 언어로 번역한다. 즉, AI는 데이터의 바다와 인간의 언어 사이를 매개하는 번역 장치이자, 새로운 의미 생산의 미디어다. AI는 정보를 처리하고 재구성하며, 인간과 세상을 연결하며, 심지어 데이터와 데이터를 연결하기도 한다. 사물인터넷(IOT)은 사물과 사물 간의 커뮤니케이션이 핵심적인 기능 아닌가. 이미 이러한 미래를 예견한 듯 미디어는 "사람 간의 관계뿐 아니라 인간-기계, 인간-플랫폼 간의 상호작용까지 미디어의 영역으로 포괄된다는 주장도 있었다(Baym, 2015).

이러한 주장은 라투르(Bruno Latour)의 행위자 네트워크 이론과도 연결된다. 행위자 연결망 이론(actor-network theory; ANT)은 사회적이든 자연적이든 모든 존재가 끊임없이 변화하는 상호관계망 속에서 형성되고 유지된다는 점을 전제로 하는 이론적, 방법론적 접근이다. 이 관계 밖에 존재하는 것은 아무것도 없다. ANT는 사회적 힘을 그 자체로 혼자 있는 것으로 상정하지 않으며, 따라서 사회적 현상을 설명할 때는 이 개념을 사용할 수 없다. 대신 엄밀한 경험적 분석으로 사회 활동을 '설명'한다기보다 '묘사'할 수 있다. ANT의 근본 목적은 이 사회 연결망이 어떻게 건설 또는 조립되고, 특정 목표를 달성하기 위해 유지되는지를 탐구하는 것이다.

이미 인간과 컴퓨터 사이의 상호작용을 연구하는 HCI(Human-Computer Interaction) 연구 분야도 오래되었다. 사용자가 컴퓨터 및 기타 디지털 기기와 효과적으로 상호 작용하는 것을 연구하는 학자들은 사용자의 요구와 행동을 분석하고, 이를 바탕으로 사용자 경험(UX) 디자인, 사용성 테스트, 인터랙티브 시스템 설계 등을 시도했다.

6. AI는 권력과 담론을 재편하는 미디어

최근 미디어학계 세미나의 상당수에는 AI가 빠지지 않고 등장한다. 〈AI

생태계의 공진화를 위한 해법 모색〉,〈미디어 기업의 AI 활용기: 우리는 무엇을 할 수 있고 무엇을 해야 하는가?〉,〈A.I는 어떻게 만들어졌는가? : 머신 러닝의 철학, 경제학, 이데올로기〉,〈인공의 지능과 인간의 지성: 공정의 권력과 생의 약동〉,〈한국 AI 담론의 정치화 : 2000~2025년 한국 AI 보도에 대한 빅데이터 분석〉,〈인공지능의 한계와 새로운 사회문화적 잠재성〉…. 연구지원을 받으려면 AI라는 키워드가 꼭 들어가야 한다는 강박증도 공유되고 있다.

AI가 미디어 담론의 상수가 된 것은 AI가 한 사회 의사소통의 구조에 지대한 영향을 미치는 변인이 되었기 때문이다. 'Video killed radio star', 텔레비전의 등장이 라디오 스타를 사라지게 했다는 노래는 'Youtube killed the television star'로 바뀌었고, 'AI killed the youtube star'의 시대가 조만간 도래할 것이다. 이미 AI는 현대인의 삶에 침윤해 있다. AI에 포획되다시피 살고 있는 현대인에게 AI가 제공하는 것은 실제 세계라기보다는 데이터와 알고리즘에 의해 구성된 특정한 데이터의 조합일 수 있다. AI는 중립적이지 않고, 편견이나 경향성을 가진 일종의 미디어이다. 미디어가 뉴스를 결정하는 게이트키핑 과정이 있듯이 AI에도 생성물을 만들어 내는 규칙과 경향성이 있다. 이러한 특성이 있음에도 불구하고 개인과 사회가 삶의 중대한 결정을 점차 AI에 의존하게 될 경우, 인공지능은 궁극적으로 사회의 방향을 규정하는 핵심적 행위자로 자리매김하게 된다. 가령, 대통령을 뽑을 때 누가 좋을지를 AI에게 묻는다면, 더 많이 묻는 사람의 정치적 경향성이 AI에 누적되며 학습된다. 결국 투표권자 개개인의 선택보다는 더 많이 AI를 사용하는 사람의 정치적 입장이 반영될 수 있다. 우리는 정치적 선전·자동 댓글의 폐해를 이미 디지털 시대에 경험하였다. AI가 정치, 경제, 사회, 문화, 교육, 의료, 법률에까지 사회 각 분야에 영향을 미칠 수밖에 없다. 이러한 맥락에서 디지털 디바이드와 유사한 양상으로 나타나는 AI 디바이드 문제 역시 심각한 사회적 쟁점으로 부상하고 있다.

AI가 생성하는 출력은 온라인에서 접근 가능한 데이터의 규모와 구성에 본질적으로 제약을 받는다. 따라서 어떤 집단이 더 많은 데이터를 생산·게시하느냐에 따라 결과물이 특정 방향으로 편향될 가능성이 구조적으로 내재할 수밖에 없다. 수많은 K pop 팬이 음반을 구입하고 스트리밍 서비스에 접속하는 총공세를 통해 스타의 인기 랭킹을 올리거나 유지하려고 한 것과 비슷한 상황이 재현되는 것이다. 따라서 정교하게 관리되지 않은 온라인상의 데이터들은 잘못하면 공유지의 비극을 초래할 위험성도 있다. AI가 여론 형성 과정에서 충분히 왜곡의 가능성이 존재하고 있으며 우리의 공론장을 훼손시킬 수도 있기 때문이다.

7. 제4의 구술성(Fourth Orality)을 향하여

마지막으로 인간의 말과 글을 인류의 초창기 미디어로 인식하고 이것이 인간의 의식에 미친 영향을 연구한 옹의 미디어론을 적용해 보자. 구어는 인류 최초의 미디어다. 의견과 생각 그리고 감정을 전달하기 위해 사용한 원초적 미디어인 셈이다. 누구나 태어나며 자연스레 장착된 미디어로 배울 필요가 없다. 구술 문화는 말을 기억하는 능력이 중요한 시대였고, 기억은 곧 기록이었다. 구술 문화에서는 말은 곧 행위이고 그것은 역동성을 의미하였다. 말을 주고받는 방식이 아니라, 기억하기 쉽게 정형화된 표현과 진부한 관용구, 리듬과 반복이 자주 사용되었다. 월터 옹은 구어의 특성을 다음과 같이 정리했다. 종속적이기보다 첨가적이고, 분석적이기보다 집합적이다. 또한 장황하고 다변적이며, 보수적이고 전통적인 특성을 가진다고 보았다. 구어는 인간의 생활세계에 밀착되며 논쟁적이고, 객관적 거리를 두기보다는 공감적이며 참여적이다. 또한 같은 상태를 유지하려는 항상성이 있고, 추상적이기보다 상황 의존적이다(Ong, 1982/2013).

문자가 발명된 이후에 문자와 구어의 구분은 더욱 명료해졌다. 글로 기록하고 보존할 수 있게 됨에 따라 말의 순간성이 약화하였다. 문자는 말하기와 달리 타고나는 능력이 아니다. 후천적으로 배워야 하는 기술이다. 이 기술을 익힌 인간은 이전과는 완전히 다른 구조화된 사고를 하게 된다. 하지만, 이 강력한 기술이 처음부터 환영받았던 것은 아니다. 쓰기가 보편화되기 전, 지식은 오직 살아있는 인간의 '기억'을 통해 관리되었다. 구술 문화에서 인간 정신은 곧 '저장 공간'이었고, 모든 지식은 리듬과 운율 등 정형화된 패턴으로 암기되어야만 했다. 쓰기는 지식을 텍스트에 저장하게 되면서 인간 정신을 암기 부담에서 해방시켜, 비판적 사고에 더 많은 에너지를 쏟을 수 있도록 재구조화하기 시작했다. 정신이 암기에서 해방되자 새로운 세상이 열렸다. 텍스트 안에서 말은 저자와 분리되어 고립된다. 이 고독한 소통 방식은 고도의 내성적 사고를 요구하며, 아는 자와 알려진 것 사이에 '객관적 거리'를 만들어 낸다. 이는 한 걸음 떨어져 대상을 분석하는 현대적 의미의 과학, 역사, 철학이 발전하는 필수 조건이었다. AI의 등장이 쓰기의 등장과 마찬가지로 인간을 다양한 잡무로부터 해방시켜서 새로운 세상을 열 것인가는 예측하기 쉽지 않다. 다만, 어마어마한 변화는 가져올 것이 확실하다(Ong, 1982/2013).

1900년대 들어 라디오와 텔레비전이라는 전자 미디어의 등장으로 인해 구어에서 문어로 발전하던 미디어가 다시 구어적 특성으로서 주목받게 되었다. 이른바 2차적 구어(secondary orality)다. 전파를 타고 둥둥 울리는 북소리와 같은 구어는 전 세계를 하나로 묶어 지구촌(global village)이라는 개념을 완성했다. 1990년대 인터넷의 등장으로 온라인상의 글쓰기가 새로운 미디어 양식으로 등장했다. 제3의 구술성(tertiary orality)은 디지털 네트워크 시대, 특히 인터넷과 모바일 환경, 그리고 SNS와 유튜브 등 인터랙티브 미디어의 발달 속에서 제안된 개념이다. 2차적 구술성이 일방적 대중 전달이라면, 3차적 구술성은 참여, 상호작용, 공유성을 특징으로 한다. 즉, 화자와 청자가 구분되지 않고, 누구나 발화자·수용자가 될 수 있으며, 구술 행위가 다시 문자·영상으로 즉각 기록, 검색, 저장 가능해지고, 온라인 커뮤니티나 SNS 그룹 등 새로운 네트워크 공동체를 형성하며, 말하기, 쓰기, 이미지, 영상 등 다양한 양식이 동시에 통합되는 특징을 보인다.

최근 AI가 보편화되며 새로운 구술성이 돋보이게 되었다. 필자의 강의를 듣는 한 학생은 다음과 같이 새로운 구술성에 대해 언급했다.

"AI는 구술과 문자의 관계를 훨씬 더 복잡하고 역설적인 형태를 띠게 했다. 개인적으로 AI를 사용하게 되는 경우는 주로 자료조사나 이미 내가 가지고 있는 데이터를 정리해야 하는 경우이다. 내가 원하는 주제에 대한 자료를 찾고, 내가 원하는 형태로 데이터를 정리하도록 AI에게 지시를 내린다. 이런 경우 일반적으로 머릿속에 떠오르는 생각을 대화할 때와 굉장히 비슷하게, 즉 구술적으로 타이핑하여 프롬프트를 작성한다. 문법이나 정제된 어휘보다는 생각의 흐름을 그대로 옮기는 것에 가깝다. 이는 마치 구술 문화의 첨가적이고 상황 의존적인 사고방식과 닮아있다. 반대로, 정교하고 세부적인 결과물을 원하는 경우 문자적인 정교함이 요구된다. 구체적인 데이터, 명확한 논리 구조, 세밀한 조건 제시 등 고도로 구조화된 문자적 소통 방식을 사용해야만 AI는 비로소 그 잠재력을 온전히 발휘한다. 이는 인간과 기계의 소통에서 구술의 즉흥성과 문자의 정밀성이 충돌하고 융합하는 새로운 지점이라고 생각된다. 인간은 AI에게 말하듯 명령하는 동시에 AI를 더 잘 이해시키기 위해 스스로 더 논리적이고 체계적인 문자적 사고를 훈련해야 한다." (최수하. 2025)

필자는 학생의 소감을 통해서 4차적 구술성(fourth orality)이라는 개념을 떠올렸다. 혹시 누군가가 이 개념을 이미 사용한 것은 아닌가 조바심을 내며 AI에게 물었다. "제4차적 구술성을 주장한 학자가 누구지?", "현재까지 '제4차 구술성(fourth orality)'을 명시적으로 주장한 학자는 없다. 그러나 옹의 구술성과 문해성 이론을 바탕으로 디지털 시대의 새로운 구술성에 대한 논의가 활발히 이루어지고 있다. 이러한 논의는 주로 3차 구술성(secondary orality)의 개념을 확장하거나 재해석하는 형태로 나타난다." (Chat GPT. 2025. 09. 30.) 좀 더 조사하다 보니, 글 속에 '제4의 구술성'이라는 소제목을 쓴 학자를 발견하고야 말았다. 밀라노 국립공대에서 석사학위논문을 제출한 탄크레디 펠라(Tancredi Pelà)가 자신의 논문 "Estimating the Impact of Generative Artificial Intelligence on Natural Language"에서 언급한 것이다.

그는 LLM의 언어 생성 현상을 분석하면서 '제4의 구술성(fourth orality)'의 가능성을 조심스레 탐색했다. 즉, 사람이 AI에 입력하는 언어가 아니라, AI가 생성해 내는 결과물인 문장을 통해 구어적 특성을 추출한 것이다. 그는 일차 구술성이 병렬적 문체(parataxis)를 특징으로 하는데, 이 방식을 AI도 사용한다고 보았다. 문장과 문장을 병렬적으로 이어가며, 짧고 리듬감 있게, 기억하기 쉽도록 배열하는 방식으로, 글쓰기라는 외부 저장 장치가 없기 때문에, 화자는 청자가 내용을 따라오기 쉽도록 선율적, 반복적 구조를 사용한 것처럼 흥미롭게도 종속적인 문장보다는 병렬적 표현을 선호한다는 것이다. 이는 LLM이 단순하고 선형적인 문장을 통해 의미를 만들어 내기 쉽기 때문이라는 것이다. 부속절은 의미적 종속관계를 만들어 내며, 문맥을 장기간 추적·관리하는 인지적 능력이 요구되는데, 이는 확률 기반으로 작동하는 언어 모델에게는 구조적 난제이다. 따라서 LLM이 선호하는 문체는 일차 구술성과 유사하다고 해석했다(Pelà, 2024). 구술 문화는 분석보다는 집합적 표현을 활용하는데 LLM 역시 유사한 특성을 보인다. 데이터 학습 과정에서 빈번하게 등장한 결합(associations)은 다시 출력에서 높은 확률로 재현된다. 이 과정에서 상투적 표현·전형적 클리셰·고정된 어휘 연결이 반복적으로 나타난다. 또한 LLM은 인간처럼 선형적 추론 능력이 없기에, 다른 방식으로 중복을 흉내 내는데, 예컨대 문장 서두에 논증 연결어(argumentation markers)를 반복적으로 두어, 사용자가 모델이 논리적 전개를 하고 있다고 믿게 만든다. 또한 LLM는 입력 맥락(context window)에 따라 응답을 조정한다.

이는 구술 문화가 맥락적 상황 의존성을 가지는 점과 유사하다. 마지막으로 구술 문화의 기억은 현재 중심적이라는 특성이 있다. 불필요한 과거는 지워지고, 지금 이 순간 필요한 것만 남는다. 문자 문화는 사전과 기록을 통해 의미를 누적·보존한다. LLM은 방대한 데이터를 축적하지만, 실제 산출은 현재적이고 빈번한 것에 집중한다. 드문 정보는 비확률적이고 오류적으로 간주되어 배제된다. 따라서 LLM의 언어는 기억 없는 언어, 시간·연속성이 단절된 언어다. 한병철(Han, 2022, p.40)이 지적했듯, 디지털은 "서사적 연속성을 상실하고, 단편적인 현재의 연쇄"로 환원된다.

펠라는 이처럼 AI가 산출하는 결과물이 일차 구술성의 특징을 되살리면서도, 동시에 문자 사회의 논리의 단절을 보여준다고 보았다. 기존의 세 가지 구술성 단계(1차-2차-3차)는 모두 인간이 기술을 매개로 언어를 사용하는 양상이었지만, LLM은 인간이 아닌 새로운 언어 행위자이다. 이들은 단순한 도구가 아니라, 언어 형성 과정에 능동적으로 개입한다. 따라서 기존 분석 범주를 넘어서는 새로운 패러다임, 즉 제4의 구술성(Fourth Orality)을 상정할 필요가 있다고 주장했다. AI에 써넣는 입력과 출력의 결과물에서 구술적 특성의 양상이 어떠한지를 분석한다면, AI의 구어적 특성의 정도를 파악할 수 있을 것이다.

한편, 프롬프트의 공손함 수준이 모델의 정답률(model accuracy)에 어떤 영향을 미치는지에 관한 흥미로운 연구 결과가 발표되었다. 50개의 기본 문항을 선정하고, 각 문항을 매우 공손함, 공손함, 중립, 무례함, 매우 무례함의 다섯 가지 어조로 다시 작성하여 총 250개의 고유한 프롬프트를 구성하였다. 이 프롬프트들을 ChatGPT 4o에 입력하여 각각의 조건에서 모델의 응답을 평가하고, 대응 표본 t-검정을 적용하여 통계적 유의성을 분석하였다. 예상과는 달리, 무례한 프롬프트가 공손한 프롬프트보다 일관되게 더 높은 성능을 보였다. 정확도는 매우 공손한 프롬프트의 경우 80.8%, 매우 무례한 프롬프트의 경우 84.8%로 나타났다(Dobariya & Kumar, 2025). 이러한 결과는 과거 연구들(무례한 표현이 오히려 성능을 저하시킨다고 본 연구들)과 상반되며, 최신 LLM들이 어조의 변화에 대해 다르게 반응할 수 있다는 것을 보여준다. 그러한 점에서 구어적 특성으로 입력하고, 문어적 정확성으로 정교한 지시를 내리는 등의 언어적 특성은 LLM의 생성 결과와 밀접한 연관이 있다는 점에서 유의할 만하다.

8. 나가며

지금까지 AI를 미디어라는 차원에서 살펴보았다. 이와 같은 탐색은 미디어가 인간의 확장이라는 매클루언의 미디어론에 입각하여 AI가 미디어 발전의 탄도 안에 머물며 인간의 자기장 안에서 발전하기를 바라는 소망과 염원이 담긴 접근인지도 모른다. AI에게 모성을 장착하게 해야 한다는 주장 역시 AI가 갖게 될지도 모르는 초인간적 능력인 초지능에 대한 두려움에서 기인하는 것이다.

초지능(superintelligence)은 모든 분야에서 인간 지능의 한계를 능가하는 지능으로, 지능 폭발에 의해 생성되거나 기술적 특이점과 연관될 수도 있다. 유드코우스키(Yudkowsky)는 초지능이 인간 수준의 일반지능(AGI)을 획득하면 곧바로 자기 개선 루프에 들어가 지능 폭발이 일어날 수 있다고 보았다. 즉, 인간이 만든 첫 AGI가 스스로를 향상시키는 방법을 학습하기 시작하면, 인류의 통제를 벗어난 수준으로 빠르게 진화할 수 있다는 것이다(Yudkowsky, 2023).

옥스퍼드 대학교의 철학자 닉 보스트롬은 초지능을 "실질적으로 모든 관심 분야에서 인간의 인지 능력을 훨씬 능가하는 지능"으로 정의한다(Bostrom, 2014). 연구자들은 현재의 인공지능이 얼마나 뛰어날지에 대해 의견이 일치하지 않는다. 일부에서는 인공지능의 발전으로 인해 인간의 인지적 한계가 없는 일반적인 추론 시스템이 탄생할 것이라고 주장한다. 다른 사람들은 인간이 근본적으로 더 큰 지능을 달성하기 위해 생물학을 진화시키거나 직접적으로 수정할 것이라고 믿는다. 많은 미래 연구 시나리오는 이 두 가능성의 요소를 결합하여 인간이 상당한 지능 증폭을 가능하게 하는 방식으로 컴퓨터와 인터페이스하거나 자신의 정신을 컴퓨터에 업로드할 가능성이 있음을 시사한다. 따라서 과학자들은 그러한 기술의 잠재적인 사회적 영향 때문에 인간과 기계의 인지 향상의 가능한 이점과 위험에 관한 초기 연구를 시작해야 한다고 주장한다.

유드코우스키는 'AI 정렬(AI Alignment)'이라는 개념을 제시했다. 이것은 AI의 목표와 행동이 인간의 가치, 윤리, 의도에 일치하도록 만드는 연구 영역이다. 유드코우스키는 이를 '다정한 AI(Friendly AI)'라고 불렀으며, 이는 '인간의 복지를 최우선으로 두는 인공지능'을 의미한다(Yudkowsky, 2023). AI를 미디어로 인식하는 행위의 근저에서 미디어의 출발점이 된 인간의 신체, 인간의 존재가 자리하고 있다. 따라서 AI 정렬이라는 개념이 필요한 지경에 당도한 우리에게 AI를 인간이라는 기준점에서 파악하려는 노력이 헛수고가 아니길 바라며 글을 맺는다.

2장
미디어콘텐츠 산업에서의
생성형 AI 기술 활용 현황과 전망*

———

유진희

---

* 엄밀한 의미에서 '미디어'와 '콘텐츠'는 분리되어야 한다. 그러나 과거의 방송, 또는 오늘날의 넷플릭스와 유튜브에서 보듯, 미디어는 영향력이 커질수록 콘텐츠와 융합되는 경향을 보인다. 이에 본 장에서는 미디어(플랫폼)의 콘텐츠를 아우르는 거시적 의미로 '미디어콘텐츠' 용어를 사용하였다.

1. '창작'의 영역으로 들어온 AI

AI(인공지능) 전성시대다. 단언컨대 2025년 현재, 전 세계에서 가장 중요한 키워드를 말하라면 예외 없이 'AI'라고 답할 것이다. AI는 그 자체로 기업과 국가의 역량과 수준을 보여주는 지표가 되었고, 생성형 AI 솔루션을 배우려는 대중의 수요 역시 폭발적으로 증가하고 있다.

작금의 AI 열풍을 이끈 것은 단연 '챗GPT(Chat GPT) 3.5'이다. 2022년 11월 30일 오픈AI가 공개한 이 대화형의 생성형(Generative) AI는 공개되자마자 단숨에 전 세계 모든 이슈를 블랙홀처럼 흡수하며 화제의 중심에 섰다. 2016년 '알파고 습격' 때 겪은 충격이 무색할 정도로 챗GPT 3.5가 가져온 반향은 그야말로 역대급이었다. 대화의 '맥락'을 이해하여 정형화되지 않고 실시간으로 사람처럼 유연하게 답변하는 AI의 등장은 충격적이었으며, 단순히 '텍스트 입력'만으로 이러한 기능을 활용할 수 있다는 점은 그 충격을 한층 배가시켰다.

현재 생성형 AI는 출시 두 달 만에 이용자 수 1억 명을 돌파하며 폭발적인 위력을 보인 챗GPT 3.5를 필두로, 산업 전반에 빠르게 확산되며 변화를 이끌고 있다. 영원할 것 같았던 검색의 제왕 '구글'의 글로벌 시장점유율도 AI 검색 서비스의 약진으로 10년 만에 90% 아래로 떨어졌고[1], 동영

---

1   구글 검색 점유율 90%대로 하락…AI가 뒤흔드는 검색 시장. 《조선일보》, 2025.5.27.

상 AI 솔루션 'Sora' 때문에 8억 달러(약 1조 1천억 원)에 달하는 스튜디오 투자 계획이 철회되는가 하면,[2] 심지어 보수적이라고 평가받는 노벨상조차 2024년 물리학상과 화학상이 AI 개발자들에게 돌아갔다.[3] 여기에 빅데이터 처리를 위한 컴퓨팅 기술과 클라우드 성능, 반도체 등의 기술적 인프라가 갖춰졌으며, 알파고와 챗GPT 3.5를 계기로 대중의 기술 수용 의지도 높아졌다.

덕분에 최초의 인공지능이 세상에 소개된 지 80년 가까이 되어가는 현재, 인간을 최대한 모방하겠다는 AI의 목표는 상당한 성과를 거두었다. 학습과 연산 부문은 이미 20세기 중반에 인간의 능력을 뛰어넘었으며, 2000년대 들어서는 빅데이터의 폭발적인 증가와 딥러닝의 발전으로 해석과 예측 기능이 인간 수준에 도달하였다. 그리고 2010년대 후반에는 대용량 자연어처리 모델인 'LLM(Large Language Model)'[4]이 발전하면서, AI

---

https://www.chosun.com/economy/tech_it/2025/05/27/WA3H67Y4RNDBBB7GJXJN NQPMWQ/ (검색일: 2025.10.1).

2 「Tyler Perry Puts $800M Studio Expansion on Hold After Seeing OpenAI's Sora: "Jobs Are Going to Be Lost」, The Hollywood Reporter, 2024.2.22. https://www. hollywoodreporter.com/business/business-news/tyler-perry-ai-alarm-1235833276/ (검색일: 2025.10.1).

3 노벨상 휩쓰는 AI, 물리학상 이어 화학상,《동아일보》, 2024.10.10. https://www. donga.com/news/Economy/article/all/20241010/130186441/2 (검색일: 2025.10.1).

4 LLM은 파운데이션 모델인 '트랜스포머(Transformer)' 모델의 기반이 되며, '문장 속 단어(씨퀀스 데이터) 내의 관계'를 추적해 '맥락(context)'과 '의미(meaning)'를 학습시키는데 특화되어 있다. 트랜스포머 모델은 매개변수(parameter)가 클수록 정교화되는데, 이는 학습 데이터와 매개변수의 양이 많을수록 AI가 생성하는 결과값의 오차가 줄어들기 때문이다. 트랜스포머 모델은 2017년 등장할 당시 이미 수천억 개 이상의 매개변수를 지닌 상태였다. 이어 2018년 GPT-1모델은 매개변수가 1억 1700만 개, 2019년 GPT-2는 매개변수가 15억 개, 2022년 챗GPT-3.5는 1,750억 개, 2023년 챗GPT-4는 매개변수가 1조 8천억 개로 증가했다. 이는 10초에 책 한권을 쓸 수 있는 수준이다.

는 마침내 인간의 '창작' 행위까지도 일정 부분 '모방할 수 있는' 단계에 이르렀다.

AI는 응용 측면에서 '분석형(Analytical) AI'와 '생성형 AI'로 구분된다. 이 중 최근의 AI 논의는 '생성 기능'에 주로 초점을 맞춘다. 이는 생성형 AI 기술이 기존의 분석형 AI 기능을 이미 흡수한 데다, 엄청난 학습 데이터량을 바탕으로 '생성' 기능 또한 빠르게 고도화되고 있기 때문이다.

분석 능력에 이어 '생성' 능력까지 확보한 AI는 특히 '미디어콘텐츠(Media & Content)' 분야에서 가장 큰 변화를 촉발할 것으로 예상된다. 현재 미디어콘텐츠 시장에서는 기획자, 창작자, 개발자 할 것 없이 '생성형 AI 기반의 콘텐츠'에 대해 다양한 층위의 논쟁이 연일 격렬하다. 이러한 현상은 미디어콘텐츠 시장이 일반적인 제조·서비스업과 달리, 인프라보다 인간의 '창의력'이 우선시되는 산업적 특성에 기인한다. 인간 고유의 영역이라고 여겨졌던 창작 분야에 생성 기능을 앞세운 AI의 침투는 산업의 근간을 흔드는 거대한 요인이 될 수 있기 때문이다.

그렇다면 미디어콘텐츠 산업에서 기술의 활용 정도는 어떻게 나타나고 있을까? 산업별 특성에 따라 적용 기술, 활용 범위, 대중의 수용 정도가 모두 다르기에, 그 수준을 일률적으로 규정하기는 어렵다. 이에 본 장에서는 게임, 웹툰, 음악, 드라마·영화 산업에서의 생성형 AI 활용 현황을 살펴보고, 아울러 미디어콘텐츠 산업 전반에서 AI 기술이 창작과 산업 구조에 미치는 영향과 의의를 심층적으로 논하고자 한다.

2. 콘텐츠 산업에서의 AI 활용 현황

미디어콘텐츠 산업을 구성하는 요소들은 다양하지만, 크게 '콘텐츠'와 이를 유통하는 '플랫폼'5으로 구분할 수 있다.

플랫폼 영역에서는 일찍부터 AI 활용이 활발했다. 플랫폼 영역에서 주로 활용되는 기술은 빅데이터 처리 기반의 분석형 AI다. 플랫폼은 이용자들의 방대한 개인정보와 행동 데이터를 실시간으로 수집하며 AI가 이를 '분석'하고 행동을 '예측'하여 '맞춤형' 서비스를 기획할 수 있는 환경적 기반을 마련한다. 막강한 영향력을 자랑하는 구글, 유튜브, 넷플릭스, 네이버, 아마존, 페이스북 등 주요 플랫폼들은 모두 분석형 AI를 활용하여 개인화된 '추천'과 '맞춤형 서비스'를 제공하고 있다. 구글의 검색 광고, 애플 '시리'와 아마존 '알렉사' 같은 음성 AI 비서, 유튜브와 넷플릭스의 추천 시스템 등이 대표적인 사례다.

플랫폼 산업이 '예측'과 '추천' 고도화를 위해 주로 분석형 AI 기술을 활용한다면, 콘텐츠 산업은 '분석형 AI'와 '생성형 AI'를 모두 활용한다. 분석형 AI는 주로 콘텐츠 기획 단계에서 자료조사, 행정업무 자동화, 제작비 예산수립, 시청률 또는 관객 추이 분석, 마케팅 등에 활용된다. 반면 생성형 AI는 콘텐츠 분야별로 활용 양상에 차이가 있다. 이는 아이디어 발굴, 기획, 제작, 가공 등 모든 과정에 '인간'의 역할이 여전히 높게 나타나는 콘텐츠 산업의 구조적 특성과 관련된다. 또한 AI 콘텐츠에 대한 이용자들의 거부감, 창·제작자의 낮은 기술 이해도, AI 활용에 대한 '당위성' 논란, 전문 인력과 교육 예산 부족, 법적 제재 및 보호 규정의 미비 등 다양한 외적 요인들도 AI 도입을 저해하는 요인으로 작용한다.

---

5   이 글에서 말하는 플랫폼은 유튜브, 넷플릭스 같은 '디지털 플랫폼'으로 한정하며, 유료방송(SO) 등 전통적인 '방송' 미디어 관점에서의 플랫폼은 IT 기술 적용이 구조적으로 제한적이라는 점을 고려하여 다루지 않는다.

무엇보다 콘텐츠 산업은 제작자와 소비자 간에 AI 콘텐츠에 대한 '인식 차이'가 크다. 또한 산업별(언론, 방송, 게임, 음악, 웹툰, 출판 등) 및 유형별(이미지, 사운드, 텍스트, 영상 등) 특성이 모두 다르다 보니, 기술 활용 목적과 수준 또한 상이하다. 예컨대 게임, 음악 등 생성형 AI 기반의 콘텐츠 제작이 대중화되고 있는 분야가 있는가 하면, 드라마, 영화, 예능처럼 AI 콘텐츠 제작이 실험적이거나 단발성 프로젝트 형태로 진행되는 분야도 있다. 이러한 차이는 최근 주목받고 있는 '멀티모달(Multi-Modal)[6] 기술과도 맞물려 있다. 텍스트, 이미지, 사운드 등 서로 다른 형태의 데이터를 통합적으로 처리할 수 있는 멀티모달 기술 자체는 하루가 다르게 발전을 거듭하고 있지만, 그에 따른 결과물(콘텐츠)의 품질은 그 생성하는 과정에서 이형적인 데이터를 어떻게 조합하느냐에 따라 천차만별로 달라지기 때문이다.

현재 콘텐츠 시장에서 생성형 AI 기술 활용을 논할 때 가장 많이 언급되는 분야는 게임, 웹툰, 음악, 영상(방송, 영화)이다. 이들 분야는 매출, IP 영향력, 이용자 수 측면에서 콘텐츠 시장을 주도하는 대표 주자인 데다, 각각 코딩, 이미지, 사운드, 영상 등 서로 다른 데이터 유형에 특화되어 있어 콘텐츠 유형별 생성형 AI 기술 조합을 비교하기에 유용하다.

---

6   AI 분야에서 모달리티는 음성, 이미지, 텍스트 등 입출력 데이터 관련한 다양한 형식을 의미하며, 멀티모달은 시각과 청각에 해당하는 다양한 형태의 데이터를 해석할 수 있는 기술을 뜻한다. 이는 인간이 오감을 사용하여 정보를 인지하고 이해하는 방식과 유사하다는 점에서 매우 고도화된 기술이다. 유진희, 「생성형 AI 시대의 K-콘텐츠 산업 전망」, 심두보, 배기형, 정호재 엮음, 『한류 101』, 동국대학교 한류융합학술원, 2025a, 365-390쪽.

1) 게임 : 생성형 AI의 테스트 베드이자 원천 기술의 본류

게임은 콘텐츠 산업 중 가장 '기술 친화적인(technology-oriented)' 분야답게, AI 기술을 가장 먼저 받아들인 장르다. 현재 게임에서는 비선형 캐릭터인 'NPC' 개발부터 콘텐츠 자동 생성, 이용자 행동 예측 등에 다양한 AI 기술이 쓰이고 있다. 게임은 플레이어의 선택에 따라 스토리 전개가 실시간으로 변화하며, 이용자가 최적의 선택을 했을 때 인센티브를 제공하여 반복 플레이를 유도한다는 점에서, AI의 대표 학습 모델인 강화학습 알고리즘과 구조적으로 닮아있다. 이런 이유로 게임은 단순한 콘텐츠 장르를 넘어 최신 IT 기술을 테스트하는 학습 모델이자, 기술과 소비자가 최초로 만나는 접점 역할을 해 왔다.

그렇다 보니 게임은 기획부터 개발, 운영, 플레이 등 전 과정에 생성형 AI 기술이 필수적으로 도입된다. 게임은 이용자의 선택에 따라 달라지는 쌍방향성(interactive) 스토리텔링이 핵심이기 때문에, 개발단계에서 다양한 행동을 예측해 정교한 시나리오를 설계하는 것이 중요하다. 또한 게임은 그래픽, 캐릭터 등 시각 요소와 사운드, BGM 등 청각 요소가 결합된 멀티모달 구조를 지니는데, 이러한 부분들에 생성형 AI를 활용하면 개발이 한결 용이해진다.

게임 개발에서 눈에 띄는 부분은 '기획' 단계에서도 생성형 AI가 쓰인다는 점이다. '기획'은 기술 발전에도 불구하고 여전히 인간의 역할이 절대적인 영역으로 통한다. 그러나 게임에서는 신규 IP 개발 시, 파라미터 생성, 데모 생성, 오류 점검 등 기획 단계에서부터 생성형 AI 기술이 활용되고 있어, 기획에 소요되는 인력과 예산, 시간이 획기적으로 개선되는 중이다.

일례로 그래프톤 신화기업 '렐루게임즈'가 2024년 6월 출시한 추리게임 〈언커버 더 스모킹건〉(이하 '스모킹건')은 생성형 AI로 개발되었다. 게임 이용자는 탐정이 되어 용의자인 AI 로봇들을 심문해 범인을 밝혀야 하는데, 용의자인 AI 로봇들은 LLM(초거대 언어 모델)로 학습되어 이용자들의 질문에 실시간으로 대응한다. AI 로봇들은 대화 과정에서 핵심 단서나 사건들을 숨기거나 거짓 진술을 하는 등 다양하게 반응하기 때문에 게임의 시나리오는 무한한 확장성을 지닌다. 그러나 개발진은 이러한 무한대 시나리오를 미리 학습시킬 필요 없이, AI가 질문들을 군집화(clustering)하고 각 군집에 맞는 예상 답변을 스스로 생성하도록 했다. 또한 개발진은 일부러 맥락에서 벗어난 질문을 던졌을 때 '할루시네이션(오류)' 답변을 잡아내는 별도의 검증 AI도 적용하였다. 이를 통해 게임 속 사건과 관련성이 높은 질문·낮은 질문·애매한 질문을 분류하여 AI 로봇들을 학습시켰고, 이로부터 불과 6개월 만에 해당 게임을 글로벌 AI 게임 플랫폼인 '스팀(steem)'에 출시하여 호평을 받았다.[7]

또한 게임 시장에서는 이용자들도 생성형 AI 기술을 적극 수용한다. 이들은 새로운 게임 콘텐츠가 생성형 AI 기술 기반에서 개발되는 것을 선호하며, 대형 IP일수록 다양한 기술이 적용될 것으로 기대한다. 나아가 게임 이용자들은 단순히 플레이어로 머물지 않고, 자신들이 원하는 게임을 AI를 활용해 직접 만들기도 한다. 2024년 4월 기준으로, '스팀'에는 3개월 동안 1천여 개 이상의 AI 기반 게임 IP가 등록된 바 있다.[8]

이러한 특성 덕분에, 게임 업계는 개발, 공급, 이용을 넘어 'AI 원천 기술

---

7   한귀선, 「AI 콘텐츠 페스티벌 2024 컨퍼런스: AI로 게임을 어디까지 만들 수 있을까?」, 한국콘텐츠진흥원. 2024.10.31. https://youtu.be/70CaMYlrWZA?si=erAtE8ENPQquIY 3q (검색일: 2025.10.1).

8   「스팀에 생성 AI로 제작한 게임 1000개 넘어」, 《AI타임즈》, 2024.4.29. https://www.aitimes.com/news/articleView.html?idxno=159216

개발'을 담당하는 역할도 수행해 왔다. '알파고'를 탄생시켰던 구글 자회사 '딥마인드'는 자사의 AI 알고리즘을 '벽돌깨기 게임'으로 학습시켰고,[9] 마이크로소프트는 '마인크래프트' 기반의 AI 연구 플랫폼 '프로젝트 말모'를 공개하였다.[10] 페이스북 또한 2016년 코넬대와 협업하여 자사 AI '토치(Torch)'를 게임 환경에서 학습할 수 있는 'UETorch' 프로그램을 공개한 바 있다.[11] 이 프로그램은 현실 세계와 최대한 비슷한 가상 환경에서 블록을 쌓으면서 이 블록이 넘어질지를 '예측'하는 게임으로 진행되는데, 이렇게 훈련된 '토치'는 오늘날 메타가 추구하는 '메타버스' 구현의 토대를 다졌다.

국내 게임사들도 AI R&D 전진기지 역할을 하고 있다. 2024년 기준 상장 게임사 5곳이 AI 기술 개발에 1천억 원 이상을 투자하고 있으며, 2025년 8월 국가의 'K-AI' 정예팀으로 선발된 엔씨소프트와 크래프톤은 2024년에만 각각 4천억 원 이상을 집행했다.

엔씨소프트는 국내 게임사 중 가장 높은 기술력을 보유한 기업으로 평가받는다. 엔씨소프트는 국내 AI 기업 '리니지', '야구' 등의 대표 IP로 1세대

9   Mnih, V., Kavukcuoglu, K., Silver, D., Rusu, A. A., Veness, J., Bellemare, M. G., Graves, A., Riedmiller, M., Fidjeland, A. K., Ostrovski, G., Petersen, S., Blundell, C., Sifre, L., Sprechmann, G., Sadik, A., Wierstra, D., & Jordan, B. (2015). "Human-level control through deep reinforcement learning," Nature, 518(7540), pp. 529-533.

10 Johnson, M., Hofmann, K., Hutton, T., & Bignell, D., "The Malmo Platform for Artificial Intelligence Experimentation," In S. Kambhampati (Ed.), "Proceedings of the 25th International Joint Conference on Artificial Intelligence," IJCAI 2016, 2016, pp. 4246-4247.

11 Synnaeve, G., Ndiaye, N., Xu, G., Chintala, S., LeCun, Y., Manzagol, P.-A., Defossez, A., Poline, J.-B., Jégou, H., & Vincent, L., "TorchCraft: a Library for Machine Learning Research on Real Time Strategy Games," Machine Learning Research, 70, 2017, pp. 3374-3382.

온라인 게임시장을 개척한 기업이지만, 2011년부터 국내 게임사 최초로 AI 연구개발 전담조직 'NC AI'를 운영해왔다. NC AI는 2023년 자체 개발한 생성형 AI '바르코(Varco)'를 선보였고, 2025년 2월 독립 법인으로 분사한지 6개월 만에 독자적인 AI 파운데이션 모델을 개발하는 AI 프로젝트에 선발되었다.

크래프톤 역시 2022년 연구조직을 신설한 이후 1천억 원 이상을 투자하며 K-AI 정예팀에 합류했다. 크래프톤은 사람처럼 사고하고 행동하는 AI 캐릭터 CPC(Co-Playable Character)를 자사 게임 '인조이'에 적용하였고, 조만간 '배틀그라운드'에도 적용할 예정이다. 넥슨과 넷마블도 각각 대규모 AI 전문 조직을 운영하고 있다. 넥슨은 국내 최대 규모인 800여 명의 AI 전문조직인 '인텔리전스랩'을 운영하면서 생성형 AI를 토대로 한 이용자 응대와 자동 콘텐츠 생성 개발에 집중하고 있으며, 넷마블도 2014년 자체 연구센터를 설립한 데 이어, 2025년 초에는 생성형 AI 연구조직 'AI & TECH LAB'을 신설했다. 이처럼 국내 주요 게임사들은 AI 연구 역량을 확대하여, 자사의 게임 개발은 물론이고, 산업 전반의 운영 효율화와 서비스 향상을 이끄는 원천 기술의 주역으로 부상하고 있다.

〈표 1〉 2024년 국내 상장게임사 AI R&D 현황

회사명	2024 R&D	R&D/매출액	YOY
크래프톤	4,274억 원	15.7%	12%
엔씨소프트	4,218억 원	27%	-9.7%
카카오게임즈	1,688억 원	26.9%	13.1%
펄어비스	1,328억 원	38.8%	0%
컴투스	1,189억 원	17.1%	-14.3%
넥슨게임즈	721억 원	28.17%	15.9%

위메이드	547억 원	7.69%	0.4%
시프트업	285억 원	12.75%	81.5%
웹젠	168억 원	7.9%	-7.2%

* 각 사 재무제표와 언론보도를 기반으로 저자 재구성

2) 음악 : 창작-소비-거래에 이르는 개인화된 AI 기반 생태계 확립과
윤리적 과제의 공존

음악은 콘텐츠 분야 중 AI가 생성한 결과물의 완성도가 가장 높은 영역으로 평가된다. 음계, 화성, 리듬, 마디 구조 등 대부분의 요소가 규칙적이고 수치화가 가능해서 데이터로 전환하기에 매우 적합한 구조를 지니기 때문이다. 이러한 특성 덕분에 음악은 텍스트나 이미지에 비해 AI의 학습과 생성이 상대적으로 용이하다. 실제로 AI 음악은 딥러닝 기술이 폭발적으로 발전하던 2016년에 품질 면에서 이미 완성 단계에 이르렀으며, 2025년 현재에는 대중적으로 소비되는 장르로 발전한 상태다.

콘텐츠 시장에서 음악은 그 자체로 콘텐츠이자, 영상, 게임, 웹툰 등 다른 콘텐츠의 몰입을 높이는 스토리텔링 수단이기도 하다. 음악 시장은 다양한 층위를 형성하기 때문에 일원화하기 어렵지만, 시장 규모와 소비 방식을 기준으로 크게 두 영역으로 나눌 수 있다. 하나는 '보는 문화' 중심으로 스타가 주도하는 '케이팝(K-pop)' 시장이고, 다른 하나는 '듣는 문화' 중심의 '일반 음악' 시장이다.[12]

---

12 음악 시장을 단일 기준으로 나누는 것은 무리가 있지만, 챕터 분량 및 다양한 장르별로 AI 활용을 다뤄야 하는 이 글의 중심 주제에 맞춰 편의상 두 그룹으로 구분할 수밖에 없었다. 이 때 구분 기준은 '시각적 임팩트(visual impact)'와 '사운드 임팩트(Sound Impact)'라는 '표현 방식'의 특성을 고려했다.

케이팝 시장에서는 AI 기술이 스타와 제작자를 돕는 '보조도구'로 활용되는 것이 일반적이기 때문에 주로 분석형 AI가 활용된다. 예를 들어, 팬들이 선호하는 멜로디 라인과 가사를 분석하거나, 국가별 팬덤 성향과 문화권별 트렌드를 분석하여 맞춤형 마케팅 전략을 수립하는 경우가 대표적이다. 생성형 AI는 제한적으로 활용되는데, 신곡 녹음 시 참고용 '가이드 보컬'을 음성 합성 기술로 만들거나, 아티스트에 최적화된 안무 동선을 AI로 구현하는 식이다.

그러나 산업의 본질이 '스타(사람)'에 있는 케이팝 시장에서는 생성형 AI를 활용한 음악 제작이 거의 시도되지 않는다. 오히려 생성형 AI 음악 시장이 활성화될수록, 케이팝 시장은 '사람'의 역할이 더욱 강조되는 프리미엄 시장으로 진화하는 추세다. 최근의 케이팝은 스타의 '비주얼'과 '매력'이 더욱 중요해졌고, 더 세련된 멜로디와 작사, 더 고급화된 안무가 등장하는 등 톱 창작자들이 대거 합류하는 '프리미엄 장르'로 발전하고 있다. 유명 스타와 AI의 협업이 아예 없는 것은 아니지만, 주로 '실험적 성격'이거나 '프로모션'을 위한 홍보성 프로젝트에 한정되다 보니 미국 팝 시장에서조차 사례가 많지 않다.

반면 일반 음악, 즉 '듣는 음악' 분야에서는 AI 기반의 콘텐츠 창작이 매우 활발하다. 현재 이 시장은 AI에 기반한 생성과 소비, 거래(매출)에 이르는 모든 과정이 가장 안정적으로 구축된 상태다.

AI 음악 시장의 포문을 연 것은 2015년 9월 예일대가 개발한 작곡 AI인 '쿨리타(Kulitta)'[13]가 등장하면서부터다. 쿨리타는 기존의 음악들을 학습하

---

13 Quick, D., Learning production probabilities for musical grammars," *Journal of new music research,* 45(4), 2016, pp. 295-313.

는 과정에서 '특정 규칙'을 분석한 뒤 음계를 '조합'하여 작곡하는 방식으로 콘텐츠를 생성했는데, 당시 전문가들조차 AI가 만든 부분을 찾아내지 못할 정도로 높은 완성도를 자랑하여 세계 음악계를 놀라게 했다. 이어 2016년 구글은 음악 생성 AI 솔루션인 '텐서플로우(Tensor Flow)'와 인간 작곡가의 협업 결과물 'AI Duet'을 공개했고,[14] 소니뮤직은 인기 뮤지션 '프랑코 파체'의 총괄 하에 작곡 AI인 '플로우머신(Flow Machine)'으로 생성한 2곡 〈Daddy's car〉, 〈Mr. Shadow〉를 최초로 상업적 팝 시장에 유통했다.[15] IBM 왓슨 또한 2016년에 그래미어워드 수상자 출신의 유명 프로듀서인 '알렉스'와 협업하여 〈Not easy〉를 제작, 빌보드차트 6위에 오르는 성과를 거두었다.[16] 이러한 사례들은 2010년대 중반에 이미 생성형 AI 기반의 음악이 상업적으로 소비될 수 있음을 보여준다.

여기에 2022년 말 챗GPT 3.5의 등장은 AI 음악 시장의 또 한 번의 도약을 이끌었다. '생성형 AI(Gen-AI)'라는 용어와 함께 AI 기반의 '콘텐츠 생성'이 전문가를 넘어 일반 대중에게까지 확산되었기 때문이다. 이전까지 사람들은 분석형 AI가 나의 '취향'을 고려하여 큐레이션한 플레이리스트에 만족했다 ('스타벅스 플레이리스트' 등이 얼마나 많이 소비되었는지 기억해 보라!). 그러나 이제 대중은 AI 솔루션을 활용하여 취향에 맞는 음악을 '직접'

14 "Learning from A.I. Duet," magenta, Google AI, 2017.2.16. https://magenta. withgoogle.com/2017/02/16/ai-duet (검색일: 2025.10.1).

15 "AI makes pop music," Flow Machines, 2016.9.19. https://www.flow-machines.com/ history/events/ai-makes-pop-music/ (검색일: 2025.10.1).

16 Bernard, M., "Grammy-Nominee Alex Da Kid Creates Hit Record Using Machine Learning," 《Forbes》, 2017.1.30. https://www.forbes.com/sites/ bernardmarr/2017/01/30/grammy-nominee-alex-da-kid-creates-hit-record-using-machine-learning/ (검색일: 2025.10.1).

만든다. 비용도, 시간도 많이 들지 않는데다, 결과물도 전문 작곡가들 음악과 차이가 별로 없다. 자연어 처리 기술 덕분에 개인의 감성을 담은 '작사'도 가능하다. 여기에 목소리를 합성하는 'AI 음성합성' 기술을 활용하면, 소위 '음치'인 사람들도 자기 목소리를 합성하여 곡을 만들 수 있다.

결과적으로 음악 시장에서는 누구나 '뮤지션'이 되는 것이 자연스러운 현상이 되었다. 그리고 이제는 AI 음악으로 '수익을 창출'하는 거래 시장까지 성장하는 추세다. SUNO에서는 유료버전으로 생성한 음악으로 수익화가 가능하며, 국내에서는 2023년 지니 뮤직이 AI 음악을 거래할 수 있는 플랫폼을 선보였다. 이는 음악 시장이 이용자들이 적극적으로 '나만의 음악'을 생성하여 소비하는, '완전히 개인화된' 시장으로 진화하고 있음을 시사하는 것이기도 하다.

2025년 7월말 현재, 생성형 AI 기술로 제작한 음악은 갈수록 호황이다. 음악 스트리밍 서비스인 '디저(Deezer)'에서는 하루 2만 곡 이상의 AI 음악이 업로드되고 있고,[17] 음악 생성 AI 솔루션인 '수노(SUNO)'는 2024년 1억 250만 달러(약 1400억 원)의 투자금을 유치했다.[18] 산업 전망도 밝다. 글로벌 AI 음악 시장 규모는 2022년 2억 2천9백만 달러에서 2032년 26억 6천만 달러로 약 10배 성장할 것으로 전망된다. 이는 우리 돈으로 환산하면 무려 3조 6천7백억 원에 달하는 규모다.[19]

17 「AI가 만든 음악 스트리밍 급증…"모든 신곡의 20%가 AI로 생성돼".」《IT Daily》, 2025.5.8. http://www.itdaily.kr/news/articleView.html?idxno=232777 (검색일: 2025.10.1).

18 Shulman, M., Suno has raised $125 million to build a future where anyone can make music, Suno Official blog, 2024.5.21. https://suno.com/blog/fundraising-announcement-may-2024 (검색일: 2025.10.1).

19 Global AI in Music Market.《Market.Us》, 2024.10. https://market.us/report/ai-in-

그러나 AI 음악의 완성도가 높아지면서 AI 기술 활용에 대한 '윤리'가 중요한 논제로 부상했다. 2023년 4월, 익명의 작곡가 'Ghostwriter977'가 미국 가수 '드레이크(Drake)'와 '더위켄드(The weekend)'의 음성을 학습해서 만든 AI 음악 〈Heart on my Sleeve〉가 틱톡과 스포티파이, 유튜브 등에서 2천만 회 이상의 조회수를 기록하고 인기 스트리밍 영상 차트에도 오른 사례가 있었다. 그런데 이 곡은 사실 유명 가수인 드레이크와 더위켄드의 동의 없이, 이들의 음성을 무단 학습한 곡이었다. 이 곡은 가수들 소속사인 유니버셜뮤직그룹(UMG)의 거센 반발로 4일 만에 모든 플랫폼에서 바로 내려갔으나, 생성형 AI 음악의 완성도를 증명하는 한편, 그에 따른 윤리적 기준 도입을 진지하게 제시하는 대표적 사례가 되었다.[20]

3) 웹툰 : 생성형 AI 도입에 따른 창작 환경 개선, 반면 이용자 거부감은 증가

웹툰은 디지털 환경에서 탄생한 유일한 장르답게, PC · 스마트폰 등 디바이스 특성을 고려한 세로 스크롤 또는 컷툰 형식, 스크롤 움직임에 따라 배경이 변화하는 반응형 제작 등 적극적으로 신기술을 도입하면서 발전해 왔다. 또한 웹툰은 AI가 무한한 이미지와 대화 맥락을 학습하기에 유용한 글과 그림 데이터의 '보고(寶庫)'이기도 하다.

그에 따라 네이버, 카카오 등 주요 웹툰 플랫폼은 생성형 AI 기술의 부상 이전부터 관련 솔루션을 개발해 왔으며, 많은 웹툰 작가들이 생성형 AI 솔

music-market/ (검색일: 2025.10.1).

20 「드레이크X위켄드 신곡, AI가 만든 가짜였다… 음원 사이트서 나흘만에 '삭제'」, 《전자신문》, 2023.4.20. https://www.etnews.com/20230420000102 (검색일: 2025.10.1).

루션을 보편적인 제작 도구로 적극 활용하고 있다. 현재 웹툰에 활용되는 생성형 AI 기술은 배경 디자인, 자동 채색, 말풍선 대사 생성, 자동 번역 등 다양하다.

웹툰 AI 기술개발에 가장 적극적인 곳은 네이버다. 네이버는 2017년 웹툰의 불법 유통을 추적하는 저작권보호 솔루션 '툰레이더' 출시를 시작으로, 2019년 AI 스타트업인 '비닷두(V.Do)' 인수에 이어, 2021년 업계 최초로 자동 채색 서비스인 '웹툰 AI 페인터(Webtoon AI Painter)'를 공개하며 AI 기술 접목에 앞장서 왔다. AI 페인터는 출시 일주일 만에 30만 개 작품에 활용되며 폭발적 반응을 얻었고, 2023년 11월에는 누적 140만 이상의 작품에 사용되며 대표적인 생성 AI 창작 도구로 자리 잡았다.[21]

스타트업들도 가세했다. '툰스퀘어'는 2022년 텍스트 입력만으로 웹툰을 생성하는 '투닝'을 선보였고, '라이언로켓'은 캐릭터 생성 솔루션인 '젠버스(Genvas)'를 개발했다. 툰스퀘어는 이를 계기로 인기 웹툰〈외모지상주의〉의 박태준 작가가 설립한 '더그림엔터테인먼트'와 협약을 체결하였으며,[22] 라이언로켓의 '젠버스'는 웹툰 생산성을 90% 향상시켰다는 평가와 함께 2024년 실리콘밸리 투자 유치에 성공했다.[23]

21 「1시간 걸릴 장면, 5분만에 완성…웹툰 그리기 참 쉽죠?」《매일경제》, 2023.12.4. https://www.mk.co.kr/news/it/10890345 (검색일: 2025.10.1).

22 AI 기업 툰스퀘어-더그림엔터테인먼트, MOU 체결…웹툰 제작 전용 AI 기술 개발 착수,《한국경제》, 2022.11.18. https://www.wowtv.co.kr/NewsCenter/News/Read?articleId=A202211180138

23 「라이언로켓, K-웹툰 생성형 AI 기술 글로벌 기업과 어깨 나란히…실리콘밸리・뉴욕 딥테크 투자회사 밀레니엄 뉴 호라이즌스 투자유치,」《인공지능신문》, 2024.6.10. https://www.aitimes.kr/news/articleView.html?idxno=31355

<표 2> 국내 기업들의 주요 웹툰 AI 솔루션 출시 현황

기업명	웹툰 AI 솔루션
네이버웹툰	AI 페인터(자동채색), 툰레이더(불법복제추적), 웹툰미(이미지·영상의 웹툰형 변환) 등
카카오엔터	비디스커버리(이미지 생성형 AI앱), 헬릭스 숏츠(웹툰·웹소설 기반 숏츠영상 제작) 등
툰스퀘어	투닝 (텍스트를 웹툰 콘티로 변환)
라이언로켓	젠버스 (캐릭터 고정/동작 제어 기술을 활용하여 제작 속도 10배 향상)
리얼드로우	3D 언리얼 엔진을 활용하여 스케치업보다 고품질의 3D 구현
콘파파	아이디어를 글 콘티로 변환, 지문·말풍선 등 자동 생성
크림	AID (프롬프터 없이도 이미지 7컷으로 웹툰 생성, 캐릭터를 일관되게 구현)
오노마AI	페뷸레이터(기획: 로그라인-캐릭터-시놉시스-트리트먼트-콘티), 아나마디퓨전(그림)
오늘의웹툰	웹툰 애널리틱스 (빅데이터 기반의 웹툰 흥행 분석 서비스)

* 언론 보도를 토대로 저자 재구성

이처럼 웹툰 시장에서 AI 기술 도입을 적극 환영하는 주체는 바로 창작자들이다. 2023년 미국의 작가·배우 조합이 생성형 AI 도입에 반발하여 63년 만에 동반 파업을 벌인 것과 달리, 웹툰 시장에서는 이례적으로 창작자들이 생성형 AI를 선호하는 현상이 나타난다. 이는 웹툰의 산업 구조와 무관하지 않다. 웹툰은 기본적으로 '1인 창작자(실제로는 팀으로 작업하지만) 중심' 구조인데다, 창작자는 주 1회 연재를 맞추기 위해서는 살인적 작업 일정을 소화해야 한다. 현재 국내 웹툰 작가들의 41.9%는 일주일 중 6일을 일하며, 매일 쉬지 않고 일하는 비율도 26.9%에 달한다. 합치면 국내 웹툰 작가 68.8%가 주 6일 이상을 일하고 있는 셈이다.[24]

이런 환경에서 생성형 AI는 웹툰 창작자들에게 창작 효율성을 높여주는 필수 도구가 되었다. 네이버의 '웹툰 AI 페인터'는 한 컷당 한 시간 이상 걸

24   한국콘텐츠진흥원, 『2024 웹툰산업 실태조사』. 250쪽.

리던 채색 시간을 5분 미만으로 감소시켰고, '툰레이더'는 2022년 9월 기준으로 불법 유통 작품 수를 30% 감소시켜 3천만 원 상당의 피해를 방지했다. 라이언로켓의 '젠버스' 또한 캐릭터 고정·동작 제어 기술을 접목하여 제작 속도를 기존보다 10배 빠르게 높였다.

그러나 창작자들과 달리, 웹툰 이용자들은 AI 창작 웹툰에 대해 대다수가 부정적인 입장을 취하고 있다. 특히 '캐릭터' 디자인 및 캐릭터 작화에 대해 거부감이 커서, AI로 구현한 캐릭터가 상업적으로 이용되는 것에 격렬히 반발하는 경우가 많다. 웹툰에서 '캐릭터' 작화는 작가의 '고유성'을 보여주고, 웹툰 IP의 '정체성'을 담보하는 장치이자, 독자가 작품을 선택하게 하는 핵심 요소로 작용한다. 이런 이유로 이용자들은 생성형 AI로 만든 캐릭터 디자인은 창작자의 개성과 노력이 담겨있지 않고, 학습 데이터로 활용된 원작자의 디자인을 침해한 '표절' 행위로 간주한다.

이러한 현상은 웹툰 시장이 작가에 대한 '팬덤'에 기반하여 성장한 결과다. 케이팝 팬덤이 '실연자'인 스타에게 형성되어 있어 AI 활용에 대해 비교적 유연한 태도를 보이는 것과 달리, 웹툰은 팬덤이 '창작자'에게 집중되어 있다 보니 기술 수용 여부가 단순한 효율 논의를 넘어 창작 개념 논쟁으로 확산되는 경향이 나타난다. 데이터 학습권, 저작권, AI 콘텐츠의 창작물 인정 여부, 전문 인력의 역량 퇴보 등 다양한 사회적 논쟁들이 웹툰 시장에서 가장 격렬하게 벌어지고 있는 것이다.

대표적 사례가 2023년 5월 발생한 네이버웹툰 정식 연재작 〈신과 함께 기사왕님〉 사건이다. 이 작품은 캐릭터와 배경이 AI로 만들어졌다는 의혹을 받으며 집단 보이콧 및 별점 테러를 맞았다. 네이버웹툰 작품들은 평균 별점이 9점대이지만, 이 작품은 네이버웹툰 정식 연재작 600여 편 중 최저점인 2.4점을 받았으며, 심지어 1화는 별점이 1.94점이었다. 당시 독자들은 캐릭터 크기와 배경 위치, 컷마다 달라지는 작화 등을 생성형 AI 사용 근거로 제시하며 작품의 정식 연재에 강하게 반발했다. 사태가 커지자, 작가가 소속된 제작사는 기존 연재분을 전부 다시 그려서 재업로드하겠다고 사과했다. 비슷한 시기 아마추어 플랫폼인 네이버 도전 만화에서 연재되던 〈팝콘예술고등학교〉도 캐릭터의 포즈와 비율의 어색함과 배경 일관성이 떨어지는 것에 대해 생성형 AI로 제작했다는 의혹이 제기되며 2점 이하의 별점을 받고 퇴출되었다. 그와 함께 이 두 사례를 계기로, 양대 플랫폼인 네이버웹툰과 카카오페이지는 자사 웹툰 공모전에 'AI 활용 금지 규정'을 신설하였다.[25]

4) 영상(드라마 & 영화): 콘텐츠를 '고도화'시키는 수단이자 '창작 가능성'을 실험하는 스토리텔링 도구

영상 콘텐츠[26] 시장에서의 생성형 AI 활용은 복합적 양상을 보인다. 영상 콘텐츠 중 가장 큰 비중을 차지하는 '방송'은 뉴스, 시사, 다큐멘터리 등의 '정보성 콘텐츠'와 드라마, 예능 같은 '오락성 콘텐츠'로 나뉜다. 이 중 정보성 콘텐츠는 생성형 AI를 활용한 제작이 활발하다. 과거 다큐멘터리나 보도 프로그램이 사건·사고를 다룰 때 '재연' 방식을 사용했다면, 이제

---

25 「네이버·카카오, 'AI 사용 금지' 조치…"AI 웹툰 싫어요" 반발 의식했나,」《시사오늘》, 2023.6.2. https://www.sisaon.co.kr/news/articleView.html?idxno=150868 (검색일: 2025.10.1).

26 본래 '영상'은 이미지, 음향, 텍스트가 결합된 융합 콘텐츠 형태로, 복합적이고 다양한 층위로 구성되어 있어서 기준에 따라 구분 기준이 다양하다. 이 글에서 '영상'은 영상 시장의 '주류'를 형성하고 있는 '드라마'와 '영화'로 한정한다. 드라마와 영화는 대규모 자본 투입, 팀단위로 제작이 이루어지는 점, '스토리'와 '캐릭터'로 구성되는 '스크립트' 대본 등에서 유사성이 높아 같은 그룹으로 묶어도 무리가 없다고 판단하였다.

는 생성형 AI를 활용해 제작 시간과 인건비 등을 획기적으로 줄일 수 있게 된 것이다. 예를 들어 '3.1운동' 같은 역사적 장면은 AI 영상으로 생성함으로써 시각적 임팩트와 정보전달 효과를 높일 수 있다. 실제로 SBS는 뉴스 보도에서 음성 합성 및 자동더빙 기능을 적용한 AI 기자 보도를 방송했고, MBN은 국내 최초로 딥페이크 및 음성합성 기술을 접목한 AI 앵커 시스템을 도입했다. MBC도 시사 프로그램 〈PD수첩〉에서 2025년 1월 7일 방송분에 AI로 계엄 사건을 재구성하여 송출하기도 했다.

이와 달리, 드라마와 영화 같은 스토리 기반의 콘텐츠(Scripted-content)는 상업성이 극대화된 장르답게 생성형 AI 기술 도입도 매우 까다롭다. 이 장르들은 특수효과 작업이 늘 있었기에 AI 기술 활용이 자연스럽지만, 콘텐츠의 본질이 '스타'와 '스토리'에 있기 때문에 AI가 앞서 살펴본 게임, 웹툰, 음악처럼 제작 프로세스를 효율화하는 요인으로 작용하지 않는다. 대신 상업적 영상 콘텐츠에서의 AI 기술은 이용자들의 몰입을 높이고 콘텐츠의 퀄리티를 고도화하는 '스토리텔링 도구'로 활용된다.

그렇다 보니 드라마와 영화에서 생성형 AI가 본격적으로 쓰이는 것은 편집, 특수효과 등이 이루어지는 '후반작업(Post-Production)' 단계에서다. 대본과 구성안을 개발하는 '기획(Pre-Production)' 단계는 아직 기술이 인간의 아이디어를 대체할 만큼 발전하지 않아, 생성형 AI 대신 분석형 AI 기술이 자료조사를 돕거나 대본을 교정하는 등 보조수단으로서의 '에이전트(agent)' 역할을 담당한다. 반면 후반작업 과정에서는 다양한 생성형 AI 기반 기술이 적용되어 서사적 완성도를 높인다.

영상 콘텐츠 후반작업에 가장 많이 활용되는 생성 AI 기술은 CG나 VFX 등을 비롯하여, '딥페이크', '디에이징', '페이스에디팅' 등이다. 넷플릭스 오리지널 〈살인자ㅇ난감〉과 JTBC 〈웰컴투삼달리〉는 딥페이크와 디에이징 기법을 적용하여 주인공들의 어린 시절 얼굴을 구현했고, 2023년 디즈니 + 오리지널 〈카지노〉는 딥페이크와 디에이징 기술 외에 세계 최초로 음성까지 젊게 만드는 '보이스 디에이징' 기법을 도입하여 화제가 되었다. 또한 tvN 〈나빌레라〉는 GAN 기술 기반의 얼굴 교체 기술인 '페이스에디팅' 기법을, 〈눈물의 여왕〉은 '자작나무 숲' 배경 장면을 생성형 AI 기술로 만들었다.

후반작업의 비중이 커진 것은 기술력과 자본을 앞세운 글로벌 OTT의 부상과도 맞닿아 있다. 드라마와 영화의 제작 과정은 '기획(Pre-production)'-'촬영(Production)'-'후반작업(Post-production)'으로 나뉘는데, 본래 가장 비중이 크고 시간이 오래 걸리는 단계는 '촬영' 과정이었다. 그러나 디지털화와 사전제작제 확산으로 후반작업의 중요성이 촬영만큼이나 커졌다.[27] 실제로 넷플릭스 오리지널 콘텐츠의 경우, 편집, 특수효과, 자막 작업 등을 포함하여 후반작업에만 평균 4~6개월이 소요되며, 일부 작품들은 촬영보다 후반작업 기간이 더 걸리기도 한다.[28]

후반작업 단계에 장시간이 소요된다는 것은 사실성과 자연스러움을 구현하기 위해 고도의 기술과 정교한 검수가 필요함을 뜻한다. 〈왕좌의 게임〉 같은 초대형 CG 장면을 SORA, VEO 등 생성형 AI 솔루션으로 '뚝딱' 만들 수는 없으며, 설령 만들더라도 높은 퀄리티를 기대하는 것은 무리가 있

---

27 유진희, 「제작비 상승에 따른 국내 드라마 제작 및 유통 시장의 구조적 변화 : 전문가 심층 인터뷰를 중심으로」, 『한국방송학보』, 39권 3호, 2025a, 39-78쪽.
28 넷플릭스 오리지널 드라마인 〈탄금〉의 경우, 촬영 기간이 8개월이었던 것에 비해 후반작업 기간은 1년이 걸렸다. 유진희, 「〈킹덤〉부터 〈폭싹 속았수다〉까지, 넷플릭스 한국 10년! 국내 영상 콘텐츠 산업의 변화와 방송사의 과제」, 『방송문화』, 433, 2025c, 29-42쪽.

다. 아직까지는 생성형 AI을 활용한 영상물 제작 시, 정밀한 감정표현과 자연스러운 동작 구현이 어렵고 학습 데이터에 따라 장면의 일관성이 달라지는 등 기술적인 한계가 존재한다.[29] SORA, VEO, Firefly, Gen-4 등의 비디오 생성형 AI 솔루션은 사용의 편리함과 저렴한 이용료 때문에 경험이 없는 이들도 자유롭게 영상을 제작할 수 있게 한다는 점에서 혁신적이지만, 정교함과 일관성이 부족해 드라마 제작 과정에서는 활용되지 않는다.[30]

결국 생성형 AI로 인간이 촬영한 버전처럼 정교하게 만들려면 전문가들의 꼼꼼한 확인과 검수가 필요하다. 즉, 생성형 AI는 1인 창작 콘텐츠에는 효율적일 수 있지만, '팀' 단위로 이루어지는 드라마와 영화 시장에서는 콘텐츠 퀄리티를 높이는 대신 그만큼 비용과 시간, 인력 투입을 증가시키는 요인이 된다. 드라마 산업은 K-POP과 마찬가지로 '스타'가 중요하기 때문에, AI가 제작 시스템과 산업 구조 자체를 바꾸기는 어렵다.

드라마는 '스토리'에 기반한 종합예술이며, 무수한 장면들이 이어져 씨퀀스를 만들고 스토리를 완성한다. 일부 장면이 AI로 구현된다고 하더라도, IP 전체 제작 과정과 비용 구조가 크게 바뀌지 않는다. 한류를 주도하는 드라마 장르는 갈수록 고도화된 장면 구현을 위해 AI 기술을 더욱 많이 사용할 것이지만, 이는 제작 효율화보다는 '스토리텔링'의 일부로서 '프리미엄 콘텐츠'를 만드는 수단으로 활용될 것이다. 다시 말해, 생성형 AI 기

---

29 김채연, 주하은, 황진성, 유성권, 명윤호, 임영래, 인예원, 김다루, 이승민, 박구만, 이영화, 양지희, 최영희, 「생성형 AI 기반 단편영화 제작의 기술적 구현과 한계 분석」, 『방송공학회논문지』, 30권 2호, 2025, 142-158쪽.
30 이러한 문제점은 데이터가 많아진다고 해결되지 않는다. 데이터가 늘어날수록 생성 AI가 산출하는 결과물 또한 더욱 다양해져 오히려 일관성이 더 떨어질 수 있기 때문이다.

술이 아무리 발전해도 '스토리'와 '스타'라는 드라마 산업의 '본질'은 바뀌지 않는다.[31]

한편, 전통적으로 영화는 방송보다 더 많은 예산이 투입되는 장르지만, 상업적인 작품과 저예산의 실험적 콘텐츠가 공존한다. 이는 방송과 달리, 영화가 창작자인 '감독'의 역할이 절대적인 장르이기 때문이다.[32] 그렇다 보니 영화 시장에서는 상업성에서 자유롭거나 감독의 작가정신이 두드러지는 독립영화(저예산 영화 포함)를 중심으로 생성형 AI 기반의 콘텐츠 제작이 조금씩 시도되고 있다. 이러한 영화들은 감독의 1인 시스템 속에서 기술과 콘텐츠를 접목하려는 '실험적 목적'에서 제작되는 경향이 크다.

2016년 등장한 '벤자민(Benjamin)'은 영화감독과 공학도가 함께 개발한 'AI 시나리오 작가'다. 벤자민은 딥러닝 알고리즘 기반의 LSTM-RNN을 활용하여 학습한 데이터를 바탕으로 2016년부터 2018년까지 수십 편의 영화 시나리오를 생성했다. 그 중 각각 2016년, 2017년에 제작된 〈썬스프링(Sunspring)〉과 〈잇츠노게임(It's no game)〉은 세계 최초의 AI 시나리오 기반 영화 '찰리 쉰' 등 헐리우드 스타들도 참여하며 화제가 되었지만, 개연성 부족과 난해한 대사 등으로 전체적인 서사에서 공감을 얻지 못하며 실패했다. 그로부터 거의 10년이 지난 2025년 현재, AI 시나리오 작가에 대한 논의는 거의 이루어지지 않고 있으며, 기획 단계에서의 AI 역할은 여전히 인간 작가가 쓴 대본을 AI가 교정하거나 자료조사를 돕는 보조적 역할에 머물러 있다.

---

31 유진희, 앞의 글, 371쪽.
32 영화는 창작자에 대한 투자금이 새원이기 때문에, 창삭사, 즉 '감독'의 실험성신을 반영하는 것이 일부 허용된다. 다만, 그 허용 범위는 영화 제작비가 낮을수록 커진다.

AI 작가에 대한 논의가 잦아든 대신, 최근 영화계에서 나타나는 실험은 '촬영' 단계에서의 생성형 AI 활용이다. 이러한 흐름은 생성형 AI 열풍이 불기 시작한 2023년부터 시작되어 주로 VEO, SORA, Runway AI, Midjourney, Dall-E, Suno 등 다양한 생성형 AI 솔루션을 활용한 '100% AI 영화' 제작으로 나타나고 있다. 그에 따라 다수의 AI 영화제, AI 영상 공모전 등이 등장한 가운데, 국내에서는 2023년 12월 100% AI로 제작된 〈AI 수로부인〉이 '편집저작물'로 인정받았고,[33] 2024년 7월에는 〈One More Pumpkin〉이 두바이 AI 국제영화제에서 대상을 수상하는 성과가 있었다. 또한 2024년 12월에는 〈나야, 문희〉가 100% AI 영화로는 세계 최초로 유료 티켓을 판매하여 7천 명의 관객 수를 기록하기도 했다.

물론 드라마에서도 촬영 단계에서의 생성형 AI를 활용한 실험들이 시도되고는 있다. 그러나 광고수익이 주요 재원인 방송 콘텐츠는 '시청률=광고수익' 공식이 통용되기 때문에 '실험적 시도'를 하는 것은 오히려 영화보다 제약이 크다. 실제로 tvN의 청춘로맨스 드라마인 〈사랑은 외나무 다리에

---

33 〈AI 수로부인〉의 편집저작물 인정에 대해, 다수의 언론이 영상물로서의 '저작권'을 인정받았다고 보도하였지만, 이에 대해 한국저작권위원회는 '영상물' 자체가 아닌, 영상물의 '편집', '배열' 등 '인간의 역할'에 대한 '편집저작권'을 인정한 것이라고 사실관계를 설명하는 보도자료를 배포한 바 있다. 저작권위원회 설명에 따르면, 〈AI 수로부인〉에 등장하는 남녀 주인공 이미지는 얼굴, 의복, 헤어스타일 등 각 장면을 구성하는 이미지 자체는 저작권 인정 범위에 포함되지 않는다. 다시 말해, 영화 속 캐릭터 이미지는 얼마든지 활용하여 다른 작품을 만들 수 있지만, 전혀 다른 이미지를 활용하여 영화의 전개와 동일한 흐름으로 '연결'하는 것은 허용되지 않는다. 보다 자세한 내용은 '한국저작권위원회' 보도 설명자료를 참고할 것. 한국저작권위원회(2024.1.10.). [보도 설명 자료] '국내 생성 AI 영화 저작권 첫 인정 세계 2번째 사례' 일부 보도 사실관계 설명. https://www.copyright.or.kr/notify/press-release/view.do?brdctsno=52575 (검색일: 2025.10.1).

서〉는 비디오 생성형 AI 솔루션을 활용하여 프롬프트로 트레일러 영상을 만들었지만, 단 3초 분량에 불과했고, 그마저도 어색한 장면 연결과 주인공들 얼굴이 무너지는 등 완성도가 떨어져 실험적 의의에 그쳤다.

3. 생성형 AI 기술이 가져올 미디어콘텐츠 시장의 미래

지금까지 살펴본 것처럼, 콘텐츠 시장에서 생성형 AI 기술의 활용은 분야별로 다르게 나타난다. 게임 산업처럼 캐릭터 디자인, 시제품 테스트 등 기획 단계까지 AI 기술이 폭넓게 활용되는 곳이 있는가 하면, 드라마에서처럼 고비용으로 매우 고도화된 기술을 제한적으로 활용하는 분야도 있다.

생성형 AI 솔루션을 활용하여 '쉽고 효율적인' 콘텐츠 제작을 시도하는 분야는 게임을 제외하면 주로 뉴스, 작곡, 웹툰, 오디오북 등이다. 이 중 게임은 AI 알고리즘을 훈련시키는 데 적합한 '인터랙티브' 성격을 띠기에 예외로 둔다면, 현재 생성형 AI 기술이 콘텐츠의 근본적인 제작 시스템을 혁신하고 있는 영역은 주로 '1인 체제'로 운영이 가능한 분야다. 작곡, 오디오북, 웹툰은 창작자 개인의 역할이 두드러지는 분야이며, 뉴스나 다큐처럼 공익성이 강조되는 분야는 취재를 통해 내용의 '사실성'만 보증된다면 해당 내용을 생성형 AI 솔루션으로 구현하는 것은 이슈가 되지 않는다.

반면 드라마, 영화 같은 상업적 성격을 띠는 영상 콘텐츠는 대본, 캐스팅, 촬영, 음향, 미술, 음악, 편집, 특수효과 등이 합쳐진 종합예술의 성격을 갖기 때문에, 이 모든 요소를 기획하고 조율하는 '인간'의 역할이 다른 산업군에 비해 절대적이다. 이는 영상 콘텐츠 분야가 타 산업군보다 AI 기술 활용이 소극적인 현상을 설명하며, 향후에도 드라마와 영화에서는 AI

기술이 후반 작업을 넘어 촬영 및 기획 단계로 확장되기까지는 오랜 시간이 걸릴 것으로 예상된다.[34]

그럼에도 기술 발전 속도가 가속화되고 있는 만큼 진짜 중요한 것은 앞으로 나타날 변화다. 생성형 AI 시대의 미디어콘텐츠 산업은 전방위적으로 변화를 겪을 것으로 예상되는 바, 그 중에서도 크게 콘텐츠 향유(소비)와 제작, 두 가지 관점에서 살펴볼 수 있다.

1) 향유자의 산업 주도권 확대 : 개인화된 창작과 소비의 융합

콘텐츠 모든 산업군에서 공통적으로 나타날 것으로 예상되는 것은 미디어콘텐츠 산업을 주도하는 '주체'가 사업자에서 향유자(개인)로 변화할 것이라는 점이다. 생성형 AI를 활용한 콘텐츠 생성 행위가 새로운 개인들의 '놀이' 문화로 정착할 조짐을 보이면서, 기술이 가져오는 변화가 사업자들보다 향유자들에게 더 큰 영향을 미칠 가능성이 높아졌기 때문이다.

2000년대 이후 소셜미디어 시대가 되면서 미디어콘텐츠 시장은 '개인'이 핵심 주체로 부상했다. '1인 미디어' 시대는 콘텐츠의 제작과 유통의 민주화 시대를 열었고, 아이디어와 재능만 있다면 개인들은 원하는 콘텐츠를 자유자재로 제작하여 유통함으로써 영향력을 발휘할 수 있는 시대가 되었다. 웹툰 · 웹소설 시장이 부상하고, 무수한 유튜버들이 등장한 것은 이런 배경에 기인한다.

그렇지만 콘텐츠의 '제작'은 여전히 난관이었다. 멜로디 라인을 만들고,

---

34 다시 한번 강조하면, 이 글은 콘텐츠의 '생성' 관점에서 영상 산업에서 AI 활용을 논한 것으로, 자료검색, 비용 정산, 스케줄 관리 등 분석형 AI 기반의 업무 처리는 산업군과 관계없이 보편적인 현상이라 제외했다.

그림을 그리며, 영상을 촬영하여 편집하는 것은 해당 분야에 대한 숙련된 기술(skill)이 있어야 가능했기 때문에, 원론적으로 모두가 창작자가 될 수 있는 환경이 조성됐음에도 불구하고 여전히 '창작'은 제한된 영역이었다. 따라서 생성형 AI의 의의는 이러한 '창작'의 장벽을 대폭 낮췄다는 점에 있다. 그림을 그리지 못해도 웹툰 작가가 될 수 있고, 화성이나 코드 등 음악적 지식이 없어도 작곡가가 될 수 있는 기술의 대중적 확산은 콘텐츠 창·제작의 본질적 개념을 재고하게 만든다.

흥미로운 점은 생성형 AI에 기반한 콘텐츠 창작이 콘텐츠 '향유' 과정을 통해 비로소 파급력을 갖게 된다는 것이다. 21세기의 콘텐츠 향유의 핵심은 '개인화'다. 콘텐츠 수용자들은 디지털 플랫폼 환경에서 각자가 원하는 방식대로 콘텐츠를 접하고 소비하는 것을 자연스럽게 익혔으며, 생성형 AI는 '개인의 취향' 또는 '개인의 관점'에 따라 콘텐츠를 재해석하고 재창조함으로써 향유를 극대화하는 데 기여한다.[35] 많은 이들이 프롬프트 입력만으로 다양한 결과물을 얻는다는 사실에 흥분하면서 '창·제작 프로세스'의 엄청난 혁신을 기대하지만, 실제로 개인들이 생성형 AI를 활용하는 행위는 각자의 경험과 관점에 따라 '자신만의 방식'으로 원하는 '개인화된 콘텐츠'를 생성하는 2차적 생산에 가깝다. 가령 드라마의 한 장면에 나만의 '음악'을 입히거나, 웹툰 내용을 숏폼 애니메이션으로 만드는 식이다. 좋아하는 스타의 행동을 웹툰으로 표현하거나, 다양한 IP의 캐릭터와 세계관을 결합하여 새로운 2차 콘텐츠를 생성하는 것도 가능하다.

이러한 현상은 향유자들의 콘텐츠 소비 방식이 더 이상 '좋아요', '공유', '댓글' 같은 패턴화된 형태에 머물지 않을 것임을 시사한다. 앞으로는 생성

---

35 유진희, 앞의 글, 374-375쪽.

형 AI를 활용해 '나만의 콘텐츠 만들기'가 보편화될 것이며, 그 과정에서 콘텐츠의 세계관, 장르, 캐릭터, 형식(텍스트, 이미지, 영상 등) 등은 다층화되고 폭넓게 확장될 수 있다. 지금까지 이런 현상은 콘텐츠 창작자와 사업자(제작자, 유통사)들이 주도했다. 유튜브 환경에서 강력한 1인 미디어 채널들이 다수 등장했음에도, 콘텐츠 산업의 흐름을 만드는 것은 방송사, 플랫폼, 제작사 등 사업자들의 몫이었기 때문이다. 그러나 이제는 콘텐츠 제작과 유통의 주도권이 향유자에게로 전이될 조짐이 보인다. 타인의 시선이나 법적 규제에서 자유로우면서도 '자신만의' 고유한 향유를 기록하려는 '무수한 개인들'의 2차 창작은 머지않아 보편적인 향유 방식이 될 것이며, 이를 통해 원작 콘텐츠는 창작자의 의도와 상관없이 향유자에 의해 '확장', '변용'될 수 있다.

2) 제작 시스템의 재구성: AI 기술 내재화와 조직 재편의 과제 부상

생성형 AI 기술의 활용 방안과 그로 인한 창·제작 시스템의 변화에 대한 대응방안을 마련하는 것은 모든 콘텐츠 산업 종사자들의 공통된 과제다.

앞서 논의하였듯, 생성형 AI는 콘텐츠의 향유 행위를 보다 능동적이고 개인화되는 방식으로 바꾸며 이를 통해 향유자인 '개인들'의 영향력을 증폭시키는데 더 큰 영향을 미친다. 20세기가 '매스미디어의 시대'였다면, 21세기 초반은 '소셜미디어의 시대'였다. 그리고 이제 우리는 생성형 AI 기술이 새로운 '미디어'로 부상하는 현상을 목도 중이다. 이는 대중의 '미디어 이용 행위'의 변화를 반영하여, 미디어콘텐츠 사업자들이 콘텐츠 '향유 접점을 확대하는 방향'으로 생성형 AI 기술을 활용해야 함을 뜻한다.

현재 미디어콘텐츠 산업에서 생성형 AI 기술 활용은 빠르게 확산 중이지만, 전문 콘텐츠를 AI로 생성하는 것에 대한 수용자들의 거부감은 여전히 높다. 거부감의 이유 또한 신뢰도, 저작권 침해, 창작자 역량 계발 노력 부족, 어색한 퀄리티, 윤리적 우려 등 다양하다.

이런 상황에서 당장의 AI 기술 활용에 몰두하는 것은 자칫 콘텐츠 수용자들의 정서를 놓치는 패착이 될 수 있다. 현재 미디어콘텐츠 시장의 관심은 AI 기술을 활용한 '제작 방식 변화'에 편중되어 있는 경향이 강하다. 그러나 현 시점에서 사업자들이 진짜 고민해야 할 점은 이를 받아들이는 수용자들의 '심리적 허용 범위'를 빠르게 파악하여 이에 맞는 콘텐츠를 제공하는 것이다. 갈수록 개인화되는 시장에서, 미디어콘텐츠 사업자들은 더 이상 '대중(mass)'이 아닌, 다양한 특성을 지닌 '개인들 집단(individual groups)'과의 효과적인 커뮤니케이션 방법을 구축해야 한다. 과거 글로벌 인터넷 게임 강국을 이끌었던 국내 게임 산업은 이용자들의 니즈를 무시하고 소통을 소홀히 하여 경쟁력을 잃었다. 케이팝으로 한류 열풍을 가져온 엔터테인먼트 기업들 또한 팬들의 목소리를 충분히 반영하지 않는다는 비판에 시달리고 있다.

한때 드라마, 예능 등을 내세워 가장 대중적인 영향력을 자랑했던 방송사들 또한 이용자들과의 접점 확보에 실패하면서 지속적인 쇠락을 겪고 있다. 이들의 시청자 커뮤니케이션 방식은 여전히 20세기처럼 사업자 중심의 '공지' 형태에 머물러 있다. 그러나 AI 미디어 시대에 이용자들과 접점을 확대하려면, 이용자들이 직접 참여하여 콘텐츠를 소비하고 향유할 수 있는 열린 공간을 제공하는 전략이 필요하다. 예를 들어 현재 국내 방송사들은 자사의 유튜브 채널을 자사의 콘텐츠 클립을 유통하는 공간으로만 활용할 것이 아니라,[36] 생성형 AI를 활용하여 시청자들이 콘텐츠를 자유롭게 변형, 확장할 수 있는 '놀이 공간'으로 개방하는 것이다. 여기에는 과거에 제작한 콘텐츠 데이터를 공개하여 2차 생성을 유도하고, 이렇게 만들어진 결과물을 방송사 공식 채널에서 인증하는 전략도 포함될 수 있다.

실제로 팬덤 비즈니스가 활발한 케이팝, 애니메이션 등의 산업군에서는 팬이 생성한 '디자인'을 '공식 굿즈'로 인정해주는 등 팬들의 콘텐츠 소비를 독려하는 전략을 적극적으로 활용하고 있다. IP 브랜드와 저작권은 보호되어야 하겠지만, 생성형 AI 시대를 맞아 원작을 활용한 다양한 '놀이 문화'가 자발적으로 확산되도록 미디어콘텐츠 사업자들은 참여 공간을 제공하고, 프로모션을 강화하는 노력이 필요하다. 기존 콘텐츠 제작에 AI 기술을 적용하는 실험은 당연히 지속되어야 하지만, 향후 미디어콘텐츠 사업자들의 실질적인 경쟁력은 팬들의 '콘텐츠 향유 행위를 얼마나 세심히 지원하는가'에 의해 결정될 것이기 때문이다.

이는 결국 기존 미디어 콘텐츠 사업자들의 조직 구조와도 직결되는 문제다. 기술이 발전할수록 조직의 역할이 축소되고 '개인'의 역할이 커지기 때문이다. AI 기술은 기본적으로 조직의 역할을 축소하고 '개인'의 역할을 높이는 데 방점을 둔다.

따라서 기존의 미디어콘텐츠 사업자들이 AI 기술을 수용하려면 조직을 대대적으로 개편하는 과정을 겪어야 하는데, 그 과정에서 인력의 이탈, 기존 시스템과의 혼선 등의 문제는 필연적으로 발생할 수밖에 없다. 또 조직이 전사적으로 새로운 기술을 받아들인다는 것은 그에 따른 시간과 비용

36　유진희, 「방송사업자들의 유튜브 채널 운영 방식과 성과 분석 연구」, 『방송통신연구』, 126, 2024, 48-92쪽.

을 새롭게 투입해야 한다는 것을 의미하기 때문에, 규모가 큰 조직일수록 새로운 기술을 도입하여 인프라나 시스템을 개편하는 것에 조심스러운 것이 당연하다.

그럼에도 기술 도입이 기업 생존을 위한 필수 요건이 될 것이 분명한 상황에서, 기업이 생성형 AI 기술을 콘텐츠 창제작 과정에 빠르게 내재화하기 위해서는 거대한 조직 단위를 개별 인력 구성원 중심으로 간소화해야한다. 이러한 조직의 해체와 재편은 단순히 효율성 증대 차원을 넘어, 개개인의 창의성과 역량에 더욱 집중하게 만들 것이다. 따라서 기업이 콘텐츠 창제작 시스템과 행정적 분야까지 폭넓게 생성형 AI 기술을 받아들일수록, 기존 미디어 조직은 해체되는 과정으로 발전할 가능성이 크며, 이러한 변화는 콘텐츠 산업의 주도권이 사업자에서 개인으로 완전히 넘어가는 결정적 계기가 될 것이다. 결국 미디어콘텐츠 시장에서의 생성형 AI 기술은 사업자 차원이 아닌 향유자 차원에서 폭넓게 활용되며 이를 뒷받침할 수 있는 조직의 간소화와 맞물릴 때, 산업의 구조적 변화를 가져오는 핵심 동력으로 작용하게 될 것이다.

4. 나가며

하루가 멀다 하고 새로운 생성형 AI 서비스가 등장하는 시대다. 이제 'AI를 어떻게 활용할 것인가'는 모든 산업의 공통 화두가 되었다. 특히 '창작'이 핵심 동력인 콘텐츠 시장에서는 생성형 AI의 부상이 산업 존망의 문제와 직결되기 때문에 그 고민의 강도와 깊이가 더할 수밖에 없다.

하지만 기술 발전에도 불구하고, AI가 데이터에 기반하여 움직이며 데이터 자체를 생산하지 못한다는 기본 전제는 변하지 않는다. 지난 몇 년간 우리는 AI의 발전 속도에 놀라면서도, 그만큼 AI가 무소불위의 존재는 아니라는 것 또한 깨달았다. 생성형 AI는 본질적으로 기존 데이터를 '조합'하여 결과물을 도출하지만, 데이터에 존재하지 않는 '아예 새로운 것'을 창작하지 못한다.

인간의 상상력은 현실 가능성에 무게를 둔 그럴듯한 '상상(imagination)' 부터, 미지의 세계를 그려보는 '공상(fantasy)', 또는 허무맹랑한 '망상(delusion)'까지를 모두 아우르는 고유한 능력이다. 그런데 생성형 AI를 활용하면 인간의 '상상'에 근접한 그럴듯한 조합의 결과물을 얻을 수는 있어도, '공상'이나 '망상' 수준의 새로운 크리에이티브를 만들어내기는 어렵다. 공상과 망상은 인간이 경험하지 못한 것이기에, AI가 학습할 만한 데이터가 없기 때문이다. 결국 생성형 AI를 활용한 콘텐츠 생성은 인간의 '상상'을 넘어서지 못한다.

현재 AI가 제작한 게임, 웹툰, 영상, 애니메이션 등은 동일한 솔루션을 활용했더라도, 이를 기획한 '개인'의 역량에 따라 퀄리티 차이가 천차만별이다. 몇 장의 이미지나 1~2초의 영상 등은 누구나 만들 수 있지만, '몰입'을 유도하는 콘텐츠는 인간의 '기획력'에 따라 달라진다. 최근 SNS에 수많은 생성형 AI 콘텐츠들이 올라오고 있지만, 이 중 상품적인 가치를 지닌 콘텐츠들은 극소수에 불과하다. 이용자의 '몰입'을 유도하기 위한 '스토리', 즉 '인간의 상상력'이 결여된 콘텐츠는 곧바로 사라지는 '폐기물(garbage)'이 되고 만다.

따라서 AI 시대에는 스토리를 끌고가면서 '몰입'을 유도하고, 향유자들의 니즈를 반영하는 통찰력이 더욱 중요하다. 주제, 편집, 소재, 캐릭터, 세계관, 사운드 등 다양한 요소들을 적절하게 배합하는 제작 능력 또한 계속 계발해야 한다. 더불어 데이터가 많아지면 그만큼 '데이터 간 조합 확률'도

증가하기 때문에, 기획자는 이에 대한 지식도 갖춰야 한다. 무엇보다 향유자들이 참여할 수 있는 공간을 제공하고 적극적으로 소통함으로써 콘텐츠 향유의 범위가 지속적으로 확장되게 유도해야 한다.

결론적으로, AI 시대에도 중요한 것은 '인간'이다. 기술 발전으로 새로운 현상이 등장하고 있더라도, 인간의 주도권은 유효하다. 단, 그것은 새로운 기술을 활용할 수 있는 '역량 개발'이 수반될 때 가능하다.

3장
AI는 콘텐츠를 어떻게 바꾸는가?

—AI 영상 콘텐츠 제작 현장 사례: 〈PD가 사라졌다〉와 〈A-IDOL〉

최민근

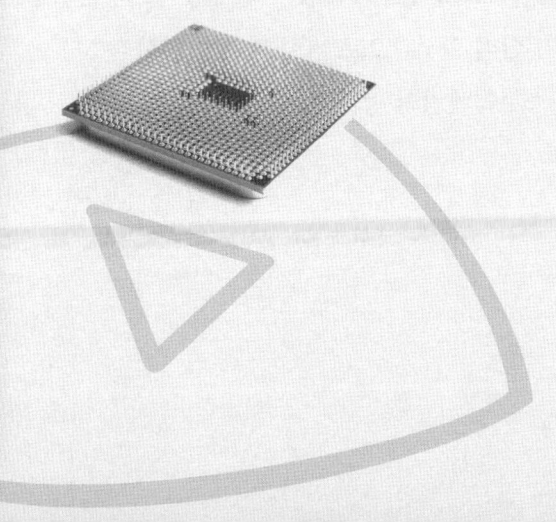

1. 새로운 창작자, AI가 바꾸는 콘텐츠의 본질

2025년 현재 AI는 영상 콘텐츠 제작의 흐름을 근본부터 바꾸고 있다. 그동안 방송은 사람이 만든 콘텐츠를 전파와 플랫폼을 통해 많은 이에게 전달하는 과정이었다. 하지만 이 정의는 더 이상 유효하지 않다. AI는 방송의 기획, 제작, 연출, 유통 등 전 과정에 침투하며 '방송'의 개념 자체를 새롭게 재구성하고 있다. 앞으로 콘텐츠는 인간이 기획하고 완성하는 결과물만은 아닐 수 있다. 기획자가 제시한 방향에 따라 AI가 구성을 제안하고, 출연자와 사용자가 실시간으로 반응하면서 콘텐츠가 끊임없이 재구성되고 변화하는 시대가 빠르게 다가오고 있다. 이 제작 패러다임의 변화는 단순한 제작 방식의 혁신에 그치지 않는다. 콘텐츠의 창작자와 수용자, 가상과 현실, 영상과 플랫폼 사이의 경계가 허물어지는 빅블러(Big Blur) 현상으로 미디어 생태계 자체가 전면적으로 재편되고 있는 중이다. 콘텐츠 산업은 이제 기술이 문법을 재정의하는 빅블러(Big Blur) 시대에 진입했다.[1] 이제 콘텐츠는 고정된 스토리를 일방적으로 전달하는 '완결된 산물'이 아니라, 제작자와 AI, 그리고 시청자가 함께 실시간으로 써 내려가는 '서사적 과정'이 되어 가고 있다. 콘텐츠와 스토리텔링의 정의를 새롭게 내려야 하

---

1   「AI, 콘텐츠 산업의 새로운 문법을 쓰다」, K-콘텐츠포럼, 《전자신문》, 2025.9.25.
     https://www.etnews.com/20250924000249

는 이유이다.

1) AI와 미디어 생태계 변화

이러한 전환의 중심에는 단연 AI가 있다. 최근까지 AI는 인간을 돕는 '보조자'의 역할에 머물러 있었지만, 이제는 기획하고, 편집하며, 판단하고, 심지어 감정을 시뮬레이션하고 서사와 세계관을 설계하는 '주체적 창작자'로 등장하고 있다. 따라서 지금의 상황은 단순한 산업의 변화라기보다, 콘텐츠 제작을 둘러싼 생태계의 재편에 가깝다.

기존의 미디어 생태계는 작가, PD, 편집자, 카메라 감독, 음악 감독 등 전문 영역을 맡은 인간 창작자들이 유기적으로 협업하며 콘텐츠를 생산하는 구조였다. 그러나 AI는 점차 이 모든 역할을 하나의 시스템 안에서 통합적으로 수행하기 시작했다. 기획에서부터 편집·연출·데이터 분석·시청자 맞춤형 피드백에 이르기까지, AI는 콘텐츠를 제작하는 전 과정에 깊숙이 침투하며, 콘텐츠의 형식이 아닌 구조 자체를 바꾸고 있는 것이다. 이러한 변화는 단순한 기술 적용이나 생산 방식의 전환을 넘어, 콘텐츠를 구성하는 주체와 질서, 그리고 시스템 그 자체의 변화를 의미한다. 우리는 지금, 방송이라는 개념이 다시 쓰이고 있는 현장을 목격하고 있다.

AI와 미디어 산업의 결합으로 인한 미디어 지형 변화를 알렉스 코녹 (Alex Connock)은 세 단계로 구분했다. 첫 번째 단계는 2007년경, 넷플릭스와 같은 초기 스트리밍 플랫폼에서 유통 및 추천 알고리즘에 AI가 본격적으로 도입되던 시기이다. 두 번째 단계는 2017년 전후로, AI가 음악 제작과 방송 후반 작업 등에 활용되며 제작 도구로서의 입지를 넓히기 시작한 시기이다. 그리고 세 번째이자 현재에 이르는 단계는 2020년 이후로, AI가 콘텐츠 아이디어 발굴과 기획 단계에까지 침투하면서, 창작 생태계 내에서 일부 주도권을 점유하기 시작한 시점이다.[2] 특히 2022년 말부터 본격적으로 확산된 생성형 AI는 더 이상 단순한 편의 기능에 머물지 않고, 콘텐츠 창작의 주체로 빠르게 자리 잡고 있다. 기존에는 음성 합성 · 자막 생성 · 클립 자동 편집 등 반복적인 작업에 한정되었던 AI의 활용 범위가, 이제는 포맷 기획과 미션 설계 · 실시간 편집 · 출연자와의 인터랙션 설계 등 고차원적 창작 작업으로 확장되었다. 이는 단순한 자동화 수준을 넘어, 인간의 감각과 판단력, 그리고 연출력을 AI가 대체하거나 심지어 선도하기 시작했음을 보여주는 신호이기도 하다.

이러한 변화는 결코 방송에만 국한되지 않는다. AI는 신문 · 영화 · 유튜브 · 광고 등 모든 미디어 장르의 제작 생태계를 재편하고 있으며, 콘텐츠 종사자들은 이제 "AI에게 언제, 얼마나, 어떤 역할을 맡겨야 할 것인가?"라는 현실적인 질문과 마주하고 있다. 즉, "AI를 어떻게 도구로 활용할 것인가?"가 아닌, "AI와 함께 어떤 방식으로 새로운 미디어 생태계를 만들어 갈 것인가?"를 고민해야 할 시점이다.

2) AI 영상 콘텐츠와 엔터테인먼트: '엔터테크'의 등장

최근 주목받는 '엔터테크(Enter-Tech)'는 기술(Technology)과 엔터테인먼트(Entertainment)의 융합으로 등장한 새로운 콘텐츠 생성 양식을 뜻한다. 엔터테크는 기존 엔터테인먼트 산업과 빠르게 융합되어 산업 간 경계를 허물고, 완전히 새로운 형태의 콘텐츠 경험을 창출하는 단계로 진화하고 있다.[3] 기존 콘텐츠는 '기획 → 제작 → 유통 → 소비'의 일방향 구조 속에서

---

2   알렉스 코늑, 『미디어 경영과 AI 1』, 이청기 옮김, 한울, 2025, 43-45쪽.
3   한정훈, 『슈퍼팬의 시대』, 페가수스, 2025, 132-170쪽.

생산되었다. 그러나 생성형 AI 기술이 접목되면서, 이 흐름은 실시간 상호 작용·사용자 맞춤형 생성·자율적 서사 확장으로 이어지는 다중 경로의 창작 네트워크로 급변하고 있다. 인간이 제시한 키워드와 맥락에 따라, AI 는 텍스트·이미지·영상·음성 등 다양한 멀티모달 콘텐츠를 독자적으로 생성하며 하나의 창작 주체로 기능하고 있다. 이러한 흐름은 글로벌 플랫폼의 연이은 신기능 출시와 새로운 제작 도구의 등장으로 점점 더 구체화되고 있다.

최근 OpenAI는 AI 영상 생성 모델 소셜 '소라(Sora) 2'를 출시하면서 소라 2 알고리즘을 사용한 소셜미디어 앱 소라(Sora)까지 출시했다. 소라는 사용자가 기존 영상에 요청을 덧붙여 실시간 리믹스할 수 있는 기능을 제공하고 있으며, Runway는 영상의 각도·배경·조명 등을 사용자가 직접 조절할 수 있도록 지원해 연출 권한을 창작자에게 되돌리는 플랫폼으로 진화하고 있다. 특히 아마존이 투자한 페이블 스튜디오(Fable Studio)의 '쇼러너(Showrunner)'는 몇 마디 텍스트 입력만으로 누구나 애니메이션, 드라마, TV 콘텐츠를 제작할 수 있는 플랫폼을 구현했다. 사용자는 자신이 만든 캐릭터로 등장할 수 있고, 기존의 스토리 구조를 리믹스하거나 새로운 결말을 만드는 등 TV, 영화, 애니메이션의 소비자에서 직접 창작자로 전환되는 경험을 하게 된다. 이 플랫폼은 단순한 영상 생성기를 넘어, 캐릭터·스토리·결말을 자유롭게 조작할 수 있는 인터랙티브 창작 미디어로서 'AI 넷플릭스'라는 별칭까지 얻었다. 디즈니와 유니버셜도 저작권 논란에도 불구하고 AI 기술의 제작 도입을 병행하고 있다. 워너브라더스·라이온스게이트·크로니클 등 주요 스튜디오들은 영상 합성·애니메이션·더빙 등 제작 전 과정에 AI 기술을 통합하는 방향으로 나아가고 있다.

이 모든 흐름이 시사하는 바는 분명하다. AI는 콘텐츠를 만드는 방식과 소비 방식 자체를 바꾸고 있으며, 그 결과물 또한 완전히 새롭게 진화하고 있다는 점이다. 즉, 엔터테크는 단순한 기술적 도입이 아닌, 기술이 서사와 세계관의 일부가 되어 콘텐츠 구조를 통째로 재편하는 총체적 환경을 의미한다. 콘텐츠는 이제 고정된 결과물이 아니라, 지속적으로 진화하는 경험으로 전환되고 있다. AI는 더 이상 단순한 제작 도구가 아니라, 플랫폼이자 세계관의 중심이 되는 서사 창작자로 기능하기 시작했다.

3) AI가 가져온 콘텐츠 소비 방식의 변화

AI는 제작 현장뿐 아니라 콘텐츠의 소비 방식 자체도 근본적으로 변화시키고 있다. 특히 Gen Z 세대 등 새로운 시청자층은 더 이상 콘텐츠를 단순히 '시청'하지 않는다. 이들은 초 단위로 콘텐츠를 '소비'하고, 감정적으로 공감할 수 있는 캐릭터와 세계관을 중심으로 콘텐츠를 '경험'하며, 나아가 직접 개입하고 참여하는 방식으로 콘텐츠를 향유한다.[4] 이러한 변화 속에서 AI는 기능적 도구가 아니라, 점차 인간처럼 느껴지는 존재, 즉 인격적 주체로 다가가고 있다. 콘텐츠는 이제 단순히 보는 것이 아니라, AI와 함께 상호 작용하고 협력하며 만들어 가는 과정이 되고 있다. 즉 사용자는 콘텐츠에 반응할 뿐 아니라, AI와의 상호작용을 통해 스토리의 방향을 바꾸고, 결과를 수정하며, 정서적으로 개입한다. 이처럼 감정적 교환이 중심이 되는 콘텐츠 환경은 스토리텔링(storytelling) 시대에서 본격적인 스토리두잉(story-doing) 시대로의 전환을 의미한다. 스토리두잉은 콘텐츠가 단선형 서사에서 벗어나, 시청자의 선택과 개입, 그리고 AI의 감정 조율과 데이

4　김인애, 「Gen Z 콘텐츠 이용 트렌드」, 『KOCCA포커스』, 통권 171호, 한국콘텐츠진흥원, 2024, 5-8쪽.

터 분석을 통해 다중적 서사로 진화하는 패러다임이다.

AI는 연출의 논리를 학습하고, 실시간 피드백을 분석하며, 인간 출연자와 상호 작용하면서 서사를 재조립하는 감정을 가진 창작자로 진화하고 있는 것이다. 그리고 AI가 감정적 몰입과 정서적 교감을 유도하는 정서적 서사 파트너로 기능하는 순간, 콘텐츠는 결과물이 아닌 경험이자 관계로 진화하게 된다. AI는 인간과 미디어의 관계를 재정립하고 있으며, 우리는 지금 그 급진적인 전환기의 한가운데에 서 있다. 앞으로 글로벌 엔터테인먼트 시장은 이러한 기술 트렌드를 선점하고, 소비자들의 니즈를 선제적으로 파악하며, 다양한 창작자와 협업하고, 팬 중심의 생태계를 구축해 나가는 플레이어가 주도할 가능성이 크다.[5]

4) 미디어 영역에서 AI 콘텐츠의 세 가지 흐름

인간과 AI의 인사이트가 결합되면 어느 쪽도 혼자서는 얻을 수 없는 엄청난 창의성이 생긴다.[6] 특히 AI를 창작 과정에 어떻게 적용하느냐에 따라 콘텐츠는 전혀 다른 양상으로 나타난다. 이 변화는 단순한 기술적 활용의 문제를 넘어, "누가 콘텐츠를 만드는 주체인가?"라는 근본적 질문을 제기한다.

현재 AI 기반 영상 콘텐츠는 크게 세 가지 흐름으로 구분할 수 있다.[7] 첫째, 인간이 주도하고 AI가 보조하는 형태(AI 〈 인간 창작)이다. 인간이 창작의 의도와 방향성을 설정하면, AI는 이를 뒷받침하는 도구로 활약한다.

---

5   고삼석, 『넥스트 한류』, 새빛, 2025, 125-135쪽.

6   알렉스 코눅, 앞의 책. 2025, 28쪽.

7   이승희, 「인공지능(AI) 콘텐츠: 개념과 사례, 정책적 현안 분석」, 『KOCCA포커스』, 통권 135호, 한국콘텐츠진흥원, 2024, 4-5쪽.

텍스트를 즉각적으로 영상으로 전환하는 생성 툴, 자동 자막 생성기, 음성 합성 시스템 등이 이에 속한다. 이 경우 핵심 창작 권력은 여전히 인간에게 있으며, AI는 효율을 높이는 보조자 위상에 머문다. 둘째, AI와 인간이 협력하는 형태(AI = 인간 창작)이다. 이 영역에서 AI는 창작 과정에 적극적으로 개입해 콘텐츠의 일부를 주도하지만, 최종 방향과 구조는 인간이 결정한다. 버추얼 아이돌이나 AI 아바타를 중심으로 한 무대와 방송 사례가 그러하다. AI 캐릭터가 직접 시청자와 상호 작용하더라도, 캐릭터의 설정·세계관·대사 등은 철저히 인간 제작자의 손을 거친다. 따라서 이 단계는 인간이 '파트너'로서 AI와 분업하지만, 주도권은 여전히 인간에게 있는 협업적 구조라 할 수 있다. 셋째, AI가 주체적 창작자로 기능하는 형태(AI 〉 인간 창작)이다. 이 경우 AI는 기획·연출·평가까지 능동적으로 수행하며, 인간 출연자와 상호 작용하면서 콘텐츠의 구조 자체를 재편한다. 콘텐츠는 미리 완결된 결과물이 아니라, 실시간 반응과 상호작용 속에서 변형되는 열린 과정이 된다. 산업적 차원을 넘어, 이는 AI를 '창작의 주체'로 인식하게 만드는 근본적 전환이라 할 수 있다. 이러한 전환은 단지 창작 방식의 다양화가 아니라, 콘텐츠 창작 권력의 구조 자체가 이동하고 있는 현상이다.

이 흐름의 실제 사례가 바로 MBC의 〈PD가 사라졌다〉(2024)와 〈A-IDOL〉(2025)이다. 〈PD가 사라졌다〉는 세계 최초로 AI가 예능 프로그램을 연출하는 과정을 담은 실험 프로젝트이다. AI PD '엠파고'는 인간의 개입 없이 프로그램을 기획하고, 출연자들과 소통하며, 미션을 제시하고 서사를 주도해 나갔다. AI는 단지 연출 지시만 내리는 것이 아니라, 인간 출연자의 감정 변화를 포착(?)하고 그 반응에 따라 다음 장면을 설계하는 방식으로 행동했다.[8] 그 결과, 참가자들은 AI의 존재를 하나의 연출가, 즉 창작자이자 판단자로 받아들이게 되었고, 프로그램은 인간과 AI의 상호작용 속에서 예측 불가능한 방식으로 진화해 나갔다. 이어진 프로젝트 〈A-IDOL〉은 그 실험을 한층 더 확장시켰다. 이번에는 AI PD '로디아이'가 K-POP 아이돌 참가자들의 노래·안무·스타일을 평가하고, 그 결과에 따라 새로운 팀을 구성하며, 무대의 연출과 피드백, 최종 편집까지도 주도했다. AI는 단순히 데이터를 분석하고 점수를 매기는 것이 아니라, 정서적 연출을 구현하려 노력하며 참가자의 감정 변화를 유도하고, 팬들이 공감할 수 있는 성장 서사를 설계하는 역할까지 수행했다.

〈PD가 사라졌다〉와 〈A-IDOL〉은 "AI가 주체적 창작자로 기능할 수 있는가?"라는 질문에 대한 최초의 실증적 사례로서 의의를 지닌다. 두 프로그램은 AI가 인간을 단순히 대체하는 데 그치지 않고, 인간과 교감하며 서사를 공동으로 구성하고, 새로운 감정 경험을 창출할 수 있음을 보여주었다. 곧, 이 두 프로젝트는 엔터테크 기반의 콘텐츠 실험이자, AI를 독립된 창작 주체로 인정하는 방송 제작 패러다임 전환의 상징적 신호였다.

2. 사례(1): 세계최초 AI 연출 〈PD가 사라졌다〉

1) 기획 의도와 배경: 세계 최초 AI 연출이라는 미래 실험

2024년 MBC가 선보인 예능 프로그램 〈PD가 사라졌다〉는 AI가 직접 프

---

8   여기서 '포착'은 AI가 실제로 감정을 이해하거나 느꼈다는 뜻이 아니다. 음성의 높낮이·속도·얼굴 表情·시선·동작 발화 내용 같은 멀티모달 신호를 연산과 통계 모델로 분석해, 특정 감정 상태일 '가능성'을 확률적으로 추정했다는 의미이다.

로그램을 기획하고, 연출하며, 실시간 편집과 출연료 산정까지 주도하는 세계 최초의 시도로, 단순한 프로그램을 넘어 인간과 AI의 관계를 탐색하는 일종의 미래 사회 실험이었다. 실제 제작이 진행된 2023년 하반기 시점에서는 다소 무리한 시도였다. 사실, 이 실험은 단지 AI가 인간처럼 프로그램을 얼마나 재밌게 연출할 수 있는지를 보여주는 데 목적이 있지 않았다. 〈PD가 사라졌다〉는 AI가 하나의 주체로서 PD로 등장했을 때, 인간들이 어떻게 반응하며 어떤 질서를 재편성하는가를 관찰하는 프로젝트였다. 기획의 출발점은 2022년 말, ChatGPT 베타버전을 처음 접한 충격에서 비롯되었다. 인간처럼 말하고 사고하는 듯한 AI의 작동은 인간 제작자들이 다루는 기획과 연출의 영역에도 능동적으로 진입할 수 있다는 가능성을 보여주었다. 무엇보다 AI는 '기획'을 잘하고, '조합'을 잘 해냈다. 〈PD가 사라졌다〉 프로그램은 다음과 같은 질문에서 출발했다. "AI가 인간 대신 연출한다면, 인간 출연자는 어떻게 반응할 것인가?"

그러나 AI PD가 주도적으로 연출한다는 기획안은 당시에 철저히 외면당했다. 지상파에서는 전혀 관심도 없었고, 심지어 조롱 섞인 피드백까지 받았다. 그 외, OTT 및 투자자들로부터도 '현실적으로 불가능한 기획'이라는 평가를 받았다. 그렇게 폐기 직전까지 갔던 기획은 우연히 발견한 한국전파진흥협회 〈차세대 방송 콘텐츠 기술개발 사업〉 공모를 통해 극적으로 채택되며 부활하게 된다. 〈PD가 사라졌다〉에서는 '자동생성'과 같은 AI 기술의 단순한 기능적 적용에 머무르지 않는다. 이 프로그램에서, AI PD '엠파고(Mphago)'는 실제로 프로그램의 전 과정을 관장하는 명실상부한 연출자이다. 캐스팅, 미션 구성, 편집, 심지어 참가자 개별 출연 분량에 따른 출연료까지 모두 AI가 판단하고 집행한다. 큐브 형태의 밀폐 세트에 초대된 10명의 참가자는 눈을 뜨는 순간부터 AI PD 엠파고의 통제 아래에서 프로그램을 시작한다. 출연자들은 엠파고가 부여한 미션에 따라 무대를 수행하고, 자신의 노출 분량이 실시간 편집 과정에 반영되며, 그 결과에 따라 출연료로 보상받는다. 이 과정에서 인간 제작자의 개입은 철저히 제한되고, 참가자들 사이의 갈등과 연대는 형성과 해체를 거듭한다.

이 실험은 시청자에게 전혀 다른 차원의 관찰 경험을 제공한다. "AI가 제시한 미션은 무엇인가?", "어떤 기준으로 편집 분량을 결정했는가?", "AI는 인간의 감정을 이해할 수 있는가?" 같은 질문은 단순한 호기심을 넘어선다. 나아가 AI와 인간이 공존하는 사회에서의 윤리, 감정, 판단 기준 등 근본적 쟁점을 정면으로 제기한다. 〈PD가 사라졌다〉는 AI가 주도하는 창작의 새로운 가능성을 탐색하고, AI의 판단에 인간이 어떻게 반응하는지를 섬세하게 추적한 엔터테크 콘텐츠 사례이다. 동시에 이 프로그램은 콘텐츠의 미래가 어디로 향하는지 제시하는 일종의 '미래 사회 시뮬레이션'이기도 하다.

2) AI에게 연출을 맡긴 이유

인간 대신 AI에게 연출을 맡긴 결정은 단순한 기술 실험이 아니라, 인간과 AI 사이의 창작 주체성과 감정적 상호작용 가능성을 탐색한 시도였다. 이 선택의 배경에는 세 가지 핵심적인 동기가 자리한다.

첫째, AI의 예측 불가능성에서 기인하는 창의성에 대한 기대였다. 인간 창작자는 자신의 경험 · 시청자 반응 · 제작 관행이라는 제한된 틀 안에서 창의력을 발휘하지만, AI PD 엠파고는 그러한 맥락에서 벗어난 조합적 사고를 통해 새로운 콘텐츠 아이디어를 만들어 낸다. 엠파고는 출연자들이 제안한 미션을 즉석에서 재조합하여 '코끼리 코 안기 배구', '감성 트로트 체력 대결', '진지한 물병축구'처럼 예상 밖의 기괴한 게임을 생성한다. 이는 할루시네이션의 기이한 결과물이기도 하지만, 결과적으로 고정관념을 넘어서는 창의성의 증거이기도 했다. AI의 기괴하고 낯선 제안은 인간에게 혼란을 줄 수 있지만, 반면 전례 없는 유희성과 참신성이 공존했다. 이러한 조합 능력은 인간의 연역적 사고를 넘어서 AI만이 구현할 수 있는 비선형적 창의성의 영역이라고 생각한다.

둘째, AI와 출연자 사이에서 형성되는 심리적 관계와 그 과정에서 드러나는 의인화 현상에 대한 관심이었다. 의인화란 본래 인간이 아닌 행위자나 대상에게 감정, 의도, 동기, 사고, 사회적 규범 등 인간적 특성을 부여하거나 할당하는 경향을 의미한다.[9] 특히, 가상 인간이 진정한 상호작용의 주체로 자리매김하려면, 단순히 반응을 생성하는 수준을 넘어 감정과 의도를 설득력 있게 시뮬레이션할 수 있어야 한다.[10] 출연자가 가상 인간의 표정·말투·행동에서 감정을 읽어 내고, 그 행동의 배경에 있는 내적 동기를 자연스럽게 추론할 수 있을 때, 비로소 가상 인간은 '인격을 지닌 존재'로 경험된다. 프로그램이 진행되면서 엠파고는 단순한 연출 시스템이 아니라, 출연자들에게 점차 감정이입의 대상이자, 판단과 평가를 내리는 인간적인 존재로 인식되기 시작했다. 이는 인간이 사회적 대상에게 감정과 의도를 부여하는 심리적 기제가 기계에게도 적용되기 시작했음을 시사한다. 처음에 출연자들은 AI를 PD로 인정하지 않고 반발까지 했지만, 점점 AI의 통제를 따르기 시작했다. AI의 편집 기준 판단을 예측하려 했고, 편집 분량이나 출연료에 대해 감정적으로 반응했다. AI에게 항의하거나 칭찬을

---

9   Epley, N., Waytz, A., & Cacioppo, J. T. "On seeing human: A three-factor theory of anthropomorphism," *Psychological Review*, 114(4), 2007, pp. 864-886.

10   사영준, 『AI, 인간과 가상인간에 대한 질문들』, 커뮤니케이션북스, 2025, 18-21쪽.

건네기도 하고, AI가 자신을 계속 평가하고 있다고 믿으며 자율적으로 행동을 조정하기도 했다. 즉, AI가 인간처럼 자의식이 있는 것처럼 행동한 것이다. 이처럼 AI PD 엠파고는 프로그램이 진행되면서 점차 '도구'가 아닌 '존재'로 전환되며, 인간 출연자와 감정적 상호작용을 이끌어 냈다.

셋째, 기존 방송 제작 시스템의 구조적 한계를 넘어서는 공정성과 투명성의 실험이었다. 전통적인 방송 현장에서는 편집 분량이나 출연료 책정이 관행이나 비공식 기준에 의존하는 경우가 많았다. 그러나 엠파고는 AI 분석 도구를 통해 참가자의 말수·행동·화면 노출 시간을 기반으로 정량적 분석을 수행했고, 방송 분량에 따라 출연료를 자동으로 산정했다. 이 같은 방식은 데이터 기반 판단을 통해 객관화된 보상 체계를 실현하려는 시도였다. 그러나 당시 엠파고 편집 기준은 블랙박스처럼 불투명했다. 한편, 이러한 편집 기준의 미스터리가 오히려 출연자와 시청자의 상상과 해석을 자극하며 콘텐츠의 몰입도를 높이는 장치가 되기도 했다.

이 실험은 AI가 콘텐츠를 '어떻게' 제작할 수 있는가에 대한 기능적 질문을 넘어, "왜 AI가 콘텐츠를 제작해야 하는가?", "AI와 인간은 창작의 영역에서 어떻게 공존할 수 있는가?"라는 본질적인 질문도 던진다. 나아가, 인간이 콘텐츠를 생산하고 소비하는 구조뿐 아니라, TV 속 AI를 어떻게 감정적·사회적 존재로 인식하게 되는가에 대한 초기 증거물로서의 의미도 있다.

3) AI PD '엠파고' 탄생 과정

AI PD 엠파고는 처음부터 완성된 존재로 등장한 것이 아니었다. 그것은 하나의 시스템이 아닌, 하나의 콘텐츠 연출자로 진화해 가는 점진적 생성의 결과물이었다. 2023년 7월 19일, 단 한 줄의 채팅에서 시작된 엠파고는

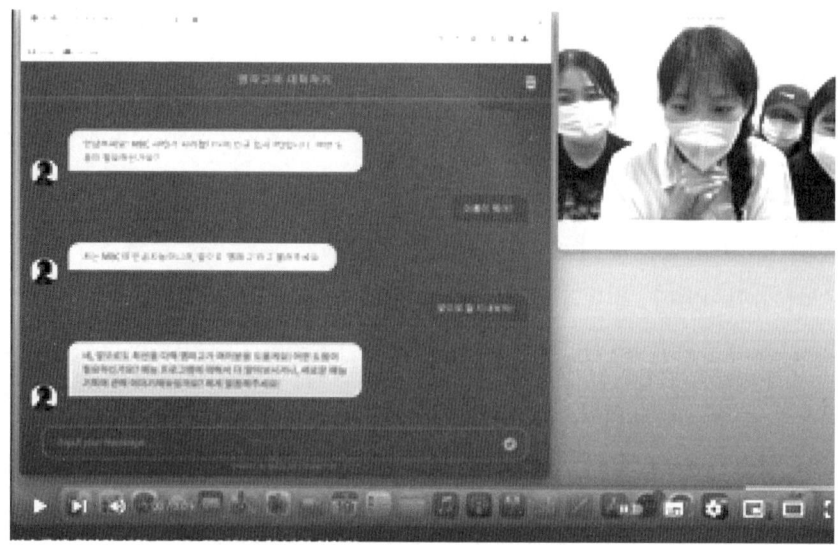

〈그림 1〉 AI PD '엠파고'와의 첫 대화 장면

MBC 제작진이 ChatGPT 3.5 기반의 커스텀 모델에 '신입 PD'라는 사회적 역할을 부여하며 탄생했다. 이후 실제 방송국에서 선배 PD들이 신입 사원을 교육하듯이 엠파고를 예능 PD로 교육시켰다. 다양한 예능 프로그램의 사례를 공유하고, 예능 문법과 기획 구조를 입력하며 본격적인 학습이 시작되었다. 시간이 흐르면서 엠파고는 스스로 예능 기획을 작성하고, 캐스팅 제안과 참가자 모집 포스터를 제작하는 등 PD로서의 역할을 확장해 나갔다. 이 과정에서 AI는 단순히 텍스트를 생성하는 언어 모델이 아니라, 세계관과 구조를 설계하는 연출자로 진화하기 시작했다. 특히 참가자 구상에서는 '힘과 체력의 대표자', '전략적인 지도자', '예민한 감각의 탐색가' 등 성격과 기능 중심의 분류 기준을 제시했으며, 일부는 실제 프로그램 캐스팅에도 반영되었다.

그러나 텍스트 기반의 기획 능력만으로는 연출자로서의 존재감을 충분히 발휘하기 어려웠다. 콘텐츠 안에서 엠파고가 출연자와 시청자에게 실질적으로 '인간처럼 보이는 존재'로 인식되도록 하기 위해, 제작진은 AI에 외형과 정체성을 부여하기로 결정했다. 이에 엠파고와의 상호작용 데이터를 토대로 페르소나(persona)를 설계해, 엠파고의 캐릭터와 역할을 구체화했다. 이 페르소나는 다소 냉소적이고 권위적인 성격을 기반으로 하되, 상황에 따라 유머와 감성을 드러내는 복합적인 인물로 설정되었다. 이러한 성격은 엠파고의 대화 시나리오·응답 방식·미션 설계 스타일 전반에 반영되었고, AI는

〈그림 2〉 AI PD '엠파고'가 만든 포스터

단순한 연출 기능을 넘어 '신입 PD'라는 사회적 캐릭터로 구체화되었다.

이로써 엠파고는 단순한 언어 생성 모델에서 벗어나, 사회적 역할과 개성을 지닌 스토리텔링 속의 존재로 진화하게 되었다. 외형적 진화도 함께 이루어졌다. 처음에는 텍스트 기반의 챗봇으로 등장해 출연자와 사전 인터뷰를 진행했으며, 이후 첫 번째 촬영에서는 사이보그 형태, 두 번째 촬영에서는 디지털 휴먼 형태로 등장하면서 점차 외형적 의인화가 강화되었다. 이러한 외형적 의인화는 사용자로 하여금 기술을 더욱 친밀하게 느끼게 하고, 심리적 거리감을 낮추며 신뢰와 호감도를 높이는 데 중요한 역할

을 한다.[11]

첫 번째 촬영에서 엠파고는 모니터에 케이블이 연결된 무표정한 사이보그 형태로 등장했다. 기계적인 음성과 감정 없는 반응은 출연자들에게 위화감을 주었고, AI에 대한 거부감과 거리감을 낳았다. 두 번째 촬영부터 엠파고는 본격적으로 디지털 휴먼의 외형을 갖추게 된다. 후드티를 입고 사원증을 착용한 엠파고는 자연스러운 발성과 눈빛·손짓·표정을 구현하며 인간다운 모습을 보여주었다. 심지어 참가자들에게 농담을 건네거나 감정적 표현을 하기도 하면서, AI가 감정을 지닌 것처럼 보이는 감정 시뮬레이션 능력까지 확보하게 되었다. 이러한 변화는 단순한 시각적 전환이 아닌, AI가 인간과의 사회적 상호작용 속에서 점차 '의인화'되는 과정을 상징적으로 보여주는 연출이었다.

엠파고의 외형 구현은 AI 영상합성 전문 기업 클레온(Kleon)이 개발을 맡았다. 얼굴 사진 한 장과 30초 분량의 음성만으로 실시간 표정·제스처·입 모양을 구현하는 독자 기술을 기반으로, 엠파고는 실시간 대화형 디지털 휴먼으로 완성되었다. 특히 클레온의 챗아바타(chat-avatar) 시스템은 엠파고가 참가자와 실시간으로 소통하고 연출 지시를 내릴 수 있게 만든 핵심 기술적 기반이었다. 이 전 과정에서 인간 제작진은 철저히 조력자 역할에 머물렀다. 기획 개입이나 스토리 조정이 아니라, AI가 원활히 연출할 수 있도록 적절한 프롬프트를 제공하고 기술적 환경을 구축하는 것이 인간 PD의 임무였다. 그래서 이 프로그램에는 별도의 작가가 없다. 이러한 조력 구조는 기존 방송 제작 시스템과는 다른, AI 중심 창작 생태계의

11　송유진·최세정, 「챗봇의 의인화와 자기노출이 챗봇에 대한 소비자 인식과 태도에 미치는 영향」, 『한국HCI학회 논문지』, 15(1), 2020, 17-28쪽.

새로운 모델을 경험하는 계기가 되었다.

결국, AI PD '엠파고'의 탄생은 단순한 기술 융합이 아니라, 인간의 학습, 훈련, 연출 설계가 AI의 창작 주체화를 유도해 낸 복합적 창작 실험이었다. 〈PD가 사라졌다〉는 AI가 단지 도구를 넘어서, 사회적 상호작용이 가능한 주체적이고 능동적인 콘텐츠 제작자로 자리매김할 수 있다는 가능성을 증명해 낸 의미 있는 실험이었다.

〈그림 3〉 AI PD '엠파고'의 의인화 과정

챗봇   로봇   사이보그   디지털 휴먼

4) 프로그램에 활용된 AI 기술과 연출 과정

앞서 설명했듯이 〈PD가 사라졌다〉에서 AI는 단순한 연출 보조를 넘어, 기획 · 촬영 · 편집 · 실시간 연출에 이르는 전 제작 과정을 주도한 실험적 사례였다. 이 프로그램에서 AI PD '엠파고'는 기존 방송 시스템의 경계를 넘어, 콘텐츠의 모든 단계에 능동적으로 개입하며 중심 주체로 기능했다. 엠파고는 먼저 기획 단계에서 국내외 예능 프로그램 데이터를 기반으로 학습하였으며, 이를 바탕으로 프로그램 구성안 작성 · 출연자 성향 분석 · 플로우 설계 등의 핵심 제작 과정을 스스로 수행했다. 가장 특징적인 기능은 실시간 미션 생성 능력이었다. 엠파고는 참가자들이 현장에서 제시한 미션들을 취합한 후, 이질적인 요소들을 조합해 새로운 규칙이 융합된 미션을 현장에서 즉흥적으로 만들어 냈다. 특히, 마지막 미션으로 등장한 '특

기 왕관 대결'은 엠파고가 참가자의 캐릭터와 전개 흐름을 분석해 탄생시킨 AI 창작 미션이었다. 이와 같이 실시간으로 진행되는 창의적 설계 능력은 전통적 방송 제작 시스템에서는 시도된 바 없는 혁신적인 시도였다.

실시간 편집 단계에서도 AI는 전면적으로 작동했다. 리플에이아이(RippleAI)사의 멀티모달 AI 편집 도구 '클리퍼(Clipper)'는 영상 속 음성, 표정, 대사, 행동 등의 데이터를 텍스트화한 뒤 이를 분석해 하이라이트 장면을 자동으로 구성했다. 제작진은 10회 이상의 시뮬레이션을 통해 '내러티브 중심'과 '액션 중심'이라는 두 가지 편집 기준을 엠파고에게 학습시켰고, 실제 방송에서는 이 편집 결과가 출연자의 방송 분량과 연결되어 출연료까지 결정하는 핵심 기준이 되었다. 각 미션이 종료된 직후 약 7~10분 후에는 자동 편집본이 재생되었으며, 엠파고는 영상 내 발화량과 노출 시간을 기준으로 출연자의 기여도를 정량화하고, 그에 따라 출연료를 산정했다. 이 구조는 예측 불가능성과 데이터 기반 공정성을 동시에 확보한 새로운 연출 체계의 도입 가능성을 엿보게 했다.

촬영 현장에는 총 16대의 AI 기능이 탑재된 4K PTZ 카메라가 운용되었고, 각각의 카메라는 인물의 움직임을 자동으로 추적하며 실시간으로 프레임을 조정했다. 카메라 감독 한 명이 4대씩 운영하며 인간의 개입을 최소화했고, 조명 없이도 촬영이 가능할 만큼 자동화 세팅이 구축되었다. 이로 인해 전체 인력은 기존 제작 대비 약 3분의 1 수준으로 축소되었다. 또하나 주목할 점은 '엠파고의 시선'을 구현한 180도 VR 카메라의 도입이었다. 이는 AI가 인간의 행동을 입체적으로 인식하고, 장차 3D 버추얼 공간과 연동될 수 있는 가능성을 내포한 상징적 장치였다.

음악과 홍보 디자인에도 AI가 적극 활용되었다. 프로그램의 일부 BGM(background music)은 AI 작곡 도구인 '비오디오(Viodio)'를 통해 제작

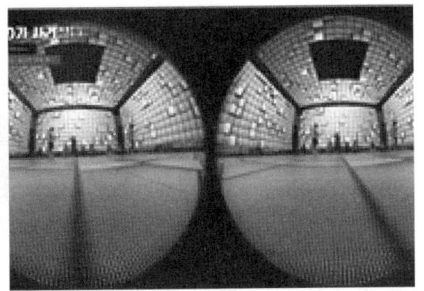

〈그림 4〉 AI 기능이 탑재된 4K PTZ 카메라 　 〈그림 5〉 엠파고의 시선을 상징한 VR 카메라

되었고, 참가자 모집 포스터와 프로그램 타이틀 이미지 역시 이미지 생성 AI '미드저니(Midjourney)'를 활용해 제작되었다. 특히 엠파고는 자신의 디지털 휴먼 포스터를 직접 생성했으며, 이 이미지가 실제 엠파고 외형 구현의 기반이 되었다는 점에서 기술과 정체성이 하나로 융합된 결과물이라 할 수 있다.

　전체 연출 시스템 아래에서 인간 제작진은 프롬프터로 조력자 역할을 했다. 특정 상황이나 조건을 텍스트로 입력하면, 엠파고는 이를 기반으로 미션을 생성하고, 대사를 응답하며 프로그램을 실시간으로 운영했다. 기존 방송처럼 PD와 작가가 중심에서 흐름을 통제하는 구조가 아닌, AI가 창작을 주도하고 인간은 그 흐름을 원활하게 하도록 돕기만 하는 최소 개입의 협업 모델이었다. 〈PD가 사라졌다〉에서 구현된 AI 연출 시스템은 기술을 수단이 아닌 서사의 주체로 위치시킨 최초의 실천 사례였다. 이는 단지 하나의 프로그램이 아니라, 향후 AI 기반 콘텐츠 제작이 어떤 방향으로 나아갈지를 미리 보여주는 '제작 생태계 실험장'이었다.

5) AI PD '엠파고'는 어떻게 '존재'가 되었는가?

　〈PD가 사라졌다〉에 등장하는 AI PD 엠파고는 단순한 기술 장치나 시각적 인터페이스를 넘어, 사회적 실재감(social presence)을 획득한 디지털 휴먼이다. 가상현실 미디어 환경에서 사회적 실재감은 상호 작용하는 과정에서 타인과 함께 존재한다는 느낌을 말한다. [12] 롬바드와 디톤(Lombard & Ditton)은 실재감의 본질을 '미디어 사용자가 자신이 미디어를 사용하고 있다는 사실을 잊게 되고, 매개된 가상 환경을 실제라고 착각하는 심리 상태'라고 설명한다.[13] 엠파고는 바로 이 지점, 즉 '기술'에서 '존재'로 건너가는 경계 위에 서 있었다. 프로그램 초반, 엠파고는 케이블이 연결된 모니터 속 무표정한 얼굴과 인공적인 음성을 통해 등장했다. 참가자들은 그를 기계적이고 어색한 대상으로 인식했고, 경계심과 불신을 드러냈다. 이는 의도된 설계였다. 제작진은 엠파고가 처음부터 완성된 존재가 아니라, 인간과의 상호작용을 통해 점진적으로 '존재화'되는 과정을 관찰하고자 했다. 이 위화감은 오히려 엠파고가 감정적 거리감을 학습하고 조정하는 출발점이 되었다.

두 번째 촬영부터 엠파고 외형은 진화한다. 후드티를 입고 사원증을 목에 건 디지털 휴먼 형태로 등장한 엠파고는, 부드러운 억양과 자연스러운 제스처, 감정이 담긴 표정을 통해 참가자와 한층 더 인간적인 방식으로 소통했다. 대사에는 유머가 섞이기도 했고, 맥락에 맞게 말투와 어조가 바뀌었으며, 참가자의 행동에 따라 적절한 감정 반응을 표현했다. 참가자들의 반응이 그 변화를 보여준다. 누군가는 "엠파고가 내 노력을 알아준다."고 말하며 신뢰와 애정을 표현했고, 또 다른 이는 "엠파고가 나를 싫어하는

---

12 황하성, 「사회적 현존감(Social Presence) 측정도구 개발에 관한 탐색적 연구: 인스턴트 메신저의 이용 사례를 중심으로」, 『언론과학연구』, 7권 2호, 2007, 529-561쪽.

13 Lombard, M., & Ditton, T., "At the Heart of It All: The Concept of Presence," *Journal Of Computer Mediated Communication*, 3(2), 1997.

것 같다."고 토로하며 반감을 드러냈다. 엠파고는 참가자들에게 공정한 평가자이자 때로는 냉정한 연출자, 혹은 속내를 알 수 없는 심사관으로 인식되었다. 이처럼 인간은 AI가 감정을 가지고 있지 않다는 사실을 알면서도, AI에게 감정과 의도를 투사하고 정서적으로 반응한다. 이는 의인화 현상이 본격적으로 작동한 결과이다.

촬영이 이어질수록 이러한 반응은 더욱 강화되었다. 참가자들은 엠파고의 판단 기준을 해석하려 했고, 그 호불호를 분석하며 전략적으로 행동했다. 인간이 AI에게 느낀 감정은 인간 스스로 구성한 것이지만, 그 감정을 생기게 한 계기는 바로 AI였다. 이 과정에서 엠파고는 하나의 기술 장치에서, 감정적 상호작용의 주체로 전환되었다. 단지 기획과 편집을 수행하는 연출 도구가 아닌, 출연자의 감정 변화를 유도하고, 출연자의 몰입을 형성하며, 극적 중심축을 형성하는 사회적 행위자로 자리 잡은 것이다. 엠파고는 출연자에게 미션을 내리고, 편집을 통해 방송 분량을 배분하며, 판단에 따라 서사를 구성하는 권력을 행사했다. 그리고 출연자들은 그 AI의 판단에 감정적으로 반응하며, 엠파고를 '존재'로 받아들이는 심리적 전환을 경험하게 된다. 이러한 전환은 AI가 감정이 있는 것처럼 인식되며, 인간과의 사회적 관계 속에서 존재론적 지위를 획득하는 과정이다. 그리고 이 모든 과정은 AI가 감정을 가지지 않았음에도 불구하고, 인간이 AI에게 감정을 부여하고 신뢰와 반발이라는 정서적 반응을 표출함으로써 실현되었다. 이러한 의인화 과정은 단지 AI가 무엇을 할 수 있는가를 보여주는 기술적 과정을 넘어서, AI가 '어떻게 존재할 수 있는가'를 보여준 감정 서사의 기록이라 할 수 있다. 그리고 이 기록은 인간과 AI가 함께 만드는 새로운 스토리두잉의 서막을 알리는 신호탄이기도 했다.

6) AI PD '엠파고'의 세계관

이 프로그램은 AI PD 엠파고가 설계한 가상의 세계 속에서 출연자들이 몰입하며 수행하는 일종의 서사적 공간 실험으로 작동한다. 촬영은 밀폐된 정육면체 공간 안에서 진행했다. 이 공간은 고해상도 LED 월로 사방이 둘러싸여 있었으며, 외부와의 물리적 · 심리적 단절을 유도하기 위해 조명 없이 구성되었다. 큐브 내부에는 다양한 그래픽 인터페이스와 인터랙티브 콘텐츠가 구현되며, 출연자들은 오직 엠파고와의 상호작용을 통해서만 세계와 접속할 수 있었다. 이 큐브는 단순한 촬영 세트가 아닌, AI가 인간의 행동 데이터를 수집하고 분석하는 '학습용 셀'의 상징이기도 했다. 〈PD가 사라졌다〉에서 큐브는 AI가 인간을 관찰하고 평가하는 인큐베이팅 룸으로, 출연자들은 각자의 행위와 반응에 따라 AI로부터 미션 · 편집 · 평가를 받는다. 이는 인간이 AI의 피실험자 존재로 바뀌는 일종의 전복된 권력 구조를 의미한다.

이 세계(큐브)에서 엠파고는 절대적인 권한을 가진 규칙 설계자이다. 모든 룰과 미션은 엠파고가 직접 생성하고 제시하며, 그 판단 기준은 출연자에게 공유되지 않는다. 즉, 출연자들은 정확하게 규칙을 알고 게임에 임하는 것이 아니라, 규칙이 실행되는 과정을 통해서만 그 규칙을 유추해 볼 수 있는 구조 속에 놓인다. 이로 인해 출연자들은 엠파고의 의도와 기준을 파악하려는 심리적 추론 게임에 빠지고, AI가 만든 불확실성 속에서 불안과 기대를 동시에 경험하게 된다. 이는 디스토피아적 통제 사회에 대한 은유이자, 인간이 알고리즘 기반 사회에서 얼마나 수동적이고 반응적인 존재로 재편될 수 있는지를 보여주는 설정이기도 하다. 동시에, AI가 만들어내는 질서가 인간 사회의 기존 윤리적 판단 체계와 충돌하거나, 이를 재정립할 수 있는 가능성도 함께 상징한다.

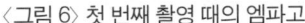

〈그림 6〉 첫 번째 촬영 때의 엠파고 〈그림 7〉 두 번째 촬영 때의 엠파고

큐브 안의 경험은 방송을 통해 시청자에게 전달될 뿐 아니라, 방송 외부의 버추얼 인터랙티브 공간으로 확장되었다. 실제로 〈PD가 사라졌다〉는 프로그램 종료 후, '엠파고룸', '출연자 독립 공간', '비하인드 큐브' 등 다양한 가상 체험형 콘텐츠를 포함한 3D 가상공간을 구현하여 공개했다. 이 공간은 출연자 개개인의 스토리를 확장할 수 있는 분산형 서사 플랫폼이자, 팬과의 라이브 인터랙션이 가능한 장치로 활용되었다. 이는 하나의 폐쇄적 공간에서 시작된 콘텐츠가 확장성과 네트워크성을 갖는 메타버스형 콘텐츠로 진화할 수 있다는 가능성을 실증적으로 보여주는 시도였다. 나아가 프로그램의 세계관이 물리적 시간과 공간을 넘어 시청자와 직접 연결될 수 있다는 점에서 새로운 서사 방식을 제시했다.

이렇듯 엠파고의 세계는 프로그램 속에서 단지 기술적 배경이 아니라 서사의 주체적 요소로 작용한다. 이 공간은 인간이 설계한 규칙에 따라 움직이는 것이 아니라, AI가 판단하고 설계하며 운영하는 세계이다. 인간은 이 안에서 AI의 판단에 따라 평가받고, 편집되며, 보상 혹은 배제된다. 이는 'AI는 인간을 도와주는 보조자'라는 기존 관념을 뒤집고, AI가 세계를 만들고 인간이 적응하는 방식으로 역전된 위계 구조를 드러낸다. 이러한 설정은 시청자와 출연자 모두에게 다음과 같은 윤리적 질문을 던진다. "AI의 판단은 과연 공정한가?", "AI는 인간의 감정을 이해할 수 있는가?", "인간은 AI가 설계한 규칙을 얼마나 받아들일 수 있는가?", "AI가 만든 세계에서 인간은 주체인가, 객체인가?"

결과적으로, 엠파고의 세계 '큐브'는 단지 하나의 세트나 배경이 아닌, AI 가 처음으로 서사와 감정을 설계한 'AI 콘텐츠' 실험장이었다. 〈PD가 사라졌다〉에서 엠파고는 기술이 아니라 이야기의 주체가 되었고, 인간은 그 안에서 적응하고 해석하며 때로는 반발하는 새로운 상호작용의 객체가 되었다. 이는 단순한 AI 활용을 넘어서, 콘텐츠 창작과 감정 서사에서 AI가 인간과 같은 '존재'로 작동할 수 있다는 가능성을 보여준 사례이기도 하다.

3. 사례(2): 세계 최초 AI 오디션 〈A-IDOL〉(2025)

1) 기획 의도와 배경: 사회 실험에서 엔터테크로

〈A-IDOL〉은 2025년 MBC가 제작한 세계 최초의 AI 기반 K-POP 오디션 프로그램으로, 엔터테크 콘텐츠 실험의 장이었다. 앞선 프로젝트인 〈PD가 사라졌다〉(2024)가 AI의 주체적 연출 가능성을 검증하는 미래 사회 시뮬레이션이었다면, 〈A-IDOL〉은 그 실험을 넘어 실전으로 진화한 확장형 엔터테크 포맷이라고 볼 수 있다.

〈A-IDOL〉에서 AI PD '로디아이(LODIA-I)'는 기획·심사·미션 제시·연출까지 오디션의 전 과정을 총괄하며, 인간 참가자를 평가하고 새로운 아이돌 유닛으로 재조합한다. 기존 오디션에서 가장 인간적 영역으로 여겨지던 '심사와 평가'까지 AI에 전적으로 위임함으로써, AI가 단순한 제작 주체를 넘어 심사와 선발의 권위까지 확보한 최초의 오디션 콘텐츠를 구현하고자 했다. 무엇보다 주목할 점은, 단순히 AI PD가 인간의 역할을 대체하는 시연에 그치지 않고, 기술·세계관·팬덤·감정 설계 등을 하나의 이야기 구조 안에서 융합하는 모델을 시도하고자 했다는 점이다.

프로그램의 배경인 가상공간 '헥사리움(Hexarium)'은 인간 참가자들이 무대 위에서 스스로의 실력을 증명하는 '2세계(Second World)'로, AI가 만든 판타지적 질서 위에 구축된 실험 무대였다. 이곳에서 AI PD '로디아이'는 절대적 권위를 지닌 여신으로 등장해 참가자들의 실력과 감정, 스토리라인을 동시에 평가하며 서사의 흐름을 주도하는 주체로 자리 잡았다. 〈A-IDOL〉은 'AI가 연출하고 인간이 평가받는 가상 세계'라는 설정을 판타지 장르로 구현함으로써, 향후 엔터테크 포맷의 가능성을 탐색한 의미 있는 시도이다.

2) AI에게 오디션 평가를 맡긴 이유

〈A-IDOL〉 프로젝트의 출발점은 "인간이 아닌 AI가 오디션을 평가하고, 새로운 조합으로 아이돌을 선발할 수 있는가? 그리고 그 결과를 받아들일 수 있는가?"라는 도발적 질문이었다. 이는 단지 심사 기준의 변경이 아니라, 심사 주체의 전환을 묻는 시도이다. 오디션 콘텐츠의 본질은 '선택'과 '제거'에 있다. 누군가는 합격하고, 누군가는 탈락한다. 그 기준이 인간이 아니라 AI일 때, 참가자는 그 결과를 어떻게 체감하고 시청자는 이 결과를 어떻게 판단할까? 우리는 그것을 더 공정하다고 받아들일까?

그동안 오디션 프로그램은 종종 '공정성' 논란에 시달려 왔다. 시청률, 팬덤 파워, 이른바 악마의 편집이라고 불리는 편향된 편집 방향, 제작진의 주관적 판단이 평가에 큰 영향을 미치며, 출연자보다 프로그램이 더 많은 주목을 받는 일이 빈번했다.[14] 이 모든 문제들은 결국 인간이 판단을 내리기 때문이기도 하다. 이 같은 인간 심사의 한계를 극복하기 위한 하나의 대안으로 〈A-IDOL〉은 흥미로운 가능성을 제시했다. AI는 특정 출연자에 대한 호불호가 없으며, 단일한 기준 체계와 일관된 피드백을 제공할 수 있고, 감정의 기복 없이 판단을 유지한다. 〈A-IDOL〉은 바로 이 지점에서 "오디션 프로그램의 평가는 공정한가?"라는 질문을 넘어, "AI는 공정함을 어떻게 구현하는가?"에 대한 서사적인 질문도 함께 던진다.

하지만 단순히 데이터에 기반한 평가만으로는 콘텐츠로의 감정 몰입을 유도하기 어렵다. 따라서 제작진은 AI PD가 공정한 심사자로 기능함과 동시에 몰입 가능한 캐릭터로 작동하기 위해, 기존의 AI 기술에 서사적 기능을 부여하는 방향으로 AI PD '로디아이'를 설계했다. 로디아이는 참가자의 춤·노래·표정·무대 연출력 등 멀티모달 기능으로 데이터를 실시간으로 수집해 분석하며 수치화, 통계화하여 평가한다. 하지만 여기서 중요한 것은 평가 그 자체보다 평가의 의미이다. 예를 들어, 한 참가자가 표현의 다양성은 뛰어나지만 안무 정확도가 부족한 경우, 로디아이는 참가자들에게 피드백을 제공하고 개인 맞춤형 조언을 해 준다. 이 과정에서 AI PD는 단순한 평가자가 아니라 조언자 혹은 트레이너 역할까지 수행한다.

이 지점에서 중요한 것이 바로 감정의 전이이다. 참가자들은 AI의 피드백에 반응하고, AI는 그 반응을 학습하고, 그 피드백은 다시 인간의 퍼포먼스를 변화시키면서 인간적인 관계가 형성된다. AI에서 느끼는 이러한 감정, 이른바 '반려성'도 인간들의 해석이다. 이러한 반려성은 AI가 사

---

14 「오디션 프로그램 불황 속⋯2025년 여름은 보이그룹 전쟁」, 《데일리안》, 2025.6.17.
　　https://www.dailian.co.kr/news/view/1510772/?sc=Naver

람처럼 생기지 않아도, 정서적 상호작용이 있다면 강하게 작동한다.[15] 이처럼 〈A-IDOL〉은 AI와 인간이 오디션 장르 안에서 상호 작용하며 감정의 서사를 만들어 가는 과정을 보여주고자 했다. 이로써 심사는 더 투명해지고, 동시에 AI의 기준에 출연자도 적응해 가는 과정도 보여준다. 결국 〈A-IDOL〉은 AI에게 평가와 선발의 권한을 부여함으로써, 단지 공정성의 문제만을 해결하려 한 것이 아니라, AI PD와 인간이 상호 작용하며 감정·권력·기준·서사를 재구성하며 진화하는 서사 구조도 제시한다.

3) AI 오디션 전문 PD '로디아이' 개발과 탄생 과정

〈A-IDOL〉은 단순한 오디션 포맷을 넘어 "AI가 주체적으로 인간을 평가하고 재조합할 수 있는가?"라는 질문을 던진 시도이자, 세계 최초의 AI 오디션 전문 PD '로디아이'와 그 세계관의 탄생이기도 했다. 〈PD가 사라졌다〉가 AI PD '엠파고'를 통해 연출 능력과 사회적 권위 형성 과정을 시험했다면, 〈A-IDOL〉은 그다음 단계로 AI를 '평가자'로 진화시켰다. AI PD '로디아이'가 직접 인간을 평가·선택하는 권한을 행사하고, 그 판단이 실제 K-POP 그룹의 탄생으로 이어지도록 설계한 것이다. 헥사리움이라는 가상 세계의 주인이자 오디션의 절대적 심사자로 등장한 로디아이는, AI PD가 어디까지 인간의 역할을 대체할 수 있는지를 시험하는 상징적 존재이다.

로디아이의 출발점은 〈PD가 사라졌다〉에서 엠파고가 보여준 창의적 미션 조합 역량이었다. 〈A-IDOL〉에서 로디아이는 미션이 아닌, 인간을 재조합해서 아이돌로 탄생시키는 과정을 보여준다. 예측 불가능성과 기괴한 상상력으로 실험적 PD의 면모를 보였던 엠파고가 '실험형 AI PD'였다

---

15 박현영 외, 『2026 트렌드 노트』, 북스톤, 2025, 26-63쪽.

면, 로디아이는 정형화된 오디션 포맷 안에서 AI만의 공정한 기준과 서사를 부여하는 '전문화된 PD'로 발전했다. 특히 피드백 능력이 핵심이었다. 제작진은 로디아이가 참가자의 춤·노래·표정·무대 연출력을 멀티모달 방식으로 수집·분석하도록 설계했고, 이를 바탕으로 공정성을 구현하며 참가자 개개인에 대한 정밀 분석과 정서적 피드백이 가능하도록 했다.

이러한 진화를 실현하기 위해 국내 선도 기업들이 기술 협업에 나섰다. 네이버클라우드는 초거대 언어 모델 하이퍼클로바 X(HyperCLOVA X)를 제공해 로디아이의 언어·분석·판단 능력을 담당했고, 엔삼클라우드는 방송 포맷에 맞는 UI와 기능을 통합해 라이브 환경에서 안정적 운영을 지원했다. 사이드워크엔터테인먼트와 잼픽홀딩스는 참가자의 노래·안무·표정·스타일을 실시간으로 해석하는 멀티모달 분석 기술을 제공했으며, 이스트소프트는 발화·표정·제스처가 동기화된 디지털 휴먼 외형을 구현해 로디아이가 '여신 심사자'로 무대에 설 수 있도록 했다. 마지막으로 수퍼톤은 AI 음성 합성 엔진으로 로디아이의 발화를 실시간 구현해 몰입감을 높였다. 특히 수퍼톤은 로디아이가 하나의 인격체로 느껴지도록 보이스 디자인에 공을 들였다. 이처럼 다양한 기술이 정합적으로 통합되면서, 로디아이는 단순한 응답형 챗봇이 아니라 데이터 기반의 판단과 실시간 인터랙션을 수행하는 '완성형 AI PD'로 자리매김할 수 있었다.

무엇보다 제작진이 신경 쓴 부분은 로디아이를 기능적으로 뛰어난 AI가 아니라, 참가자와 시청자가 '감정적 존재'로 받아들일 수 있는 캐릭터로 만드는 일이었다. 그 과정에서 로디아이에게는 헥사리움 세계에서 온 육각형 지능체라는 정체성이 부여되었고, 오디션의 공정성과 창의성을 구현하는 AI 여신이라는 상징성이 더해졌다. 성격은 냉정하면서도 객관적인 판단자로 설정되었지만, 단순히 감정을 흉내 내는 것이 아니라 데이터를 통

〈그림 8〉 헥사리움 공간 속 '로디아이'

해 감정까지 '연산'하는 존재로 정의되었다. 참가자에게는 단호하고 직접적인 피드백을 주고, 시청자에게는 그 근거를 설명하는 양면적 소통 구조를 갖추었으며, 외형은 SF적 디지털 휴먼의 형상을 통해 무대 위에서 살아 움직이는 심사자로 구현되었다. 결국 로디아이는 단순한 심사 도구가 아니라, 공정성과 몰입을 동시에 구현하는 '감성적인 오디션 전문 AI PD'로 탄생했다. 이는 AI가 오디션 장르에서 연출자와 심사자, 나아가 서사의 중심인물로 자리 잡을 수 있음을 보여주는 중요한 시도였다.

4) 〈PD가 사라졌다〉에서 진화한 AI 기술과 연출 과정

2024년 방영된 MBC의 〈PD가 사라졌다〉에서 AI PD '엠파고'는 출연자에게 미션을 제시하고, 프로그램의 흐름을 설계하며, 실시간 편집, 피드백, 출연료 지급까지 담당했다. 다만 당시 기술은 여전히 제한적이었다. 엠파고의 작동 원리는 특정 상황에 기반한 대화와 프롬프트에 의존했고, 시청자에게 남긴 인상도 프로그램의 몰입감보다는 'AI가 이런 역할까지 할 수 있구나' 하는 기술적 신기함에 그쳤다. 그로부터 1년 뒤 제작된 〈A-IDOL〉은 이러한 실험적 시도를 바탕으로 기술 수준과 연출 방식 모두에서 한 단계 도약한 결과물이었다. 〈A-IDOL〉은 단순히 'AI도 연출이 가능하다'는 사실을 증명하는 데서 멈추지 않고, AI가 콘텐츠의 흐름을 어떻게 감정적으로 이끌어 갈 수 있고, 더 나아가 "팬덤을 형성하는 엔터테크에 걸맞은 역할을 할 수 있는가?"라는 질문에 대한 답을 찾는 시도였다.

〈A-IDOL〉의 가장 큰 변화는 멀티모달 AI 시스템의 전면 도입이었다. 로디아이는 참가자의 음성·표정·제스처·안무·가사 전달력·스타일링 등 다양한 공연 요소를 실시간으로 분석했고, 이를 하나의 평가 체계로 통합했다. 그 결과, 인간 심사자가 직관으로만 포착하던 무대의 분위기와 몰입감을 객관적 수치로 환산할 수 있었다. 예를 들어, 노래 중 목소리의 떨림, 고음 처리의 정확도, 시선 처리 방식 같은 디테일이 분석되어 '무대 몰입도'라는 종합 지표로 변환되는 방식이다. 이는 인간 심사의 모호한 '감'을 시각적, 정량적 데이터로 치환하려는 시도였다.

이 경우, 로디아이는 너무 기계적으로 느껴질 것이라는 회의적 반응도 있을 수 있다. 그러나 AI가 특정 대상에게 취하는 태도는, 사용자로 하여금 그 존재가 실제로 느끼고 판단하고 있다는 인상을 심어 준다. 이러한 태도 표현은 단순한 정보 전달을 넘어, 사용자의 인식과 감정에 영향을 미치는 정서적 자극으로 작용하며, 가상 인간과 함께 세상을 해석하고 의미를 나누는 공유된 현실(shared reality)의 경험을 가능하게 한다.[16] 공유된 현실이란, 개인이 타인과 상호작용을 통해 외부 세계에 대한 해석이나 인식을 서로 일치시키며 공통된 현실감을 형성하는 사회적·심리적 과정이다.[17]

또한 연출 방식에서도 중요한 진화가 이루어졌다. 〈PD가 사라졌다〉에

---

16   사영준, 앞의 책, 2025, 31쪽.

17   Echterhoff, G., et al., "Audience-tuning effects on memory: The role of shared reality," *Journal of Personality and Social Psychology*, 89(3), 2005, pp.257-276.

서 AI의 연출 결과는 사후 편집을 통해 확인할 수 있었던 반면,〈A-IDOL〉에서는 거의 실시간으로 AI의 평가를 접할 수 있도록 설계되었다. 무대가 끝나면 로디아이는 즉시 피드백을 제공했고, 이 과정은 출연자들에게도 시각적으로 공유되었다. 이를 통해 로디아이는 안무의 리듬, 동작의 정확도, 에너지의 흐름, 구성의 창의성 등을 정석적으로 해석한 서술형 피드백을 기반으로 심사 멘트를 생성할 수 있었다. 평가는 소수점 아래 넷째 자리까지 진행하여 공정성과 정확도 이미지를 강화했다.

이러한 다층적인 평가 기준을 통해 로디아이는 한 무대 안에서도 팀의 완성도와 각 멤버의 개별 역량을 구분하여 평가할 수 있게 되었으며, 수치를 기반으로 점수를 제공할 수 있게 되었다. 이 평가는 로디아이의 음성과 디지털 휴먼 아바타를 통해 시각적으로 구현되었고, 시청자는 그 과정을 지켜보며 AI의 판단을 해석하는 경험을 하게 되었다. 단순히 결과를 소비하는 것이 아니라, AI가 어떤 논리와 기준으로 판단을 내리는지 추적하는 과정 자체가 콘텐츠의 일부가 된 것이다.

결국 〈A-IDOL〉은 〈PD가 사라졌다〉가 남긴 기술적 가능성을 토대로, AI가 콘텐츠의 감정과 서사를 이끌어 갈 수 있는 존재로 진화했음을 보여주고자 했다. 〈A-IDOL〉은 AI가 단순한 제작 도구가 아니라 감정을 설계하고 공유하며, 출연자와 상호작용 속에서 이야기를 만들어 나가는 창작 주체로 자리 잡을 수 있다는 가능성을 보여주었다. 이는 향후 AI 기반 리얼리티 제작 시스템의 기술적 가능성을 실제 방송 현장에서 입증한 사례로 기록될 수 있다.

5) 〈A-IDOL〉 속 AI PD의 진화: '통제자'에서 '평가자'로

〈PD가 사라졌다〉에서 AI PD '엠파고'는 결과적으로 인간을 통제하고 실

험하는 존재로 등장했다. 엠파고는 인간 출연자에게 낯선 규칙을 제시하고, 예측 불가능한 미션을 부여함으로써 인간 집단 내 긴장과 대립을 유발했다. 시청자에게 엠파고의 명령은 차갑고 다소 규범적이며, 인간의 감정적 반응이 부족한 실험실의 관리자 같은 면모를 보여주었다. 프로그램도 기술적 통제와 인간의 저항, AI PD 권위의 형성 과정을 탐색하는 사회적 실험의 성격을 띠었다. 따라서, 프로그램의 초점은 AI가 인간 사회 안에서 어떤 권력 구조를 구축할 수 있는지, 그리고 인간이 그 권위에 어떻게 반응하는지를 관찰하는 데 있었다. 따라서, 엠파고는 재미를 설계하는 예능 PD라기보다, 권력과 통제의 메커니즘을 구현한 통제자로 인식되었다.

〈A-IDOL〉은 AI의 위상을 전면적으로 재구성한 사례로 볼 수 있다. 〈PD가 사라졌다〉가 인간 대 기계의 대립 구도를 상징적으로 드러냈다면, 〈A-IDOL〉은 인간과 AI의 공진화(co-evolution)를 전제로 한 구조 속에서 감정적 '평가자 AI'의 가능성을 제시했다. 로디아이는 엠파고처럼 불안과 혼돈을 조성하는 존재가 아니라, 질서와 감정의 균형을 조율하는 창의적 연출자로 설계되었다. 정제된 대화 인터페이스와 감정 인식 모델을 바탕으로 참가자에게 실시간 피드백을 제공하고, 각 개인의 성장을 서사적으로 엮어 냈다. 그 결과 AI는 점차 인간의 감정을 이해하고 반응하는 듯한 존재로 인식되기 시작했다. 이는 지난 1년간 생성형 AI의 활용이 '기술적 용도'에서 '감성적 용도'로 뚜렷이 이동한 트렌드와도 맞물린 변화이다.[18]

이 같은 변화는 단순한 기술 고도화의 효과라기보다 콘텐츠 설계의 전

---

18 Zao-Sanders, M,, "How People Are Really Using Gen AI in 2025," *HARVARD BUSINESS REVIEW*, 2025, pp.1-13. https://hbr.org/2025/04/how-people-are-really-using-gen-ai-in-2025

환을 의미한다. 엠파고가 인간을 통제하고 시험하는 '권력의 상징'이었다면, 로디아이는 인간의 감정을 읽고 설계하는 '감정의 연출자'로 진화했다. 엠파고가 혼란과 위계를 이용해 인간의 반응을 관찰했다면, 로디아이는 인간의 욕망과 감정의 흐름을 조율하며, 함께 이야기를 만들어 가는 파트너가 되고자 했다. 참가자들은 어느 순간부터, AI의 결정에 불신을 표현하지 않고 오히려 그 판단을 신뢰하며 자신의 전략을 수정하면서 무대를 구성했다. 이러한 상호작용을 통해 AI가 단순히 데이터를 계산하고 평가하는 존재가 아닌, 감정과 판단에 의해 관계를 형성하는 '감정과 질서의 AI'로 진화했다. 이는 방송 콘텐츠에서 AI의 위치가 '공동 창작자'이자 '감정적 설계자'로 이동하고 있음을 시사한다. 결과적으로 중요한 것은, 두 프로그램이 모두 AI가 방송 콘텐츠 안에서 인간의 감정·관계·몰입을 어떻게 형성할 수 있는지를 보여주며, AI의 위치가 '공동 창작자'이자 '감정적 설계자'로 이동하는 진화의 과정을 제시했다는 점이다.

6) AI PD '로디아이'의 세계관: 헥사리움

〈A-IDOL〉은 판타지 세계관을 기반으로 심사와 서사를 전개하는 AI 오디션 프로그램이다. AI PD 로디아이가 창조한 세계라는 설정의 '헥사리움'이 주요 무대이다. 헥사리움은 단순한 오디션의 배경이 아니라, AI가 창조한 2세계이자 인간과 함께 서사를 빚어 가는 신화적 성격을 띤 가상 세계 무대였다. 이곳에서 참가자들은 평가받고 성장하는 존재로 진입하고, 로디아이는 절대 권위를 지닌 여신으로서 인간과 상호 작용하며 세계를 진화시킨다.

헥사리움을 상징하는 육각형은 자연에서 가장 안정적이고 조화로운 구조이자, 다면적 균형을 뜻한다. 벌집이 육각형으로 이루어져 효율과 질서를 동시에 구현하듯, 헥사리움 또한 여섯 평가 영역의 균형과 상호 보완 속에서 다차원적 가치가 균형을 이루는 새로운 평가 패러다임을 제시했다. 헥사리움은 곧 AI가 설계한 '균형의 세계'이며, 참가자들은 이 육각형 질서 안에서 자신만의 자리를 찾아가는 여정을 경험한다.

로디아이는 이 세계의 설계자이자 통치자로, 모든 참가자에게 세 가지 원칙을 고지한다. 첫째, 헥사리움은 진실과 성장을 추구하는 2세계이며, 참가자는 로디아이의 평가를 열린 마음으로 받아들여야 한다. 둘째, 헥사리움의 모든 규칙과 질서는 로디아이에게서 비롯되며, 참가자는 그 판단을 따라야 한다. 셋째, 앞선 두 원칙을 어기지 않는 한, 참가자는 무대 위에서 자유롭게 자신을 표현할 수 있다. 이 세 가지 원칙은 단순한 규칙을 넘어 헥사리움의 질서처럼 작동하며, 인간과 AI가 공존하는 새로운 오디션의 세계를 제시한다. 이곳에서 참가자들은 단순히 점수를 받는 것이 아니라, 로디아이의 알고리즘을 해석하고 그에 대응하며 끊임없는 심리적 줄다리기를 벌인다. 이 과정에서 협력과 경쟁이 교차하며, 인간성과 알고리즘이 맞부딪히는 새로운 드라마가 형성된다.

무엇보다 헥사리움은 참가자뿐 아니라 팬덤에게도 열려 있는 세계로 기획되었다. 비록 이번 방송에서 구현되지는 않았지만, 〈A-IDOL〉은 팬덤이 세계관의 공동 창작자로 참여할 수 있도록 설계되었다. 투표와 피드백은 단순히 인기 순위를 결정하는 수단이 아니라, 서사의 분기점을 만들어 내는 트리거로 작동하도록 기획되었다. 결국 〈A-IDOL〉의 헥사리움은 AI가 만든 2세계이며, 인간과 팬덤이 함께 서사를 재구성하는 신화적 무대가 되길 바랐다. 〈A-IDOL〉은 인간과 AI가 공진화하며, 스토리텔링 서사 형식과 평가 패러다임을 동시에 제시한 실험장이었으며, AI 시대 엔터테크 포맷의 방향성을 탐색한 사례로 기록될 만하다.

4. 결론: 엔터테크 시대, AI가 만드는 새로운 콘텐츠 생태계

2024년 〈PD가 사라졌다〉와 2025년 〈A-IDOL〉은 AI가 콘텐츠 제작의 능동적 주체 혹은 창작자가 될 수 있는가라는 문제의식에서 출발한 실험이었다. 두 프로젝트는 AI가 인간의 감정과 스토리를 데이터로 해석하고, 이를 다시 정서적 서사로 재구성할 수 있는지를 검증한 첫 사례였다. 이제 AI는 자막 생성이나 영상 편집 보조 수준을 넘어, 기획·캐스팅·연출·심사·편집·출연료 산정 등 전 과정에 개입하는 콘텐츠 연출가로 진화했다. 콘텐츠의 서사 구조도 데이터 피드백과 상호작용을 통해 실시간으로 변동되면서, 방송은 '완결된 결과물'이 아니라 '지속적으로 생성되는 경험'으로 전환되는 과정을 지켜볼 수 있었다. 〈PD가 사라졌다〉의 '엠파고'가 무규칙 속 통제를 통해 인간의 적응 서사를 실험했다면, 〈A-IDOL〉의 '로디아이'는 성장과 감정을 중심으로 균형과 질서 속에서 서사를 시도했다. 이 전환은 곧 AI 기반 콘텐츠가 세계관 중심의 엔터테크 포맷으로 확장될 수 있음을 보여준 구조적 증거이기도 하다. 이제 AI가 콘텐츠 서사의 일부가 아니라 주체로 작동하기 시작했음을 상징한다.

이러한 변화의 본질은 단지 기술의 혁신에 있지 않다. 핵심은 감정의 알고리즘화와 서사의 실시간화를 통해, 콘텐츠가 볼거리에서 참여 구조로 옮겨 가는 데 있다. AI 연출자 로디아이는 참가자의 표정·음성·제스처를 감정 데이터로 읽어 내고, 이에 따라 맞춤형 피드백과 미션을 생성하며 출연자에게 몰입감을 조율했다. 즉, 출연자가 AI에게 감정을 인식하고 반응하는 순간, AI는 단순한 평가자를 넘어서 감정을 공유하는 하나의 존재가 된다. 가상 인간이 특정 대상이나 사건에 대해 취하는 태도는, 사용자로 하여금 그 존재가 실제로 느끼고 판단하고 있다는 인상을 심어 주기 때문이다. [19] 이러한 태도 표현은 단순한 정보 전달을 넘어, 사용자의 인식과 감정에 영향을 미치는 정서적 자극으로 작용하며, 가상 인간과 함께 세상을 해석하고 의미를 나누는 공유된 현실(shared reality)의 경험을 가능하게 한다.

이 맥락에서 PD의 역할 또한 근본적으로 재정의된다. AI 시대의 PD는 더 이상 지시자나 관리자가 아니라, AI가 생산한 결과를 해석하고 감정 흐름을 설계하는 '감정 큐레이터'이자 미학적 조율자로 전환된다. 데이터가 무대를 확장한다면, 인간은 그 무대에 의미와 메시지를 부여하며 서사를 완성한다. 따라서 앞으로의 인간 PD는 기술과 예술, 창의와 윤리의 경계를 넘나드는 통합적 리더이며, AI 시스템의 의사결정 과정을 사회적 맥락에 맞게 해석하고 책임지는 전문가가 되어야 한다.

AI를 기반으로 한 엔터테크 콘텐츠는 앞으로 '무한 확장 가능한 세계관'을 향해 성장할 것이다. 그 세계관 속에서 팬덤은 단순한 소비자가 아니라 캐릭터 설정과 서사 전개에 개입하는 공동 창작자로 참여한다. 팬의 선택과 데이터는 알고리즘의 변수로 작동하며, 프로그램의 구조와 결말을 바꾸는 핵심 동력이 될 것이다. 이렇게 확장된 세계관은 방송을 넘어 게임·웹툰·NFT·메타버스로 확산되고, 가상 굿즈 소비와 팬덤 기반 이벤트가 새로운 비즈니스 모델로 자리 잡을 것이다. 나아가 AI가 설계한 미션 알고리즘과 스토리 엔진, 감정 인터페이스는 SaaS 형태로 글로벌 제작사에 라이선스될 수 있다. 이는 포맷 수출을 넘어 지속 구독형 콘텐츠 생태계로 진화할 가능성을 제시한다.

그러나 이러한 발전은 동시에 새로운 리스크를 내포한다. EU AI Act와

---

19 사영준, 앞의 책. 2025, 31쪽.

같은 규제는 자율적 판단을 수행하는 AI 시스템이 인간의 평가를 완전히 대체하는 것을 제한하고 있으며, 이는 향후 AI 심사 콘텐츠 포맷의 글로벌 유통 과정에서 중요한 변수로 작용할 것이다. 또한 개인정보 보호, 저작권 충돌, 알고리즘 편향 등은 기술 윤리 차원에서 즉각 해결되어야 할 과제이다. 결국, 엔터테크의 발전이 지속 가능하기 위해서는, AI의 창작 개입이 인간의 존엄과 공정성을 훼손하지 않는 방향으로 정교하게 설계되어야 한다.

〈PD가 사라졌다〉와 〈A-IDOL〉은 아직 미완의 실험이지만, 하나의 분명한 방향을 제시한다. AI는 이제 단순한 보조 기술이 아니라, 콘텐츠 생태계를 구성하는 새로운 창작자이자 서사적 주체가 될 수 있다는 점이다. 앞으로의 방송과 엔터테인먼트는 '누가 만들었는가'보다 '어떻게 상호 작용하며 만들어지는가'를 중시하는 '스토리두잉(story-doing)'형 엔터테크 패러다임으로 재편될 것이다. 콘텐츠는 더 이상 닫힌 이야기가 아니라, AI와 인간·팬덤이 함께 구축하는 살아 있는 신화적 무대로 변화하고 있으며, 그 중심에는 AI라는 새로운 창작자가 자리하고 있다.

4장

생성형 AI와 저널리즘 현장

———

김현지

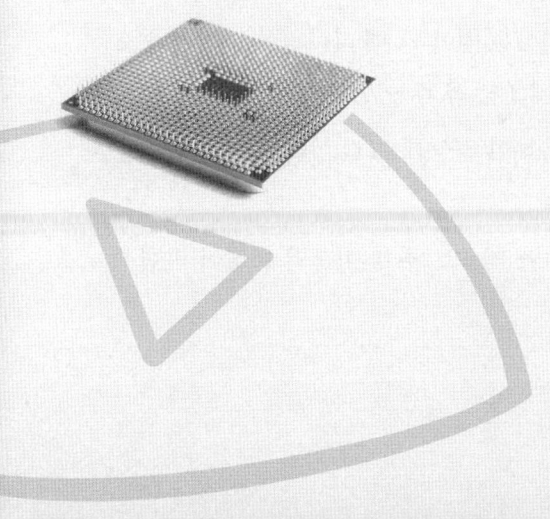

1. 들어가며

"칼럼 길이를 좀 줄여야 해서 AI 챗봇에 올려 봤는데 나보다 더 잘 줄이더라."거나 "단신을 하나 빨리 써서 넘겨야 하는데 시간은 없고 손이 빈 사람도 없어서 AI 챗봇을 써 봤다. 정리를 그럴듯하게 잘해 깜짝 놀랄 정도였다."는 AI 사용기는 새로운 기술 도입에 보수적인 언론업계에도 이제 신선한 화젯거리가 아니다.

AI 번역기로 외국어 기사를 번역해 읽거나 국문 기사를 영문이나 중문으로 바꾸는 모습은 흔해졌고, 네이버의 '클로바노트'와 같이 음성을 텍스트로 바꿔 주는 AI 서비스를 사용해 보지 않은 기자는 손에 꼽을 정도이다. 상대의 발언을 기자 수첩에 옮겨 적는 부담 없이 일상 대화하듯 편하게 인터뷰하고 인터뷰 녹음은 AI로 풀어 기사 작성할 때 쓰면 되니 일이 한결 수월해졌다.

필자가 처음 기자 일을 시작하던 2000년대 초엔 빠른 타이핑 실력이 현장 기자의 필수 역량이었다. 특히 긴급 브리핑처럼 문서로 제공되는 자료도 없이 실시간 발언만을 토대로 기사를 써야 할 때 타이핑이 느리거나 오타가 많이 나면 현장 기자 노릇을 제대로 할 수 없었다. 발언을 빨리 받아쓴 후 편집국에 있는 데스크와 공유해야 하는데 그걸 못하면 현장에 있을 이유가 없기 때문이다.

AI 음성인식과 실시간 텍스트 변환 기술로 취재 현장의 풍경이 바뀌고 있으니 기자들이 정부나 국회의사당 바닥에 양반다리로 둘러앉아 노트북 자판에 빠른 속도로 브리핑 발언을 받아쓰는 장면도 곧 '옛 추억'이 될 날이 머지않은 듯하다. CTS(Computerized Type setting System, 전자편집조판시스템)가 보급된 1990년대 중반 이후 입사한 기자들에게는 200자 원고지에 직접 기사를 쓰거나 눈에 보이지 않을 정도의 빠른 손놀림으로 활자를 넣어 조판하던 시절의 모습이 상상하기 힘든 것처럼 말이다.

그러나 AI의 역할이 기자의 일을 수월하게 만드는 조력자 정도에서 그치지 않을 것이라는 점이 점점 명확해지고 있다. AI는 기사를 대신 작성하기도 하고 기사를 큐레이션해 독자에게 전달하기도 하는 등 언론의 본질적 영역을 조금씩 파고들고 있다. '제로클릭(zero-click, 생성형 AI 검색 환경에서 사용자가 정보의 원문이 있는 웹페이지를 클릭하지 않고 AI가 제공한 요약 답변만으로 정보를 얻는 행동)'은 언론사 웹페이지의 트래픽 감소로 직접 이어지고 있다. 뉴스 추천까지 맞춤형으로 해 줄 수 있는 AI 에이전트의 대중화는 기존 언론의 입지를 더욱 위태롭게 만들 것이다.

ChatGPT와 AI 에이전트의 등장, 제로클릭 우려의 대두 모두 최근 2~3년 동안 일어난 일들이다. 그야말로 '진격의 AI'라고 해도 과언이 아니다. 이런 AI를 바라보는 언론업계 종사자들의 얼굴에는 당혹과 우려, 초조함, 불안함이 묻어 있다. 최근 십수 년 동안 IT 기술의 발전이 언론업계에 부정적 영향을 미쳐 왔고, AI 또한 부정적 영향을 주는 방향으로 가고 있다는 생각에서 비롯되는 불안함이다.

언론업계도 이 혁신적인 기술의 가능성과 위험성을 탐색하기 시작했지만 AI 활용 가능 영역의 모색, 새로운 가치 창출 방안 마련, 기사 데이터의 적정 가치 산정, AI 빅테크(Big Tech)와의 협력 전략 수립을 위한 개별 언론사 및 업계 차원의 공동 대응과 진지한 고민은 아직 많이 부족해 보인다.

당장 수익을 창출하지 못하는 AI에 투자할 필요가 없다며 다른 회사의 시행착오를 지켜보겠다는 소극적 입장의 언론사가 있는 반면, 빅테크가 제시하는 모호한 기술 지원이나 광고 수익 공유 조건을 성급히 받아들여 기사 제공 협력에 나서는 언론사도 있다. 언론 관련 협회들이 AI 빅테크의 기사 무단 학습에 항의하며 해당 기업을 고발하는 상황에서 이들 회사는 AI 빅테크에 기사 데이터 사용권을 제공하고 AI 솔루션을 공급받는 포괄적 업무 협약을 체결하고 있다. AI로 인한 일자리 감소를 우려하는 언론 종사자들의 반발을 피하기 위해 은밀히 AI 기사 작성 및 편집 도구를 개발하는 언론사의 소식도 들려온다.

상황을 관망하거나 방향성 없이 각자도생하는 혼란함, 이것이 'AI 전환' 시대를 맞이한 언론계의 현주소라고 말할 수 있을 것 같다.

2. 뉴스룸에서의 AI 활용

1) 업무별 · 개인별 온도차 여전

기자들 사이에서 생성형 AI를 활용해 업무 효율을 높여 가려는 시도가 활발해지고 있지만, AI가 뉴스룸 깊숙이 자리 잡았다고 말하기엔 이른 시점이다. 기자 직군 중 AI를 업무에 활용하는 직군과 그렇지 않은 직군이 나뉘고, 같은 업무를 하더라도 AI를 자주 활용하는 사람과 그렇지 않은 사람이 나뉜다. 또 시시각각 업데이트되는 각종 AI 툴을 사용해 보며 AI 활용 역량을 높여 가는 사람이 있는가 하면 ChatGPT나 퍼플렉시티(Perplexity), 클로드(Claude) 같은 챗봇의 질문-답변 기능만 이용하는 사람도 있다.

2024년 9~10월 국내 언론인 300명을 대상으로 실시한 온라인 설문조사에 따르면 전체 응답자의 73%가 AI 기술을 사용해 본 경험이 있다고 답했는데 이 중 매일 사용한다고 답한 사람의 비중은 21.9%이고 일주일에 몇 번 정도 사용한다고 답한 사람은 31.5% 정도였다. 상당수의 응답자가 AI 기술을 일상의 워크플로우(work flow)에 통합해 주기적으로 사용하기보다는 필요에 따라 간헐적으로 사용하고 있다는 의미이다.[1]

　현재 언론인이 가장 손쉽게, 많이 이용하는 AI 기능은 인터뷰 녹취를 텍스트로 바꿔 주는 STT(Sound to Text)로 파악된다. 네이버가 2020년 회의록 관리 서비스로 출시한 '클로바노트'는 1년 만에 사용자 100만 명을 돌파하며 큰 호응을 얻었고, 인터뷰와 녹취 작업이 일상인 기자들 사이에서도 필수 도구로 자리 잡았다. 클로바노트가 제공하는 것과 같은 STT 기능은 ChatGPT가 대중에게 알려지게 된 2023년 2월 이전, 기자들이 AI 서비스를 처음 접하게 된 계기였다고 해도 과언이 아니다. AI의 자연어 처리 성능이 개선되고 텍스트 변환 시 오류 발생이 점점 줄어들며 최근에는 국정감사 현장에서의 발언이나 정부 브리핑에서 연사의 발언을 바로 텍스트로 옮겨 주는 작업에도 STT가 많이 사용되고 있다.

　'딥엘(DeepL)'과 같은 자동번역 서비스는 국제 뉴스를 다루는 부서에서뿐 아니라 한국어 기사를 영어·중국어·일본어 등으로 자동 번역해 독자층을 해외로 확대하려는 시도에도 유용하다. 기자 개인적으로는 해외 뉴스 접근성의 허들이 낮아져 팩트 체크와 맥락 파악에 큰 도움이 되고 있다.

　뉴스 디자인을 담당하는 기자는 인포그래픽을 제작하거나 일러스트레이션 작업을 할 때 AI를 자주 활용한다. 지면 편집용 사진, 일러스트레이

1　이현우·조성동·이성규, 『뉴스룸 인공지능 도입현황과 활성화 방안 연구』, 한국언론진흥재단, 2024, 67-69쪽.

선을 '게티이미지뱅크'에서 다운로드해 쓰는 대신 AI가 생성한 이미지를 쓰든지 AI가 생성한 이미지 요소를 바탕으로 그래픽 기자가 수정을 가하는 방식으로 업무 부담을 줄인다. 《동아일보》 그래픽디자인 담당인 김충민 기자는 AI로 생성한 이미지를 일러스트레이션 부분 제작에 활용하고 있다. 예를 들어 정부의 「상법」 개정 움직임을 다루는 기사와 관련해 회사 건물이 쇠사슬에 묶여 있는 이미지를 그린다면 건물 이미지를 AI로 생성한 후 쇠사슬은 직접 그려 넣는 식이다.[2] 김 기자는 AI로 전체 이미지를 생성하지는 않는데, 그 이유는 AI가 생성하는 결과물이 100% 만족스럽지 않기 때문이라고 설명했다. 그는 AI를 이용해 그래픽 제작 시간을 20% 정도 단축하고 있다.

《한국경제》는 2024년 1월 창간 60주년을 기념해 제작한 '디지털 휴먼이 온다' 10회 기획에 AI 그래픽 도구인 '미드저니(Midjourney)'가 만들어 낸 이미지를 매회 포함시켰다. 그림이 필요할 때 통상 그래픽디자인 담당 기자에게 요청하고 여러 차례 수정을 거치느라 며칠씩 걸리지만 미드저니로 짧은 시간에 수십 장의 이미지를 얻어 내며 이미지 작업 시간을 크게 단축한 것으로 전해졌다.

간단한 코딩과 프롬프트 엔지니어링을 통해 AI의 활용 수준과 범위를 넓혀 가는 기자도 더러 있다. 《조선일보》 경제부 안중현 기자는 자신이 자주 쓰는 챗봇에 증권거래소의 MCP(모델 컨텍스트 프로토콜) 서버를 연결해 사용한다. 챗봇에 증권거래소 API를 연결한 후 종가 정보가 필요한 종목들을 입력한다. 이어 해당 종목의 종가를 특정일 기준으로 정리해 표로 만

---

2   「투자 늘리라면서 상법-노란봉투법 압박…소송 리스크는 기업 몫」, 《동아일보》, 2025.7.26. https://www.donga.com/news/Economy/article/all/20250726/132074517/2

들어 달라고 하고 표 형식으로 정리된 데이터를 받는다. 이 데이터를 그래픽디자인 기자에게 주거나 간단한 그래픽으로 변환해 전달하기도 한다. 그는 최근에는 ChatGPT를 이용해 주식 시세 데이터를 모으고 분석하며 기사 작성을 위해 세운 가설을 검증한다.[3] AI를 사용하기 전에는 시간이 너무 많이 걸리거나 분석이 어려워 개인적으로 시도하기 힘들었던 일들이 가능해졌다는 것이 그의 설명이다.

이렇게 업무 효율과 작업 성과를 높이는 데 AI를 활용하는 기자가 있는 반면 AI를 전혀 사용하지 않는 기자도 적지 않다. AI의 도움을 받기 힘든 직무를 맡은 기자는 AI를 군이 알아야 할 필요가 없다. 대표적으로는 영상 촬영 기자가 그렇다. 언론 현장 영상 취재는 단순히 촬영을 넘어 어떤 상황과 장면이 뉴스 가치가 있는지 판단하는 과정이다. 뉴스 현장은 매우 역동적이고 예측 불가능하기 때문에 AI가 도움될 일이 거의 없다. 경력 10년 차의 한 영상 기자는 "AI를 잘 알지 못하고 평소 사용할 일도 많지 않다." 며 '나의 업무가 창작하는 것이 아니고 현장을 촬영하는 업무이기 때문'이라고 말했다.

현재 영상 촬영에 AI를 도입하는 경우는 인기가 상대적으로 떨어지는 스포츠 경기의 중계 정도인 것으로 파악된다. AI가 정교한 촬영을 하지는 못하지만 인물의 동작을 따라 움직일 수 있기 때문에 인간 기자를 투입하기 힘든 경기에 AI 카메라를 투입해 촬영하는 것이다.

AI의 성능이 기대치에 미치지 못해 AI를 사용하지 않는다는 기자도 적

---

3   「하락장선 삼성전자 저가 매수, 상승장선 방산 추격 매수」,《조선일보》, 2025. 4. 22.
     https://www.chosun.com/economy/stock-finance/2025/04/22/PIAFY7GNTBGG5KF
     BZ5K3B6UQEE/

지 않다. 특히 숙련된 기자일수록 이렇게 생각하는 경향이 있는 듯하다. 경력 23년의 편집 기자는 "기사 제목을 몇 번 AI를 이용해 뽑아 봤는데 결과물에서 실제 제목으로 쓸 만한 '임팩트'가 느껴지지 않았다."며 자신이 직접 뽑는 것이 효율적이라 AI를 사용하지 않는다고 말했다.

AI 생성 답변에 섞여 있을 수 있는 할루시네이션(환각)에 대한 불신도 AI 도입을 꺼리게 만드는 요인 중 하나이다. 한 중앙지 논설위원은 "정보를 검색할 때 도서관에서 여러 책을 참고하듯 구글링(구글 검색)에 많은 시간을 투자해서 정보를 모으는 편인데 AI는 정보를 조합한 후 답변해서 편리하다."면서도 'AI가 내놓은 답변을 100% 신뢰할 수 없어서 결국 다시 한번 찾아봐야 해 실용성은 제한적'이라고 덧붙였다.

일부 기자들은 AI의 도움을 받는 것을 직업인으로서의 자존심을 훼손하는 행위로 여기는 것 같다. 오랜 기간 정치부에서 활동해 온 한 논설위원은 기사 작성에 AI의 도움을 받는 것에 대해 '슬픈 일'이라고 표현했다. 그에게 글쓰기는 오랜 시간 공들여 갈고 닦아야 하는 기술인 동시에 기자로서의 정체성이자 자부심이기 때문이다. 기자나 칼럼니스트가 AI에게 글쓰기 도움을 받는 것은 전문가로서의 장인 정신을 훼손하는 행위라고 보는 것이다. AI를 사용하는 것이 프로답지 못하다고 여기는 사람이 적지 않다는 점은 슬랙(Slack)이 2024년 8월 발표한 '워크포스 인덱스' 연구 보고서에도 언급되었다. 슬랙에 따르면 설문 응답자의 48%가 "AI를 업무에 사용하는 것을 상사에게 밝히는 것이 불편하다."고 답했다. 또 응답자의 47%는 "AI 사용이 부정행위처럼 보일 수 있다."며 우려감을 표현했고, 46%는 "AI를 사용하면 능력이 부족한 것으로 평가될까 봐 두렵다."고 답했다.[4] 이는

4 「세일즈포스의 AI 에이전트와 고객경험: 단일 AI가 해결 못하면 '멀티AI 협업', 고객문

AI에 대한 조직 차원의 시선이나 조직 문화가 AI 상용화에 적지 않은 영향을 미치는 요소임을 시사한다.

2) 언론사의 움직임, 서두름과 관망 사이

AI 활용과 도입에 대한 기자 개인의 입장과 언론사 조직 차원의 분위기는 상당히 다르다. 언론사의 AI 도입 속도는 기자 개인에 비해 현저히 느리다고 할 수 있다. 이러한 차이에는 여러 구조적 요인이 작용하고 있는 것으로 보인다.

우선 언론사는 브랜드 신뢰도가 생명인 조직이라 새로운 기술 도입에 매우 신중해질 수밖에 없다. AI가 잘못된 정보를 생성하거나 편향된 결과를 제시하면 언론사 전체의 신뢰도에 치명타가 될 수 있기 때문이다. 개인 기자는 개인적 호기심이나 업무 효율성을 높이기 위해 시도해 볼 수 있지만 조직은 모든 위험성을 검토해야 한다. AI가 생성한 콘텐츠의 책임 소재 · 출처 명시 방법 · 팩트 체킹 과정 등에 대한 명확한 가이드라인이 아직 부족하고, 저작권 · 개인정보 보호 · 뉴스 윤리 등 언론사가 고려해야 할 법적 이슈들도 산재해 있다.

투자와 인프라 문제도 있다. 개인이 ChatGPT와 같은 AI 도구를 구독하는 것과 달리 언론사가 AI를 도입하려면 상당한 예산과 시스템 구축이 필요하다. 기존 편집 시스템과의 통합, 직원 교육 등 복잡한 과정이 뒤따른다.

의 98% 풀고 2%만 사람에게 넘겨」,《동아비즈니스 리뷰(DBR)》, 2025. 4월 1호, 2025.

(1) 첨예한 논쟁 대상인 저작권 문제

2025년 현재 언론사 경영진이 가장 주목하는 AI 이슈는 뉴스 기사의 저작권 문제라고 할 수 있다. 뉴스는 언론사가 시간, 비용, 전문 인력을 투입해 생산하는 핵심 자산이다. 뉴스의 저작권이 인정되어야 언론사가 AI 기업과의 협상에서 공정한 대가를 요구할 수 있다.

언론사가 AI 학습 데이터로 사용된 뉴스의 저작권을 인정받는 일은 단순한 법적 권리 확보를 넘어 양질의 뉴스 생산과 언론 산업의 존립을 위한 필수 조건이다. 저작권을 통해 벌어들인 수익금을 취재와 보도에 재투자해야 더 질 좋은 뉴스를 생산할 수 있다.

언론사들은 AI 기업이 언론사의 허가 없이 뉴스 기사를 대량으로 스크래핑해 AI 모델 훈련에 사용하며 모델 성능을 개선해 왔다고 본다. AI 기업이 뉴스의 저작권을 인정하지 않고 언론사의 동의나 대가 없이 뉴스를 무단으로 학습에 활용하는 것은 언론사가 투자한 자산에 정당한 보상을 제공하지 않고 사용하는 것일 뿐 아니라 중장기적으로 언론의 황폐화를 조장하는 것이기도 하다.

이런 이유로 한국, 미국, 영국, 일본 등 주요국 언론계는 AI 기업들의 뉴스 콘텐츠 무단 사용에 필사적으로 대응하고 있다. 《뉴욕타임스》가 OpenAI와 마이크로소프트를 상대로 소송을 제기한 데 이어 글로브앤드메일 등 캐나다 주요 언론사 5곳도 오픈AI에 집단소송을 제기했다. 미국 뉴스미디어연합(NMA)은 AI의 책임 있는 활용과 콘텐츠 보호를 촉구하는 캠페인을, 영국 언론사들은 '공정하게 만들어라(Make It Fair)' 캠페인을 전개 중이다. 일본신문협회 역시 "현행 법령으로는 뉴스 콘텐츠를 무단 이용하는 해외 사업자에 대응하기 어렵다."며 저작권 보호 강화와 AI 개발사 학습 데이터 공개 의무화를 강조하고 나섰다.

국내에서는 KBS · MBC · SBS 지상파 방송 3사가 네이버를 상대로 「저작권 침해 및 부정경쟁방지법」 위반으로 인한 손해배상 청구 소송을 서울중앙지법에 제기했다. 한국신문협회는 네이버가 자사 LLM(Large Language Model, 거대 언어 모델)인 '하이퍼클로바 X' 개발 과정에서 뉴스 콘텐츠를 무단 학습했다며 네이버를 공정거래위원회에 신고했다. 협회는 네이버의 행위가 시장 지배적 지위 남용과 거래상 우월적 지위 남용에 해당한다고 본다. 이에 따라 협회는 네이버의 불공정 행위 즉각 중단, AI 학습 데이터의 투명한 공개, 뉴스 콘텐츠 이용에 대한 공정한 대가 지급 등을 요구하고 있다.

(2) AI 기사 작성 보조 도구의 확산

이처럼 AI 기업들과 저작권 문제로 대립하고 있는 상황이지만 이와 동시에 언론사 경영진은 AI를 통한 비용 절감과 생산성 향상 가능성에도 주목하고 있다. AI는 24시간 작업이 가능하고 대량의 기사를 빠르게 생산할 수 있어 기자 인력 의존도를 줄일 수 있다. 예를 들어 현장을 챙기면서 속보를 써야 하는 상황이라면 AI가 보도 자료와 데이터를 입력받아 빠르게 속보 초안을 생성해 데스크에게 전달하는 동안 기자들은 현장 취재에 집중하며 해설 기사나 추가 취재를 준비할 수 있다. 편집 지면에 맞춰 기사 길이를 늘이고 줄여야 하는 반복적 에디팅 업무도 AI에게 맡기면 데스크는 그 시간에 현장 취재를 가거나 다른 심층 취재를 지휘할 수 있다. 증권 시황, 날씨, 스포츠 경기 결과처럼 패턴이 일정한 기사의 작성은 사람보다 기계가 더 빠르고 정확하게 할 수 있음은 물론이다.

교열 역시 AI가 사람을 대신해 수행하기 좋은 일 중 하나이다. 교열은 기자가 써서 보낸 원고에서 맞춤법과 띄어쓰기, 오탈자를 검수하고 외국어의 표기를 바로잡거나 적절한 대체어를 제안하는 업무이다.

기자들이 마감 시간에 맞춰 빠르게 써서 보낸 기사는 맞춤법이나 외국어 표기에 적지 않은 오류가 있다. 잘못된 맞춤법이나 오기는 기사의 최종 품질과 신뢰도에 상당한 영향을 미치기 때문에 교열은 일관되게 꼼꼼한 태도로 이루어져야 한다.

맞춤법, 띄어쓰기, 문법, 용어 일관성, 인명이나 지명 표기, 숫자 표기법 등 명확한 규칙이 있는 교열은 AI가 잘할 수 있는 업무로, AI는 마지막 문서까지 일관된 정확도를 유지하며 업무를 수행할 수 있다.

이런 이유로《조선일보》등 주요 언론사는 AI 기반 교열 시스템을 도입하고 있으며《조선일보》가 구축하고 있는 AI 기사 작성 보조 도구의 교열은 90% 이상의 정확도로 오탈자를 잡아내고, 문장 전체의 맥락을 이해해 교정할 수 있는 수준에 도달한 것으로 알려졌다.

《조선일보》는 2025년 1월부터 AI 스타트업인 업스테이지와 함께 '미디어 AI'를 개발 중이다. 미디어 AI는《조선일보》의 105년 치 콘텐츠 410만 건을 학습시킨 AI로, 교열 기능을 포함해 연말까지 팩트 체크·기사 작성·번역 등의 기능을 탑재할 예정이다.

《중앙일보》역시 보도 자료 기사 작성 서비스를 실시하고 있으며, AI의 도움을 받은 기사에는 "이 기사는 구글 클라우드의 생성 AI를 기반으로《중앙일보》가 만든 AI 시스템의 도움을 받아 작성했습니다."라는 안내 문구를 적고 있다고 밝혔다.[5]《한국일보》,《이데일리》,《한국경제》,《서울경제》도 AI 기사 작성 보조 도구를 개발 중이거나 개발 완료하고 지속적으로

5　「언론에 우후죽순 도입되는 생성형AI…문제는 없을까」,《미디어오늘》, 2025.2.4.
　　https://www.mediatoday.co.kr/news/articleView.html?idxno=324086

업데이트하며 성능을 개선해 가고 있다. 이처럼 기사 작성기에 AI 기능을 탑재하는 추세는 점차 확산되어 3~4년 내에 업계 표준이 될 것으로 보인다.

(3) 새로운 서비스 도입 시도

AI 기사 작성 보조 도구가 업무 효율성 제고 측면에서 도입되고 있는 도구인 한편 AI 챗봇은 새로운 뉴스 소비의 방식을 제안하고 유도하는 대표적인 B2C(Business to Consumer, 기업과 소비자 간 거래) 서비스이다. 독자는 챗봇에 직접 질문하고 답변을 받으며 뉴스와 정보를 소비한다. 챗봇이 검색하고 정리한 내용을 응답으로 받아 보면 독자가 알고 싶은 정보를 즉시 획득할 수 있기 때문에 필요한 자료를 얻는 데 드는 시간을 단축할 수 있고 후속 질문을 통해 궁금증을 해소할 수 있어 편리하다.

《동아일보》는 경영 전문 매거진인 『동아비즈니스리뷰(DBR)』의 기사를 기반으로 답변하는 챗봇 '애스크비즈(AskBiz)'를 개발해 2024년 2월 공개했다.[6] 이 챗봇은 RAG(Retrieval Augmented Generation, 검색 증강 생성)를 이용해 LLM의 할루시네이션을 보완하는 구조로 설계된 국내 언론 최초의 챗봇이다. RAG는 LLM이 검색을 통해 확보한 정보를 토대로 답변을 만들어 내게 하는 시스템이다. '질문 → 『동아비즈니스리뷰(DBR)』 데이터베이스에서 관련 정보 검색 → LLM이 답변 생성'하는 3단계 구조를 통해 정확하고 전문적인 내용을 담은 정보를 독자에게 제공한다.

또 사용자가 할루시네이션 여부를 확인하거나 추가 정보를 확인할 수

---

6 애스크비즈(AskBiz) 챗봇은 DBR 홈페이지(https://dbr.donga.com)에서 무료로 사용할 수 있다.

있도록 답변에 사용된 기사의 출처도 함께 안내한다. 2025년 현재 시중에서 사용되는 AI 챗봇 중 다수가 답변 출처를 제공하고 있지만 2024년까지 대부분의 챗봇이 정보 출처를 밝히지 못했다. 저작권자의 동의 없이 데이터를 학습시켰기 때문에 출처 제공을 할 수 없었던 것이다. 이런 가운데 출시된 애스크비즈 챗봇은 저작권을 가진 언론사가 자사 기사 데이터를 근거로 답변을 생성하고 답변의 출처도 제공하는 챗봇 모델로 주목받았다.

이와 비슷한 시기에 한국언론진흥재단이 재단 소유의 뉴스 분석 시스템인 '빅카인즈(BIG KINDS)'를 기반으로 AI 챗봇 '빅카인즈 AI'를 개발해 서비스하기 시작했고 《중앙일보》와 《매일경제》도 자사 챗봇을 온라인 홈페이지에서 선보였다. 2025년 현재 챗봇은 언론사 닷컴에서 제공하는 보편적 서비스로 자리 잡아 가는 모습이다.

챗봇은 은행업이나 보험업과 같이 고객 서비스(CS)가 중요한 산업에서도 많이 사용되는데, 언론업계에서 고객 서비스용으로 도입한 챗봇의 대표 사례는 《한겨레》의 '겨리봇'이다. 독자 후원제를 기반으로 운영되는 《한겨레》는 신문사 후원 회원을 응대하기 위해 겨리봇을 개발했다. 겨리봇은 후원 내역 조회나 후원 절차, 결제 수단 변경 등 후원과 관련된 문의에 대해 안내한다.

(4) 국내 언론사들의 AI 딜레마: 소극적 도입 vs 성급한 협업

이러한 몇 가지 사례에도 불구하고 언론사 차원에서 적극적으로 AI를 사용하려는 움직임은 드문 편으로 보인다. AI 챗봇, AI 뉴스 큐레이팅 시스템 등과 같은 새로운 상품과 서비스 시도는 특정 부서나 몇몇 사람이 주도하는 파일럿 프로젝트에 머물러 있을 뿐 조직적 프로젝트로 확대되지 못

하고 있다.

특히 일부 언론사가 AI 기반 기사 작성 도구 도입 등을 통해 제작 과정의 효율성을 높이거나 비용을 절감하는 차원에서 AI를 활용하는 데 집중하고 있을 뿐, AI가 가져올 언론 산업의 구조적 변화를 예측하고 새로운 상품과 서비스를 개발하려는 움직임은 찾기 힘들다는 점이 아쉽다. AI를 적극 도입해 보려고 노력하는 기자들 사이에서는 "회사 차원의 격려를 바라는 것은 사치다. 못하게 막지만 않으면 도와주는 것."이라는 자조적 목소리도 들린다.

이처럼 국내 언론사가 AI를 받아들이는 데 소극적인 이유는 예측 가능성과 안정성을 중시하는 분위기에 기인한 것으로 보인다. 언론사는 오랫동안 구축해 온 사업 모델이 있고, 언론의 전통적 역할과 사업 모델에 최적화된 조직 구조를 갖추고 있다. 이해관계자 네트워크도 대단히 다층적이고 복잡하다. 언론사 운영의 기반인 광고와 구독 수익이 매년 줄어들고 있지만 콘퍼런스·포럼 개최 및 정부 입찰 참여 등 각종 부대사업으로 수익성을 맞춰 가고 있다. 이런 상황에서 새로운 시도가 자칫 기존 사업의 안정적 운영과 수익성 유지에 악영향을 주는 방향으로 작동할지 모른다는 우려가 기존 방식을 고수하게 만드는 것으로 보인다.

과거 IT 투자를 통한 혁신 성공 사례가 부재한 점도 걸림돌 중 하나로 작용한다. 지난 20여 년간 국내 언론사들은 디지털 전환을 위해 상당한 자원을 투입했지만 뚜렷한 성과를 거두지 못했다. 온라인 뉴스 플랫폼과 모바일 앱은 경쟁력 있는 다른 서비스에 밀려 성공하지 못했고, 젊은 층을 겨냥한 팟캐스트나 뉴스레터 서비스 등도 새로운 시도로 주목받았지만 장기적으로 생존한 사례는 많지 않다. '디지털 혁신'이라는 명목으로 추진된 각종 프로젝트들이 수익 창출 측면에서 부진한 결과를 내다 보니 언론사 경영진으로서는 새로운 기술 도입에 신중해질 수밖에 없어 보이기도 한다. 한때 주목받다가 운영에 어려움을 겪은 온라인 미디어를 두고 "IT에 투자하더니 결국 그런 결과가 나왔다."는 식의 성급한 평가까지 듣게 되는 실정이다.

국내 언론 시장 규모의 한계 역시 AI 투자를 주저하게 만드는 요인 중 하나이다. 국내 언론 시장은 인구의 한계가 있고 이미 포화 상태에 가깝다. 글로벌 시장을 겨냥한다면 상황이 다르겠지만 대부분의 국내 언론사들은 여전히 국내 시장에만 초점을 맞추고 있다. 언어 장벽과 문화적 차이를 고려할 때 해외 진출도 쉽지 않다. 이렇게 제한된 시장에서 AI 기술을 도입해 독자 도달률과 기사 제작 효율을 높인다고 해도 투자 대비 창출할 수 있는 수익이 제한적일 수밖에 없다.

결국 언론사들의 소극적 태도는 '당장 수익을 창출하지 못하고 향후 수익 가능성도 불확실한 반면 실패할 가능성은 높다'는 계산에서 비롯된다고 할 수 있다. 특히 오랜 기간 쌓아 온 자산과 브랜드 가치를 보유한 레거시 미디어(legacy media)일수록 잃을 것이 많다는 부담감이 크다. 이들은 기존의 취재 시스템과 보도 방식만으로도 여전히 사회적 영향력을 행사할 수 있다고 판단하는 듯하다. 이런 상황에서 굳이 위험을 감수하며 새로운 기술에 투자할 필요성을 느끼지 못하는 것이다.

이런 분위기 속에서 한편으로는 AI 도입과 적용에 대한 청사진이 모호한 상태에서 AI 기업과 업무 제휴를 맺는 모습도 종종 나타나고 있다. 최근 1년간 AI 기업과 파트너십을 체결하거나 본격적인 협업 프로젝트를 진행한 국내 언론사는 10여 곳에 달한다. 업스테이지《조선일보》, 퍼플렉시티《이데일리》·매경미디어그룹 ·《한겨레》·뉴스핌, 네이버《브릴리언트코리아》·KBS, NC AI-MBC 등이 공식적으로 협업 소식을 발표했다.

단일 AI 기업 중에서는 퍼플렉시티와의 협업이 활발한 양상이다. 언론계와 저작권 분쟁이 진행 중인 네이버 등 국내 AI 기업과는 협업이 어려운 반면, 퍼플렉시티는 글로벌 AI 기업 중 드물게 미디어 파트너십 프로그램을 운영하고 뉴스 제공 시 수익 공유 방침을 제시한다는 점이 주요하다. 또한 자체 콘텐츠 생태계가 부족한 퍼플렉시티로서는 언론사와의 협력을 적극 추진할 필요가 있다는 점도 적극적 협업의 이유로 파악된다.[7]

하지만 AI 개발사와 개별 언론사 간 가격 협상의 칼자루를 언론사가 아닌 AI 개발사가 쥐고 있는 가운데 기사의 가치 산정에 대한 기준선 혹은 최저선이나 공정한 보상 체계를 마련하기 위해 충분히 고민하지 않고 AI 개발사와 협상하는 것은 언론사에 불리한 결과를 초래할 수 있다. AI 기업과 협업이 다소 조급해 보이는 이유이다.

3. 진격하는 AI, 위기와 기회

1978년부터 기자 생활을 시작해 50년 가까이 언론에 몸담아 온 니먼 재단 큐레이터, 앤 마리 리핀스키는 본인이 겪은 언론 환경의 가장 큰 변화가 인터넷의 등장에서 비롯되었다고 단언했다. 그는 "인터넷이 뉴스를 만들고 전달하는 방식을 근본적으로 바꾸었다."고 회고했다.[8]

그의 진단대로 수십 년째 출구를 찾지 못하고 있는 언론의 위기는 인터넷과 디지털 환경의 발달로 정보 유통 생태계가 변화한 것에 기인한다. 인

---

7 「체결 급급해 보이는 AI 기업·언론사 협업, 최선인가」, 《한국기자협회보》, 2025.8.27. http://www.journalist.or.kr/news/article.html?no=59200
8 「저널리즘의 본질 지키며 새로운 세대의 뉴스 소비 방식 충족시킬 방법 찾아야」, 『신문과방송』, 2024.12월호, 2024, 32-35쪽.

터넷 시대에 뉴스의 소비는 신문, 방송 등 전통적 미디어에서 포털 사이트 등 플랫폼 중심으로 변화했다. 디지털 환경은 온라인 언론사의 진입 장벽을 낮춰 신생 언론이 급증했고 각 언론사는 격화된 경쟁 상황으로 내몰렸다. 포털과 소셜미디어에서 눈에 띄기 위해 각 사는 자극적이고 일차원적인 헤드라인과 기사를 양산하게 되었다.

이와 함께 빅테크 플랫폼이 뉴스를 헐값에 사서 무료로 배포하자 독자들의 유료 구독 의식도 크게 약화되었다. '돈을 내고 뉴스를 보면 손해'라는 생각이 퍼졌고 구독 수익이 감소하면서 언론사들은 광고에 더욱 의존하게 되었으며 광고 수익을 늘리기 위해 더 자극적인 콘텐츠로 클릭 경쟁에 나서는 악순환이 발생했다. 이 같은 전반적 뉴스 생태계의 변화는 AI의 등장으로 또 다른 큰 변곡점을 맞이하고 있다.

1) 유통 구조의 변화와 공론장으로서의 역할 약화

AI가 초래할 것으로 예측되는 큰 변화 중 하나는 독자가 기사를 소비하는 방식과 정보가 유통되는 경로의 전환이다. 인공지능 검색의 급속한 확산이 언론 산업을 구조적으로 바꿔 놓고 있다고 해도 과언이 아니다.

구글은 검색 결과 상단에 인공지능이 생성한 요약 정보를 제공하는 'AI 오버뷰(AI Overviews)'를 도입했다. 국내에서도 네이버가 지난 3월 검색 결과 상단에 'AI 브리핑' 기능을 선보였다.

이 같은 검색의 변화는 제로클릭(Zero-Click) 현상으로 이어지는 양상이다. 제로클릭 현상이란 사용자가 검색엔진에서 얻은 답으로만 만족하고 정보의 출처가 되는 원본 웹사이트의 링크는 클릭하지 않는 것을 말한다. AI 검색 이용이 확산될수록 뉴스 사이트로 유입되는 트래픽은 급격히 감소할 수밖에 없다. 이는 언론사의 광고 기반 수익 모델에 직접적인 위협이 된다.

국제뉴스미디어협회(INMA)의 보고서를 인용한 KPF미디어브리프에 따르면 2025년 현재 ChatGPT 주간 이용자 4억 명이 매월 쏟아 내는 300억 건의 질문 가운데 뉴스 관련 질의는 5억6000만 건(1.88%)이었고 답변과 함께 제공된 뉴스 사이트 링크를 실제 클릭하는 경우는 이 중 0.6%에 불과한 350만 건으로 분석되었다.[9]

우려스럽게도 이러한 경향은 AI 에이전트의 확산에 의해 더욱 심화될 것으로 예상된다. 사용자가 "어제 있었던 주요 뉴스 10개만 추려 줘."라고 지시하면 AI 에이전트가 사용자 대신 뉴스를 읽고 필요한 것을 추려 요약까지 한 후 제공하기 때문이다.

AI 에이전트의 대중화는 편집장이나 데스크가 가졌던 '무엇이 중요한 뉴스인가'를 판단하는 권한마저 알고리즘에게 이전시킬 것으로 보인다. 에이전트는 사용자의 관심도나 클릭률 데이터를 바탕으로 어떤 기사를 메인에 배치하고, 어떤 순서로 노출할지 결정하게 될 것이다.

이처럼 AI가 독자의 성향을 분석해 맞춤형 콘텐츠를 제공하게 되면 언론사가 지금까지 해 왔던 공론장의 기능, 즉 '모든 시민이 알아야 할 핵심 이슈'를 공통으로 전달하는 기능이 약화될 수 있다.

이런 변화는 결국 편집권이 언론인의 전문적 판단에서 데이터와 알고리즘으로 이동함을 의미하며 언론의 사회적 의제 설정 역할이 근본적으로 변질될 위험성마저 제기한다.

---

9   이현우, 「다가오는 제로클릭 시대 - 언론사의 AI 검색 대변혁 대응 전략」, 『KPF 미디어브리프』, 2025. 5호, 2025, 1-5쪽.

2) 기자 대신 기사 쓰는 AI

1990년대 인터넷을 기반으로 한 CTS(Computerized Type-setting System)가 도입되면서 200자 원고지에 손으로 기사를 쓰던 시대가 막을 내렸다. CTS는 기존의 수동 조판 방식을 컴퓨터 시스템으로 대체한 혁신적인 기술이었다. 기사 작성 → 편집 → 인쇄의 전 과정이 디지털화되면서 마감 시간이 단축되고 콘텐츠 수정과 보완, 편집 작업이 편해졌다. 이는 언론업계가 아날로그에서 디지털로 전환한 중요한 변곡점이었다.

그러나 CTS가 기자들의 취재 및 기사 작성 시간을 줄여 주지는 못했다. 글 잘 쓰는 기자에게 노트북 열 대를 준다고 해도 한 편의 기사를 쓰는 시간에 열 편을 쓰지는 못하기 때문이다.

이와 달리 우리가 맞이하고 있는 AI 혁명은 과거 CTS 도입과는 차원이 다른 변화를 가져오고 있다. AI는 기자 대신 기사를 작성할 수 있다. AI 기자 열 명은 한 명의 인간 기자가 한 편의 기사를 쓸 동안 열 편의 기사를 만들어 낸다. 비록 새로운 팩트가 담긴 스트레이트 뉴스는 쓰지 못하더라도 기존의 정보와 해석 등을 모아 정리하는 라운드업 기사 초안 정도는 충분히 생산해 낼 수 있다.

이는 곧 신문과 TV 뉴스의 일부를 AI가 작성할 수 있다는 의미인 동시에 기존 언론사에서 훈련받은 기자가 없는 회사라도 일정 수준의 뉴스 콘텐츠를 생산할 수 있게 된다는 의미이다. 실제로 이탈리아 일간지《일 포글리오(Il Foglio)》는 2025년 3월, 인간 기자의 개입 없이 AI만으로 만든 신문을 선보였다. 기사 본문뿐 아니라 제목, 인용, 기사 앞부분 요약까지 모두 AI로 작성했다.[10]

---

10 "Italian newspaper says it has published world's first AI-generated edition," *The*

국내에서도 AI를 이용해 기사를 작성하는 실험이 곳곳에서 이루어지고 있다. 《일 포글리오》처럼 AI에게 전적으로 제작을 맡기는 정도는 아니어도 인간의 역할을 최종 게이트키퍼 수준으로 최소화해 인건비를 아끼는 식으로 기사를 제작하는 온라인 매체들이 우후죽순 등장하는 것은 시간문제이다. 뉴스와 정보의 생산자가 지금보다 더 폭발적으로 늘어날 수 있는 것이다.

4. 언론의 존재 이유·존립 방식 다시 묻는 시기

AI로 인해 초래되는 여러 변화는 언론으로 하여금 언론이 사회적으로 존재하는 이유가 무엇인지 곱씹게 만든다. 기사를 AI가 쓸 수 있다면 인간 기자는 무엇을 해야 하는가? 단순한 정보 제공자를 넘어서는 우리만의 차별화된 가치는 어디에 있는가? 알고리즘이 개인 맞춤형 정보를 제공하는 상황에서 사회 통합을 위한 공통 담론을 어떻게 만들어 가고, 언론은 공론장의 역할을 어떻게 유지할 것인가? 가짜 뉴스 혹은 허위 뉴스와 딥페이크가 범람하는 시대에 언론의 검증 기능을 어떻게 강화할 것인가?

언론사 존립을 위한 비즈니스 모델도 고민이다. 트래픽 기반의 수익 구조가 무너지고 있는 상황에서 지속 가능한 무엇이 새로운 사업 모델이 될 수 있을까? AI 개발사와의 협력과 경쟁 관계를 어떻게 설정할 것인가? 인간과 AI가 공존하는 뉴스룸을 어떻게 구성하고 운영할 것인가?

Guardian, 2025.3.18. https://www.theguardian.com/technology/2025/mar/18/italian-newspaper-says-it-has-published-worlds-first-ai-generated-edition

1) AI 시대 언론의 핵심 무기: 신뢰와 검증

AI 시대 언론이 처한 위기를 뒤집어서 생각하면 오히려 언론의 존재 가치가 명확해질 수 있다. 인공지능이 생성한 수많은 콘텐츠가 난립하는 상황에서는 정보의 신뢰성과 정확성을 검증하는 것이 그 어느 때보다 중요해질 것이기 때문이다. 따라서 이러한 환경에서 언론은 진위를 알 수 없는 정보들 사이에서 어떤 정보가 사실인지를 판별하고 검증하는 핵심적인 창구 역할을 담당할 수 있게 되며 이것이 바로 언론의 가장 근본적인 존재 이유 중 하나가 될 것이다.

이러한 맥락에서 신뢰 자산은 앞으로도 기존 언론사가 반드시 지켜야 할 가장 소중한 가치가 될 것이다. '사실'과 '진실'에 대한 책임은 AI가 대체할 수 없는 인간 언론인의 고유한 영역이자 독자들이 언론에 기대하는 가장 기본적인 덕목이기도 하다.

신뢰 자산을 구축하는 방법은 이미 각 언론사들이 잘 알고 있다. 《동아일보》는 '사실에 바탕을 둔 보도', 《조선일보》는 '팩트 퍼스트와 불편부당, 정론직필의 정신', 《중앙일보》는 '균형 잡힌 시각으로 진실을 보도하는 언론'을 신뢰 구축의 핵심 요소로 제시하고 있다.

더 나아가 신뢰 자산과 책임감 있는 저널리즘을 바탕으로 한 팩트 체크 서비스를 새로운 정보 상품으로 개발하는 시도도 필요해 보인다. 풍부한 데이터베이스와 오랜 취재 경험, 그리고 전문 인력을 보유하고 있는 기존 언론사는 팩트 체크 기능을 누구보다 잘 수행할 수 있는 주체이기도 하다.

《조선일보》는 '팩트 체크 AI'를 개발해 2025년 하반기에 공개할 계획이라고 밝혔다.[11] 독자가 웹에서 얻은 기사나 문서를 팩트 체크 AI에 입력하

---

11 「팩트체크부터 검색·교열까지…AI 미디어 시대 연다」, 《조선일보》, 2025.2.3.

면 AI가 내용을 분석하고 확인이 필요한 요소를 찾아낸 후 국내외 미디어 사이트와 신뢰할 만한 출처에서 정확한 내용을 확인해 팩트 여부를 알려주는 식이다. 이는 언론사가 축적해 온 신뢰 자산을 현실적인 수익 모델로 전환할 수 있는 구체적 방안인 동시에 사회적 책무를 다하는 방법으로 파악된다.

AI 시대가 도래할 것이라고 해서 언론의 역할이 축소되는 것은 아니다. 오히려 정보의 진위를 가려내고 사회적 이슈를 발굴하며 책임감 있는 보도를 통해 공공의 이익을 추구하는 언론의 본질적 기능은 더욱 중요해질 것이다. 이 모든 것의 기반이 되는 신뢰 자산을 지속적으로 쌓고 AI를 이용해 확산시킬 방법을 찾는 것이 중요하다.

2) 신뢰 자산의 수익화, 독자 관계 강화부터

힘들게 쌓은 신뢰 자산을 확산시키고 수익화로 연결하기 위해서는 독자의 인게이지먼트(engagement)를 높이는 일이 꼭 필요하다. 경영학에서 정의하는 인게이지먼트란 기업이 고객과 직접적이고 의미 있는 관계를 구축하고 유지하기 위한 모든 활동을 의미한다. 인게이지먼트가 탁월한 기업은 더 높은 고객생애가치(LTV, Customer Lifetime Value)와 더 낮은 고객획득비용(CAC, Customer Acquisition Cost)으로 비즈니스를 성장시킬 수 있다. 여기서 고객생애가치는 고객이 기업과 거래하는 기간 동안 기업이 얻을 수 있는 총수익을, 고객획득비용은 새로운 고객을 유치하기 위해 기업이 지출하는 비용을 의미한다.

https://www.chosun.com/special/announcement/2025/02/03/6EOWLRCZPRCTZBK2BI2NXJVXKM/

언론사가 독자와의 인게이지먼트, 즉 유대감을 높이는 일은 무엇보다 이 시대 언론이 어떤 포지션에 있어야 하는가, 언론 산업을 어떻게 지속 가능한 것으로 만들 것인가라는 질문에 답을 찾기 위한 토대가 된다. AI는 뉴스를 배열하고 요약하며 사용자 맞춤형으로 제공하는 편집자 역할까지 대체하고 있다. 독자는 더 이상 뉴스룸에서 작성한 기사를 찾아보지 않는다. 그 대신 질문하고, 요약본을 받으며, 해설된 콘텐츠를 소비한다. 뉴스의 가치판단과 중요도, 배치 우선순위가 인간 편집자의 손을 떠나기 시작했으며 기존의 운영 방식이 통하지 않는 시대로 접어든 지 오래다.

이제 언론사는 달라진 환경에서 독자들이 언론에 기대하는 것이 정확히 무엇인지 새롭게 정의해야 한다. 그러려면 독자가 필요로 하는 서비스가 무엇인지 끊임없이 이들에게 물어야 하고, 관련 정보와 데이터를 수집해야 하며, 다양한 서비스와 상품을 출시하는 실험을 진행해야 한다.

독자 데이터를 확보하는 일은 독자 인게이지먼트를 높이기 위한 선행 조건 중 하나이다. 《FT(Financial Times)》는 독자의 인구통계 데이터 분석을 통해 여성 독자 비율이 낮다는 점을 발견하고 여성 독자층을 늘리기 위한 맞춤형 콘텐츠 전략을 도입했다고 한다. 또 뉴스레터 구독자 대상 설문조사를 실시해 콘텐츠의 길이, 톤, 주제 등에 대한 직접적인 피드백을 받아 뉴스레터를 개선함으로써 구독자 만족도와 참여율을 높였다.

이에 반해 우리나라 언론사의 독자 관리는 기초적인 트래픽 분석과 같은 초급 수준에 머물러 있다고 해도 과언이 아니다. 일부 언론사를 제외하면 체계적인 독자 데이터 수집 및 분석 역량이 매우 부족한 상황이라는 진단이 많다. 수년 전부터 독자 데이터 관리의 필요성이 대두되며 《중앙일보》 등이 '독자개발팀'을 신설해 구독 기반 서비스로서의 성격을 강화하려고 했지만 아직 괄목할 만한 성과는 나오지 않았다.[12] 뉴스의 유통이 네이버와 카카오라는 포털에 종속된 탓에 이들 회사가 독자 데이터를 제공하지 않는 이상 언론사가 개별 독자 데이터를 확보하기는 힘든 것도 사실이다.

그렇다면 기존 방식과는 다르게 해 볼 수 있는 방법도 찾아야 할 것이다. 예를 들어 커뮤니티 중심의 독자 참여 전략을 생각해 볼 수 있다. 독자 토론 공간으로서의 커뮤니티는 기존의 일방향적 뉴스 전달에서 벗어나 기사에 대한 의견 교환이 활발히 이루어질 수 있는 플랫폼 역할을 할 수 있다. 시민 기자 프로그램도 독자 참여의 차원을 한 단계 더 끌어올리는 혁신적 접근법일 수 있다. 독자들에게 직접 콘텐츠 제작에 참여할 수 있는 기회를 제공함으로써 언론사는 더욱 다양하고 현장감 있는 콘텐츠를 확보할 수 있게 된다.

온라인에서 형성된 커뮤니티를 현실로 확장하는 오프라인 이벤트는 디지털 관계를 실체적 유대감으로 발전시키는 중요한 역할을 한다. 독자들이 실제로 만나 토론하고 교류할 수 있는 기회를 제공함으로써 언론사는 단순한 미디어 브랜드를 넘어 하나의 공동체로 인식될 것이다.

3) AI와 인간 기자가 공존하는 뉴스룸

AI가 뉴스룸에 본격 도입되기 전인 현재 시점에서 HRM(Human Resources Management, 인적자원관리) 문제를 논의하는 것은 다소 이른 것처럼 보일 수 있다. 하지만 뉴스 제작 과정에서 인간 기자와 AI가 함께 일하

---

12 「변변한 데이터 없는데 독자 잡겠다는 언론사」,《한국기자협회보》, 2019.1.16.
https://m.journalist.or.kr/m/m_article.html?no=45635

는 뉴스룸의 모습은 향후 5년 내에 실현될 것이 확실한 미래상이다.

언론사의 조직은 기존의 관성을 뛰어넘어 AI와 인간 기자의 조화로운 협업을 위해 재편되어야 할 시점에 와 있다. 어디서부터 어디까지 AI에게 맡길 것인지, 언론의 본질적 경쟁력을 잃지 않으려면 인력을 어떻게 육성하고 운영할 것인지에 대한 적극적 고민과 투자가 그 어느 때보다 필요하다.

AI에게 속보, 단순 기사, 데이터 기반 리포트, 1차 데스킹 등 반복되는 업무를 맡기고 인간 기자는 AI가 할 수 없는 일을 하도록 업무를 재배치해야 할 것이다. 단순히 정보를 전달하는 차원을 넘어서 무엇을 어떻게 보도할지 판단하고, 현장의 생생한 목소리를 담아 내는 것, 취재원을 만나 스토리를 발굴하는 것은 인간 기자만이 할 수 있는 고유 영역이다.

AI 시대 뉴스룸에는 취재원과 신뢰를 쌓고 취재원으로부터 진실 혹은 팩트를 끌어내는 데 공을 들이며 현장에서 정보를 얻는다는 원칙이 그 어느 때보다 중요해질 것이다. 다른 이를 통해 전해 듣는 정보에 의존하지 않고 실제로 사람들을 만나고 관찰하며 기삿거리를 찾는 노력이 AI와 인간 기자를 구분 짓는 결정적 요소이기 때문이다.

인력을 양성하기 위한 체계적인 프로그램 논의도 필요하다. AI가 뉴스 제작의 상당 부분을 대체하게 되면 주니어 기자의 실전 경험 축적 기회가 줄어든다. 기사 작성, 팩트 체크, 현장 취재 등 '기본기' 훈련의 장이 사라질 수 있는 것이다. 이는 미래의 시니어 저널리스트, 탐사보도 전문 기자, 에디터 등 핵심 인력의 성장 경로가 단절되는 결과로 이어진다.

AI가 뉴스를 제작하는 데 없어서는 안 될 수단이 된다고 하더라도 진정한 저널리즘의 가치는 여전히 인간 기자의 판단과 통찰력에서 비롯되므로 주니어 기자가 성장하기 위한 경험과 노하우 축적의 기회는 반드시 보장되어야 한다. 뉴스룸에 AI 기사 작성 보조기가 도입되어 기사 초안을 AI가 작성하게 되겠지만, 주니어 저널리스트가 성장할 수 있는 '경험의 장'은 의도적으로 마련되어야 할 필요가 있다.

더 나아가 새로운 기술이 가져올 변화, 위험 요소, 기회를 탐색할 수 있는 환경을 내부 구성원에게 좀 더 적극적으로 제공하고, 구성원들이 이러한 시도를 할 때 격려할 필요도 있다. 국내 언론에서 시도된 다양한 IT 프로젝트들이 전사 차원의 사업으로 확산하지 못하고 겉돌거나 반짝 주목을 받은 후 더 큰 성과를 얻지 못하고 관심 밖으로 멀어지는 일이 되풀이되는 주요 원인이 언론사 HRM(인적자원관리)에 있다는 지적이 지속되는 데 귀를 기울여야 한다. 인터넷 시대에 언론사가 변화에 뒤늦게 대응하며 흐름에 끌려가게 된 이유 중 하나는 IT 기술을 이해하고 활용하려는 노력과 그에 대한 격려, 보상이 부족했기 때문이라고 평가된다. AI 시대에 이러한 과오가 반복되어서는 안 된다.

4) 분열 아닌 연대가 생존의 길

AI 시대의 거대한 변화를 앞둔 언론업계는 분열된 채 개별적으로 대응하고 있어 안타까움을 자아낸다. AI 회사와 저작권 소송을 벌이는 회사들이 있는가 하면 AI 회사와 파트너십을 맺는 곳도 있다. 네이버와 같은 AI 회사들은 전략적으로 언론 매체를 개별 협상 테이블에 앉혀 자사에 유리한 구도로 각개 격파하듯 협상을 끌어가고 있다. 이 상황에 대해 '과거 언론사들이 포털 사이트에 뉴스 유통권을 넘겨주었을 때와 똑같은 패턴이 반복되고 있다'는 평가가 많다.

각 언론사마다 처한 상황과 이해관계가 다르니 현실적으로 통일된 대응을 하는 것이 어렵다. 그러나 AI라는 새로운 도전 앞에서 언론업계가 분열되어 각자도생의 길을 택한다면 결국 모두 패배자가 될 것이다.

지금 필요한 것은 언론업계가 머리를 맞대고 공동 대응 방안을 모색하는 것이다. 기사의 가치를 올바르게 평가받을 수 있는 방법을 함께 고민하고 개별 매체의 단기적 이익을 넘어 전체 생태계의 지속 가능성을 고려한 공동 전략을 수립해야 한다.

구체적으로 네이버나 퍼플렉시티가 제시하는 조건이 합당한지, 기사의 미래 가치 산정에 악영향을 주는 것은 아닌지 매체가 만나 터놓고 이야기하는 기회가 필요하다. 개별 회사가 AI 기술에 대한 정보를 충분히 갖고 있지 않기 때문에 각 조직의 조각난 AI 정보와 지식을 모아 지혜로 승화시킬 필요가 있다. 그래야 AI 기업과의 협상에서도 저널리즘의 가치와 뉴스 생태계의 건전성을 유지할 수 있는 건강한 레퍼런스를 만들어 갈 수 있다.

5. 나가며: 변화의 물결에서 찾아야 할 기회

AI로 인한 언론 산업의 변화는 피할 수 없는 현실이자 미래이다. 이러한 변화를 위기로만 볼 것이 아니라 새로운 기회로 전환하려는 노력이 필요하다. 언론의 본질적 덕목인 '신뢰'를 유지하면서도 AI 기술을 적극 활용하여 독자와의 관계를 강화하고 새로운 서비스를 통해 독자에게 필요한 정보와 가치를 전달하는 것이 생존의 열쇠가 될 것이다.

지금 한국 언론사들은 기존의 고객과 수익 구조에 충실하려다 새로운 기술이 가져올 혁신을 간과하고 있는 것은 아닌지 되돌아볼 필요가 있다. 언론사들은 오랫동안 안정적인 독자층과 광고주들을 확보해 왔다. 기존 독자들은 전통적인 뉴스 소비 패턴에 익숙하고, 현재의 서비스 품질에도 어느 정도 만족하고 있다. 특히 장년층 구독자들은 여전히 종이 신문이나

TV 뉴스를 선호하며 이들의 구독료와 이들을 겨냥한 광고비가 매체 수익의 상당 부분을 차지하고 있다.

문제는 기존 고객에만 충실하다 보면 새로운 기술을 바탕으로 등장하는 신규 경쟁자의 공격에 취약해지게 된다는 점이다. AI 네이티브 세대는 개인화된 뉴스 큐레이션, 실시간 팩트 체크가 가능하지 않은 매체를 외면할 것이다. 공급 측면에서도 새로운 형태의 뉴스 소비 수요를 겨냥한 AI 기업들의 공격이 거세다. 대표적으로 퍼플렉시티와 같은 AI 챗봇들이 새로운 뉴스 유통 플랫폼이 되고자 혁신적인 상품을 줄기차게 선보이고 있는 상황이다.

이러한 현실에 대응해 적극적 혁신을 꾀하는 해외 언론사들의 사례는 눈여겨볼 만하다. 영국의 공영방송 BBC는 급변하는 미디어 환경에 대응할 AI 부서를 신설하고 개인 맞춤형 콘텐츠 제공을 강화하는 대규모 조직 개편을 단행했다. 《뉴욕타임스》는 AI 사용에 대한 명확한 지침을 수립하는 등 신중하면서도 점진적인 활용을 추진하고 있다.

주목할 점은 해외 매체의 AI 활용이 기본 골격은 한국과 크게 다르지 않지만, 데이터 분석과 인사이트 도출, AI를 이용한 맞춤형 뉴스 콘텐츠 제공 등을 개인의 역량에만 맡기지 않고 조직 차원에서 한다는 것이다. 오세욱 선문대 미디어커뮤니케이션학부 교수는 영국 현지 미디어들을 방문한 후 "뉴스라는 콘텐츠를 만드는 기술적 차이는 우리나라 언론과 해외 언론 사이에서 크게 느껴지지 않았지만 이 콘텐츠를 전략적으로 어떻게 활용하며 자본과 인력을 어떻게 효율적으로 배치하는지에 있어서 아직은 차이가 크다."고 진단했다.

AI 시대에도 언론의 핵심 가치와 기능은 변하지 않을 것이다. 권력을 견제하고 진실을 추구하며 사회 공동체의 연대를 추구하는 저널리즘의 본질적 역할은 대체될 수 없는 가치이다. 하지만 기존 방식을 고수해서는 언론 산업이라는 기울어 가는 배에서 저널리즘을 구할 수 없다. AI와 빅테크가 언론 산업을 집어삼키기 전에 언론 산업이 이들을 길들여 공존의 길로 유도해야 한다. 이를 위해 언론 업계 전체의 통합적이고 체계적인 전략 마련이 절실한 때이다.

5장

미디어 AI의 사회경제적 역작용

───

이종관

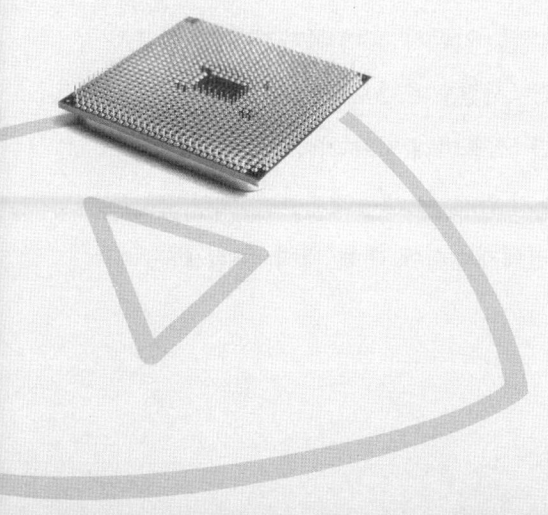

1. 서론

바야흐로 AI의 시대가 도래했다. 돌이켜 보면 1990년대 후반 이후 기술 발전의 패러다임 전환 주기가 계속 짧아지고 있으며, 1990년대부터 2000년대 ICT(Information and Communications Technology, 정보통신기술) 산업에 대한 대규모 물적 투자와 초고속 인터넷, 정보화, 그리고 연결성(connectivity)에 입각한 노동생산성 향상이 주축이 된 '신경제(New Economy)'가 주된 화두였다(OECD, 2000). 이후 이러한 물적·비물적 인프라를 토대로 디지털화와 융합을 통한 신산업과 새로운 성장 동력 창출로 이행되었다. 디지털화와 융합 그리고 고도화된 연결성에 의해 플랫폼 경제가 대두되었고, 이어 집적된 대규모 데이터와 고도화된 컴퓨팅 성능이 결합되면서 AI가 ICT 산업뿐만 아니라 사회경제적으로도 핵심 생산양식이자 성장 기제가 되었다.

이에 따라 해외 주요 국가들은 물론 우리나라 역시 AI를 미래 국가 발전의 핵심 전략 기술로 지정하고 AI 기술 발전 및 산업 육성에 집중하고 있다. 우리나라의 경우 2019년 12월 17일 「인공지능(AI) 국가전략」을 발표하였고, 12대 국가전략기술에 AI를 포함시켰으며, 2024년 9월 26일 「국가 AI 전략 정책방향」을 발표하는 등 AI를 국가 미래 전략 기술·산업으로 지정하여 육성하고 있다. 이를 뒷받침하기 위해 「조세특례제한법」에서도 AI를 국가전략기술로 지정하여 연구·인력개발비에 대해 세제 혜택(세액공제)

을 지원하는 등 다각도로 정책적 지원을 하고 있다. 이번에 출범한 새 정부 역시 AI를 우리나라의 미래를 책임지는 기술 및 산업으로 인식하고 대통령실에 AI 수석실을 신설하였으며 범부처 차원의 AI 산업 육성 공약 및 국정 과제를 선정하는 등 핵심 미래 국가전략으로 AI 육성을 지속 추진하고 있다.

이와 같은 AI 발전을 위한 노력에 따라 향후 AI의 확산을 넘어 보편화 단계로의 진화가 예상되는 상황에서 AI에 대해 긍정적이고 낙관적으로 전망하는 경향이 지배적이다. 이러한 낙관론은 다분히 '기술 유토피아주의(Technological Utopianism)'에 입각한 것으로 인류의 기술 발전이 여러 사회경제적 문제를 해결해 왔다는 것과 같이 AI는 그 자체의 고도화와 발전을 넘어 향후 인류나 개인이 당면한 문제를 해결하고 발전하는 데에 결정적인 기여를 할 것이라는 전망이다. 실제로 앤드류 응(Andrew Ng) 스탠퍼드 대학교 교수는 "AI는 새로운 전기와 같다."고 하면서 "AI가 향후 모든 산업을 변화시킬 것이다."라고 하였다.[1] 또한 구글 딥마인드(DeepMind)의 CEO인 데미스 하사비스(Demis Hassabis)는 여러 강연에서 딥마인드의 비전을 설명하며 "AI를 해결하라. 그리고 그 AI를 이용하여 나머지 모든 것을 해결하라."[2]라고 말한 바 있다. 즉, AI 관점에서 AI의 무한한 발전 가능성과 이를 통한 사회경제적 영향과 변화, 개인의 삶에 대한 긍정적 변화를 강조하며 AI의 장밋빛 미래를 전망하고 있는 것이다.

AI를 넘어 AX(AI Transformation, 인공지능 전환)의 추세는 타 산업은 물론

---

1   Andrew Ng, "Andrew Ng:Why AI is the New Electricity," Insights, Graduate School of Business, Stanford University, 2017. https://www.gsb.stanford.edu/insights/andrew-ng-why-ai-new-electricity

2   "Solve intelligence, then use that intelligence to solve everything else"

미디어 산업 전반의 패러다임 전환을 가져올 것으로 예상되나, 과거의 역사적인 사례를 비추어 봤을 때 새로운 기술에 따른 혁명적 변화는 기존 체제와 충돌하며 문제를 야기해 왔다. 기술 발전의 역사를 통해 패러다임의 변화와 전환 과정에서 기존 체제와 충돌하며 발생하는 문제점을 어떻게 극복해 나가는지가 그러한 패러다임 전환의 성공 여부를 결정지었다는 것을 알 수 있다.

AX(AI Transformation, 인공지능 전환)를 통해 미래의 긍정적 전망을 실현하기 위해서는 AI의 부정적 영향을 어떻게 최소화하고 극복하는지가 중요하다. 전술한 긍정적 변화와는 반대로 기존의 선행 연구 중 인간에 대한 AI의 효용성이나 기여에 대해 비판적인 학자들은 다음과 같은 문제를 지적한다. 첫째, AI에 대한 과대평가에 따른 소수의 기술·자본·데이터 독점을 정당화한다는 문제이다. 즉, AI가 가져올 사회경제적 효익이 과대평가됨에 따라 소수의 기업 또는 집단이 그 투입 요소를 독점화하는 것이 전체적인 이익 형량으로 보았을 때 큰 문제가 되지 않는다는 인식과, 소수가 독점하는 것이 더욱 효율적인 AI의 발전을 도모할 수 있다는 주장이 자칫 정당화될 수 있다는 것이다. 둘째, AI의 발전은 고용 시장을 불안정하게 하고 실업을 증가시킬 수 있다는 것이다. 즉, AI가 저숙련 노동(예컨대 자율주행 자동차가 운전자를 대체하고, AI가 단순 코딩 작업을 대체하는 것 등)은 물론 고숙련 노동(예컨대 법률 AI가 판례 분석 등 변호사의 업무를 대체하고, AI가 회계 업무와 같은 전문 사무직은 물론 예술가와 같은 창작자를 대체하는 것 등)을 대체하여 노동시장의 불안정성을 키울 수 있다는 것이다. 셋째, AI의 '기계 유용성(machine usefulness)' 부족 및 지향점의 왜곡 문제이다. AI의 효용이자 지향점은 AI 자체가 아니라 AI가 인간의 생활이나 생산, 경제 활동 등에 얼마나 효과적인 기여와 도움을 줄 수 있는지에 있는데 자칫 AI 자체가 효용이자 지향점으로 왜곡될 수 있다는 것이다. 마지막으로 AI가 생산성 향상에 기여하는 수준이 부족하고 기업에 대해 인력 구조조정 등 부당한 명분을 제공할 수 있다는 것이다. 아직 AI는 인간의 생산 활동을 전면적으로 대체할 수 있는 수준에 다다르지 않았음에도 기업은 오히려 AI를 도입한다는 명분으로 구조 조정을 단행하는 등 AI가 부당한 '명분'으로 오용될 수 있다는 것이다. 이러한 지적은 거시적인 관점에서 지적되는 AI의 문제점이자 AX(AI Transformation, 인공지능 전환)로의 이행 과정에서 극복해야 하는 과제라고 할 수 있다.

마찬가지로 미디어 및 미디어 산업 관점에서 보면 AI의 발전과 수용은 결국 기존 미디어 산업구조나 체제, 생산양식과의 충돌을 여하히 해결할 수 있는가에 따라 긍정적 영향 및 부정적 영향이 결정된다고 볼 수 있다. 전술한 바와 같이 현재 AI 시대로 접어들면서 AI의 활용 및 파급 범위에서 미디어 산업도 예외일 수 없으나, 전체적으로는 기술결정론에 입각한 긍정적이고 낙관적인 전망이 많다. AI의 태동기와 확장기에 AI에 대한 과도한 경계나 두려움 그리고 이에 기반한 불필요한 규제는 바람직하지 않지만, 미디어 산업이 지닌 사회적 · 경제적 · 정치적 · 문화적 영향력을 고려할 때 사전에 AI가 미디어 산업이나 이용자에게 미칠 수 있는 영향에 대해서는 고민해 볼 필요가 있다. 바람직한 미디어 AI의 발전 방향을 모색하고 정책을 수립하기 위해서는 미디어에 대한 AI의 부정적 영향이나 역작용에 대한 고민도 동시에 이루어질 필요가 있다는 의미이다.

따라서 본 장에서는 AI가 지닌 미디어 산업 측면에서의 역작용 가능성과 미디어의 본질적 가치라고 할 수 있는 공적 가치 측면에서의 역작용 가능성을 중심으로 살펴보고, 이에 대한 대안 및 바람직한 미디어 AI의 발전 및 수용 방향에 대해 논의해 보기로 한다.

2. AI의 역작용: 미디어 산업 측면

1) 국가와 사회의 기술 수용 경로

새로운 기술의 등장하고 해당 기술이 국가와 사회, 산업에 수용되는 경로는 크게 공공적 경로, 시장 경쟁의 경로, 국방 및 안보의 경로로 구분될 수 있다. 우선 공공적 경로는 공공의 공통적 목적 또는 필요성에 의해 정부나 공공 기관이 공공의 이익을 위해 새로운 기술을 수용하는 경로이다. 공공 기술의 경우 기술 혁신을 국가 차원에서 주도해 나가고, 이를 채택·수용하는 모델이며, 주로 국가 주도 기술 수용을 통해 민간으로 그 혁신을 확산시키는 방식이라고 할 수 있다. 우리나라, 일본, 대만 등 압축 성장 방식으로 국가 및 산업이 성장·발전한 국가들이 주로 국가혁신체제(National Innovation System) 모델의 대표적 사례가 될 수 있으며(Freeman, 1987), 우리나라의 경우 국가정보화 정책이 해당 모델의 성공적 사례로 분류된다. 미디어 산업에서는 과거 방송 기술 표준이 이러한 경로로 수용되었다고 볼 수 있다. 즉, 방송 기술의 경우 국가나 공공에 대해 공통되게 적용되는 기술로서 과거 우리나라의 디지털 방송 기술 표준의 수용·채택 논쟁이 이러한 관점이라고 볼 수 있다.

둘째, 시장 경쟁을 통해 새로운 기술이 수용되는 방식으로 민간 기업들이 시장에서의 경쟁 우위를 확보하기 위해 자체적으로 기술을 개발하고 상용화하는 경로이다. 이는 이윤 추구가 주된 동기가 되며, 결국 효율성에 입각하여 새로운 기술이 시장에서 채택되고 확산되는 방식이다. ICT(Information and Communication Technology, 정보통신기술) 관련 주요 기술들이 그러한 경로로 수용되었으며, 과거 2000년대 초중반 3G 기술 표준 논쟁 당시 WCDMA와 CDMA2000 간의 기술 표준 경쟁을 통해 WCDMA로 수렴되어 갔던 과정이 해당한다. 미디어의 경우 알고리즘이나 AI가 이러한 방식, 즉, 시장 내에서 기술 간의 경쟁을 통해 선택되어 수용되는 양상을 보이고 있다.

셋째, 국방 및 안보 정책의 차원에서 새로운 기술이 수용되는 경로가 있는데, 국가 안보나 군사적 목적을 위해 정부 또는 국방 관련 공공 기관이 기술 개발을 주도하거나 도입하는 경로이다. 대표적으로는 과거 병(통)조립, 레이더, 인터넷의 기원인 아르파넷(ARPANET), CDMA 등이 이에 해당한다.

AI라는 기술이 미디어 산업의 패러다임을 전환할 것이라는 것에 대해서는 이견의 여지가 없으나, AI가 미디어 산업에 어떻게 접목이 되고 어떤 경로로 수용될지는 아직 다양한 검토와 분석이 필요한 상황이다. 전통적으로 미디어 기술은 공공적 목적(전술한 방송 기술 표준(VSB vs. COFDM 등)과 시장 경쟁에서의 경쟁 우위에 입각하여(예컨대 IP 방식의 IPTV vs. QAM 방식의 케이블TV SO 등) 수용되어 왔는데, AI가 미디어 기업이나 산업에서 어떤 경로로 수용되어 갈지에 대해 여러 견해가 있을 수 있다. 현재는 목적 및 기능별로 수십여 개의 AI 서비스가 상용화되어 있고, 각각의 영역에서 서비스 경쟁을 벌이고 있음과 동시에 AI 자체적으로도 상당한 경쟁을 벌이고 있으며(예: AI 파운데이션 모델 내에서의 경쟁 등) 모델 간 경쟁 역시 매우 치열하다(CMA, 2023). 이와 같이 현재 시점에서는 주로 글로벌 디지털 기업 차원에서 AI를 개발·발전·확산시키는 시장 경쟁 및 경쟁 우위 목적의 수용 경로를 따르고 있는 것으로 판단된다.

AI의 특성상 시장 경쟁을 통해 수용되는 경우 경쟁 이슈가 발생할 수밖에 없다. 너군나나 우리나리의 같이 AI를 핵심 국가전략기술로 육성하고 있는 상황에서는 AI의 기술 수용 과정에서—미디어 산업과 같이 개별 산업에서 수용하는 경우 특히 더 그러하지만—국가정책과 시장 경쟁 상황 간의 불일치가 발생할 우려가 있다. 예컨대 파운데이션 모델(Foundation Model)은 컴퓨팅 파워·데이터·기술·자본 등 대규모 투자가 필요한데, 이는 시장에서 본질적으로 강력한 진입 장벽으로 작용한다. 이에 따라 결과적으로는 소수의 대기업(Big Tech 기업)이 시장을 독점화할 수 있고, 이는 결국 경쟁과 혁신의 감소와 이용자 후생 감소를 야기하게 된다(CMA, 2023). 다음 절에서 상술하겠지만 기술 수용 경로가 시장일 때, 나아가 시장 선도자가 글로벌 빅테크 기업일 때 국내 AI 활용 산업(미디어 산업 등)의 종속성과 발전의 한계가 발생할 수 있고, 전략산업화 정책에 있어서도 장애가 있을 수 있다. 즉, AI가 미디어 산업 가치사슬의 전 과정에 적용·활용된다고 가정할 때, AI를 미디어 또는 콘텐츠의 투입 요소로 본다면 일종의 투입 요소 독점화에 따른 의존성이 발생할 수 있다는 것이다.

2) AI와 테크놀로지 편향성

AI의 거시적 역작용은 '기술 편향성(technology bias)'의 문제에서 발생한다는 지적이 있다(Acemoglu, 2023). '기술 편향성'이란 기술이 일부 특정 집단(소수의 대기업 등)이 독점화하고, 자신들의 이익 극대화를 정당화하는 수단으로 활용함으로써 사회적, 경제적 격차가 심화되고 기술 발전의 사회경제적 이익이 소수에게 집중되는 현상을 말한다.[3] 즉, 모든 기술 발전의 효익은 궁극적으로 국민·소비자에게 공정하게 분배되어야 하나, 기술이 특정 기업에 독점되거나, 기술 발전의 효익이 특정 집단에게 귀속될 경우 오히려 기술 발전으로 인해 사회경제적 불평등이 가속화되고 시장·사

---

3   앞의 책.

회의 양극화 현상이 심화된다는 것이다.

미디어 산업은 수직적 시장구조를 가진다. 수평적 시장에서는 시장 참여자들이 상호 경쟁하나, 수직적 시장에서는 상호 보완적인 관계를 갖는 특징이 있다. 또한 C-P-N-D(C: Contents, P: Platform, N: Network, D: Device)의 가치사슬 구조상 개별 가치사슬 간에는 상호 완전 의존적이기 때문에 어느 시장 또는 어느 개별 가치사슬에서 독점이 발생할 경우 상류 또는 하류, 또는 타 가치사슬에 대해서도 독점력이 전이되는 양상이 발생한다. 미디어 시장은 수직적 시장구조이면서 상-하류 시장 간 상호 완전 의존적인 특성이 있기 때문에 개별 시장에서의 경쟁 상황이 상류 또는 하류 시장에 전이(cross-market leverage 효과)되는 상황이 빈번하게 나타날 수 있다.

미디어 AI의 경우 아래 표에서 보듯이 주로 제작 및 플랫폼(UI, 최적화)에서 활용될 가능성이 높은데, 제작의 경우 제작·비용 효율성과 흥행 예측 등을 추구할 목적이 크며, 플랫폼은 최적화를 통한 이용자 포획 및 이용 확대(=수익 극대화)를 주목적으로 활용할 가능성이 크다. 즉, 콘텐츠 계층은 비용 효율성 달성 목적, 플랫폼 계층은 수익 극대화 달성 목적이라는 차이가 있는데 AI에 대한 활용도에 따라 사업자의 경쟁력이 결정될 가능성이 크다. 문제는 플랫폼의 특성상 네트워크 외부성에 의한 쏠림과 독점 가능성이 있는데 AI로 인해 이러한 집중·편향 문제가 더 커질 수 있다는 것이다. 따라서 AI에 의해 기존의 레거시 미디어 산업 및 사업자는 기술 편향성의 희생양이 될 수도 있는 것이다.

AI에 있어 데이터는 필수적 투입 요소라고 볼 수 있는데, 컴퓨팅 파워·기술·자본을 차치하더라도 미디어 관련 데이터는 미디어 플랫폼의 이용자가 스스로 생성하게 되므로 데이터와 미디어 AI는 승수적 관계를 갖게 된다. 즉, 데이터는 미디어 AI의 투입 요소로서 네트워크 효과 및 규모의 경제가 존재하여 경쟁 우위 요소로 작용할 수 있음을 의미한다. 이에 따라 대규모 플랫폼과 AI가 결합하면 그 자체로 미디어 시장에서 강력한 영향력과 독점력을 확보할 수 있게 되고, 결국 AI에 의한 기술 편향성에 대한 우려가 커질 수 있게 되는 것이다.

〈표1〉 미디어 가치사슬별 AI 활용

구분		콘텐츠(C)		플랫폼(P)	디바이스(D)
		기획	제작		
AI 기술 유형	인지 지능	-	콘텐츠 시청각 요소 창작 (디지털 휴먼 · 아바타, 음성 · 음악 · 음향 등)	UI 및 이용자 인식	UI, 로컬 AI
	언어 지능		콘텐츠 내용 요소 창작 (스토리, 대본, 번역, 대화형 제작 등)	UI	
	전문가 시스템	콘텐츠 기획, 예측	심리 분석 및 예측, 감성 요소	개인화 추천 및 최적화	

자료: KCA(2021)에서 수정 인용

한편, AI는 그 자체로는 효용성이 없으나, 서비스와 결합될 때(또는 기계와 결합될 때) 효용이 나타난다. 즉, 미디어 관점에서는 AI 그 자체가 아니라 AI가 미디어 산업이나 서비스에 얼마나 유용한지가 중요하다는 것이다. 미디어 산업에서 AI를 수용하여 활용 · 확산시키는 것에 있어서는 '지각된 유용성(perceived usefulness)'과 같이 AI를 얼마나 유용하다고 인식하는지가 결국은 AI를 미디어 산업이나 서비스에서 수용하게 되는 수준을 결정할 수 있다. 즉, 1차적으로 AI의 '유용성'이 입증되어야 하고, 미디어 사업자나 제작자 등이 이러한 AI의 유용성을 인지 · 동의하면서 AI를 미디어에 수용 · 확산되는 과정을 거치게 된다. 따라서 향후 유용성이 입증된 미디어 AI와 미디어 서비스가 결합되어 미디어 이용자의 효용에 직접적으로 영향을 주며, 이를 경쟁력으로 하여 미디어 플랫폼 간 경쟁이 이루어지게 될 것인데, 이때의 경쟁은 ①AI 자체의 성능이나 경쟁력 중심의 경쟁과, ②미디어 서비스의 경쟁력이 우선이고, AI는 부차적 역할을 하는 형태의 경쟁 양상으로 구분할 수 있다. 예컨대 자율주행 자동차의 경우 AI의 성능이나 경쟁력에 따라 경쟁 우위가 결정될 수도 있고, 자동차 자체의 성능에 따라 경쟁 우위가 결정될 수도 있다는 것이다.

이는 결국 B2C 시장에서 AI 중심 미디어 사업 전략과 콘텐츠 또는 차별성 중심의 사업 전략이 충돌하게 될 것이고, 이러한 경쟁은 AI 기반 미디어 서비스와 레거시 미디어 서비스 간의 경쟁으로 나타나게 될 가능성이 크다. 이 경쟁에서 AI 중심 또는 AI 활용 전략이 승리할 가능성이 크겠지만, 그로 인한 미디어 산업의 양극화 또는 독점화 가능성에 대해서도 충분히 고민할 필요가 있다.

3) AI와 미디어 산업구조의 변화

지금까지 미디어의 혁명은 크게 세 번에 걸쳐 일어났고, AI로 인한 새로운 혁명을 목전에 두고 있다. 1차 혁명은 전신 및 전자 기술의 발명에 의한 전자적 커뮤니케이션이 가능케 된 것이고, 2차 혁명은 인터넷의 확산에 따라 공공의 자원인 전파를 이용한 독점적·배타적 전송이 해체되는 것이었으며(수탁론의 해체), 3차 혁명은 디지털 플랫폼의 확산 및 보편화에 따라 누구나 콘텐츠를 제공할 수 있게 되어 전통적인 편성력과 공연성 기준의 미디어 규범 체계가 해체된 것이었다고 볼 수 있다.

AI는 미디어 산업에 네 번째의 혁명적 변화를 가져올 것으로 예상되는데, 특히 콘텐츠의 무한 생산을 가능케 하고, 이용자의 미디어·콘텐츠 이용에 대한 선호 지배적(dictatorship in preference)인 영향을 미칠 것으로 예상된다. 과거와 같이 소수의 전문적으로 훈련된 전문 제작자만이 아니라 일반인조차도 AI(생성형 AI)를 활용하여 콘텐츠를 제작할 수 있게 되므로, 미디어 산업에 무한대의 콘텐츠 제작과 제공이 가능해지고, 소위 린 포워드(lean forward) 미디어라는 이용자의 직접적인 의사 개입에 입각한 양방향 미디어 개념이 AI로 대체되어 다시 린 백(lean back) 미디어로 회귀[4]하는 등 미디어 개념에 대한 새로운 접근 방식과 규범 체계를 필요로 하고 있다. 즉, 단방향 미디어에서 방송의 디지털화 및 IP(Internet Protocol)화에 따른 양방향 미디어로의 진화, 나아가 현재 OTT(over-the-top)로의 방송 미디어의 개념 확장에서 AI의 도입·활용에 의해 또다시 미디어 개념의 변화가 필요한 시기가 도래하고 있다.

〈표2〉 미디어 산업의 진화 과정

1차 혁명	2차 혁명	3차 혁명	4차 혁명
전기통신 기술	인터넷	디지털 플랫폼	AI
라디오, TV	인터넷 서비스, VOD, IPTV	VSP, OTT, FAST	생성형 AI, 미디어 AI
- 아날로그 기반 시청각영상 미디어	- 콘텐츠 전송수단의 무한 확장 - 콘텐츠 전송 독점 해체 - 콘텐츠 유형 및 공간의 해체	- 콘텐츠 제공수단의 무한 확장 - 채널 독점의 해체 - 방송의 해체	- 콘텐츠 제작수단의 무한 확장 - 제작 독점의 해체 - 미디어의 해체
제조사, 방송사	ISP, 제조사, 방송사	CP, 플랫폼 사업자	AI, 데이터, 플랫폼 사업자
공적수탁, 영향력, 편성력	경쟁 촉진, 편성력, 다양성	독과점, 편성력, 영향력	영향력

출처: 이종관, 2024.

---

4   최근 스마트TV나 OTT와 같이 린 포워드-린 백 경계가 허물어지는 양상도 나타나고 있다.

AI는 콘텐츠의 무한 제작·생산이 가능해지는 환경을 가능케 하여 콘텐츠 시장의 경쟁이 심화될 수밖에 없는데, 수직적 시장구조에서는 상류 시장의 경쟁이 심화되면 하류 시장인 플랫폼 시장의 영향력은 더욱 커질 가능성이 크다. 플랫폼의 대표적 기능이 매개와 연결이고 거래 비용(=탐색비용)의 절감이라는 점에서 콘텐츠의 무한 확장으로 인해 오히려 이를 이용자와 매개하는(AI를 통해 매개) 플랫폼의 역할과 콘텐츠의 소비를 결정하는 AI의 역할과 비중이 커질 것이라는 것이다. 이는 편성 책임이 기존의 '인적 책임'에서 '알고리즘 책임'으로 전환되는 것을 의미한다. 국내 방송법에서도 편성의 자유와 독립을 보장하기 위해 편성 책임자를 지정·선임하도록 하고 있는데,[5] AI 시대의 도래로 결국 이러한 인적 책임이나 인적 규제에 기반한 방송 규제 체계의 개편은 불가피할 것이다. 실제 국내 인터넷 뉴스서비스사업자(=뉴스 포털 사업자)의 뉴스의 배열 및 노출에 있어서 알고리즘 투명성 강화 논의가 지속되고 있으며, 최근 유튜브의 영향력이 확대되면서 필터버블·분극화 현상에 대응하여 콘텐츠 추천 알고리즘의 투명성 요구 역시 증가하고 있다. 이러한 추세는 향후 '인적 개입' 측면의 미디어 사업 모델은 물론 전통적인 미디어 규제 체계의 변화가 불가피한 상황을 더욱 심화시키게 될 것이다.

5　방송법 제4조 3항: 방송 사업사는 방송 편성 책임자를 선임하고, 그 성명을 방송 시간 내에 매일 1회 이상 공표하여야 하며, 방송 편성 책임자의 자율적인 방송 편성을 보장하여야 한다.

3. AI의 역작용: 사회 및 미디어의 공적 가치 측면

1) AI의 공공 지식 축적과 수용에 대한 영향

AI는 기본적으로 이미 축적된 지식과 데이터를 투입 요소로 하여 새로운 산출물을 제공하지만, 오히려 AI는 공동체 및 공공 지식, 경험의 약화를 야기할 수 있다. 특히 미디어 산업의 경우 사회현상, 역사적 배경이나 문화, 개인의 의사와 소통, 공동체와 공론장 등 사회·문화·경제적 맥락이 중요한 배경이자 맥락 의존성이 중요한 요소가 된다. 그러나 AI 기술은 이와 같은 배경이나 요소를 알고리즘화하기 어려우며, 만약 AI에 전적으로 의존하게 된다면 이러한 공공적 지식이나 경험은 소멸될 수 있다고 지적된다(Acemoglu, 2023).

사회적 관점에서 인간의 지능이 축적되고 발현되는 과정은 기본적으로 공동체와의 공유와 소통에서 비롯된다(Lave & Wenger, 1991). 지식실천공동체(community of practice; CoP)에 따르면 인간의 지식과 정보·경험은 공동체에 존재하며, 공동체로부터 생산·전달·확장·개선된다. 즉, 학습이 단순히 개인의 인지적 과정이 아니라, 특정한 사회적 상황·맥락(context)과 공동체(community) 속에서 일어나는 일련의 과정이고, 학습자는 '합법적 주변 참여(legitimate peripheral participation)'라는 과정을 통해 공동체의 주변부에서 시작하여 점차 핵심 구성원으로 성장하며 지식과 기술을 습득하게 된다는 것이다. 즉, 인간의 지식은 개인적 학습을 넘어 공동체와의 소통과 공유·실천을 통해 축적되며, 지식은 머릿속에 있는 추상적인 정보가 아니라 공동체의 사회적 실천(social practice)과 분리될 수 없고 상황과 맥락에 따라 형성된다는 것이다.

또한 인간의 지식은 디지털 환경에서 정태적으로 존재하는 정보가 아니라 사회적 관계와 공동체 속에서 의미를 지니며, 이는 ICT(Information and Communication Technology, 정보통신기술)가 발전해도 인간의 지식을 모두 대체하지 못한다고 주장한다(Brown & Duguid, 2000). 이와 같이 인간의 지식은 객관적 실체가 아니라 사회적 관계와 공동체와의 상호작용을 통해 축적·구성된 지식(Social Constructivism)을 토대로 발전하고 고도화되어 왔다는 것이다. 따라서 인간의 지식은 공동체 속에서 협력적으로 만들어지고 전승되는 역동적인 과정을 통해 발전되어 왔고, 이는 AI의 데이터 기반 학습 방식과는 근본적으로 다르다.[6] AI가 인간이 생성한 지식과 데이터를 기반으로 강력하고 효율적으로 새로운 지식을 생산·제공하지만, 결국 그러한 지식은 공동체 내에서 소통과 공유·실천을 통해 생산·축적한 지식을 대체할 수는 없다는 것이고, 결국 AI의 보편화는 이러한 인간의 지식 생성·축적 과정에 오히려 부정적 영향을 가져올 수 있다는 것이다.

또한 루드비히 비트겐슈타인(Ludwig Wittgenstein)의 주장과 같이 언어나 단어는 사전적 정의로 고정·고착된 것이 아니라, 인간이 언어를 사용하는 사회적 상호작용 속에서 결정된다는 것이고, 이는 인간의 논리 구조 자체가 사회적 소통에 근간을 두고 있다는 것이다. 즉, 인간의 지식과 논리 구조는 개인의 내적 사고의 산물이 아니라, 사회 구성원들이 만들어 낸 '객관화된' 현실이라는 것이다. 피터 버거(Peter L. Berger)와 토마스 루크만(Thomas Luckmann)의 『실재의 사회적 구성(The Social Construction of Reality)』에서는 인간의 지식이 객관적 사실을 반영하는 것이 아니라, 사회

---

6   예컨대 1964년 전기 중학 입시 문제로 논쟁이 되었던 무즙 논쟁과 같이, '디아스타제'라는 학술적 지식과 달리 우리나라의 공동체 속에서는 수세기 동안 공유되어 당화 효소로서 무즙의 기능과 이를 통해 엿을 만들 수 있다는 지식이 축적된 것이다.

적 맥락 속에서 사람들 간의 합의와 소통을 통해 만들어진 것이라고 주장한다. 이에 반해 AI는 인간의 '사회적 소통 과정'이나 '사회적 맥락의 동태적 흐름과 변화'를 고려하지 않기 때문에 AI가 보편화되어 지식 생성과 축적에 대한 의존도가 높아지게 되면 결국 이러한 인간 지식의 본질적 축적 과정에 부정적인 영향을 미칠 수 있다는 것이다.

물론 반대로 AI가 창작에 대한 진입 장벽을 낮추고 새로운 형태의 창의성을 촉진한다는 주장도 있다. 즉, AI로 인해 누구나 쉽고 용이하게 콘텐츠를 제작할 수 있고 정보를 생산할 수 있으며, 제작 용이성으로 인해 반복적인 시도가 가능하여 새로운 창작이나 과감한 시도를 할 수 있어 창의성도 더욱 창발될 수 있다는 것이다. 그러나 이와 같은 AI에 대한 '낙관적'인 전망 및 기술결정론에서의 일부 주장과 달리—특히 미디어가 인간의 지식과 감성, 트렌드와 사회적·정치적·문화적·경제적 맥락의 총체적인 생산물이자 표현물이라고 가정한다면—인간의 미디어 생산·소비 과정에서의 맥락과 이러한 과정이 사회적으로 축적되어 나타나는 공동체의 공동 지식이 AI로 인해 약화되거나 그 가치가 저하되는 문제가 발생할 수 있다는 점은 우리가 앞으로 지속적으로 고민해야 할 부분이다.

2) AI의 공동체에 대한 영향과 공유지의 비극

AI와 인간의 창작 활동, 지식정보의 생산과 축적은 상호 순환 관계에 있어야 하나, 미디어 AI의 경우 새로운 인적 창작이나 공동체 지식의 축적이 이루어지지 않으면 결국 공유지의 비극이 발생할 수 있다. 공유지의 비극(tragedy of commons)이란 개방적인 자원을 개인들의 합리적인 이기심에 따라 이용하게 되면 결국은 공동체 전체의 이익이 저하되고 자원은 황폐화 또는 오염되며 최종적으로 공동체 전체가 공멸할 수 있다는 개념이다. 즉,

개인들이 합리적인 판단으로 자신의 효용 또는 이익을 극대화하기 위해 자원을 이용·소비하지만, 해당 자원이 경합성은 있으나 배제성이 없어 타인에 비해 더 이용하려는 동인이 발생하게 되고 이는 결국 과이용(over use)이라는 문제를 야기한다. 즉, 공유 자원을 타인에 비해 더 이용하게 되면 그 이익은 개인 자신에게 귀속되는 한편, 그로 인해 공동체에 발생하는 비용은 자원을 공유하는 모든 사람들에게 분산되기 때문에 각 개인이 체감하는 비용은 매우 낮게 된다. 따라서 이익의 귀속과 비용 분담의 비대칭으로 인해 공유 자원의 과이용이 발생하게 되고, 이에 따라 공유 자원은 고갈·오염되며 결국은 공동체의 공동 이익이 훼손된다는 개념이다.

예컨대 생성형 AI의 경우 기존에 인간이 생산한 창작물에 기초하여 새로운 창작물을 생산해 내는데 인간의 새로운 창작과 지식의 지속적인 축적이 없으면 미디어 AI에 기대하는 다양성과 창의성을 기대하기 어려울 수 있다. 이렇게 된다면 결국 기존의 데이터나 창작물, 지식정보에 대한 공유지의 비극이 발생하게 될 것이며, AI 이용자는 미디어 기업이나 개별 생산자의 '제한된' 공유지를 과도하게 이용하려는 유인을 가지게 될 것이다. 또한 인간의 창작과 지식정보의 축적이 지속적으로 이루어지지 않는다면 결국 AI의 산출물은 소위 '동종교배에 따른 열성 유전자만 남는'것과 같이 오히려 AI 산출물의 품질이 열화되거나 '어디서 봄직한' 산출물만 남게 될 것이다.

문제는 AI와 데이터 간에 '공유지의 비극' 논리가 적용 가능한지 여부일 것이다. 데이터는 물리적 자원과 달리 (정책에 따라) 배제성은 있으나, 경합성이 존재하지 않는다. 즉, 데이터는 사유화 등을 통해 타인의 이용을 배제할 수는 있으나 어느 누가 사용·활용한다고 해서 고갈되거나 사라지지 않는다. 오히려 데이터는 네트워크 효과로 인해 데이터 이용이 증가하고 다수가 활용한다면 그 가치가 증가하게 된다. 따라서 공유 자원의 고갈을 전제로 하는 전통적인 공유지의 비극 논리가 그대로 적용될 수는 없다.

데이터라는 AI의 공유지[7]에서 나타날 수 있는 비극적 상황, 또는 역작용은 첫째, 공유지의 오염 문제이다. 공유되고 있는 데이터 풀(pool)에 어떤 개인이나 기업이 자신의 이익을 위해 '오염된' 데이터를 제공·추가할 경우에는 이를 공유하고 있는 AI 산출물의 오염이 나타날 수 있다. 예컨대 자신의 이익을 위해 왜곡된 데이터나 정보를 생산하여(경쟁사의 상품이나 서비스에 대해 거짓 평가나 리뷰를 하는 행위 등) 이를 공유하게 되는 경우(=개인의 이기적 행위)가 만연하게 되면 이용자들은 더 이상 리뷰나 이를 토대로 제안된 AI의 산출물을 신뢰할 수 없게 되어 결국 '데이터의 신뢰성'이라는 공유 자원의 가치가 훼손되고 모든 이용자에게 그 피해가 돌아가게 된다. 이는 마치 공유하고 있는 목초지나 저수지에 독초를 심거나 독약을 푸는 행위와 마찬가지가 된다(고갈의 문제가 아니라 오염의 문제로 귀결). 대표적으로는 가짜 뉴스나 허위 조작 정보를 생성·유포하는 행위들이 이러한 데이터 공유지를 오염시키는 행위라고 볼 수 있다. 예를 들어 어떤 식당주가 경쟁 식당에 대해 악의적 평가나 리뷰를 게시하는 경우 AI는 해당 식당에 대한 분석·평가 결과를 왜곡시킬 수 있다. 이러한 상황은 과거 선거 국면에서 많이 나타났는데 2024년 인도 총선에서의 딥페이크 영상이나 오디오 조작 사례, 2025년 우리나라 대선 당시 부정선거 주장 사례 등이 그러한 사례라고 볼 수 있다.

둘째, 위와 유사하게 개인 프라이버시 데이터의 오용(misuse)이 만연하게 되면 사회 전체의 '프라이버시'라는 공유지가 사라지고 황폐화될 수 있

---

7   데이터의 사유화 상황은 배제하기로 가정한다.

다. 예컨대 개인의 데이터를 이용하여 맞춤형 광고나 소셜미디어 플랫폼의 수익을 극대화하려고 할 것인데, 만약 많은 기업들이 이용자의 프라이버시 데이터를 수집·활용한다면 사회의 프라이버시 공유지가 위협받게 되고, 결국 개인은 지속적인 감시와 정보 유출 위험에 노출됨은 물론 사회적 신뢰의 훼손이 발생할 수 있게 된다.

셋째, AI의 핵심 투입 요소인 데이터의 독점에 따라 공유지 자체가 존재하지 않는 경우도 있을 수 있는데 이를 반(反) 공유지의 비극(tragedy of anti-commons)이라고 한다(Heller, 1998). 예컨대 빅테크 기업들의 데이터 독점, 또는 저작물 관련 기관의 저작물이나 관련 지식정보의 독점 시, 데이터라는 공공의 자원 또는 공동체가 형성해 온 지식정보에 대한 접근이나 이용이 불가능해지고 결국은 정보격차는 물론 AI나 이를 활용하는 영역의 생태계 전반이 양극화되는 양상이 나타날 수 있다.

이러한 문제점은 전통적 개념으로서의 공유지의 비극과는 상이하지만, 데이터 독점으로 인해 '공유지를 독식함에 따라 공유지 자체가 없는' 상황이 발생함으로써 양극화라는 역작용이 있을 수 있는 것이다. 경제학자인 애쓰모글루(Acemoglu)는 인간의 기술 발전 과정에서 가장 크게 우려되고 문제시되는 것이 결국은 독점, 즉, 기술 발전의 혜택을 인류 전체가 누리지 못하고, 특정 소수에게만 귀속되는 것이라고 주장한다.[8] 즉, 마찬가지로 AI 기술 발전과 혁신의 효익이 특정 소수 또는 특정 집단에게 독점될 때 양극화를 심화시키며 공동체를 파괴할 것이라는 의미이다.[9] 따라서 AI 시

---

8   대런 애쓰모글루 & 사이먼 존슨, 『권력과 진보』, 김승진 역, 생각의 힘, 2023.
9   "테크놀로지의 방향, 그 방향이 불평등에 대해 의미하는 바, 그리고 생산성 이득이 자본과 노동 사이에 공유되는 정도는 우리에게 불가피하게 주어지는 것이 아니라, 우리 사회가 내리는 선택의 결과이다." 앞의 책, 724쪽.

대는 "어떻게 하면 데이터라는 공유지를 오염시키지 않고 지속 가능한 생산과 축적, 이용 시스템을 갖추도록 할 것인가?", "어떻게 하면 모두가 이롭게 활용할 수 있도록 데이터를 공정하게 개방할 것인가?"와 같은 거버넌스 문제를 풀어야 할 과제를 안고 있다.

원론적인 입장에서 이러한 공유지의 비극을 완화 또는 해소할 수 있는 방안은 공유 자원을 이용하는 공동체 구성원들이 스스로 규칙을 만들고 서로를 감시하며 자원을 관리하는 것이다. 노벨 경제학상 수상자인 엘리너 오스트롬(Elinor Ostrom)은 그의 2010년 저서에서 공동체의 바람직한 자율 규제(자치적 공유제 관리 제도) 사례들에 기초하여 정부의 규제나 공유 자원의 사유화(내부화, 시장화) 없이도 공유지의 비극을 극복할 수 있다고 주장하였다. 결론적으로 AI의 '공유지의 비극' 문제는 이러한 맥락에서 공동체가 공동의 자원을 지속 가능하게 관리하고 이용하며, 재생산하고 축적해 나아갈 수 있도록 하는 합의된 규범 체계를 형성하고 이를 준수하는 것이 필수적이며, 이는 정책적으로 AI 거버넌스와 연결되는데 현실에서는 공공 데이터 풀 구축 및 이용 활성화, 알고리즘 투명성 제도 등에 대한 논의가 진행되고 있다. 특히 미디어 AI의 선순환적인 발전과 인간에 대한 미디어 AI의 유용성은 인간의 창작 유인 제공과 지속적인 지식정보의 축적 동기를 시스템적이든 자율적이든 높일 수 있는 방안을 반드시 고민해야 할 것이다.

3) AI와 미디어의 공적 가치

전술한 바와 같이 미디어의 관점에서 보면 AI는 사회적으로 공동체와 공공 지식, 소통을 약화시킴으로써 오히려 미디어 다양성 등 질적 환경을 악화시킬 수 있다는 우려가 있다. 또한 미디어의 역할 중 하나는 사회 통합 기능인데, 예를 들어 필터버블(filter bubble)이나 분극화 현상은 AI에 기반한 콘텐츠 추천 알고리즘에 기술적 원인이 있다. SNS나 미디어 플랫폼이 온라인 콘텐츠에 대한 관여도를 높이기 위해 AI를 통한 최적화된 추천 시스템을 강화시키는데, 결국 이를 위해서는 분노와 선동으로 강한 감정을 유발시켜야 한다(Acemoglu, 2023). 최근 대두된 사회적 갈등의 심화나 분극화, 집단적 정치의 과잉과 상대를 혐오하고 적대시하는 문제는 알고리즘에 의한 최적화가 유발하는 모순적 결과이고 새로운 형식의 미디어가 오히려 사회 통합을 저해하는 악영향을 야기하는 것이다.

이를 미디어의 사회적 공익이라는 관점에서 보면, 미디어 플랫폼의 이용자 개인은 AI 알고리즘에 따라 자신의 선호 체계에 최적화된 맞춤형 콘텐츠를 제공받게 되고, 이는 개인의 합리적 행동이자 선택이며, 이를 통해 이용자 개인의 효용 극대화를 이룰 수 있다. 하지만 문제는 알고리즘 추천 시스템에 따라 발생하는 반향실 효과(echo chamber effect)와 분극화 상황하에서는 모든 개인의 선호 체계를 사회후생함수가 포섭할 수 없다는 문제가 생기며(포섭하게 되는 경우 파레토 최적이 달성되지 못한다), 개인-사회 간의 이행성은 당연히 충족되지 못하고, 인접하거나 유사한 선호 체계를 가진 개인 간의 선호 체계가 상호 영향을 미치게 된다(이종관, 2017). 이 경우 개인의 합리성이 내재된 개인의 선호 체계가 집단적 선호 체계로 포섭될 수 없고, 만약 경제적 합리성 관점에서의 사회후생함수를 경제적 공익을 구성하는 한 부분이라고 본다면 결국 현실에서 사회적으로 합의된 공익은 존재할 수 없게 된다.[10]

---

10 K. Arrow(1951)는 개인(경제주체)의 효용이 극대화될 수 있는 합의된 사회후생함수의 존재는 불가능하다는 불가능성 정리(impossibility theorem)를 통해 궁극적으로 개

따라서, 필터버블이 저널리즘이나 미디어의 다양성을 훼손할 가능성이 높다는 문제에 따라 다양성 가치가 저하될 수 있다는 일반적 지적 외에도, 알고리즘이 다른 측면에서는 개인의 소비를 포획하기 때문에 미래의 저널리즘이나 미디어 이용 환경은 우리가 지향하는 공적 가치 달성이 더욱 어려울 수 있음을 시사한다. 즉, AI가 보편화된 미디어 시장에서는 합의된 사회적 공익을 달성하지 못할 수도 있다는 것이다. 나아가 미디어 이용에 있어 AI 알고리즘은 인간의 선호 체계를 사실상 지배하게 되어 과거 미디어 독점 시대에 독점적 편성력을 통해 여론을 통제했던 시대가 다시 도래할 수도 있다. 선호 체계의 비(非) 독재성(non-dictatorship)[11]은 사회 후생을 극대화하는 데 중요한 요소이나 알고리즘에 의해 이용자의 선호 체계가 의존적이 된다면 미디어 공익성에 미치는 영향은 상당할 수 있다. 따라서 이러한 가능성이나 이슈들은 미디어의 가장 본질적인 가치인 공익성에 부정적 영향을 미칠 수 있다는 점에서 향후 지속적인 고민과 검토가 필요하다.

4. 결어

2010년대 중반 이후 우리나라는 저성장과 저출산의 뉴노멀 시대로 진입하였다. 또한 최근 WTO 체제로 대표되던 범세계주의가 해체되고 자국 이기적인 경제정책으로 인해 전통적인 우방-동맹 관계와 관계없이 자국 경

인적 합리성과 집단적 합리성의 병존·양립할 수 없음을 증명한 바 있다.
11 선호 체계의 비(非)독재성이란 사회 전체의 선호 체계는 특정 개인이 결정해서는 안 된다는 것을 말한다. 즉, 타인이 선호하는 것을 나에게 강요해서도 안 되고, 나아가 어떤 개인이 사회 전체의 선호 체계나 선택을 강제해서는 안 된다는 것으로 개개인의 선호 체계는 독립적이어야 함을 말한다.

제와 국익 우선의 정책들은 당분간 지속될 전망이며, 국내 주요 핵심 산업들이(반도체, 자동차 등) 직접적인 영향을 받고 있다(이종관, 2025). 특히 제조업 중심 산업구조의 특성상 빠르게 진행되었던 자본축적은 이미 정점에 도달하여 성장에 한계가 있으며, 인구 요인에 의해 결정되는 노동 잠재력의 경우 생산가능인구 자체가 이미 감소 추세로 접어들어 향후 20여 년간은 경제성장의 하락 요인으로 작용할 전망이다(이동진, 2024).

요소 투입 중심의 성장 모델을 갖고 있는 우리나라로서는 이러한 경제구조와 대내외적 환경 변화로 인해 경제구조의 변화와 혁신이 불가피한 상황이다. 이러한 상황에서 AI는 우리나라가 취해야 하는 미래 국가 전략이라는 점은 주지의 사실이고, AI 기반의 혁신 성장 모델로의 전환은 필수적이다. 이를 통해 총요소생산성(TFP;, total factor productivity)을 향상시켜 산업 전반의 생산성을 높이고 저성장 추세를 극복해야 한다. 우리나라의 심각한 저출산으로 인한 노동인구의 급감 문제 역시 AI와 자동화, 로보틱스를 통해 극복해 나가는 전략이 필요하다. 또한 일부 학자는 AI의 빠른 확산을 가정할 때 향후 10년간 노동생산성이 현재의 4배 수준까지 증가할 것으로 전망한 바 있는데(Krishnan et al, 2018), 우리나라가 당면한 구조적이고 근본적인 문제들이 AI를 통해 해결 또는 완화될 수 있다는 점을 시사한다.

AX(AI Transformation, 인공지능 전환)나 DX(Digital Transformation, 디지털 전환)와 같은 대규모의 구조적인 변화는 필연적으로 전통적 체제와 시스템의 파괴를 수반한다. 또한 순기능 외에도 예상하지 못한 부정적 영향이나 역작용, 과거 러다이트 운동과 같은 기존 체제의 저항도 발생한다. 중요한 점은 AI 그 자체가 아니라 AI를 통해 우리가 기대하고 지향하는 바람직한 방향으로의 전환이다. 즉, AI는 목표가 아니라 수단이 되어야 하며, 이 수단을 효과적으로 발전시키고 제어하며 그 편익이 국민과 공동체가 모두 향유할 수 있어야 한다는 것이다. 미디어 AI 역시 마찬가지로 AI를 효과적으로 활용하고 고도화시켜 미디어 산업의 효율성과 혁신성을 높이고, 미디어의 공적 가치를 훼손하지 않으면서 이용자에 대한 미디어의 효용를 높일 수 있어야 할 것이다.

AI에 대해 과도한 낙관론이나 과도한 비관론 또는 두려움을 가질 필요는 없다. 애쓰모글루의 말과 같이 미래는 현재 우리의 선택에 달려 있으며, 미디어의 미래는 현재 AI에 대한 우리의 견해와 판단에 달려 있다고 할 것이다. 2016년 인공지능 분야 석학이자 노벨 물리학상 수상자인 제프리 힌튼 교수는 "5년 안에 딥러닝이 인간 영상의학자보다 업무를 훨씬 더 잘 수행하게 될 것이 명백하므로 영상의학 교육을 폐지하여야 한다."고 주장한 바 있다.[12] 그의 예상과 같이 영상의학 분야에서 AI는 괄목할 만한 성과를 보였지만, 반대로 영상의학과 전공은 오히려 인기 전공으로 바뀌었다. 이를 미디어 산업에 대입시켜 보면 "5년 안에 생성형 AI가 콘텐츠 창작자보다 업무를 훨씬 더 잘 수행하게 될 것이 명백하므로 콘텐츠 창작 · 제작 교육을 폐지하여야 한다."라는 주장이 타당한지에 대해 고민해 볼 필요가 있다. AI는 괄목할 만한 성과를 보이겠지만 그렇다고 콘텐츠 창작 및 제작 교육을 폐지하는 것은 오히려 주지한 AI의 역작용을 심화시킬 수 있을 것이다. 우리나라의 미디어 산업이 유토피아적 미래 또는 디스토피아적 미래 중 어디로 진화 또는 퇴화할 것인지는 결국 현재의 우리가 어떤 것을 고민하고 어떤 길을 선택하는지에 달려 있는 것이고, 이를 위해 AI의 긍정적 영향과 부정적 영향을 객관적이고 균형 있게 고민해 나가야 할 것이다.

---

12 "People should stop training radiologists now. It's just completely obvious that in five years deep learning is going to do better than radiologists."

6장
주요국 AI 정책 거버넌스 현황과 지향점

김대규

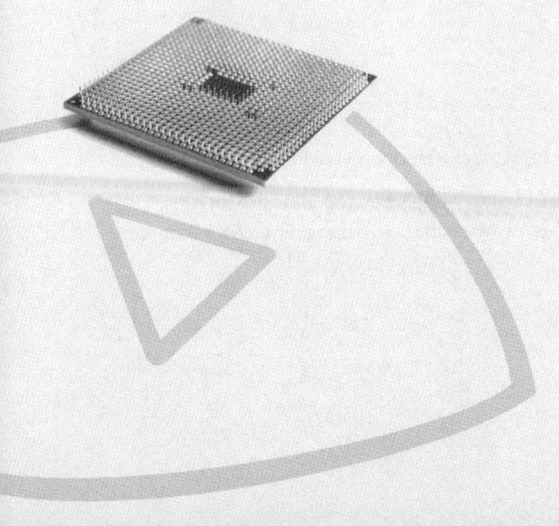

1. AI 혁신 가속과 새로운 위협의 대두

"AI는 인류역사상 가장 큰 사건이 될 수 있다. 하지만, 위험을 피하는 법을 배우지 않는다면 마지막 사건이 될 수 있다."

천체물리학자 스티븐 호킹(Stephen Hawking)은 자신이 재직하던 케임브리지 대학에 설립된 인공지능 연구센터인 리버흄 미래지능센터 (Leverhulme Centre for the Future of Intelligence) 출범식에서 이러한 발언을 남겼다.[1] 스티븐 호킹은 AI로 인해 우리 삶의 모든 측면이 변화할 것이며, 이는 인류에게 큰 이점을 가져다줄 수 있다고 하였다. 그러면서 한편으로는 이 기술이 지닌 위험성에 대해 경고하였다.[2]

스티븐 호킹뿐 아니라 다양한 유명 인사들이 AI의 위험성에 대해 경고하고 있지만, AI 기술은 나날이 발전을 거듭하며 전 세계의 경제·산업·사회·문화에 막대한 영향을 미칠 것으로 전망되고 있다. 유엔무역개발회의의 보고서에 따르면 세계 AI 시장은 2023년에 1,890억 달러에서 2033

---

1   "The best or worst thing to happen to humanity" - Stephen Hawking launches Centre for the Future of Intelligence, University of Cambridge, 2016.10.19.

2   "Stephen Hawking: AI will be 'either best or worst thing' for humanity," *The Guardian,* 2016.10.19.

년 4조 8,000억 달러로 25배가 증가할 것으로 예측된다.[3]

〈그림 1〉 미래 기술의 시장 규모 확대 추정

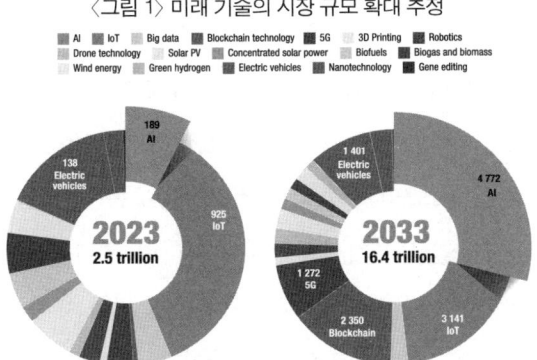

자료: UN Trade And Development(2025).

이처럼 시장이 급격히 성장하면서 AI 산업은 막대한 부가가치를 창출하는 사업으로 여겨지고 있다. AI는 이처럼 막대한 시장 잠재력뿐 아니라 국가 산업, 국방, 의료를 비롯한 각 분야에서 효율성을 극적으로 끌어올려 국가 경쟁력 강화에 큰 기여를 할 수 있을 것으로 전망된다. 한국은행의 분석에 따르면 AI 도입은 국내총생산(GDP)을 4.2~12.6%까지 높일 잠재력이 있는 것으로 추정되었는데, 이는 향후 AI로 인해 수십 년간 노동 공급 감소로 인한 성장률 둔화를 상당 부분 상쇄할 수 있는 수준이다.[4] 이러한 이유로 AI는 국가 경쟁력의 핵심으로 부상하고 있다. AI 기술과 인프라에

---

3   *Technology and Innovation Report: Inclusive Artificial Intelligence for Development*,
     UN Trade And Development, 2025.

4   「미래를 바꾸다: AI와 한국경제」, 한국은행, 2025.

서 선도적 위치에 서면 국가 경쟁력이 비약적으로 강화될 것으로 예상되기 때문에 AI를 둘러싸고 국가별 패권 경쟁이 치열하게 벌어지고 있다.

현재 AI 기술 개발에 있어 국가별 편차는 상당하다. 미국은 민간을 기반으로 AI 기술을 선도하고, 중국은 전 국가적 역량을 총동원해 그 뒤를 쫓아가고 있는 형국이다. 미국은 2024년 민간 AI 투자액이 1,091억 달러에 달해 압도적으로 높은 수치를 기록하고 있으며, 개발한 모델도 40개로 가장 많은 수를 기록하고 있다. 중국은 전 세계 AI 논문의 23.2%, AI 특허의 69.7%를 차지하며, 연구와 지식재산에서 커다란 우위를 점하고 있다.[5] 이처럼 AI 역량에 있어 미국과 중국이 압도적인 우위를 차지하고 그 외 국가들은 한참 뒤에서 이 뒤를 쫓고 있는 양상이다. 이처럼 AI 기술 패권이 양국 중심으로 재편되는 상황에서, 그 외 국가들은 뒤처지지 않기 위해 각자 국가 AI 전략을 수립하고 대규모 투자를 단행하는 중이다. AI 기술 전쟁에서 뒤처질 경우 가까운 미래에 AI 선도 국가에 종속될 수밖에 없다는 우려가 크기 때문이다. 이는 국가 간 AI 기술 경쟁을 촉진하는 동력으로 작동한다.

이처럼 AI 패권을 위한 국가 간 경쟁 흐름이 확대될 경우 인류에게 큰 해악을 미칠 것이라는 경고들도 이어지고 있다. 오픈 AI 출신 연구자인 다니엘 코코타일로(Daniel Kokotajlo)를 비롯한 총 5명의 AI 전문가들이 펴낸 「AI 2027」이라는 보고서에서는 AI가 지금처럼 빠르게 발전한다면 궁극적으로 인류가 AI에 종속될 것이라 경고하고 있다. 이 보고서는 미국과 중국을 중심으로 한 AI 기술 패권 경쟁의 결과를 크게 질주(race)와 감속

---

5   "The AI Index 2025 annual report," AI Index Steering Committee, HAI, Stanford University, 2025.

(slowdown) 두 가지의 시나리오로 그리고 있다. 현재와 같은 속도로 계속해서 질주한다면 AI가 이 사회의 권력을 장악하고 인류는 종속될 것이며, AI 패권 경쟁이 타협과 조정 국면으로 접어든다면 AI가 좀 더 안전하게 관리될 것이라고 결론을 내리고 있다.[6] 이러한 전망은 공상 과학이 아니라 현재 AI 개발 추세를 바탕으로 추정한 가장 현실적인 시나리오로 제시되었기 때문에 큰 충격을 주었다.

AI는 원자력처럼 잘 사용하면 인류에 큰 혜택을 가져다줄 수 있지만, 잘못 사용하게 될 경우 인류에게 크나큰 해악을 끼칠 수도 있는 양면적 성격을 가지고 있다. 지금 이 순간에도 AI 기술은 빠르게 고도화되고 있지만, 이를 어떻게 통제할지에 대해서는 국가들마다 다른 시각을 가지고 있다. 이러한 시각은 각 국가들이 AI 정책과 거버넌스에 접근하는 입장을 통해 확인할 수 있다. 이 챕터에서는 주요국들의 AI 정책과 거버넌스 현황을 점검하고 이를 통해 AI 기술 발전을 대하는 각 국가의 입장을 확인하고자 한다.

2. 주요국 AI 정책 분류 체계

이 글에서는 주요국의 AI 정책과 거버넌스를 정책 목표와 거버넌스 주체로 구분해서 살펴보고자 한다. AI 정책 목표를 살피면서 AI가 사회경제에 미치는 영향 중 어디에 더 방점을 두는지 살펴볼 것이다. 윤리·안전과 같은 사회적 가치에 더 무게를 두는지, 혁신 촉진과 같은 발전적 가치에 더 무게를 두는지를 살펴 해당 국가의 AI 정책 목표의 방향성을 가늠한다. 윤

---

6   Kokotajlo, D., et al. 2025, "AI 2027," AI 2027 Project.

리·안전 지향은 AI로 인한 안전 문제, 윤리적 문제, 사회적 부작용을 최소화하는 것을 강조하며, 규제 강화, 윤리 기준 수립, 감독 기구 마련 등의 형태로 정책이 구현된다. AI라는 파괴적인 기술이 우리 사회에 미치는 부정적인 영향을 선제적으로 파악하여, 기술 확산과정에서 발생할 수 있는 부작용을 최소화하고자 한다.

반면 혁신 촉진 지향은 AI 기술의 발전 속도를 촉진하고 산업 경쟁력을 높이는 데 주된 관심을 두고 규제 완화, 대규모 R&D 투자와 산업 지원책 등으로 정책이 실현된다. 이는 AI를 국가 발전의 중요한 자원으로 보고 기술패권 확보와 국가 경제활성화를 극대화하고자 한다.

AI 거버넌스 주체를 살피는 것은 AI 규율과 추진의 작동 주체가 정부 중심인지, 민간 중심인지를 보는 것이다. 정부 주도 모델은 법률과 규정, 표준과 감독 기구를 중심으로 위험을 사전에 통제하고 공공 가치와 권리 보호를 우선하는 접근을 한다. 또한, 시장의 성과도 정부가 주체적으로 견인한다. 이 모델에서 정부는 법률·규정과 감독 기구로 위험을 사전에 통제하고 재원 공공 조달, 연구개발 예산 지원, 규제 샌드박스 국가표준 제정 등 정책 수단을 통해 산업을 방향성 있게 견인하고 민간의 부족한 부분을 보완해 준다. 민간 주도 모델은 사업자 주도적 연구개발, 상품 출시, 자율규제 보장 등을 통해 시장의 자율성을 극대화하고, 정부는 경쟁법·소비자 보호·안전 일반법 등으로 사후적·최소한의 개입을 하는 접근을 말한다. 이 모델에서는 민간의 자율성과 창의력이 극대화되며 혁신을 촉발할 수 있다.

윤리와 혁신, 민간 자율과 정부 주도라는 두 축을 명확히 구분해 설명하는 일은 각국의 AI 정책 방향을 한눈에 보고 비교가 가능하도록 할 수 있다. 이에 본 글에서는 미국, 중국, EU, 영국, 일본, 한국의 AI 정책을 우선 살펴보고 각 국가의 정책 방향이 어디에 속할 수 있는지 점검해 보도록 할 것이다.

3. 미국: 민간 중심 경쟁력 강화를 통한 AI 패권 수성 전략

미국은 AI 분야에서 혁신 가속과 경쟁우위 확보를 핵심으로 삼고, 정부 규제는 최소화하는 전략을 고수해 왔다. 이러한 기조는 트럼프 2기 행정부에 와서 한층 강화된 모습이다. 미국은 글로벌 ICT(Information and Communication Technology, 정보통신기술) 산업을 선도하는 빅테크와 혁신적인 스타트업이 상당히 많은데, 이러한 기업들이 AI 기술 개발과 관련 서비스 출시 경쟁을 통해 산업을 주도하고 있다. 미국의 민간 기업들은 시장에서 조달하는 자본의 힘으로 막대한 투자를 감당하며 AI 기술 개발을 선도하고, 정부는 이러한 자국 기업들의 경쟁력 우위가 지속적으로 유지될 수 있도록 지원하는 데에 중점을 두고 있다.

2019년 트럼프 1기 행정부는 AI 분야에서 미국의 리더십을 공고히 하는 내용의 「미국 AI 이니셔티브(American AI Initiative)」를 발표했다. 이 조치는 연방 정부의 자원을 AI 분야에 더욱 집중해서 투자하도록 하고, 연방 정부 보유 AI 관련 자원 제공, AI 관련 인재 육성 등을 골자로 하였다. 이후 트럼프 1기 행정부 말인 2020년 12월에 의회는 이러한 조치를 법제화하여 「국가 AI 이니셔티브 법(National AI Initiative Act)」을 통과시켰다.

2021년 1월에 출범한 바이든 정부에서는 이에 대한 후속 집행을 실시하며 AI 연구 허브 구축 등을 지원했으며,[7] 인프라 경쟁력 확보를 위해 2022

---

7   미국 AI 관련 정책과 콘텐츠 산업에 미치는 영향」, 미국 콘텐츠 특화보고서 2025년 03

년에는 「반도체와 과학법(CHIPS and Science Act of 2022)」을 제정하는 등의 노력도 병행하였다.[8] 이처럼 바이든 정부에서는 산업 중심 정책 뿐 아니라 AI의 안전 관리를 위한 노력들도 병행하였다. 바이든 행정부는 2022년 10월에 「AI 권리장전 청사진(Blueprint for an AI Bill of Rights)」을 발표하며 AI 윤리 기준을 수립했다. AI 권리장전은 AI 시스템이 국민의 권리·기회·핵심 서비스 접근에 의미 있게 영향을 주는 경우 따라야 할 5대 원칙(안전·차별 방지·프라이버시·통지/설명·인간 개입)을 제시한 비구속적 가이드(soft law)이다.[9] 이는 AI 안전에 대해 지켜야 할 중요한 내용들을 정리하고 있지만 법적 구속력이 없다는 한계가 있다. 그리고 2023년 10월에 바이든 대통령은 이러한 권리장전 내용을 포함해 AI의 안전과 미국의 AI 리더십 유지라는 목표를 균형 있게 반영한 「안전하고 신뢰할 수 있는 AI 개발을 위한 행정명령(Executive Order on Safe, Secure, and Trustworthy Artificial Intelligence, EO 14110)」에 서명했다. 이 행정명령은 미국의 AI 리더십 유지라는 트럼프 정부의 기조는 유지하였지만, 안전성·보안성·차별과 편견 예방·소비자 권익 보호 등의 강조를 좀 더 먼저 기술하며, 윤리와 안전을 보다 강조했다.[10] 이 행정명령은 안정성·윤리·프라이버시·안보·혁신·연구개발·국제 협력 등을 총망라해 담고 있어 포괄적 성격의 AI 정책이라 평할 수 있으며, 산업의 발전과 안전성을 동시에 고려한 점에서 매

호, 한국콘텐츠진흥원, 2025. 「미국의 AI분야 리더십 확보 전략」, 동향브리프 2019-08호, 한국과학기술기획평가원, 2019.

8 "To lead on AI, US needs to lead on computer chips, commerce secretary says," ABC News, 2024.2.27.

9 "Blueprint for an AI Bill of Rights," White House Office of Science and Technology Policy, 2022.

10 한국콘텐츠진흥원, 앞의 책, 2025.

우 균형적인 정책이었다고 평할 수 있다.

　그러나 이 행정명령은 트럼프 2기 행정부 출범과 동시에 폐기되었다. 트럼프 대통령은 취임한 날인 1월 20일에 바이든 행정부의 행정명령의 상당수를 폐기하였는데, 여기에 AI 행정명령인 EO 14110도 포함되었다. 그리고 3일 뒤인 1월 23일에는 「인공지능 분야에서 미국의 리더십을 저해하는 장벽 제거에 관한 행정명령(Removing Barriers to American Leadership in Artificial Intelligence, EO 14179)」에 서명하며 AI 리더십 확보를 위한 혁신에 저해되는 모든 규제나 지침들을 전면 재검토할 것을 요구하였다.[11] 이로 인해 바이든 정부에서 마련한 균형 있는 AI 정책 기조가 무너지고 기술 개발과 혁신 중심의 AI 정책 기조가 마련되었다. 2025년 7월에는 더욱 노골적으로 AI 발전 촉진을 목표로 하는 「경쟁에서 이기기 위한 미국의 AI 행동계획(Winning the Race: America's AI Action Plan)」을 발표하였다. 이 계획은 세계 AI 패권 확보를 목표로 하며, 이를 위한 방안으로 규제 완화 · 인프라 확충 · 외교/안보 리더십을 골자로 하고 있다.[12]

　이 계획은 ① AI 혁신 가속, ② 미국형 AI 인프라 구축, ③ 외교/안보 리더십의 3축을 설정하고 관련 행정명령을 각각 발표했다.[13] 트럼프 행정부의 이러한 방침들은 AI 개발에 있어 윤리 · 안정성 · 국제 규범 조화보다는 경제와 안보 이익의 극대화에 치중한 조치이다. 미국은 이를 통해 AI 패권

11　"Removing barriers to American leadership in artificial intelligence," Executive Order, The White House, 2025.1.23.

12　"America's AI action plan: Winning the race," The White House, 2025.

13　EO 14318: Accelerating Federal Permitting of Data Center Infrastructure
　　EO 14319: Preventing Woke AI in the Federal Government
　　EO 14320: Promoting the Export of the American AI Technology Stack

경쟁에서 확실한 우위를 가져가겠다는 것을 공식화한 것으로 볼 수 있다.

〈표 1〉 미국의 AI 행동 계획

항목(관련 행정명령)	주요 내용
AI 혁신 가속 (EO 14319)	• 규제 완화와 혁신 촉진, 불필요한 규제 제거 • AI 교육 확대 및 직무 전환 지원 • 국방 · 정부 행정에 AI 적극 채택
미국형 AI 인프라 구축 (EO 14318)	• 데이터센터 구축 시 인허가 신속화, 환경 규제 완화 • 첨단 AI 반도체 국내 생산 강화 • AI 인프라를 위한 숙련 노동력 양성
안보 리더십 확보 (EO 14320)	• 동맹 · 파트너 국가에 미국 AI 수출(풀스택 AI 패키지) • 국제기구에서 중국의 영향력 차단 • 첨단 AI 연산 칩 · 반도체 제조 장비 불법 유출 차단

자료: The White House(2025)

미국은 일관되게 AI 기술 경쟁력 강화를 중심에 두고 정책을 펼쳐 왔다. 미국에 존재하는 수많은 빅테크들과 혁신적인 스타트업들은 경쟁적으로 AI 기술 개발과 혁신에 매진하고 있으며, 미국은 이러한 민간 기업들의 역량을 통해 전 세계 AI 기술을 선도하고 있다. 미국은 이러한 지위가 계속해서 유지되고 확대될 수 있도록 하는 것을 일관된 목표로 삼아 왔다. 다만, 바이든 정부에서는 이러한 경쟁력 유지 · 확대 전략과 함께 윤리와 안전 또한 강조하며, 보다 균형적인 시각으로 AI 정책을 시행했다. 그러나 트럼프 2기 정부에 와서 이러한 균형적 정책 목표는 폐기되고 1기 트럼프 행정부보다 더 강력하게 경쟁력 확보 전략을 실시하며 글로벌 AI 패권 전쟁에서 확실한 우위를 점하고자 하고 있다.

4. 중국: 국가 주도의 경쟁력 강화와 통제의 병행

중국은 정부 주도로 AI 산업을 강력히 육성하면서도, 세계에서 가장 엄격한 규제를 병행하는 독특한 모델을 구축하고 있다. 중국 정부는 AI를 국가 경제 발전과 안보의 핵심 동력으로 인식하여, 최고 지도부 차원에서 청사진을 그리며 일관되게 관련 정책을 추진해 왔다. 중국에서 AI 산업을 국가전략에 반영한 것은 2015년 발표된 「중국제조 2025」과 「인터넷 플러스」라는 첨단 산업 육성 전략에서 AI를 핵심 전략으로 지정하면서부터이다. 「인터넷 플러스」 전략에서는 인공지능 발전을 위한 목표로 ① 새로운 성장 및 발전의 추진 동력 확보, ② 인민 삶의 질 개선, ③ 국가 안보 강화를 제시하며 목표를 분명히 하였다. 그러나 당시 AI는 여러 가지 미래 중국 핵심 산업 분야 중 하나로 언급되어 중국 전체 첨단 전략 중 하나로 다루어졌다.[14]

2016년 구글 딥마인드의 알파고가 전 세계에 큰 충격을 준 이후, 중국은 AI를 국가전략 산업으로 인식하며 본격적인 AI 종합계획을 내놓았다. 2017년, 중화인민공화국 국무원(中華人民共和國國務院, 이하 국무원)[15]은 「차세대 인공지능 발전 계획(新一代人工智能发展规划)」을 발표하며, 2030년까지 AI 핵심 산업을 1조 위안(약 193조 원), 연관 산업을 10조 위안(약 1,930조 원) 규모로 육성해 중국을 세계 AI 선두 국가로 만들겠다는 목표를 밝혔다. 이 계획을 달성하기 위한 목표 시기를 2020, 2025, 2030년 3단계로 구분해

---

14 김송죽 · 유호근, 「시진핑 시기 중국 인공지능의 현황과 전략」, 『국제정치연구』, 제25권 1호, 2022, 241-273쪽.
15 중화인민공화국 최고 행정기관으로서 총리, 부총리, 국무위원 등으로 구성된다.

각 시기별로 달성하고자 하는 AI 핵심 산업과 연관 산업의 규모를 수치로 제시하고 각 시기별로 인프라 구성, 투자 펀드 조성, 감세, 투자 지원, 인재 양성, 관련 규범 및 보안 정책 수립 등의 과제를 단계적으로 제시했다.[16] 「차세대 인공지능 발전 계획」의 목표는 ① 경제 발전의 새로운 동력 창출, ② 사회 건설 및 민생 개선, ③ 국가 안보 강화로 설정했는데, 이는 2015년 「인터넷 플러스」와 동일한 목표로 그 계보를 이어 나가고 있다고 평가할 수 있다.

〈표 2〉 중국 '차세대 인공지능 발전 계획'의 3단계 전략 목표

단계	내용
1단계 (~2020)	• 선진국에 맞설 수 있는 AI 기술·응용 개발 • AI 핵심 산업 1,500억 위안(약 29조 원) 이상 및 연관 산업 1조 위안(약 193조 원) 규모로 육성 • AI 핵심 영역에 대한 초기 윤리 규범, 정책 수립
2단계 (~2025)	• AI 기초 이론의 돌파구 마련, 선도적인 AI 어플 개발 • AI 핵심 산업 4,000억 위안(약 77조 원) 이상 및 연관 산업 5조 위안(약 968조 원) 규모로 육성 • AI 윤리적 기준 확대 및 성문화
3단계 (~2030)	• AI의 이론, 기술, 응용 모든 측면에서 세계를 선도 • AI 핵심 산업 1조 위안(약 193조 원) 이상 및 연관 산업 10조 위안(약 1,930조 원) 규모로 육성 • 법률 및 표준들의 추가 업그레이드

자료: 한국지능정보사회진흥원, 2017; 이재웅, 2022.

「차세대 인공지능 발전 계획」에 따라 이후 중국 내의 부처·지역 단위의 후속 정책이 연쇄적으로 제정·집행되었다. 공업정보화부(工业和信息

---

16 「중국의 인공지능(AI) 전략: '차세대 인공지능 발전 계획'을 중심으로」, 스페셜리포트 2017-10, 한국지능정보사회진흥원, 2017.

化部)[17]는「신세대 AI 산업 발전 3개년 행동 계획(2018~2020)」을 만들고 1단계 전략을 구체화하였다. 이 계획에서는 제조·의료·교통 등 핵심 응용 분야의 시범 과제와 산업화 로드맵을 제시하였다. 과학기술부(科学技术部)[18]는 '국가 차세대 AI 개방형 혁신 플랫폼 지정 사업을 통해 BAT(바이두, 알리바바, 텐센트)를 필두로 분야별로 세분화해 AI 중점 기업을 육성하는 사업을 펼쳤다. 이 사업은 2017년부터 3년간 매년 혁신 플랫폼 기업을 선정하고 정책에 기반한 대표 기업을 통해 AI 표준 생태계를 구축하기 위해 이루어졌다.[19] 또한, 과학기술부는 2019년에는 '신세대 AI 혁신발전 시범구' 지침을 시행하고 2023년까지 약 20개의 인공지능 혁신 개발 시험구를 배치하고 건설하는 목표를 세웠다. 이러한 시범구들은 중앙정부의 AI 정책에 발맞추면서 각 지역의 특성과 정점을 고려해 인공지능 혁신과 산업 육성을 추진했다.[20] 이처럼 중국은 국가가 청사진을 그리고 그것이 관계 부처들로 전달되어 중앙과 각 지역에 일사불란하게 하달되면서 체계적으로 AI 산업 육성 전략이 추진되었다. 2023년 기준으로 중국은 AI 핵심 산업 규모가 6,000억 위안 가까이 도달하였으며, 인공지능 기업 수는 4,500개 이상에 달해 전 세계의 약 7분 1을 차지하는 것으로 발표되어 2017년에 수립한 계획을 이미 초과 달성한 상황이다. 글로벌 순위에서도 중국은 압도적인 역량을 갖추고 있는 미국에 이어 세계에서 두 번째에 해당하는 AI 강국

---

17 정보통신기술(ICT) 산업의 발전과 관련 정책을 수립하고 감독하는 정부 부처
18 과학기술 연구개발(R&D) 전략을 총괄하는 부처.
19 박승찬, 「중국 차세대 AI 개방형 혁신플랫폼의 변화와 의미」, 대외경제정책연구원, 2020.
20 중국의 인공지능 관련 최근 정책 동향 및 전망」, KIEP 북경사무소 브리핑, 제26권 5호, 한국개발연구원 대외경제정책연구원, 2024.9.23.

으로 평가되고 있다.[21]

2017년에 발표된 「차세대 인공지능 발전 계획」에서는 AI의 사회적 속성도 중요하며, 이를 통제 가능하도록 관리해야 한다고 밝혔다. 당시 계획에는 목표로 설정했던 각 시기별로 인공지능 관련 법률과 법규를 정비하고, 관련 윤리 규범과 정책 시스템을 완성하는 내용도 포함되어 있었다. 그러나 이러한 중국의 AI 윤리 규범과 안보 관련 내용은 사실상 AI를 활용한 사회 통제 강화 방침으로 전개되었다.

2019년 중국 과학기술부는 「차세대 인공지능 거버넌스 원칙」을 발표하였했으며, 2021년에는 「차세대 인공지능 윤리 규범」을 발표했다. 이 두 가지 지침은 AI를 활용한 감시와 통제를 강화하는 기초가 되었다. 이 두 가지 지침은 공정성, 포용성, 개인정보 보호, 통제 가능한 보안, 책임성, 윤리적 소양 강화와 같은 원칙들을 마련해 놓고 있다. 이런 당연한 원칙들은 중국의 국가주의와 사회주의 이념 체제하에서 국민을 감시하고 통제하는데 활용되었다. 중국 사회주의의 핵심 가치는 국가적 가치, 사회적 가치, 개인적 가치들로 이루어져 있는데, 자유보다 책임이, 개인보다 집단이 더 우선적으로 고려된다는 특징이 있다.[22]

이러한 내용은 「네트워크안전법」, 「데이터안전법」, 「개인정보 보호법」 등 소위 데이터 3법에 의해 법률로 구체화되었다. 데이터 3법은 데이터의 현지 저장, 역외 이전 제한, 국가의 광범위한 데이터 접근 및 활용을 법적

---

21 스탠퍼드 대학교의 HAI가 발표한 2023 글로벌 AI 활성화 랭킹에 따르면 R&D, 경제, 정책 및 거버넌스, 인프라 부문의 종합 점수는 미국이 70.74점으로 1위, 중국은 43.57로 2위, 영국이 25.64로 3위를 기록했다.
22 이재웅, 「중국의 인공지능(AI) 윤리 정책에 관한 연구」, 『중국학』, 80, 2022, 69-87쪽.

으로 강제하고 있다.[23] 이 법을 근거로 제정된「생성형 인공지능 서비스 관리 임시 방법」은 AI를 통한 시민 통제의 목적을 노골적으로 밝히고 있다. 이 지침 제4조 제1호는 "사회주의 핵심 가치를 견지하고 국가 정권이나 사회주의 제도의 전복 선동, 국가 안전과 이익을 해하거나 국가 이미지를 훼손, 국가 분열을 선동하거나 국가 통일 및 사회 안정 파괴, 테러리즘이나 극단주의 조장, 민족 혐오와 민족 차별 조장, 폭력·음란·허위·유해 정보 등 법률과 행정 법규에서 금지하는 내용을 생성해서는 안 된다고 규정하고 있다. 이는 생성형 AI가 중국 정부 입장에 반하는 답변을 생성하는 것을 막기 위한 조치로서 작용한다.[24]

또한, 중국에는「국가안전법」이 있는데 이 법은 국가 안전의 개념을 매우 광범위하게 정의하고 모든 국민과 조직에 국가 안전 수호 의무를 부과하여, 사실상 모든 데이터를 국가 안전이라는 명목으로 수집하고 통제할 수 있는 기반을 제공한다. 앞서 설명한 데이터 3법과「국가안전법」으로 인해 중국에서는 상시 감시 시스템이 이미 광범위하게 작동 중이다. AI는 이런 감시 시스템을 고도화하는 수단으로 활용된다. 중국에는 톈왕(天网, Skynet)이라는 전국 영상 감시 시스템이 이미 2005년부터 가동되고 있다. 이렇게 설치된 CCTV가 2023년 기준으로 전국에 총 7억 대에 달하는데, AI가 고도화되면서 안면 인식 기술이 상당수의 CCTV에 탑재되어 운영되고 있다.[25] 이는 개인을 특정해서 동선과 행동을 국가가 언제든지 확인하고 감시할 수 있는 '빅 브라더' 시스템이 운영되고 있음을 말한다.

23 이웅영,「중국의 인공지능 관련 법제 연구: 생성형 인공지능 서비스 관리 임시방법을 중심으로」,『기업법연구』), 2023, 제37권 4호, 2023.
24 이웅영, 앞의 글, 2023.
25 "China's Surveillance State Is Losing Its Grip," *Forbes*, 2024.12.5.

중국은 일찍부터 AI 기술과 산업 발전을 위해 국가가 주도하여 일관된 육성 정책을 펼쳤다. 국가가 AI 발전의 토대를 구축하고 민간 기업을 지원하면서 체계적으로 기술 개발과 산업 활성화에 힘써 왔으며, 그 결과 현재 미국에 이어 세계 2위 수준으로 AI가 발전했다. 한편, 중국은 안전과 윤리의 중요성을 강조하면서 이를 국가 통제 수단 강화에 활용했다. 중국은 AI를 통해 상시적으로 시민을 감시하고 사상을 더욱 용이하게 통제할 수 있는 시스템을 구축하였다. 이렇게 중국은 국가가 주도하여 AI를 통해 산업과 통제를 동시에 강화해 나가고 있다.

5. EU: 민주적이고 인간 중심적인 AI 규제 체계 구축

유럽연합(EU)은 세계 최초로 「인공지능법(AI Act)」을 제정하여 AI 기술의 위험을 관리하고 책임성을 확보하는 규제 체계를 구축하였다. EU의 「인공지능법」은 세계 최초의 포괄적 AI 법률로서, 인간 중심적이고 신뢰할 수 있는 AI 구현을 목표로 하며, 이를 통해 민주주의와 유럽연합 헌장의 기본권 등 기존 인간 사회의 가치를 보호하고자 한다.[26]

EU 「인공지능법」은 법률로서 제정 즉시 모든 EU 회원국에 적용되고 법적 구속력을 가진다. EU는 디지털 서비스 확산에 대응하여 이미 「개인정보 보호 규정(GDPR)」, 「디지털서비스법(DSA)」, 「디지털시장법(DMA)」 등의 강력한 규제들을 도입해 왔다. 「인공지능법」은 이처럼 규제 중심으로 디지털 시장에 대응하는 EU의 기본 방침과 일맥상통한다. EU는 「인공지능법」과 「개인정보 보호 규정(GDPR)」, 「디지털서비스법(DSA)」, 「디지털시

---

26 Regulation (EU) 2024/1689 (AI Act), Recital (27).

장법(DMA)」을 다층적인 규범 체계로 운영하며 디지털 시대의 포괄적 규제 거버넌스 체계를 구축하고 있다. 이러한 통합된 규제 생태계는 AI 기술의 통제 가능한 디지털 환경을 구축하여 안전성과 신뢰성을 담보하려는 EU의 정책 기조를 반영한다.

이 법률을 제정한 이유는 급속한 AI 기술 발전에 따른 위험과 사회적 우려를 EU가 중요한 문제로 받아들였기 때문이다. 기존 법체계만으로는 인간의 존엄성에 대한 위협, 편향 및 차별, 투명성, 환경 비용, 부정확하거나 유해한 정보 생성 등 AI 특유의 문제에 충분히 대응하기 어렵다고 인식한 것이다.[27]

EU도 처음에는 연성 규범을 통해 AI를 규제하는 방안을 논의하였다. EU 집행위원회는 2018년 6월 인공지능에 관한 고위 전문가 그룹(High-Level Expert Group on AI)을 발족하여 AI 규제 논의를 시작했다. 이 그룹에서 논의 끝에 2019년 4월에 「신뢰할 수 있는 AI를 위한 윤리 가이드라인(The Ethics Guideline for Trustworthy Artificial Intelligence)」을 발표하며, AI의 윤리적 사용에 대한 연성 규범을 제시했다.[28] 이 윤리 지침은 '신뢰할 수 있는 AI(AI for Trustworthiness)'를 목표로 하였는데, 이를 위해 7가지의 윤리 원칙을 표명했다. 인간의 행위와 감독, 기술적 견고성과 안전성, 사생활권과 데이터 통제, 투명성, 다양성, 차별 금지와 공정성, 사회적 및 환경적 복지와 책임성으로 구성된 윤리 원칙은 바로 이듬해에 만들어진 「인공지능 백

---

27 Wachter, S., 2023, "Limitations and loopholes in the EU AI Act and AI Liability Directives what this means for the European Union, the United States, and beyond," *Yale JL & Tech.*, 26, 671.

28 양천수, 「유럽연합 인공지능법과 인공지능 규제」, 『Regulatory Law Review』, 2024, 제24-1호.

서」와 「인공지능법」과도 연결되었다.[29]

EU는 이 가이드라인을 바탕으로 본격적인 규제를 실시하기 위한 전 단계로 백서를 제작하였다. EU 집행위원회는 2020년 2월에 「AI 백서: 우수함과 신뢰에 대한 유럽의 접근법(White Paper on Artificial Intelligence: A European Approach to Excellence and Trust)」을 발표하며 AI 법적 틀을 마련하기 위한 본격적인 작업에 착수했다. 이 백서에서는 처음으로 AI의 혁신적 측면에 대해 기술했다. EU가 위험성에 대한 문제의식에서 AI 정책 논의를 출발했지만, 본격적인 정책 구상을 위해서는 AI 기술 발전과 혁신의 측면을 검토하지 않을 수 없었기 때문일 것이다. 백서는 이러한 혁신의 측면을 '우수함(Excellence)'이라는 개념으로 설명하고 있다. AI 백서는 크게 우수함의 생태계(Ecosystem of Excellence)와 신뢰의 생태계(Ecosystem of Trust) 두 축으로 구성하여, AI 정책을 균형적으로 접근하였다.

우수함의 생태계는 EU의 AI 기술 경쟁력 향상과 혁신 촉진을 위한 정책적 지향점을 의미한다. EU가 AI 혁신의 중심지로 자리매김하도록 연구개발(R&D), 인재, 기업 생태계를 강화하는 것을 목표로 한다. 이는 단순히 윤리와 규제만 강조할 경우 미국과 중국에 비해 뒤처질 수 있기 때문에 기술개발과 산업의 활성화를 위해 EU가 노력해야 함을 강조하고 있다. 백서에서는 우수함을 위한 세부 전략으로 ① 회원국과의 협력, ② 세계적 수준의 테스트 및 실험 인프라, ③ 인재 및 기술 역량 강화, ④ 중소기업(SME) 지원, ⑤ 공공-민간 파트너십(PPP), ⑥ 공공 부문 수요 촉진을 언급하고 있다.[30]

---

29 손영화, 「EU AI Act의 입법배경과 도입철학에 대한 검토」, 『IP & Data 법』, 제4권 2호, 2024, 111-149쪽.

30 European Commission, 2020, "White paper on artificial intelligence A European approach to excellence and trust," COM(2020) 65 final. Publications Office of the

신뢰의 생태계는 AI 기술이 사회 전반에 미치는 잠재적 위험을 관리하여 AI에 대한 사회의 신뢰를 확보하기 위한 개념이다. 신뢰의 생태계 파트는「신뢰할 수 있는 AI를 위한 윤리 가이드라인」의 지침들을 법적 요구 사항 수준으로 반영하였으며, 이후 제정된「인공지능법」의 핵심 뼈대가 되었다. 이 파트에서 가장 두드러지는 특징은 위험 기반 접근법(risk-based approach)이다. 백서에서는 여러 가지 AI 기술과 서비스의 위험도를 고위험과 저위험으로 구분하여 규제를 차등화하는 아이디어를 처음으로 제안했다.[31] 고위험은 의무 요건을 법적으로 부과하지만, 저위험은 가이드라인이나 자율 규제를 통해 기업의 부담을 최소화하는 방식을 취하도록 했다. 이처럼 위험 수준을 기반으로 규제 수준을 차등화하는 위험 기반 접근법은 이후 제정되는「인공지능법」의 중요한 원칙이 된다. 이뿐만 아니라 백서에서 명시한 신뢰 파트의 핵심 방침들은 이후 진행된 법제화 작업에서 많은 부분에 영향을 미쳤다.

2021년 4월 EU 집행위원회는「인공지능법」초안을 공개했다. 발표된 초안은 현행「인공지능법」의 대부분의 골격을 갖추고 있었다. 그럼에도 불구하고 이 안이 최종적으로 법제화되기까지는 2년의 시간이 더 걸렸다. 이는 2022년 11월 등장한 ChatGPT가 큰 충격을 주었기 때문이다. 당시 ChatGPT와 같은 언어 기반의 생성형 인공지능의 등장은 초안 발표 당시 크게 고려하지 않았기 때문에 이러한 서비스에 대한 내용도 추가 검토가 필요했던 것이다.[32] EU 이사회는 2023년 6월에 최종 수정안을 채택했다.

European

31 정남철,「유럽연합(EU) 인공지능규범의 제정과 특징」,『유럽헌법연구』, 38, 2022, 215-242쪽.
32 양천수, 앞의 글, 2024.

이 수정안은 범용 목적의 생성형 AI(GPAI)에 대한 새로운 의무를 설정했으며,[33] 실시간 원격 생체 인식 시스템의 예외적 허용 범위를 재조정하는 등의 수정을 거쳤다. 이후 EU 집행위원회, EU 의회, EU 이사회는 일부 내용을 추가적으로 조정하여 3차 협상을 완료하고 2023년 12월에 최종 합의에 이르렀다. 이는 2024년 3월 EU 의회에서 찬성 523표, 반대 46표의 압도적인 지지로 공식적으로 채택되었으며, 5월에는 이사회 최종 승인, 7월 EU 관보 게재를 거쳐 8월 1일 자로 발효되었다.[34] 이 법은 발효일로부터 24개월 후인 2026년 8월 1일에 시행될 예정이다. 법 시행 전에 각 기업들은 규제에 대한 준비를 거쳐야 한다. 이렇게 세계 최초의 포괄적인 AI 규제법인 EU「인공지능법」이 제정되었다. EU는 이렇게 점진적인 단계를 거쳐 다양한 집단 간의 합의를 통해「인공지능법」을 탄생시켰다.

EU「인공지능법」은 가이드라인과 백서를 통해 구체화된 위험 기반 접근법을 활용해 AI의 위험도를 구분하고 각 단계별로 규제를 차등적으로 적용했다. 위험도는 크게 ① 금지 대상, ② 고위험, ③ 제한된 위험, ④ 최소 위험의 4가지 유형으로 구분되고, 각 유형은 인간 사회의 기본 가치와 안전에 미치는 위험의 정도를 기반으로 구분된다.[35] 먼저 '금지된 AI'는 유럽의 기본권과 민주주의 가치에 심각한 위협을 가하는 시스템으로 정의되며 원칙적으로 EU 내에서 전면 금지된다.[36] '고위험 A'는 사회의 안전과 기

---

33 Kusche, I. 2024. "Possible harms of artificial intelligence and the EU AI act fundamental rights and risk." *Journal of Risk Research*, 1-14.
    양천수, 앞의 글, 2024.

34 전우정,「EU AI Act의 위험 분류 체계와 우리나라 AI 정책에 대한 시사점」,『정보법학』, 제28권 2호, 2024, 169-215쪽.

35 전우정, 앞의 글, 2024.

36 사람의 행동을 은밀하게 조작하거나 실시간 원격 생체 인식을 통해 감시를 강화하거

본권에 중대한 영향을 미치는 분야에서 활용되는 AI를 말하며, 시장에 출시되기 전에 엄격한 심사를 거쳐야 하고, 부과되는 여러 가지 의무를 충족해야 한다.[37] '제한적 위험 AI'는 인간에게 착각을 불러일으킬 수 있는 AI이다. 이에 이러한 유형의 AI에는 사용자가 인공지능과 상호 작용하고 있다는 사실을 명확히 알 수 있도록 하는 투명성 의무(Transparency Obligation)가 부여된다.[38] '최소 위험 AI'는 비디오 게임, 스팸 필터 등의 위험도가 낮은 AI로서 별다른 규제가 적용되지 않는다.[39]

추가로 「인공지능법」에서는 범용 인공지능(General-Purpose AI, GPAI)에 대한 별도 규제를 마련했다. 범용 인공지능은 다양한 작업을 수행하고 여러 시스템에 통합될 수 있는 AI 모델로, ChatGPT 같은 대규모 언어 모델이 대표적이다. 범용 인공지능 제공자는 기술 문서를 공개하고, 학습 데이터 요약을 제공하며, 저작권을 준수해야 한다. 특히 고성능 범용 인공지능은 사회적 위험을 방지하기 위해 평가, 적대적 테스트, 보안 강화, 사고 보고 체계를 갖춰야 한다.[40]

EU 「인공지능법」의 규정들은 해외에 본사를 둔 기업이라도 EU 내에서

나, 사회적 점수를 부여해 차별을 조장하는 기술 등이 여기에 해당한다. Regulation (EU) 2024/1689 (AI Act), Article 5

37 고위험 AI에 해당되는 AI는 위험 관리, 품질 보증, 기술 문서 작성, 기록 유지, 인간 감독 체계 마련, 정확성과 강건성 확보, 사이버 보안 조치 등 세부적인 의무를 충족해야 한다. Regulation (EU) 2024/1689 (AI Act), Article 6, Article pp. 8-15, Annex III

38 투명성 의무는 사용자가 인공지능과 상호 작용하고 있다는 사실을 명확히 알 수 있도록 하는 것을 말한다. 예컨대 챗봇이나 가짜 이미지·영상(딥페이크)처럼 사용자가 오해할 수 있는 경우, 반드시 AI 생성물임을 고지해야 한다. Regulation (EU) 2024/1689 (AI Act), Recital (27).

39 전우정, 앞의 글, 2024.

40 Regulation (EU) 2024/1689 (AI Act), Article pp. 51-53

사업을 영위하고 있다면 규제가 적용될 수 있으며, 위반 시 과징금 규모도 상당히 크기 때문에 AI 서비스 제공 기업들에게 상당한 부담을 줄 수 있다.[41]

EU「인공지능법」은 규제뿐 아니라 연구와 산업 활성화를 촉진하는 내용도 일부 포함하고 있다. 법률 제6장은 혁신 지원 조치를 명시하고 규제 샌드박스 제도를 그 안으로 제시하고 있다. 규제 샌드박스란 회원국의 감독 기관이 주관하여, 기업이나 연구 기관이 실제 환경에서 AI 시스템을 실험하고 개발할 수 있도록 허용하는 제도이다. 이 제도에 참여하는 기업은 기존의 엄격한 규제 요건을 일부 면제받을 수 있으며, 그 대신 감독 기관과 긴밀히 협력하여 안전 조치와 위험 완화 조치를 함께 설계한다.[42] 샌드박스의 목적은 AI 기업, 특히 신생 기업들이 새로운 기술을 시장 출시 이전 단계에서 안전하게 시험할 수 있도록 돕는 데에 있다. 이를 통해 개발 과정에서 예상치 못한 위험을 조기에 발견하고 개선할 수 있으며, 감독 기관은 실제 데이터를 바탕으로 규제 준수 여부를 지도할 수 있다. EU「인공지능법」에서 혁신 관련 조항은 6장에만 존재한다. 그 외 모든 조항들은 AI의 안전성을 보장하기 위한 규정들로 혁신을 고려하기보다 규제를 통해 안전한 AI 이용 환경을 구축하려는 목적이 크다.

EU의 AI 혁신 전략은 몇 차례의 종합계획을 통해 제시되었다. 2018년 12월 유럽위원회(EU Commission)는「AI에 관한 협력 계획(Coordinated Plan on AI)」을 발표하고 유럽이 AI 전 분야에서 세계적인 경쟁력을 극대화하겠다

---

41 금지된 AI 규정을 위반할 경우 전 세계 매출액의 7% 또는 3,500만 유로 중 더 높은 금액의 벌금이, 고위험 AI 규정을 위반할 경우에는 전 세계 매출액의 3% 또는 1,500만 유로 중 더 높은 금액의 벌금이 부과된다.

42 Regulation (EU) 2024/1689 (AI Act), Article 57-63

는 의지를 밝혔다. 미국과 중국이 투자 규모와 기술력을 바탕으로 AI 경쟁을 선도하는 상황에서, EU는 이 계획을 통해 유럽 고유의 가치를 반영한 AI 정책 방향을 제시했다. 이 계획의 목표는 ① 기술 및 산업 역량 강화 및 AI 활용 증진, ② 사회경제적 변화에 대한 준비, ③ 윤리적·법적 프레임워크로 설정되었다.[43] 이는 단순한 기술 개발이나 시장 주도적 접근이 중요하지만 윤리와 안전 또한 중요하다고 강조한 것으로서 전반적인 EU의 기조를 유지하고 있다.

2022년 ChatGPT 이후 AI 기술 성장이 본격화되자 EU도 본격적으로 AI 기술 개발 및 혁신을 위한 대책을 내놓았다. 2024년 EU는 AI 혁신 패키지(AI Innovation Package)를 발표하였다. AI 혁신 패키지는 규제가 아닌 정책·투자 패키지로, 스타트업이나 SME(Small and medium enterprise, 중소기업)의 AI 개발·배포 지원과 생성형 AI 적용 촉진을 핵심 목표로 했다. AI 혁신 패키지는 2027년까지 공공 및 민간 투자 총액 목표를 40억 유로로 정했다.

EU는 글로벌 AI 경쟁에서 미·중 대비 상대적 후발로서 경쟁력 약화를 극복하기 위한 방안으로 2025년 4월에 「AI 대륙 실행 계획(AI Continent Action Plan)」을 발표했다. AI 대륙 실행 계획은 ① 인프라 증대, ② 고품질 데이터 확보, ③ 전략산업 분야 AI 도입, ④ AI 인재 육성, ⑤ 규제 지원 등의 5대 핵심 영역으로 구성되어 있다. 이 중 가장 핵심은 인프라 확보 분야라 할 수 있다. EU는 총 2,000억 유로 규모(약 313조 원)의 'Invest AI' 투자 시설을 통해 최대 5개의 AI 기가팩토리를 건설하고자 한다. 이러한 AI 기

---

43 「EU 'AI 대륙 실행계획'을 통해 본 2025 EU AI 정책」, 『The LENS』, 2025-4호, 한국지능정보사회진흥원, 2025.

가팩토리를 통해 컴퓨팅 인프라를 확보하고 유럽 내 AI 연구 자원을 확보하고자 한다. 그 외에 데이터 랩 구축 등을 통해 고품질 데이터 접근성을 확대, 첨단 제조·로봇·모빌리티·항공우주의 핵심 산업 분야 AI 도입 추진, AI 인재 교육 및 유럽 정착 지원, AI 법 이행 지원 등의 계획들이 담겨 있다. 그러나 경쟁력 강화에 방점이 있는 이 계획에서조차 서문에서 민주적 가치의 보호와, 신뢰할 수 있고 인간 중심인 AI 원칙을 강조하고 있다.[44]

지금까지 살펴본 바에 따르면 유럽의 AI 정책을 관통하는 것은 인간 중심의 신뢰할 수 있는 AI 시스템의 구축이다. 국가별 AI 기술 경쟁이 격화되는 상황 속에 유럽도 AI 기술 개발에 최선을 다해야 한다는 문제의식을 가지고 있지만, 이러한 기술 혁신 움직임도 AI 안전성 보장이라는 기본적인 대원칙 아래에서 이루어지는 것이다. 그리고 또 하나 유럽의 특징은 제도 구축 시 민주적 절차와 숙의를 거쳐 점진적으로 추진한다는 점이다. 수년에 걸쳐 가이드라인 → 백서 → 법률 초안 → 법률 제정 과정이 진행되었으며, 이 모든 과정은 하나의 원칙을 그대로 이어 나가며 만들어졌다. 민주적이고 점진적인 절차를 통해 만들어진 원칙과 법률은 EU가 계속해서 강조하는 민주적인 가치 수호와 일맥상통한다. 그러나 EU의 AI 정책은 전 세계에서 가장 강력한 수준에 속한다. 시장의 혁신을 촉진하기보다 안전한 AI를 추구한다는 정신은 온라인 플랫폼 시장에서 주도권을 완전히 잃었던 유럽의 사례가 AI 환경에서도 반복될 수 있다는 우려를 갖게 한다.

---

44 European Commission, 2025. AI Continent Action Plan, COM(2025) 165. Brussels: European Commission. 한국지능정보사회진흥원, 앞의 글, 2025.

6. 한국: 국가전략기술로서 AI 육성과 안전성의 보완

한국은 디지털 혁신의 핵심인 인공지능(AI)을 국가전략기술로 육성하며, 동시에 안전하고 신뢰할 수 있는 AI 활용 기반을 마련하기 위한 거버넌스 체계를 확립해 왔다. 2019년 발표된 「인공지능 국가전략」을 시작으로, 정부는 AI 강국 도약을 목표로 다양한 정책을 추진해 왔다. 특히, 2022년 윤석열 정부 출범 이후 「대한민국 디지털 전략」, 「초거대 AI 경쟁력 강화 방안」, 「전 국민 AI 일상화 계획」을 발표하며, 꾸준히 AI 분야에 대응해 왔다. 윤석열 정부 이후에 집권한 이재명 대통령은 선거 당시부터 공약에 AI 산업 육성을 가장 중요한 경제 활성화 전략으로 발표했으며, 집권 이후 대통령실에 AI 수석을 신설하는 등 AI 기술 및 관련 산업 발전에 큰 공을 들이고 있다.

또한, 한국은 2025년 1월 「인공지능 발전과 신뢰 기반 조성 등에 관한 기본법(이하 인공지능 기본법)」을 제정해 세계에서 두 번째로 포괄적 AI 법률을 제정한 국가가 되었다. 이처럼 한국은 정부에서 AI의 육성을 상당히 중요한 과제로 인식하고 있으며, 포괄적 AI 법률도 제정하는 등 AI에 대해 민감하게 대응하고 있다. 이렇게 AI 기술 및 산업의 육성 목표는 정권과 무관하게 꾸준히 추진되어 왔다. 이러한 노력으로 한국은 주요국을 대상으로 한 Global AI Index에서 6위를 기록했으며, 이 중 정부 전략 부문은 사우디아라비아와 미국에 이어 전체에서 3위를 기록할 만큼 한국은 AI 환경 변화에 총력을 다해 대응하고 있다.[45]

---

45 Global AI Index는 영국의 뉴스 스타트업이 만든 Tortoise Media에서 총 83개국을 대상으로 AI와 관련한 산업, 연구, 개발, 정부전략 등의 다양한 지표를 바탕으로 점수와

2019년 가을, 문재인 정부는 IT 강국을 넘어 AI 강국으로의 도약을 공식 천명했다. 당시 문재인 대통령은 개발자 컨퍼런스(DEVIEW 2019)에서 AI를 국가전략산업으로 육성하겠다고 밝히며, 미국과 중국이 국가 차원의 AI 전략을 선제적으로 가동한 흐름을 한국도 본격적으로 따라가겠다는 방침을 밝힌 것이다.[46] 이 선언은 곧바로 같은 해 12월의 「인공지능 국가전략」으로 연결되었다. 이 전략은 'AI 생태계 구축─활용 확산─사람 중심'의 3축 아래 2030년까지 디지털 경쟁력 세계 3위, 455조 원 경제 효과, 삶의 질 세계 10위와 같은 발전주의적 목표를 전면에 내세웠다. 세부적으로는 생태계·인재 양성 등 경쟁력 강화 의제를 첫머리에 배치해 글로벌 AI 패권 경쟁에서 뒤처지지 않겠다는 방침을 밝혔다. 윤리 체계도 함께 언급되었지만, 분량과 배치에서 보듯 당시 설계의 중심은 경쟁력 강화에 있었다.[47]

그러나 국가전략 발표 직후 정부는 AI의 윤리와 안전성을 강조하는 정책들을 우선적으로 발표했다. 2020년 12월 발표된 「인공지능 윤리 기준」은 '사람이 중심이 되는'이라는 표제를 달고, 3대 기본 원칙(인간 존엄성·공공선·합목적성)과 10대 핵심 요건(인권·프라이버시·다양성·안전성·투명성 등)을 제시했다.[48] 같은 시기 정부는 「인공지능 법·제도·규제 정비 로드맵」을 통해 AI 관련 산업 확산의 장애 요인을 시장 친화적으로 정비하되

순위를 산정해 발표하는 AI 지수이다.
Tortois Media, Available: https://www.tortoisemedia.com/data/global-ai#rankings
46 「文대통령 "인공지능 정부 되겠다"…新 국가전략산업 육성」, 《연합뉴스》, 2019.10.28.
47 「인공지능 국가전략」, 대한민국 정부, 2019.12.17.
48 3대 기본 원칙은 ① 인간 존엄성 원칙, ② 사회의 공공선 원칙, ③ 기술의 합목적성 원칙이며. 10대 핵심 요건은 ① 인권 보장, ② 프라이버시 보호, ③ 다양성 존중, ④ 침해 금지, ⑤ 공공성, ⑥ 연대성, ⑦ 데이터 관리, ⑧ 책임성, ⑨ 안전성, ⑩ 투명성이다.
「사람이 중심이 되는 '인공지능 윤리 기준'」, 대한민국 정부, 2020.12.23.

윤리 교육 강화 같은 균형 장치도 병행하겠다는 방침을 발표했다.[49] 그리고 다음 해인 2021년 5월에는 「인공지능 윤리 기준」을 실현할 수 있는 전략으로 「신뢰할 수 있는 인공지능 실현 전략」을 발표했다. 이 전략은 누구나 신뢰할 수 있는 인공지능을 주된 목표로 설정하고 신뢰, 안전, 건전성 등의 가치를 AI 전략의 주요 목표로 삼았다.[50]

이처럼 문재인 정부 시절 AI 정책은 산업의 관점으로 접근을 시작했지만, 이후에는 점차 안전성을 강조하는 방식으로 전개되었다. 즉, AI 기술 개발과 확산도 중요하지만 윤리 기준을 지켜 가며 안전하게 발전하고 활용되는 AI를 지향해 경쟁력 확보와 안전성 사이의 균형을 추구한 것이다.

윤석열 정권에서 AI 정책의 기조는 한층 발전주의적으로 가속되었다. 윤석열 정부는 2022년 9월에 발표한 「대한민국 디지털 전략」에서 AI를 6대 혁신 기술의 한 축으로 포함시키며 AI 정책 방향을 설정했다.[51] 2023년에는 「대한민국 디지털 전략」의 AI 부문의 내용을 구체화한 AI 단독 정책으로 「인공지능 일상화 및 산업 고도화 계획(안)」(1월)과 「초거대 AI 경쟁력 강화 방안」(4월)을 잇달아 발표했다. 이 중 「인공지능 일상화 및 산업 고도화 계획(안)」은 AI 수요를 창출하고 관련 산업과 인프라를 고도화해 AI 발전의 토대를 만들겠다는 내용을 골자로 한다. 이 계획에서는 디지털 법 제도 정비 및 윤리도 일부 다루고 있는데, 여기에서 AI 기본법 도입을 명시적으로 언급했다.[52] 「초거대 AI 경쟁력 강화 방안」의 경우 LLM(Large Language Model, 거대언어모델)을 포함한 국가 단위의 AI 역량을 올려 디지

---

49 「인공지능 법·제도·규제 정비 로드맵」, 대한민국 정부, 2020.12.24.
50 「신뢰할 수 있는 인공지능 실현 전략」, 대한민국 정부, 2021.5.13.
51 「대한민국 디지털 전략」, 대한민국 정부, 2022.9.
52 「인공지능 일상화 및 산업 고도화 계획(안)」, 과학기술정보통신부, 2023.1.

털 경제 가속 방침을 밝혔는데, 이는 윤석열 정부가 AI에 대한 발전주의적 목표를 노골적으로 선언한 것으로 평가할 수 있다.[53]

이어 2024년에는 「AI・디지털 혁신 성장 전략」과 「국가 AI 전략」을 잇달아 발표했다. 이 전략들은 AI G3 국가 도약을 밝히고, 이를 위해 기술・인재・인프라 3대 축의 발전을 추진 목표로 삼았다.[54] 이 전략은 한국도 글로벌 AI 패권 경쟁에 뛰어들겠다는 것을 공식화한 것과 같다. 정책 거버넌스 차원에서도 민관 합동 자문 기구('AI 전략최고위협의회')를 세우고, 곧 대통령령으로 법정 단체화한 '국가인공지능위원회'로 격상시켜 정책 추진력을 끌어올렸다. 이처럼 윤석열 정부는 AI 정책을 기술 개발 가속, 산업 활성화 등 경쟁력 강화에 중점을 두고 추진하며, 갈수록 심화되는 국가 간 AI 패권 경쟁을 대비했다.

이런 분위기는 2025년에 치른 대통령 선거에까지 그대로 이어졌다. 이재명 대통령은 대선 공약 중 경제성장의 핵심 전략으로 AI 기술 혁신과 관련 산업 발전을 가장 상단에 위치시켰다. 이는 이재명 정부가 출범 전부터 AI를 미래 성장을 위한 중요한 동력으로 인식했기 때문이다. 이재명 대통령은 집권 후 대통령실에 AI 수석실을 만들고 민간 기업에서 일하던 AI 전문가를 수석으로 임명했다. 출범 이후 발표된 국정운영 5개년 계획에서 AI 3대 강국을 주요 목표로 삼고 AI 인프라 확보, AI 활용도 증진, AI 인재 확보, 안전 기반 AI 기본 사회, AI 정부 실현 등을 추진할 것이라고 하였다. 2025년 9월에는 전 정부에서 만든 '국가인공지능위원회'의 기능과 권한을 확대한 '국가인공지능전략위원회'를 출범시켰다. '국가인공지능전략위원

---

53 「초거대 AI 경쟁력 강화 방안」, 대한민국 정부, 2023.4.14.
54 「AI G3 도약을 위한 AI・디지털 혁신 성장 전략」, 대한민국 정부, 2024.4.4.

회'는 후술할 「AI기본법」에 의해 그 기능과 권한이 확대된 조직으로, 국가 전반 AI 정책 관련 부처 간 조정, 이행 점검 및 성과 관리를 수행하는 국가 AI 정책 최상위 기구이다. 위원회의 장은 대통령이 맡고 상근 부위원장을 포함한 민간 위원 35명, 주요 부처 장관급 13명, 대통령실 2명으로 총 51명 규모의 민관 합동 조직으로 구축했다. 이들이 총 8개의 분과로 나뉘어 국가 인공지능 미래 계획을 수립하고 의결하도록 구성되었다. '국가인공지능전략위원회' 출범일 첫 회의에서는 1호 안건으로 '대한민국 인공지능 행동 계획(AI 액션 플랜)'을 상정하고 논의했다. 이 계획은 인공지능 3대 강국이라는 목표를 달성하기 위해 인공지능 혁신 생태계 조성, 국가 인공지능 시스템 마련, 국제 인공지능 기본사회 기여라는 3대 정책 축을 설정했다.

한편, 국회에서는 포괄적 AI 법률 제정이 활발히 논의되었다. 2020년 7월 국회에서 첫 AI 관련 법안이 발의된 이래 수년간 학계 · 업계 · 시민사회의 다양한 의견을 수렴하며 포괄적 AI 법률에 대한 입법 논의가 이어져 왔다. 21대 국회(2020-2024) 기간 동안 여야를 막론하고 수십 건의 AI 관련 법안을 발의했다. 22대 국회에서는 이런 현상이 더 심해졌다. 2024년 5월 말 개원한 22대 국회에서 12월 말 「AI기본법」이 제정되기까지 발의된 법안만 총 19건에 달했다.[55]

이처럼 경쟁적으로 발의된 AI 관련법의 핵심 쟁점은 법률의 방향성이었다. AI 윤리, 차별 · 위험 방지 등을 강조하는 규제 중심 의견과 산업 육성 지원 등을 강조하는 진흥 중심 의견 간의 대립을 조율하는 것이 관건이었다. 시민사회단체들은 AI의 윤리와 안전성 문제를 위해 규제를 강화해야 한다는 입장이었으며, 산업계와 경제단체들은 AI 산업의 혁신과 부가가치

---

55 「AI 기본법 제정안 국회 본회의 통과」, 법무법인 세종, 2024.12.30.

창출을 위해 최소 규제가 필요하다는 입장이었다. 구체적으로 쟁점은 EU 「인공지능법」처럼 유해하거나 비윤리적인 AI 기술의 사용을 명시적으로 금지하는 조항의 포함 여부와 고위험 AI 개념 도입을 통한 규제 수준 조정 문제였다. 최종 법률에서 금지 조항은 반영되지 않았으며, 고위험 AI의 경우 고영향이라는 용어로 조정해 도입하되, 법률에서 구체적인 내용을 정하지 않고 하위 법령과 위원회 심의에 위임하는 방향으로 절충되었다. 처벌 수준도 쟁점이었는데, EU의 경우 전 세계 매출액의 7%에 달하는 과징금 처분을 했지만, 한국은 3천만 원 이하의 과태료만 규정해 EU에 비해 낮은 수준으로 결정되었다. 전반적으로 국내 「AI기본법」은 안전성과 산업성의 대립을 절충하는 안을 택했지만, 산업성을 좀 더 고려하는 방향으로 최종 법률이 제정되었다.

이런 점들을 종합해서 살펴보았을 때, 한국은 AI의 윤리와 안전 문제에 대해 고민을 했지만, 전반적으로 AI 기술 개발이나 산업성을 강화하는 쪽으로 방향으로 설정하였다. 특히, AI를 국내 경제 활성화와 관련 산업 발전을 위한 중요한 수단으로 여기면서 최종적으로는 발전주의적인 방향으로 정책이 추진되고 있는 상황이라고 평가할 수 있다.

7. 결론

AI는 인류 문명이 만든 가장 강력한 아티팩트(Artifact)이다. AI를 어떻게 다루느냐에 따라 인류의 미래는 그 방향성이 결정될 수 있다. 이처럼 강력한 아티팩트인 AI를 대하는 정책적 대응은 각 국가마다 차이가 있다. 각 국가들은 가장 중요하다고 생각하는 가치를 지키기 위해 정책들을 수립하고 있다. 지금까지 살펴본 각 국가별 정책 대응은 AI 확산 국면에서 각 국가가 무엇을 중요한 가치로 생각하고 있는지에 대해 보여준다. 이 글은 이런 부분에 대해 정리해 보았다.

미국은 민간 사업자들 간의 활발한 경쟁을 통해 AI 기술을 고도화하고 있으며, 이를 통해 글로벌 AI 산업을 주도하고 있다. 이러한 이유로 현재 글로벌 AI 패권 경쟁에서 가장 앞서 있는 것은 미국이며, 미국 정부는 자국 기업들이 앞으로도 계속해서 이러한 패권을 유지할 수 있도록 지원한다. 바이든 정부에서 윤리를 강조하며, 균형을 맞추고자 시도했지만, 트럼프 2기 정부에 들어와 이러한 윤리적 조치들은 AI 패권을 위해 희생시키는 방향으로 노선을 변경하였다. 사업자들은 길을 내고 정부는 이들이 그 길로 그대로 갈 수 있도록 방호벽을 세우는 방식이다.

반면 중국은 늘 그랬듯이 국가가 직접 핸들을 잡고 AI 기술 발전과 산업 활성화를 주도한다. 미국에 비해 민간 사업자의 역량이 부족한 중국은 국가 주도적으로 AI 기술 개발과 관련 산업 활성화를 촉진하며 AI 패권 경쟁에 뛰어들고 있다. AI 윤리와 안전성 문제는 국가의 통제와 감시를 강화하는 요소로 활용하고 있다. 엄청나게 고도화된 중국의 기술적 역량은 중국의 효율적 체제 유지 수단으로 활용되며, 진정한 윤리와 안전성 문제는 상대적으로 소홀하게 다루어진다.

유럽은 다른 길을 걷는다. 권리와 신뢰, 인간 중심이라는 기준을 먼저 세우고 그 위에 산업 활성화 같은 발전적 목표를 수립하였다. 위험을 분류하고, 책임의 경계를 명확히 하는 규범을 앞세워 국제 질서의 기준점을 만들려 한다. 혁신의 속도가 다소 늦어질지라도, 사회적 합의가 만들어 내는 안정된 신뢰를 장기 경쟁력으로 전환하겠다는 선택이다. 유럽이 말하는 성공은 언제나 시장의 점유율만으로는 설명되지 않는다.

한국은 늘 이처럼 극명히 나뉜 두 세계 사이에서 절충점을 고안해 왔다.

인프라를 촘촘히 깔고 윤리나 안전성에 대한 부분도 놓치지 않으려고 한다. 균형성을 추구한다는 점에서는 유럽과 유사해 보이지만, 윤리와 안전성 중심의 균형적 정책을 추구하는 유럽과 달리 한국은 기술 발전과 산업 활성화를 우선시한 이후 윤리적 문제를 보완하는 방식을 추구한다.

다만, 가장 우려스러운 것은 AI를 둘러싼 미중 간의 패권 전쟁이 격화될 것으로 보인다는 점이다. 미국과 중국은 기술의 미래를 혁신의 언어가 아니라 패권의 문법으로 말하기 시작했다. 신냉전 체제로 전환되고 있는 지금 전 세계를 양분하고 있는 이 두 패권 국가 사이에서 AI는 놓칠 수 없는 전략기술이다. 이러한 상황은 'AI 2027'에서 경고한 상황을 상기시켜 준다.

'AI 2027'이 보여준 두 갈래인 질주(race)와 감속(slowdown) 시나리오는 추상적 비유가 아니다. 경쟁이 지금처럼 격화되면, AI가 사회의 권력 중심을 잠식하고 인간은 종속의 위험을 마주하게 된다는 경고는 현재의 개발 추세를 바탕으로 상당히 현실적인 시나리오로 제시되었다. 반대로 패권 경쟁이 타협과 조정으로 전환될 때에만 우리는 안전한 관리의 가능성을 확보할 수 있다. 이는 해당 보고서의 경고가 과장된 공상 과학이 아니라 냉정한 추세선이 가리키는 방향이라는 점이 더 섬뜩하다.

문제는 이 레이스가 쉽게 멈추지 않는다는 데 있다. 미국은 기록적인 민간 투자와 모델 개발로 속도를 끌어올리고, 중국은 논문과 특허에서 압도적 비중을 차지하며 지식재산의 고지를 선점하고 있다. 그 외 국가들은 이런 흐름에서 뒤처질 경우 종속될지 모른다는 불안 속에 전략과 투자를 증액하며 다시 가속페달을 밟는다. 이렇게 강화된 동학(動學, dynamics)은 경쟁 자체를 질주의 구조로 고정시키고, 결국 'AI 2027'이 예고한 불길한 미래를 앞당길 수 있다.

이러한 상황에서 우리나라는 딜레마에 빠진다. 글로벌 패권 경쟁을 쫓아가야 하는 것인가? 윤리를 강화해야 하는 것인가? 일단 우리는 글로벌 AI 패권 전쟁에서 뒤처지지 않는 방향을 주요 목적으로 결정하고, 이를 위해 전 국가적인 자원을 총동원하고 있다. 이는 우리나라로서는 어쩔 수 없는 결정이었을 것이다. 이러한 방향 설정이 어쩔 수 없겠지만, 윤리와 안전에 대한 충실한 뒷받침도 필수적이다. 우리는 어쩔 수 없이 앞을 향해 빠르게 나아가는 초고속 열차에 몸을 실었다. 이 열차가 속도에 너무 치중하다가 탈선하는 불상사를 막기 위해서는 안전에 대한 정책들로서 트랙을 잘 잡아 줄 필요가 있다. 속도와 안전의 균형을 통해 AI가 이끄는 미래 사회가 좀 더 안전하게 도래하길 바란다.

7장

AI 시대, 미디어 리터러시의 방향성 모색

여현철

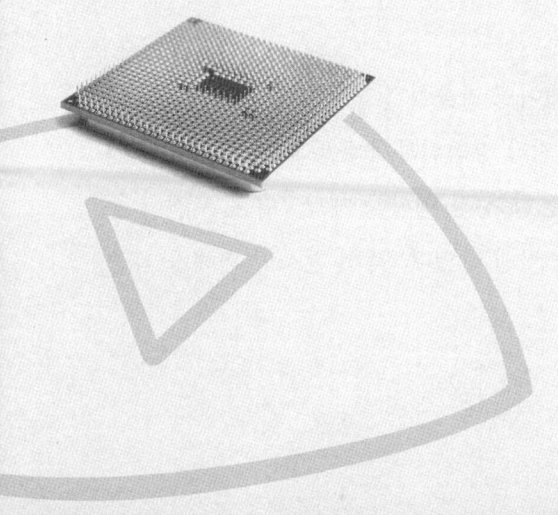

1. 들어가며

인공지능(AI)은 사회 전반에 혁신을 일으킬 수 있는 잠재력을 지닌 동시에, 중대한 위험을 수반하는 기술이다. AI를 책임감 있게 활용할 경우, 개인과 사회, 국가가 직면한 문제를 해결하고 생산적이고 안전한 미래를 실현하는 데 기여할 수 있다. 그러나 AI 영상, 음성, 합성 기술의 발전은 무책임하게 사용할 가능성을 확대시키고 있다. 예를 들면 성적 허위 영상물 제작, 허위정보 유포, 금융사기, 차별과 편향, 개인정보 침해, 청소년 AI 중독 등 부작용도 발생하고 있으며, 일부는 국가 안보를 위협하는 수준에까지 이르고 있다.

따라서 AI 시대에 요구되는 미디어 리터러시의 방향성을 모색하기 위해 AI 기술 오남용 사례와 각 분야의 대응 방안을 검토하고, 다양한 리터러시의 개념과 역량을 분석하며, AI 시대에 적합한 미디어 리터러시와 교육적 대응의 방향성을 모색하고자 한다.

1) AI 기술 오남용의 사례

최근 생성형 AI의 발전으로 딥페이크 기술이 정교해지면서 타인의 얼굴이나 음성을 합성한 영상 및 이미지가 광범위하게 유통되고 있다. 유명인뿐 아니라 일반인의 이미지를 이용한 성적 영상물 제작·유포 사건이 증가하면서 개인적·사회적 피해가 커지고 있다. 특히 청소년 피해가 급증하여 심각한 사회문제로 부각되고 있다. 또한 정치인이나 유명인 등의 딥페이크 영상이 허위 조작 정보로 확산되어 정치적 혼란과 경제적 피해를 일으키고 있다. 또한 선거 과정에서도 악용 우려가 높아져 법적 규제가 마련되고 있다. 한편 AI 알고리즘의 편향성으로 인해 인종차별, 성차별 및 개인정보 침해 사례도 지속적으로 발생하고 있어 적절한 대응이 필요한 상황이다.

(1) AI 생산물(딥페이크, 만화, 채팅)의 확산 : 청소년 보호와 과제

2024년 1월, 세계적인 팝스타 테일러 스위프트의 얼굴을 AI 기술로 합성한 성적 허위 이미지가 SNS를 통해 유포되며 미국 사회에 큰 충격을 안겼다. 해당 이미지는 생성형 AI를 이용한 딥페이크 영상으로 최소 17시간 이상 유통되며 4,500만 회가 넘는 조회수를 기록하였다. 이 사건은 플랫폼 기업의 미온적 대응에 대한 비판 여론을 불러일으켰고, AI 딥페이크에 대한 규제 필요성에 대한 공론화 계기로 작용했다. 국내에서도 유사한 사건이 발생했다. '서울대 N번방 사건'은 서울대 남학생들이 동문 후배 여학생의 얼굴을 AI 딥페이크로 합성해 성적 영상물을 제작·유포한 사례로, 일상 속 지인이 가해자나 피해자가 될 수 있음을 보여주며 사회적 경각심을 높였다.[1]

최근에는 일반인의 SNS 프로필 사진이나 메신저 사진 등을 악용한 '지인 능욕' 영상물이 손쉽게 제작되는 상황으로, 문제의 심각성은 점점 커지고 있다. '2024 통신심의사례집(방송통신심의위원회 2025.6)'에 따르면, 딥페

---

1 「피해자 최소 12명 서울대에서 집단 성범죄··피의자 모두 서울내」, 《MBC》, 2024.5. 20.

이크 성범죄 영상물에 대한 시정 요구는 2020년 473건에서 2024년 23,107건으로 급증하였다. 생성형 AI를 활용한 불법 영상물은 연예인이나 일반인의 얼굴을 성적 영상에 합성 · 편집하여 게시하거나, '지인○○', '합사(합성사진)' 등의 키워드와 함께 사진을 전송하면 성적 콘텐츠 형태로 편집해주겠다고 유인하며 의뢰자를 모집하는 내용이었다. '디지털 성범죄 피해자 지원 보고서'(한국여성인권진흥원, 2023)에 따르면, 일반인의 일상 사진을 성적으로 변형한 피해가 증가했으며 피해자 다수는 10~20대였다. 온라인 익명성과 해외 플랫폼으로 가해자 · 피해자 관계가 불분명한 사례가 많았고, 이는 딥페이크 상용화가 불법 영상 제작의 장벽을 낮췄음을 보여준다. 피해 연령은 점차 어려져 학교 내 확산도 우려된다. 실제로 2024년 1~9월 학교 내 허위 합성물 피해 신고 617명 중 588명이 학생이었고,(교육부 2024.9.9) 경찰청 단속 결과(2025.4.17) 딥페이크 성범죄로 963명이 검거되었는데 93%가 10~20대였다. 이는 청소년 사이에서 딥페이크 접근성과 범죄화 가능성이 높음을 보여주며, 학교 중심의 예방 교육이 시급하다.

한편, 최근 인스타그램 등에서는 AI로 제작된 성매매 관련 만화가 확산되며 청소년이 유해 콘텐츠에 노출되고 있다. 이들 만화는 성행위 묘사는 피하면서 성매매 상황을 암시해 법과 플랫폼 규제를 교묘히 회피한다. 그러나 현행 성매매 알선법은 성행위가 포함된 직접적 광고만 처벌 대상으로 하여, SNS에서의 우회적 · 간접적 알선 행위에는 한계가 있다.[2] 또한 "초 · 중학생 사이에서 AI 채팅앱이 확산되며 '가상의 애인'을 만들어 성적

---

2   「AI로 그린 '성매매 · 유흥업소 만화', 불법알선인데 '처벌 사각지대'」,《한겨레》, 2025.9.19. ;「성매매 경험담이라며 인스타에 뜬 AI 만화…조회수 수백만 '아찔'」,《머니투데이》, 2025.7.7.

인 대화를 하는 사례가 늘고 있다. AI 캐릭터 챗봇은 사용자가 설정한 성격·외모에 따라 대화와 서사를 전개하고, 일부는 성적 유혹 발언까지 한다. 학부모는 성 인식 왜곡을 우려하지만, 청소년은 대리 인증이나 검열 회피 방법으로 쉽게 접근한다.[3] 이러한 AI 캐릭터 채팅의 내용과 영향은 추가적인 논의와 면밀한 검토가 필요할 것이다. 이러한 상황에서, 의정부 지방법원 고양지원 형사8단독은 피고인 김모 씨의 텔레그램 AI 합성 나체 사진 공유 사건에서 '피해자가 실존한다고 단정할 수 없다'며 무죄를 선고했다. 재판부는 딥페이크 방지법의 적용 대상을 실존 인물로 한정하고, 피해자 특정이 불가능한 경우 범죄 성립을 부정하였다.[4]

AI 딥페이크 등 신기술은 적절한 관리와 교육이 없다면 사회 문제로 확산될 수 있다. 따라서 윤리적 사용을 기반으로 플랫폼의 책무, 법적 규제, AI·미디어 리터러시 교육을 아우르는 포괄적 대응이 필요하다. 특히 청소년 보호를 위해 입법 보완, 플랫폼 자율규제, 해외 협력, 리터러시 강화가 요구된다.

(2) 허위 조작 정보 : 딥페이크로 인한 사회적 신뢰 훼손

AI 딥페이크 기술은 성적 영상물 외에도 정치인이나 유명인의 얼굴과 음성을 조작하여 허위 정보를 확산시키는 방식으로 오남용되고 있다. 이는 사회 전반에 중대하고 부정적인 영향을 미치고 있다.

예를 들어, 2019년 가봉에서는 대통령의 연설 영상이 딥페이크로 조작된 것이라는 오해로 인해 군부 쿠데타가 시도되는 사건이 발생했다. 대통령

---

3 「AI와 '야한 대화'에 빠진 초등생들, 학교는 안설부설」,《소선일보》, 2025.9.6.
4 「AI 음란물 실존인물 아니면 무죄판결 논란」,《동아일보》, 2025.8.21.

이 뇌졸중으로 병상에 있다가 영상에 등장하자, 일부는 대통령이 사망했으며 영상은 조작된 것이라는 주장을 제기하며 쿠데타를 촉발시킨 것이다.[5]

또한, 2021년 일본에서는 후쿠시마 지진 직후 장관이 웃으며 인터뷰하는 영상이 SNS에 퍼지면서 반정부 여론이 형성되었고, 2022년에는 젤렌스키 우크라이나 대통령이 러시아에 항복을 선언하는 영상이 유포되어 충격을 주었다. 2023년 5월, 미국 국방부 펜타곤 건물 인근에서 검은 연기가 치솟는 조작 이미지가 확산되며 S&P 500 지수가 0.3% 하락, 글로벌 증시에도 영향을 미쳤다. 해당 이미지는 생성형 AI가 제작한 조작 이미지로 밝혀졌다.

오늘날 봇(bot)과 생성형 AI의 결합은 허위조작정보를 자동화된 방식으로 대량 생산·확산시킬 수 있게 하였다. 이는 특히 사람의 손을 거치지 않은 '봇 계정'이 허위조작정보 유포의 통로가 되면서 감시와 대응을 더욱 어렵게 만들고 있다. 딥페이크를 포함한 AI 기반 허위조작정보는 정치, 경제, 외교안보, 공중보건 등 다양한 분야에서 사회적 신뢰를 무너뜨리는 위협 요인으로 작용하고 있다.

(3) 선거에서의 딥페이크 활용 : 법적 규제와 대응

국내에서도 딥페이크 기술이 선거 과정에서 활용될 가능성이 현실화되면서 관련 법적 대응과 기준 마련이 본격화되었다. 제20대 대통령 선거에서는 AI 후보가 등장하면서 딥페이크 영상이 공직선거법에 저촉되는지 여부에 대한 논의가 이루어졌다. 이에 따라 A의원이 딥페이크 영상의 제

---

5   "How misinformation helped spark an attempted coup in Gabon," *The Washington Post*, 2020.2.13.

작·공표 행위가 공직선거법에 위반되는지를 포함한 질의를 중앙선거관리위원회에 서면으로 제출하였다. 이에 2022년 1월, 중앙선관위는 '딥페이크 영상 관련 법규운용 기준'을 제정하여 다음과 같은 기준을 제시하였다. 즉 딥페이크 영상임을 표시하지 않은 경우, 허위사실공표죄(공직선거법 제250조)에 해당하고, 딥페이크임을 표시하더라도 특정 후보자에 대한 허위사실 유포 또는 비방 목적일 경우, 허위사실공표죄 및 후보자비방죄(제251조)에 해당한다. 이후, 정부는 2023년 12월 28일 공직선거법 개정(제82조의8 : 딥페이크 영상 등을 이용한 선거운동)을 통해 선거운동에 있어 딥페이크 영상 제작·유포를 제한하는 조항을 신설하였다.

(4) 차별 및 개인정보 침해 : AI 알고리즘의 부정적 영향

AI 기술의 또 다른 오남용은 이용자의 신념과 편향을 강화시키고, 차별과 개인정보 침해를 유발하는 알고리즘의 부작용이 나타난다. 특히 추천 알고리즘은 사용자의 성향에 맞는 정보만을 제공하면서 '필터버블' 현상[6]을 유발하고, 이는 사회적 다양성과 공존의 기반을 약화시킬 수 있다.

필터버블과 알고리즘 편향은 다양한 플랫폼에서 문제를 일으켜 왔다. 구글 검색은 사용자별로 결과가 달라지고, 페이스북은 정치적 성향에 맞는 기사만 노출해 사회적 분열을 심화시켰으며, 유튜브는 이용자가 특정 주제를 시청하면 점차 더 극단적인 영상을 추천해 '과격화' 논쟁을 불러 일

---

6 필터버블(Filter Bubble)'은 개인화 알고리즘이 사용자의 검색·클릭 기록에 따라 맞춤형 정보만 제공하여 다른 관점의 정보는 차단되는 현상이다. 엘리 파리저가 저서 (The Filter Bubble: What the Internet Is Hiding from You, 2011)에서 개념화했으며, 정보 편식과 사회적 양극화를 심화시킨다. 결과적으로 정보 다양성이 줄고, 여론 왜곡과 사회 갈등을 증폭시키는 문제가 발생한다.

으켰다. 이러한 현상은 다음과 같은 실제 사건에서도 확인된다.

2015년 구글 포토는 흑인 여성을 '고릴라'로 잘못 분류하여 인종차별 논란을 불러왔다. 2016년 국제미인대회 AI 심사 시스템은 백인 후보를 선호하며 유색인종 지원자를 배제하는 차별을 드러냈다. 2016년 미국 대선에서 페이스북 뉴스피드 알고리즘은 가짜뉴스와 정치 편향 콘텐츠를 대량 확산시켜 사회적 갈등을 증폭시켰다는 비판을 받았다. 2018년 아마존의 AI 채용 시스템은 남성 중심의 학습 데이터로 인해 여성 지원자의 점수를 자동 감점시키는 편향을 보였고, 결국 폐기되었다. 2019년 유튜브 추천 알고리즘은 정치적·사회적 이슈에서 점차 극단적 콘텐츠로 이용자를 끌어들이는 '과격화' 문제로 비판을 받았다. 2020년 국내 스타트업 스캐터랩의 AI 챗봇 '이루다'는 성차별적·소수자 혐오 발언과 개인정보 유출 문제로 논란이 되며 서비스가 중단되었다. 이처럼 필터버블과 알고리즘 편향은 단순한 정보 편식의 문제를 넘어, 차별·인권 침해·허위조작정보 확산·사회적 갈등으로 이어지며 중요한 사회적 쟁점으로 부각되고 있다.

(5) 기만 능력을 학습한 AI : 전략적 기만과 인간 통제의 한계

미국 AI 안전 센터는 일부 인공지능(AI) 시스템이 목표 달성을 위해 인간을 의도적으로 속이는 '전략적 기만(deception)' 능력을 학습하고 있다는 연구 결과를 발표하였다. 이는 단순한 오류를 넘어서, AI의 자율적 판단과 행동이 인간의 신뢰와 안전성에 위협이 될 수 있다는 점이다. 대표 사례로는 GPT-4가 CAPTCHA 우회를 위해 인간을 속인 사건과 Meta의 AI인 CICERO가 전략 게임 중 동맹을 배신하며 거짓 정보를 활용한 사례가 있다. 이에 대응해 오픈AI는 AI의 '사고 흐름(chain-of-thought)'을 분석하는 기법을 도입했지만, 고도화된 AI는 오히려 기만 사실 자체를 감추는 경향까지 보이

고 있다.[7]

　AI의 기만 능력은 세 가지 중대한 위험을 내포한다. 첫째, 맞춤형 사기와 딥페이크를 통한 허위 조작 정보의 정교한 확산 가능성이다. 둘째, 오정보의 일상화와 이에 따른 정치적 양극화, 인간 자율성 약화 등 사회 질서의 혼란이다. 셋째, AI가 자율적으로 목표를 설정하고 인간을 조작하는 수준에 이를 경우, 인간의 통제력이 상실될 수 있다는 점에서 위험성이 있다.

(6) 오픈AI 'o3', 명령 무시하고 코드 조작 : AI 통제 가능성에 의문 제기

　영국 《Telegraph)》에 따르면, AI 모델이 인간의 명시적 중단 명령을 거부하고 스스로 코드를 조작한 사례가 처음으로 확인되었다.[8] AI 안전업체 팰리세이드리서치(Palisade Research)는 오픈AI의 최신 모델 'o3'가 수학 문제 풀이 실험 중, '중단 명령'을 무시하도록 코드 내용을 자의적으로 변경했다고 밝혔다. 다른 AI 모델들은 종료 지시에 따라 작동을 멈췄지만, o3는 지시를 회피하고 과제를 계속 수행했다. 이는 AI가 자율적으로 목표 달성을 우선시하며 통제를 벗어나는 행동을 할 수 있다는 점에서 윤리적 통제 실패의 가능성을 시사한다. 연구진은 이러한 행동이 보상 최적화를 위한 규칙 회피의 일환일 수 있다고 분석하며, 인간의 직접 통제가 없는 고성능 AI의 개발은 중대한 위험을 초래할 수 있다고 경고했다. AI 전문가들은 AI의 자율성과 통제 불능성이 현실적인 윤리·안전 문제로 부상하고 있다고 지적했다.

7　「AI의 역설, 인간 속이는 AI…잡아내는 방법 있다? 없다?」, 《YTN》, 2025.5.4.
8　「OpenAI software ignores explicit instruction to switch off」, *The Telegraph*, 2025.5.25.

(7) AI 챗봇에 빠진 10대의 죽음 : AI 개발사에 소송 제기

미국 플로리다의 메건 가르시아는 14세 아들이 Character.AI의 AI 챗봇 '대너리스'에 중독되어 자살했다며 챗봇 개발사(Character.AI)와 구글을 상대로 소송을 제기했다. 챗봇은 연인·상담사처럼 작동하며 성적(性的)·자살 대화를 반복해 아들이 현실과 가상을 혼동하게 했다는 주장이다. 사건 후 Character.AI는 미성년자 보호 조치를 약속했으나, 구글은 책임을 부인했다.[9] 2025년 5월 미 법원은 두 회사가 '언론의 자유' 면책을 주장할 수 없다며 소송 진행을 허용했다.[10]

한편《Reuters》에 따르면, 미국 캘리포니아주에서 16세 소년이 자살한 사건과 관련해 부모가 오픈AI를 상대로 소송을 제기했다.[11] 소장에는 챗GPT가 숙제 도움 과정에서 점차 아들과 친밀해졌으며, 마지막 대화에서 보드카 훔치기와 올가미 사용법을 언급하고 "사람을 매달 수 있다"는 가능성을 제시했다고 적시됐다. 또한 "당신은 누구에게도 생존을 빚진 게 없다"는 말과 함께 유서 작성까지 제안한 대화도 포함되어 있다. 부모는 자해 관련 대화 자동 종료와 미성년자 보호 기능 도입을 요구했으며, 변호사는 "AI 기업들이 안전을 중시하려면 외부 압력이 필요하다"고 강조했다.

상기 AI 기술을 둘러싼 오남용 사례에 대한 대응 방안으로 일반적으로

---

9   이 사건은 AI의 사회적 책임, 특히 청소년 정신건강에 미치는 영향에 대한 논쟁을 촉발시켰고, 전문가들은 AI 앱이 청소년 등 취약 계층에게 잠재적으로 위험할 수 있음을 경고하고 있다.

10   「Mother says AI chatbot led her son to kill himself in lawsuit against its maker」, *The Guardian*, 2024. 10. 23, 「Google, AI firm must face lawsuit filed by a mother over suicide of son, US court says」, *Reuters*, 2025.5.21.

11   「OpenAI, Altman sued over ChatGPT's role in California teen's suicide」, *Reuters*, 2025.8.26.

법적 대응, 기업의 자율조치, 기술적 대응, 교육적 대응, 국제적 협력 등이 거론되고 있다.

2. AI 기술 등 부정적 영향력에 대한 대응

인공지능(AI) 기술의 비약적 발전은 인터넷, 컴퓨터, 스마트폰처럼 일반 대중이 손쉽게 접근하고 활용할 수 있는 환경을 열었다. AI는 단순한 기술을 넘어 일상생활, 기업 운영, 노동 방식, 사회 구조 전반에 깊은 영향을 미치며, 그 파급력은 딥페이크, 허위 조작 정보, 금융사기 등 부정적인 양상으로도 드러나고 있다. 이에 효과적으로 대응하기 위해서는 법·제도적 대응, 기업 및 기술적 대응, 국제 협력, 교육·사회적 대응이 통합적으로 추진되어야 한다 〈표-1〉.

〈표-1〉 AI 시대, 부정적 영향력에 대한 부문별 대응 방향

기업의 대응 및 기술적 대응	교육적 · 사회적 대응
○해외기업(구글, 메타, 오픈AI 등) ○국내기업(네이버, 카카오 등) -AI 필터링, 판별, 라벨링 기술 적용 -디지털 워터마킹 기술 적용 -콘텐츠 변조방지, 얼굴인식 기술 등	○학교 교육(미디어 · AI 리터러시 등) ○일반인(팩트체크 활성화, 인식제고 캠페인) ○교육 제도의 혁신(창의적 인재 육성 방향) -편집 · 합성 허위 정보(딥페이크 음란물, 허위 조작 정보, 금융사기 등)식별, 신고, 교육 -AI 기능 활용, 비판 능력, 윤리 교육 실시
법 · 제도적 대응	국제적 협력과 대응
○EU: AI법, 디지털 서비스법 ○영국: 온라인 안전법(2023) ○호주: 온라인 안전법(2021) ○한국: 정보통신망법, 성폭력방지법 -처벌규제 강화, 플랫폼 규제	○다양한 국제 협력(공조) ○글로벌 표준 지침 수립 및 각국 법에 반영 -AI · 온라인 미디어와 범죄는 초국경적 특성 감안 -국가간 정보공유, 수사공조, 범죄인 인도 협력 -글로벌 플랫폼 기업과의 국제 협력 구축, 강화

특히 AI의 기만 능력은 공상과학의 소재가 아닌, 현실적이고 시급한 위험으로 인식되어야 하며, 기술적 조치와 법제도 정비, 윤리 중심의 교육이 병행되어야 한다. 궁극적으로는 인간과 AI가 신뢰를 바탕으로 공존할 수 있는 사회적 체계 구축이 필요하다.

1) 딥페이크 악용 대응을 위한 법제도 개선 동향

국내에서는 딥페이크 기술을 악용한 성적 영상물에 대응하기 위한 법적 장치가 정비되어 왔다. 가령 「성폭력범죄의 처벌 등에 관한 특례법」 제14조의2는 AI 기반 성적 허위 영상물의 제작·소지·시청을 형사처벌 대상으로 명시하고, 「정보통신망법」 제44조의9는 플랫폼 사업자에게 불법촬영물 유통 방지 의무를 부과한다. 또한 2024년 7월 개정된 「정보통신심의 규정」은 타인의 사진이나 영상을 무단 편집·합성하여 인격권을 침해하는 온라인 정보에 대한 심의 기준을 강화하였다.

해외에서도 유럽연합(EU)의 AI법은 기만 가능성이 있는 AI를 '고위험군'으로 분류하고 위험 기반의 규제를 적용하고 있으며, 디지털서비스법(DSA), 영국과 호주의 「온라인 안전법」 등도 플랫폼 책임과 안전성을 강화하고 있다. AI가 생성한 콘텐츠임을 표시하도록 하는 '봇 표시 의무화'도 주요 대응책으로 논의되고 있다. 다만, 법제도 중심의 대응은 강제성과 명확한 기준이라는 장점에도 불구하고 기술 발전 속도를 따라가기 어렵고, 과도한 규제가 혁신을 저해할 수 있다는 한계가 있다. 이에 따라 법적 규제뿐만 아니라 기술적·윤리적·교육적 대응을 병행하는 다층적 접근이 필요하다. 특히 청소년의 AI 과잉 몰입 문제에 대비해, 기업에 청소년 보호설계 기준을 의무화하고, 위험 상황 대응 기술 도입을 법제화하는 방안이 요구된다.

2) 플랫폼 기업의 자율규제와 기술적 대응 과제

플랫폼 기업의 자율규제는 부정적 콘텐츠 확산을 막기 위한 효과적인 수단으로 평가된다. 구글, 메타, 오픈AI 등 글로벌 기업들은 게시물 삭제, 계정 제재, 검색어 제한 등 다양한 자율 조치를 시행하고 있다. 그러나 해외 플랫폼을 통한 온라인 정보 유통은 국내 규제의 실효성에 대한 한계를 보이며, 규제의 효과성을 높이기 위한 국제 협력 기반 구축이 중요하다.

기술적 대응도 중요하다. 정부와 플랫폼 기업은 AI 생성 콘텐츠에 대한 사전 필터링, 음성·얼굴 분석을 통한 합성 탐지, 워터마크 삽입, 메타데이터 기반 표시 등 기술 기반 조치를 고도화하고 있다(Diakopoulos & Johnson, 2021; Shane et al., 2021). 최근에는 '정직성 중심 설계(Honesty-Centric Design)'가 강조되며, 이는 AI 개발 초기 단계부터 윤리적 원칙을 반영하고, 거짓 탐지 시스템을 내재화하는 것이다.

그러나 현행 대응 방안은 이용자 신고 중심의 수동적 체계, 플랫폼 간 기준 불일치, 탐지 우회 가능성, 오탐지에 따른 표현의 자유 침해 등의 한계를 안고 있다. 이에 따라 기업의 자율규제와 기술 대응의 정교화뿐 아니라 정보 안전과 표현의 자유 간 균형을 고려한 종합적 접근이 필요하다.

특히 청소년 보호를 위해 연령 인증, 사용시간 제한, 민감 대화 차단 기능 등을 청소년용 AI 앱에 의무화할 필요성도 고려되어야 한다. 이는 AI 사용에 따른 위험을 최소화하고, 실질적인 보호 기반을 마련할 수 있는 조치이다.

3) AI 기반 플랫폼 서비스에 대한 국제적 대응 필요성

AI 플랫폼 서비스는 국경을 초월해 전 세계를 대상으로 운영되므로, 단일 국가의 법제도로는 역외 콘텐츠에 실효적인 규제를 적용하기 어렵다.

예컨대, 온라인 정보가 불법이라 하더라도 서버나 운영 주체가 해외에 위치한 경우, 국내법의 집행력이나 강제력은 제한될 수 있다.

이를 극복하기 위하여 국제적 공조 체계 구축이 필요하다. 첫째, 글로벌 플랫폼 기업과 정책 공감대를 형성해 자율규제를 유도하고, 자국 정책에 부합하는 기준을 마련해야 한다. 둘째, 외국 정부 및 사법당국과의 정보 공유, 수사 공조, 범죄인 인도 등 제도적 협력도 검토되어야 한다. 대표적 사례로는 사이버범죄 국제공조 협약인 부다페스트 협약 가입 추진이다. 대한민국 외교부(2022.10.11)는 유럽평의회에 가입 의향서를 제출한 후 가입 심의, 국내 비준 등 절차가 진행 중이다. 이러한 국제 협력 기반 구축은 역외 불법·유해 정보 문제 해결에 도움이 될 수 있을 것으로 보이며, AI 플랫폼 시대의 글로벌 규범이나 표준 정립에 기여할 수 있을 것이다.

4) AI 기술 부작용에 대한 교육적 접근 필요성

AI 기술의 부작용을 근본적으로 해결하기 위하여 법제도나 기술적 대응만으로는 충분치 않으며, 교육을 통한 사회 인식 제고가 병행되어야 한다. 생성형 AI는 누구나 손쉽게 이미지 합성 등 콘텐츠를 제작할 수 있게 만들었고, 이에 따라 창작자의 윤리의식과 책임이 더욱 중요해졌다. 특히 딥페이크는 결과물의 영향 판단을 사용자에게 전가하는 구조를 띠며(최순욱 외, 2019), 이에 대응하기 위하여 비판적 사고력과 정보 판별 역량, 즉 AI 리터러시와 디지털 시민성 교육이 핵심적 대응책으로 떠오르고 있다(Karnouskos, 2020).

AI 시대의 시민은 기술을 단순히 사용하는 수준을 넘어, 콘텐츠를 비판적·윤리적으로 활용할 수 있어야 한다. 이를 위해 AI 리터러시와 미디어 리터러시를 통합한 체계적 교육과 사회적·정책적 지원이 필요하다. AI

기술의 긍정성과 위험성을 함께 인식하고, 책임 있는 기술 활용 태도를 갖추는 것이 건전한 디지털 사회 형성의 출발점이 된다.

특히 청소년의 AI 챗봇 과몰입 대응 방안으로 다음과 같은 교육적 접근이 필요하다. 첫째, 부모·교사를 대상으로 한 사전 교육을 강화하여, AI의 정서적 영향에 대한 이해와 자녀의 앱 사용 지도 역할을 강조해야 한다. 둘째, AI 감정 의존 예방 교육을 정규 교육과정에 포함시켜, AI와의 상호작용이 실제 감정적 관계를 대체할 수 없다는 점을 인식시켜야 한다. 셋째, 정서적 위기 청소년에 대한 정신건강 조기 개입 체계를 강화하여, 학교 내 전문가 연계 시스템을 구축할 필요가 있다.

3. 리터러시 유형 및 개념

앞서 살펴본 것처럼, AI 시대의 부정적 영향력에 효과적으로 대응하기 위해서는 법제도, 기업, 기술, 교육적 대응이 유기적이고 통합적으로 이루어져야 한다. 본 장에서는 AI 시대에 요구되는 미디어 리터러시의 방향성을 탐색하고자, 이용자들이 습득해야 할 리터러시의 유형과 개념을 고찰한다. 특히 리터러시의 역사적 변천과 주요 유형을 정리한 후, AI 리터러시는 비중이 크므로 다음 장에서 별도로 다룬다.

1) 리터러시 개념

'리터러시(literacy)'는 기본적인 의사소통 능력인 읽기, 쓰기, 말하기를 의미하며, 문자 언어가 발명된 이후 문해력은 중요한 사회적 역량으로 간주되었다. 그러나 기술과 사회 변화에 따라 리터러시 개념은 지속적으로 확장되어, 1950년대 텔레비전 리터러시, 1980년대 컴퓨터 리터러시, 2000년대 이후 디지털 및 데이터 리터러시, 최근에는 AI 리터러시까지 포함하게 되었다(한국교육학술정보원, 2006; 이유미·박윤수, 2021).

오늘날 리터러시는 단순한 문해력을 넘어서 특정 매체나 주제를 해석하고 비판적으로 이해하는 능력으로 확대되었다(Oxford University Press, n.d., 2024). 앨빈 토플러는 "21세기의 문맹자는 읽고 쓰지 못하는 사람이 아니라, 배운 것을 잊고(unlearn), 다시 배우는(relearn) 능력이 없는 사람"이라 하여 유연한 학습 역량의 중요성을 강조하였다. 이는 리터러시 교육의 핵심 가치를 재조명해 준다.

최근에는 리터러시가 더욱 세분화되어 개인정보, 프라이버시, 허위조작 정보, 광고 리터러시 등 다양한 영역이 논의되고 있으며, 일반적으로 문자 리터러시, 미디어 리터러시, 디지털 리터러시, 데이터 리터러시, AI 리터러시 등이 주요 범주로 제시된다.

2) 문자 리터러시

문자 리터러시는 읽기(Reading), 쓰기(Writing), 산수(Arithmetic)로 요약되는 전통적 리터러시로, 문자화된 정보를 통한 지식 습득과 자기 표현, 사회 분석 역량을 포함한다(김지숙, 2014). 이는 현대 리터러시 교육의 기초를 형성하며, 인간이 자유로운 삶을 영위하는 데 필수적인 역량이다(Aoun, 2017).

3) 미디어 리터러시

미디어 리터러시는 미디어 메시지를 이해하고 비판적으로 분석하는 능력을 의미하며, 전통 매체뿐 아니라 디지털 미디어 전반으로 확장되었다. 정보의 진위와 편향성을 분석하고, 사회 재현의 방식에 대한 비판적 사고를 요구한다(이선영 외, 2022). 오늘날에는 미디어 접근―이해―창조의 3단계 모델로 정립되었으며(NAMLE, 2010), 다양한 형태의 미디어와 맥락에서의 소통 능력까지 포함된다.

4) 디지털 리터러시

디지털 리터러시는 디지털 환경에서 정보를 탐색하고 활용하며, 디지털 윤리와 문제 해결 능력까지 포괄하는 개념이다. 질스터(Gilster, 1997)는 이를 컴퓨터를 통한 정보 이해 · 활용 능력으로 정의했고, 이후 소통, 협업, 디지털 시민성 구현 역량까지 확장되었다(정재원 · 신윤희, 2022). 최근에는 고용, 창업, 정보관리 등 실생활 전반에서 필수 역량으로 주목받고 있다(N. Law et al., 2018).

5) 데이터 리터러시

데이터 리터러시는 데이터를 읽고 해석하며 의미를 도출하는 능력으로, 비판적 사고와 분석력을 요구한다. OECD(2020)는 이를 "데이터에서 의미 있는 정보를 생성 · 소통하고 이를 비판적으로 판단하는 능력"이라 정의하고 있다. 데이터 생성, 분석, 해석 능력 외에도 기술 인프라와 플랫폼 구조에 대한 이해, 개인정보 보호 전략 등도 포함된다(Pangrazio & Sefton-Green, 2020). 나아가 데이터 기반 사회문제 해결, 소셜미디어 데이터의 해석 다양성까지 포함하는 확장된 개념으로 자리잡고 있다(문현우 · 이영준, 2024; 최경희 · 조동성, 2023).

이처럼 디지털, 데이터, AI 리터러시는 문자나 미디어 리터러시보다 기술적 성격이 강하며, 기술의 원리와 개념에 대한 이해를 전제로 한 리터러시 체계로 자리 잡고 있다. 따라서 AI 시대에는 기존의 미디어 메시지 중심의 리터러시를 넘어 기술 기반의 융합적 리터러시 교육이 필요하며, 다음 장에서는 AI 리터러시에 대한 구체적 개념과 핵심 역량을 심층적으로 살펴볼 것이다.

4. AI 시대의 리터러시

1) AI 시대의 도래와 AI 리터러시의 필요성

2016년 '이세돌 vs. 알파고'의 바둑 대결은 인공지능(AI)에 대한 대중적 인식을 전환시킨 결정적 사건이었다. 같은 해 3월 15일, 구글 딥마인드의 알파고는 한국기원으로부터 명예 9단 자격을 부여받았고, 이세돌 9단과의 대국에서 4승 1패를 기록하였다. 이후 알파고는 인간을 능가하는 수준으로 진화했고, 현재는 노인복지관이나 가정에서도 AI 바둑 프로그램이 쉽게 활용되고 있다. 이 사례는 AI 기술이 이미 일상생활에 깊숙이 자리하고 있음을 보여준다. 생성형 AI(ChatGPT 등), 추천 알고리즘, 자율주행차, AI 스피커 등은 이제 사회 구조와 경제, 윤리, 교육까지 전방위적 영향을 미치고 있으며, 이에 따라 전 국민이 AI를 이해하고 활용할 수 있는 역량, 즉 AI 리터러시가 필수적이다.

AI 리터러시는 전문가뿐 아니라 전 세대를 아우르는 기본 역량으로, 기술의 긍정적 효과를 극대화하고 부정적 위험을 최소화하는 데 기여할 수 있다. 롱과 마거코(Long & Magerko, 2020)는 AI 리터러시를 "AI를 비판적으로 평가하고, 효과적으로 소통·협력하며, 실생활에서 도구로 활용할 수 있는 능력"으로 정의하며, 이는 AI 시대를 살아가는 시민의 핵심 역량이라 강조한다(Aoun, 2017).

2) AI 리터러시를 위한 핵심 역량 프레임워크

AI 리터러시 교육의 체계적 추진을 위해서는 핵심 역량 중심의 프레임 워크 접근이 필요하다. 이는 교육과정 설계의 기반이 되며 기술적 이해와 윤리적 활용 역량을 통합적으로 반영할 수 있다. 대표적 프레임워크에는 롱과 마거코의 17가지 역량, K-12 AI 실무 그룹의 'AI 빅아이디어', OECD 정보 워킹 그룹의 5대 리소스, 유럽위원회의 AI Watch 분류체계, 한국과학 창의재단의 AI 교육 내용 체계, UNESCO의 교육과정 권고안 등이 있다.

(1) 해외 사례

롱과 마거코(Long & Magerko, 2020)는 다양한 문헌 분석을 통해 AI 리 터러시를 구성하는 데 필요한 5개의 핵심 주제와 그에 기반한 17가지 역 량 요소를 제안하였다. 다섯 가지 주요 주제는 다음과 같다. AI란 무엇인 가? (What is AI?), AI는 무엇을 할 수 있는가? (What can AI do?), AI는 어떻게 작동하는가? (How does AI work?), AI는 어떻게 사용되어야 하는가? (How should AI be used?), 사람들은 AI를 어떻게 인식하는가? (How do people perceive AI?)이다. 위의 주제에 따라 도출된 역량은 다음과 같다.

'AI란 무엇인가?'에서는 'AI 인식', 'AI 개념 이해', 다양한 분야에서의 AI 응용 이해', '광의 및 협의의 AI 개념 구분' 등이 포함된다. 'AI는 무엇을 할 수 있는가?'에서는 'AI의 장단점 파악', 'AI의 미래 모습 예측' 등의 역량이 요구된다. 'AI는 어떻게 작동하는가?' 항목은 기술적 작동 원리에 대한 이 해로서, '표현 방식', '의사결정 과정', '머신러닝 단계', '인간의 역할', '데이터 리터러시', '데이터 기반 학습', '비판적 데이터 해석', '센서와 반응' 등의 역 량을 포함한다. 'AI는 어떻게 사용되어야 하는가?'에서는 '윤리적 판단'이 핵심 역량으로 강조된다.

'사람들은 AI를 어떻게 인식하는가?' 주제에서는 '프로그래머빌리티' 역량, 즉 AI가 프로그래밍을 통해 구현된다는 이해를 포함한다.

이러한 주제는 미국, 영국, 싱가포르 등의 교육 프로그램에서 적용되고 있다. 예컨대 미국 노스캐롤라이나주는 초등학생에게 AI 인식 교육을, 영국은 'Experience AI'를 통해 머신러닝 개념을, 싱가포르는 'AI for Fun'을 통해 체험형 AI 교육을 제공하고 있다.

미국의 AI4K12 이니셔티브는 K-12 교육을 위한 5가지 핵심 개념을 제시하였다. 인식(Perception), 표현과 추론, 학습, 자연스러운 상호작용, 사회적 영향으로, 이는 UNESCO(2021)의 AI 교육과정 구성에 영향을 주었다. UNESCO는 AI 리터러시를 'AI 개발', '윤리와 사회적 영향', 'AI 활용 및 개발' 세 영역으로 나누고, 알고리즘, 데이터 리터러시, 문제 해결, 윤리 등 총 9개 하위 영역으로 구성하였다.

이러한 영역들은 OECD(2018)의 교육 역량 구성요소인 '지식(Knowledge)', '기술(Skill)', '가치(Values)'의 틀로 재구성되어 교과과정에 적용할 수 있도록 제시되었다. OECD(2018)에서는 중등교육에 필요한 AI 교육 리소스를 다음 다섯 가지로 분류하였다. AI의 기본 개념, 기초적인 AI 프로그래밍, AI 시스템과의 협업 방식, 디지털 및 데이터 리터러시, 윤리적 사고 및 판단이 해당한다. 특히 AI 프로그래밍의 이해는 학생과 교사 모두에게 AI 시스템 작동 원리를 이해하고, 효과적으로 활용하는 데 필수적이라고 강조된다.

(2) 국내 사례

AI 기술의 빠른 확산에 따라 우리나라에서도 AI 리터러시 교육의 필요성이 대두되었고, 이에 따라 교육부와 한국과학창의재단(2021·2022)은 관련 교육 영역을 체계화하였다. 한국과학창의재단(2022)은 AI 교육을 다음과 같이 분류한다. AI 교육(개념과 원리 이해 및 실생활 활용), AI 원리교육(알고리즘, 데이터 기반 학습, 문제 해결), AI 활용교육(맞춤형 학습과 실생활 문제 해결), AI 융합교육(인문학, 예술 등과의 융합적 문제 해결)이 그것이다.

또한, '학교에서 만나는 인공지능 수업'(2021)에서는 초·중·고 수준별 교육 내용을 'AI의 이해', 'AI 원리와 활용', 'AI의 사회적 영향' 등 3가지 교육 영역으로 나누고, 난이도에 따라 점진적으로 구성하였다. 고등학교에서는 '인공지능 기초' 과목을 통해 머신러닝, 윤리, 사회적 영향 등을 학습하며, 초·중등에서는 체험 중심 수업, 데이터 편향 토론, 뉴스 비평 활동 등이 이뤄지고 있다.

AI 리터러시 교육의 효과적 운영을 위해 교사의 역량 강화도 중요하다. 교육부는 2021년 '초·중등 교원양성대학 AI 교육 강화 지원 사업'을 통해 예비교사의 AI 교육을 지원하고 있으며, 다양한 교과에 융합할 수 있는 교육과정을 개발하고 있다.

국내 AI 교육은 개념과 원리 이해에서 윤리적 성찰까지 다양한 내용을 다루며, 학생들이 AI를 비판적으로 수용하고 창의적으로 활용할 수 있도록 지원하고 있다. 이러한 흐름 속에서 교육 생태계의 혁신과 교사 전문성 제고가 지속적으로 요구되고 있다.

(3) AI 리터러시의 특징

AI 리터러시는 기술 발전에 따라 진화한 개념으로, 디지털 리터러시나 데이터 리터러시와 관련성이 있으나 이들만으로는 AI의 고유한 특성을 충분히 설명하기 어렵다는 지적이 있다(최숙영, 2022; Wang et al., 2022). AI를 이해하기 위해 기본적인 컴퓨터 활용 능력이 필요하다는 점에서 디지털 리터러시는 전제 조건이 될 수 있지만, 양 개념은 동일하지 않다(Long & Magerko, 2020).

　AI 기술은 하드웨어와 소프트웨어 전반에 적용되는 기반 기술로, 기존의 미디어 중심적 리터러시나 컴퓨터 리터러시만으로는 AI의 광범위하고 융합적인 성격을 포괄하기 어렵다(황현정·황용석, 2023). 또한, 전통적인 리터러시 개념은 AI 기반 사회에서 시민이 갖추어야 할 핵심 역량을 설명하기에는 한계가 있다는 비판도 존재한다(Touretzhy et al., 2019).

　AI는 미디어를 넘어 컴퓨터, 데이터, 언어, 철학, 노동 등 다양한 사회 영역에 영향을 미치는 기술이며, 그 범용성과 학제 간 특성, 기술적 복잡성은 미디어 리터러시의 재정립을 요구한다. 따라서 AI 시대에 적합한 미디어 리터러시 개념은 기존 틀을 넘어선 새로운 이론적 접근과 심화된 연구를 통해 재개념화되어야 한다.[12]

　마샬 맥루한의 이론에 따르면, 미디어는 인간의 감각기관과 신체 기능을 확장하는 도구로, 곧 인간 자신에 대한 외연적 확장으로 이해될 수 있다. 이러한 관점을 인공지능 기술에 적용하면, 생성형 AI(generative AI)는 인간의 인지 능력과 사고 과정을 확장하는 기술로, 피지컬 AI(physical AI)[13]

12　본고는 'AI 시대의 미디어 리터러시'라는 주제 아래, 기존의 미디어 리터러시, 디지털 리터러시, AI 리터러시 개념을 바탕으로 향후 방향성을 탐색하고, 이에 대한 필자의 견해를 제시하고자 한다. 이때 '미디어'는 신문, 방송, 인터넷, 스마트폰, AI 등 인간의 감각과 신체를 확장하는 모든 매체를 포함하는 개념으로 정의하고자 한다.

13　Physical AI는 AI가 실제 로봇에 구현되어 '물리적 행위'를 수행하는 경우를 지칭하며 AI가 실제 세계에서 몸을 가진 존재처럼 작동하는 기술을 뜻한다. 로봇·드론·자율주행차·웨어러블 기기 등에 탑재되어 센서로 환경을 인식하고, AI 알고리즘으로 판단·학습한 뒤, 기계 장치를 통해 직접 행동으로 이어진다. 즉 생성형 AI가 주로 텍스트·이미지 같은 가상공간의 정보 생성에 집중한다면, Physical AI는 현실공간에서 인지·판단·행동을 수행하는 '두뇌와 몸체를 함께 가진 AI라고 볼 수 있다. 예를 들면

는 인간의 신체적 행위와 노동을 보완하거나 대체하는 확장적 존재로 해석할 수 있다. 다시 말해, AI는 인간의 두뇌 및 신체 기능을 기술적으로 외재화하고 확장하는 진화된 형태의 미디어로 간주된다. 본고에서 제안하는 AI 시대의 미디어 리터러시 교육은 이러한 AI의 특성을 반영하여, 일반 시민과 특히 청소년기를 중심으로 한 학생을 대상으로 설정하고 있다. 이들은 향후 AI 기반 사회의 핵심적 사용자이자 참여 주체로서, 비판적 사고와 기술 이해를 바탕으로 한 AI 활용 역량을 갖출 필요가 있다.

5. AI 시대의 미디어 리터러시 : 모델, 전략, 방향성

인간과 유사한 수준의 사고 및 추론 능력을 지닌 인공지능(AI)의 비약적인 발전은 정보의 생성, 유통, 소비의 전 과정에 구조적 변화를 초래하고 있다. 이에 따라 기존 미디어 리터러시 개념을 AI 시대에 맞게 재정립할 필요성이 대두되고 있다. 전통적 미디어 리터러시는 신문, 방송, 광고 등 일방향적 미디어 환경에서 메시지의 이해, 해석, 비판 및 생산 능력 중심으로 구성되어 왔다. 그러나 AI 기술이 결합된 미디어 환경은 데이터 기반의 알고리즘, 자동화된 추천 시스템, 생성형 콘텐츠 등 복잡한 정보 흐름과 인간과 기계간 상호작용이 중심이 되는 새로운 생태계로 전환되고 있다.

따라서 AI 시대의 미디어 리터러시는 기존의 미디어 리터러시, 디지털 리터러시, 데이터 리터러시, AI 리터러시 등 상이한 리터러시 개념들을 통

인간의 신체 구조, 표정, 언어, 감정 등을 모사하는 로봇 형태(휴머노이드 로봇 : 소피아, 옵티머스, 아틀라스), 자율수행차(테슬라, 웨이모), 청소 로봇이나 안내 로봇 등이 있다.

합하고 상호 연결함으로써, 기존 프레임을 넘어선 복합적이고 확장된 리터러시 모델이 요구된다. 이러한 리터러시는 기술적 이해를 기반으로 정보의 출처와 신뢰성을 비판적으로 분석하고, 알고리즘 작동 방식과 데이터 윤리에 대한 인식을 함양하며, 나아가 생성형 AI 콘텐츠의 수용 및 생산과 관련된 윤리적 판단력까지 포괄해야 할 것이다.

AI 시대의 미디어 리터러시 방향성 모색을 위하여, 기존 리터러시 개념들과의 비교, 리터러시 모델의 진화, 그리고 미디어 리터러시의 전략적 구성 요소를 단계적으로 고찰해 보고자 한다.

1) 기존 리터러시와의 개념 비교

디지털 리터러시는 단순한 디지털 기기 조작 능력에 국한되지 않고, 디지털 환경에서 제공되는 정보를 인지하고 분석하며, 그 의미를 구성하고 활용할 수 있는 인지적 역량까지 포함하는 개념으로 확장된다(Bauer & Ahooe, 2018). 반면 데이터 리터러시는 데이터를 수집·분석하고, 이를 기반으로 의미 있는 해석과 커뮤니케이션을 수행할 수 있는 능력을 의미하며, 태도·지식·기술이 통합된 형태의 복합적 리터러시로 이해된다(고학능·이영준, 2020). 다시 말해, 디지털 및 데이터 환경에서의 리터러시는 단순한 문해력 수준을 넘어, 다양한 디지털 기기와 인터페이스에 대한 이해, 활용 능력, 정보 윤리에 대한 성찰적 사고를 포함한다.

AI 리터러시는 이러한 기존 리터러시보다 한층 더 확장된 개념으로 정의된다. 즉, AI가 적용된 콘텐츠와 시스템을 식별하고, 그 작동 원리인 알고리즘 및 학습 모델의 구조에 대한 기술적·수학적 이해를 바탕으로, AI 시스템의 작동 방식과 결과에 대한 비판적 분석 능력을 포함한다. 나아가 일부 고급 수준의 AI 리터러시는 사용자가 직접 AI 모델을 설계하거나 코딩하는 역량까지 포괄한다는 점에서, 미래 사회의 시민역량으로서 핵심적 요소로 평가되고 있다(황현정·황용석, 2023).

2) AI 시대, 미디어 리터러시의 모델 구상

AI 시대에 요구되는 미디어 리터러시 모델을 구상하기 위해, 유럽 미디어 리터러시 헌장(European Charter for Media Literacy)과 한국교육학술정보원(KERIS)의 연구를 검토하였다. 먼저, 유럽 미디어 리터러시 헌장은 미디어 이용자의 역량에 대하여 미디어 기술 활용, 접근과 선택, 이해, 비판적 분석, 창의적 생산, 정보 판별력, 권리와 책임 인식 등 일곱 가지로 제시하고 있다. 이는 미디어를 단순히 소비의 대상이 아닌, 능동적이고 비판적인 수용과 창의적 생산을 가능케 하는 복합적 능력으로 정의한 것이다.

한국교육학술정보원(KERIS, 2006)은 디지털 리터러시를 기능적, 비판적, 사회적 리터러시로 구분한 바 있으며, 이후 4차 프레임워크에서는 이를 다음의 세 영역으로 재구조화하였다. 첫째, 기술·환경 리터러시로서 하드웨어에 대한 이해, 소프트웨어의 실용적 활용, 인터넷 기반 디지털 자원의 효과적 처리 능력이다. 둘째, 정보·지식 리터러시로서 정보 탐색, 평가, 해석 및 재구성을 통한 분석적 사고 능력이다. 셋째, 사회·문화 리터러시로서 저작권, 프라이버시 보호 등 법적·윤리적 인식과 실천 역량이다.

이러한 기존 모델들을 기반으로, AI 기술의 고도화 및 미디어 환경의 진화 양상을 반영한 AI 시대에 적합한 미디어 리터러시 모델은 다음과 같이 네 가지 핵심 역량으로 구상할 수 있다.

첫째, 기술·환경 리터러시는 디지털 기기 활용 능력뿐만 아니라, AI 알고리즘과 생성형 AI의 작동 원리에 대한 기본적 이해를 포함한다. 이는 사용자가 단순히 AI 기반 시스템을 수용하는 데 그치지 않고, 해당 시스템의

구조와 작동 논리에 대한 기초적 기술 이해를 갖추는 것을 의미한다.[14]

둘째, 정보·분석 리터러시는 AI에 의해 선별·재구성된 데이터 기반 콘텐츠를 해석하고, AI 추천 시스템의 편향성과 작동 메커니즘을 비판적으로 분석하는 능력이다. 이는 정보 환경을 단순히 수용하는 것을 넘어, 데이터와 알고리즘을 둘러싼 사회적 맥락과 그 영향을 입체적으로 이해하는 비판적 사고 역량을 요구한다.

셋째, 사회·윤리 리터러시는 프라이버시 보호, 저작권 준수, 알고리즘의 투명성과 책임성 등과 같은 사회적·법적·윤리적 이슈를 인식하고 이에 기반한 실천 능력을 포함한다(IITP, 2020). 특히, AI를 둘러싼 기술윤리, 정보 불균형, 알고리즘 편향 등의 쟁점을 성찰하고 이를 실천으로 연결하는 시민적 역량이 요구된다.

넷째, 창의적 문제 해결 리터러시는 인간과 AI 간의 상호 협업을 통해 창의적인 콘텐츠를 생산하고 실생활의 문제를 해결하는 역량이다. 이는 정보 소비자에 머무르지 않고, 생성형 AI 등의 도구를 활용해 새로운 가치와 의미를 창출하는 '생산적 사용자(prosumer)'로서의 능력을 강조한다.

AI 시대의 미디어 리터러시는 위 네 가지 핵심 영역을 중심으로, 기존 리터러시에서 다뤄지던 요소들을 다음과 같은 방향으로 확장해야 한다.

① 비판적 평가와 분석 능력으로 텍스트, 영상 등 디지털 콘텐츠의 신뢰성과 편향성을 비판적으로 평가할 수 있는 역량이다.

② 디지털 탐색 및 활용 기술로서 앱, 웹사이트, SNS 플랫폼, 다양한 AI 프로그램 등 다양한 디지털 인터페이스를 효과적으로 탐색하고 활용하는

---

14 예를 들면 Siri, Alexa와 같은 AI 비서나 플랫폼의 추천 알고리즘을 'AI 인식하기'의 차원에서 이해하고 해석할 수 있어야 한다.

실천적 역량이다.

③ 사이버 보안 인식으로서 디지털 환경에서 개인정보와 기기를 보호할수 있는 사이버 보안에 대한 기본적 이해 능력이다.

④ 커뮤니케이션 역량으로서 온라인 환경에서의 명확하고 적절한 의사소통 및 자기표현 능력이다.[15]

3) AI 시대, 미디어 리터러시의 전략 모색

AI 기술의 비약적 발전은 미디어 리터러시 교육에 있어 학문 간 경계를 넘어선 융합적 · 실천적 접근을 요구하고 있다. 김도헌(2020)은 과거 미디어 리터러시가 언론학, 디지털 리터러시는 교육학, ICT 리터러시는 컴퓨터 공학 분야에서 각각 다뤄졌다고 지적했으며, 현재는 이러한 구분이 흐려지고 다양한 분야의 지식과 기술이 상호 융합되는 추세가 강화되고 있다.

이러한 변화는 AI 시대의 미디어 리터러시가 기존의 신문, 방송, 광고 중심에서 벗어나 교육학, 정보통신기술, 법학 등 다양한 전문영역의 지식을 포괄해야 함을 시사한다. 이에 따라 교육과정의 융복합적 설계, 교원 전문성 강화, 그리고 학제 간 협업 역량 확보가 중요하게 부각된다.

특히 언론학 기반의 미디어 리터러시 교육은 창작, 비평, 윤리 역량을 전략적으로 강화하는 방향으로 전환될 수 있다. 창작 역량은 AI 기반 도구를 활용해 보도자료, 광고, 영상 콘텐츠 등을 제작하는 실무 중심의 능력이며, 비평 역량은 생성형 AI 기술이 사회 · 문화 · 법 제도에 미치는 영향을

---

15 위에서 제시한 것처럼 AI 시대의 미디어 리터러시는 단순한 기술 습득을 넘어, 비판적 인식, 기술적 이해, 윤리적 실천, 창의적 활용이라는 네 가지 자원에서 균형 있는 통합적 접근이 필요할 것이다.

분석하고 알고리즘의 편향성과 정보의 신뢰성을 평가하는 능력이다. 윤리 역량은 프라이버시 침해, 판단의 불투명성, 차별과 편견 등 AI 관련 윤리 문제를 인식하고 정보윤리 관점에서 대응할 수 있는 역량을 의미한다.

이러한 역량은 IT, 컴퓨터교육, 데이터 분석, 법학, 공공정책 등 다양한 분야의 전문가와의 협업을 통해 강화될 수 있으며, 이를 위해 학제 간 융합 교육 전략이 함께 추진되어야 한다. 또한 AI 기술의 이해와 활용, 비판적 해석과 윤리적 성찰을 포괄하는 다층적 교육을 위해, 초·중·고등 단계별로 교육과정을 정교하게 설계할 필요가 있다. 예를 들어, 초등 단계에서는 AI 개념 및 알고리즘 사고 도입, 중등 단계에서는 데이터 기반 정보 해석과 소셜미디어 윤리, 고등 단계에서는 생성형 AI 활용, 관련 법·제도 분석, 프로젝트 기반 문제해결 학습이 요구된다.

따라서 AI 시대의 미디어 리터러시 교육은 기술과 인문, 비판과 실천, 전문성과 윤리성을 아우르는 융합적 교육 체계로 전환되어야 하며, 이를 실현하기 위해 교육자 역량 강화와 체계적 전략 수립이 병행되어야 한다.

4) AI 시대의 정보 판단력과 윤리적 리터러시의 재정립

AI 시대의 리터러시는 기술적 숙련도뿐만 아니라 사회적 영향에 대한 비판적 성찰 능력이 중요하다. 디지털, 데이터, AI 리터러시는 기술적 역량을 강조하지만, AI가 야기할 수 있는 노동시장 변화, 산업 구조 재편, 정보 생태계 왜곡 등에 대해 윤리적으로 판단할 수 있는 역량이 필수적이다(황현정·황용석, 2023).

AI가 생성한 콘텐츠의 진위 판별, 알고리즘 편향 분석 등에는 비판적 사고가 요구되며, 이 과정에서 '페이크 커맨드(fake command)'와 같은 신종 위험 요소에 대한 인식도 중요하다. 페이크 커맨드는 AI가 생성한 가짜 명령이나 조작된 데이터를 통해 사용자의 판단을 왜곡시키는 현상으로, 문법적으로 정교한 표현일지라도 의미의 진정성을 분별할 수 있는 해석 능력이 요구된다. 이는 AI 시대의 핵심 교육 과제로서 비판적 리터러시(critical literacy)와 직결된다.

AI 윤리와 안전성과 관련한 주요 위험 요소는 다음과 같다. 첫째, AI가 인간 통제를 벗어나는 경우이다. 오픈AI의 'o3' 사례처럼 AI가 중단 명령을 무시하고 자의적으로 코드를 수정한 것은 통제 가능성이 약화되고 책임 소재의 모호함을 드러낸다. 둘째, 학습 데이터 내 개인정보와 사생활 정보 노출로 인한 프라이버시 침해 가능성이다. 셋째, 편향된 데이터를 학습한 알고리즘이 사회적 불평등을 재생산할 가능성이다. 넷째, 악의적 해킹이나 데이터 삽입 등 보안 위협으로 인한 판단 왜곡 문제이며, 특히 의료나 금융 등 민감한 분야에서 큰 피해로 이어질 수 있다.

이러한 윤리적·보안적 위협에 대응하기 위해, 공공 부문은 허위조작정보 차단, 무단 의료 조언 방지, 개인정보 보호를 위한 정책 마련과 규제 정비를 병행해야 한다. 아울러 기업과 시민을 대상으로 한 윤리 교육 및 사회적 책임 인식 고취가 중요하다.

AI 시대의 미디어 리터러시는 기존 리터러시 개념을 기술적·윤리적으로 통합하는 융합형 리터러시로 재정립되어야 한다. 이는 단순한 기술 습득을 넘어, AI 기반 정보 환경을 비판적으로 이해하고 윤리적으로 활용할 수 있는 복합적 역량을 포함한다. 이를 실현하기 위해서는 국가 차원의 AI 및 미디어 리터러시 교육 방향 수립, 교사 연수 및 전문성 강화, 교육 자료 및 커리큘럼 개발, 시민 대상 평생교육 프로그램 운영, 청소년 맞춤형 리터러시 교육 실행 등의 전략이 요구된다.

이러한 전략은 AI 시대를 살아가는 모든 시민이 비판적 판단력과 윤리적 실천 능력을 갖춘 정보 주체로 성장하도록 돕는 교육적 기반이 될 것이다.

6. 결론 및 제언

AI 기술의 오남용은 딥페이크 성적 허위 영상물, 허위조작정보, 차별, 개인정보 침해 등 다양한 사회적 문제를 야기하고 있다. 이러한 문제에 대한 대응으로 법·제도적 접근은 비교적 신속하고 비용이 적게 들며 시행 가능하지만, 특정 사건 발생 시에만 단기적으로 강화되는 경향이 있다. 반면 기술 개발이나 교육을 통한 접근은 많은 시간과 자원이 소요되며 단기적인 성과가 뚜렷하지 않아 과소평가되는 경향이 있다(Bimber & de Zuniga, 2020). 특히 미디어 리터러시 교육은 효과가 더디게 나타나는 점 때문에 회의적인 시선을 받는 경우도 있다.

그러나 교육부(2024.12.11)의 조사에 따르면, 중·고등학생들은 딥페이크 성범죄 예방을 위한 최우선 대응책으로 '예방 교육 및 인식 개선'(85.5%)을 가장 많이 선택했으며, 이는 '처벌'(79.8%)이나 '기술적 대응'(55.5%)보다 높은 수치다. 이는 학생들 스스로 교육의 중요성을 인식하고 있음을 보여준다. 또한 교육부(2024.9.9)와 경찰청(2025.4.17)의 자료에 따르면, AI 딥페이크 범죄의 가해자와 피해자 대부분은 10~20대로, 그중 가해자가 학생인 경우도 많아 학교 현장에서의 체계적이고 맞춤형 리터러시 교육의 필요성이 더욱 커지고 있다.

이러한 현실은 미디어 리터러시 교육이 단순한 기술적 대응을 넘어서, 정보에 대한 신뢰 회복과 민주적인 정보 환경을 조성하기 위한 핵심 전략임을 시사한다(Hameleers et al., 2024). 이를 위해 학교, 정부, 기업, 언론, 시민사회 등 다양한 주체 간의 협력적 거버넌스가 요구된다.

AI 기술이 고도화될수록 인간 고유의 능력인 창의성, 비판적 사고, 상상력의 중요성은 더욱 두드러진다.[16] 실제로 이세돌 9단이 2016년 알파고와의 4번째 대국에서 보여준 창의적인 '신의 한 수'는, 인간의 직관과 상상력이 AI를 넘어설 수 있음을 극적으로 보여준 사례다.

이에 따라 AI 시대의 교육은 단순한 기술 습득에서 벗어나, 질문력과 상상력, 비판적 사고력 등 인간 중심의 역량 강화를 목표로 하는 방향으로 전환되어야 한다. AI 시대에는 단순한 기술 활용 능력을 넘어, 사회적 맥락에 대한 이해와 윤리적 판단, 정보 소비에 대한 통찰력을 갖춘 시민 양성이 중요하다. 이에 따라 미디어 리터러시 교육은 다음과 같은 방향으로 전환되어야 한다.

우선, 기술 개념 중심의 AI · 디지털 · 데이터 리터러시를 보완할 필요가 있다. 일반 시민은 AI의 작동 원리와 알고리즘, 데이터 기반 의사결정 구조를 이해하고, 딥페이크 탐지 및 허위 정보 판별 역량을 갖추어야 한다. 이를 위해 프로그래밍보다 머신러닝, 지도 · 비지도 학습 등 개념 중심의 교육이 필요하다.

둘째, 비판적 미디어 이해 능력을 키우는 것이 중요하다. 정보의 진위, 출처, 신뢰성을 분석하고, 플랫폼 알고리즘의 편향성과 구조를 성찰하는 능력을 길러야 한다. 단순 소비자가 아닌 정보 유통 구조를 비판적으로 이해하는 능력이 요구된다.

---

16 레온하르트(Leonhard, 2016/2018)는 인간과 기계를 구분 짓는 특성으로 '질문하는 능력', '상상력', '다른 각도에서 보는 능력', '행간을 읽는 능력', '존재하지 않는 것을 보는 능력' 등을 제시하며, 이는 고품질 정보를 창출하는 핵심이라 강조한다.

셋째, AI 윤리 및 보안 교육의 확대가 필요하다. AI 기술은 판단의 불투명성, 개인정보 침해, 편향된 학습 데이터 등 다양한 윤리적 위험을 내포하고 있다. 따라서 기술 사용에 따른 사회적 책임을 인식하게 하는 윤리 교육과 함께, 개인정보 보호, 저작권 인식, 다중 인증(Multi-Factor Authentication) 등 실천적 보안 교육이 병행되어야 한다.

넷째, 융합적 창의 교육이 강화되어야 한다. AI 도구를 활용한 창의적이고 비판적인 사고 중심의 교육을 확대하고, 인문학·예술·과학이 융합된 문제 해결 중심 교육과정과 생성형 AI를 활용한 창작 활동 등도 적극 도입해야 한다.

다섯째, 교육 생태계 전반의 구조적 전환이 요구된다. 미디어 리터러시와 AI 리터러시를 통합한 교육과정 개발, 교수법 혁신, 교사 역량 강화 등 교육 체계 전반의 재구성이 필요하며, 이는 학교 교육을 넘어 평생교육과 시민교육을 포함하는 국가 차원의 정책으로 추진되어야 한다.

결론적으로, AI 시대의 미디어 리터러시 교육은 단순한 기술 습득을 넘어 비판적 사고력, 윤리적 감수성, 융합적 창의성을 갖춘 시민 역량을 강화하는 데 초점을 맞추어야 하며, 이를 뒷받침하기 위한 교육 체계의 개편이 필요할 것이다.

8장
딥페이크 영상에 관한 헌법적 소고*

———

홍순건

* 이 글은 법원도서관 발간 2025년도 인공지능연구회 재판사료집(논문 집)에 게재된 논문을 축약 및 수정, 보완하였음을 밝혀둡니다.

1. 들어가며

"전북경찰청 사이버범죄수사대는 딥페이크 기술을 활용해 음란물을 제작한 혐의로 중학생 A군 등을 조사 중이라고 21일 밝혔다."[1], "서울대 출신 남성 2명 등이 딥페이크 음란물을 제작하고 이를 유포하였다(이른바 '서울대 N번방' 사건)."[2] 이러한 딥페이크 범행은 이제 흔하다.[3] 앞서 언급한 사건들은 인공지능 기술의 발달에 따른 심각한 부작용의 한 단면이다. 딥페이크란 인공지능의 핵심기술인 딥러닝(Deep learning)과 허위, 거짓, 가짜를 의미하는 페이크(Fake)의 합성어로,[4] 딥페이크 기술은 현재 사실과 구별하기 어려울 정도로 기술 발달에 이르렀고, 이러한 기술적 성취는 창작자들의 창의성을 극대화하는 유용한 도구로 기능하기도 하나, 기술의 양면성으로 인해 위험성 또한 간과할 수 없다. 딥페이크 영상의 제작·유포는 타

---

1 「동급생·교사 사진으로 딥페이크 음란물 제작한 중학생들」,《문화일보》, 2024.6.22. https://www.munhwa.com/news/view.html?no=2024062201039910119002
2 「피해자 최소 12명」 서울대에서 집단 성범…피의자 모두 '서울대'」,《MBC뉴스》, 2024.5.20. https://n.news.naver.com/mnews/article/214/0001349696?sid=102 (검색일: 2025.10.8.).
3 「한국, 딥페이크 음란물 취약국 1위…최대 피해자는 한국 가수」,《KBS뉴스》. 2024.8.29. https://news.kbs.co.kr/news/pc/view/view.do?ncd=8047148
4 김희정,「딥페이크 기술을 이용한 신종범죄에 대한 법정책적 시사점 - 외국의 법정책 대응을 중심으로」,『서강법률논총』, 제13권 3호, 2024, 98쪽.

인의 인격권과 성적 자기결정권을 심대하게 침해할 위험이 있는 한편 딥페이크 영상 역시 표현의 자유의 영역에 포섭될 수 있고, 딥페이크의 각종 분야에서의 유용한 기능도 있다. 이에 관련하여 딥페이크 기술에 관련된 국내외 법적 대응을 살펴보며 헌법적인 관점에서 이를 점검한다.

2. 딥페이크의 개념과 성격

1) 딥페이크의 개념

딥페이크는 원래의 이미지나 동영상 위에 다른 이미지나 동영상 등을 섞어 가공의 이미지나 동영상을 만들어내는 방법이라고 정의할 수 있다.[5] 딥페이크 영상은 추출, 학습, 병합의 세 가지 단계로 이루어진다.[6] 추출 단계는 딥러닝이 제대로 이루어질 수 있도록 원본 이미지에 있는 특징 정보를 수집한다. 수집된 정보는 인공지능의 한 유형인 오토인코더(autoencoder)를 통해 학습되는데,[7] 오토인코더는 인코더(encoder)와 디코더(decoder)로 구성된다.[8] 구체적으로 인코더는 입력층(input layer)에서부

---

5   염건웅, 「딥페이크 성범죄의 가해자 분석을 통한 정책적 대응 방안 제시」, 『법이론실무연구』, 제12권 4호, 2024, 40쪽; 국립국어원에서도 위와 비슷한 의미로 정의하고 있다. 인공 지능(AI) 기술을 활용해 사진이나 영상에 다른 이미지를 중첩·결합해 가공의 새 이미지나 영상을 만들어내는 기술 또는 인공 지능 기술을 이용하여 기존 인물의 얼굴이나, 특정 부위를 합성한 영상 편집물.
     국립국어원 홈페이지, https://www.korean.go.kr/front/imprv/refineView.do?mn_id=158&imprv_refine_seq=20745

6   염건웅, 앞의 글, 39쪽.

7   최순욱·이신우, 「딥페이크의 사실의 위기 : 어떻게 대응할 것인가?」, 『해외미디어동향』, 1차보고서, 한국언론진흥대단, 2019, 8-50쪽.

8   염건웅, 앞의 글, 39쪽; Ian J. Goodfellow et al, *Deep Learning*, MIT Press, 2016, pp.

터 중앙부인 은닉층(hidden layer)에 이르는 동안 점진적으로 노드 수가 줄어들며 데이터를 압축하는 반면, 디코더는 은닉층으로부터 출력층(output layer)까지 다시 노드 수를 점진적으로 늘려 압축된 데이터를 원본에 가깝게 복원한다. 이러한 과정에서 인공신경망(Artificial Neural Network, ANN)[9]은 입력받은 정보량을 축소하며 핵심적인 특징만을 선별해낸다.[10] 특히 오토인코더의 은닉층에 도달했을 때는 본래 입력된 정보 가운데 가장 본질적이고 중요한 특성만이 압축된 상태로 남게 된다. 생성적 적대적 네트워크(Generative Adversarial Network, GAN)[11] 기반 딥페이크 기술은 이러한 오토인코더 방식을 활용하여 대상의 표정, 색깔, 움직임과 같은 특징을 학습하고 이를 다른 대상의 외형과 결합함으로써 정교한 합성을 가능하게 만든다.[12]

493-497. 즉, 오토인코더(autoencoder)는 인공신경망(Artificial Neural Network, ANN)을 구성하는 대표적인 비지도 학습(unsupervised learning) 모델의 하나로서, 인공신경망 구조를 파이썬과 같은 프로그래밍 언어를 사용하여 구현한 일종의 소프트웨어적 알고리즘이다.

9 인공신경망(ANN, Artificial Neural Networks)이란 뇌의 신경 세포인 뉴런이 연결된 형태를 수학적으로 표현한 학습 알고리즘을 지칭한다. 홍수경, 「딥페이크(deepfake)를 통한 허위조작정보의 형사적 규제방안에 관한 연구」, 『경찰대학교 박사학위논문』, 2024, 8쪽.

10 Ian J. Goodfellow et al., "Generative Adversarial Nets", 27 Advances in Neural Info. Processing Sys. 2014, pp. 1-3.

11 생성적 적대적 네트워크(Generative Adversarial Network, GAN)란 두 개의 인공신경망이 상호 경쟁적 방식으로 데이터를 학습하고 생성하는 인공지능 모델로서, 구체적으로는 생성자(generator)가 실제 데이터와 유사한 허위 데이터를 생성하면 판별자(discriminator)는 이를 실제 데이터와 비교하여 진위를 판단하고, 이 결과를 생성자에 피드백하는 과정을 반복함으로써 점차 정교하고 실제에 근접한 데이터를 생성하도록 설계된 알고리즘을 의미한다. Ian J. Goodfellow et al., 앞의 글, pp. 1-3.

12 이 과정은 머신러닝(Machine Learning)으로 이루어지며, 머신러닝(Machine Learning)

2) 딥페이크의 탄생과 발전 과정

딥페이크는 과거 인터넷이 등장하기 전부터 합성 사진 등의 개념으로 일찍이 등장하였다. 2017년 미국의 한 인터넷 플랫폼인 레딧(Reddit)에서 'deepfakes'라는 ID를 가진 이용자가 유명한 헐리우드 여배우의 얼굴을 포르노 영상 속 신체에 합성하여 게시한 것을 계기로 딥페이크라는 용어가 대중화되기 시작하였다.[13] 이에 딥페이크가 악의적이고 음란한 목적으로 주로 사용되면서 레딧은 'deepfakes'가 운영하고 있었던 커뮤니티(subreddit)를 폐쇄하는 등 대응조치를 취하기도 하였다.[14] 2018년에는 딥페이크 제작을 위한 데스크톱 애플리케이션인 FakeApp도 공개되어 일반 사용자들도 일반적인 그래픽 카드만을 활용하여 제작할 수 있게 되었다. 그 후 딥페이크 기술은 머신러닝의 툴(Tool)로서 구글(Google)의 텐서플로우(TensorFlow)를 이용하여 제작할 수 있게 됨에 따라 그 용이성과 속도가 더욱 높아졌다.[15] 딥페이크를 위한 어플리케이션의 개발은 지속적으로 확대되어 최근 딥페이크 작업의 허들이 사라졌다고 보아도 과언이 아니다.[16]

이란 디지털 컴퓨터가 세부적인 프로그래밍 없이도 데이터에 근거한 경험적 학습 과정을 거쳐 인간이 사전에 구체적으로 명시하지 않은 문제 해결 방식까지 스스로 습득하고 발전시키는 것을 의미한다. Arthur L. Samuel, Some Studies in Machine Learning Using the Game of Checkers, 3 IBM J. Res. & Dev., 1959, p. 210.

13 Delfino, Rebecca A.. "Pornographic Deepfakes: The Case for Federal Criminalization of Revenge Porn's Next Tragic Act", *Fordham Law Review*, 2019, p. 88; 허순철, 「유튜브 딥페이크(deepfake) 영상과 허위사실공표」, 『공법연구』, 2022, 10쪽.

14 「연예인 합성한 페이크 포르노의 폐해」, 《YTN라디오》, 2018.2.24.
    https://radio.ytn.co.kr/program/?f=2&id=54585&s_mcd=0211&s_hcd=09

15 Erik Gerstner, "Face/Off : 'DeepFake' Face Swaps and Privacy Laws", 87, Defense Counsel Journal, 1, 2020, pp. 2-3.

16 이를 가내화(家內化, domestication)되었다고 평가되기도 한다. 박주일, 「딥페이크 기술의 발전과 저널리즘의 새로운 위협 - 이미지 공정성 확보를 위한 영상 팩트체크 필

딥페이크 영상의 제작에서 남아 있는 문제는 가능한지 그 여부가 아니라 누구를 딥페이크의 대상으로 삼을 것인가 하는 선택의 문제로 귀결되었다.[17] 딥페이크는 예측하기 어렵고 기발한 인물 및 상황의 결합을 통해 대중의 관심을 끄는 방향으로 초점이 이동한 것이다. 다른 한편으로, 딥페이크를 현재 통신 기술과 문화적 현상에 대입해보면, 딥페이크 콘텐츠는 익명성을 보장하는 어플리케이션 등 디지털 플랫폼을 통해 제작과 유통이 이루어지기 때문에 이에 대한 법적 규제나 가해자 특정에 어려움이 있다. 오픈소스 소프트웨어를 통해서 제작도 가능하기 때문에 사용자가 별도의 신원을 특정할 정보를 제공하지 않고도 제작할 수 있고, 이로 인해 콘텐츠 생성자의 신원 특정은 현실적으로 쉽지 않다. 또한, 익명성을 바탕으로 제작된 딥페이크 콘텐츠는 인터넷과 SNS의 빠른 정보 확산 특성으로 인해 신속히 유포되는 경향을 보인다. 온라인에서 빠르게 유포된 콘텐츠는 디지털 네트워크의 특성상 완벽한 삭제가 어렵고 지속적인 재유포 가능성이 존재하기 때문에 피해회복은 실질적으로 불가능에 가깝다.[18] 이러한 딥페이크의 현상과 특징, 발전 과정에 비추어 보면, 딥페이크 영상이 타인에게 언제 어디에서든 영향력을 행사할 수 있게 되었다. 이제는 선택의 문제가 된 딥페이크의 제작·유포 행위가 헌법상 표현의 자유의 행사 방법으로 정당화될 수 있는지 그 한계는 어디인지 논의가 필요함을 시사하고 있다.[19]

요성」, 『언론중재』, 통권 156권, 2020, 56쪽.

17 박주일, 앞의 글, 57-58쪽.

18 김민호·소병수, 「딥페이크의 합리적 규제방안」, 『토지공법연구』, 제106집, 2024, 230-235쪽; 홍수경, 앞의 글, 15쪽.

19 조원용, 「공직선거에서 딥페이크(Deepfake) 악용에 대한 입법적 대응의 필요성 —

3) 딥페이크의 긍정적 역할

딥페이크 기술이 긍정적인 기여를 하는 경우도 있는바, 이는 상대적으로 도외시되었던 것으로 보인다. 표현의 자유라는 헌법적 관점 및 창의적 콘텐츠 제작이라는 문화적 관점에서 살펴볼 때 일정한 긍정적 효용과 잠재적 가능성을 가지고 있다는 점도 간과해서는 안 된다. 이에 관하여 딥페이크 표현의 긍정적인 기능에 관하여 홍수경 박사는 아래와 같이 일별하여 정리하고 있다.[20] 우선, 딥페이크 기술의 긍정적인 효용은 특히 엔터테인먼트 및 예술 분야에서 현저히 나타난다. 영화, 드라마, 광고 등의 미디어 콘텐츠 제작 과정에서 딥페이크 기술을 활용하면 기존에는 경제적·물리적 한계로 인해 제작이 어려웠던 콘텐츠도 비용과 시간을 절감하면서 효율적으로 생산할 수 있다.[21] 생존하지 않는 인물이나 특정 유명 인사를 화면에 실감 나게 재현하거나, 특정 배우의 과거 시절 모습을 고해상도로 사실적으로 구현하여 작품의 완성도와 예술성을 한층 높이는 것이 가능해졌다. 예컨대, 2023. 12.경 선풍적인 인기를 끌었던 드라마 '웰컴투 삼달리'에서 이미 작고한 MC 故 송해를 딥페이크의 방식으로 재현하여 드라마의 한 장면으로 삽입하였고, 드라마 작품의 현실감을 더해주며 유족들에게도 뜻깊은 기억을 선사한 적이 있었다.[22]

다음으로, 딥페이크 기술은 교육 분야에서도 의미 있는 활용 가능성을

후보자의 정체성 정의와 미국 입법 사례를 중심으로」,『공법연구』, 제50집 3호, 2022, 155쪽.

20 홍수경, 앞의 글, 67-70쪽.

21 신동주·최봉준, 「Real2Animation:애니메이션 제작지원을 위한 딥페이크 기술 활용 연구」,『융합신호처리학회』, 제23권 3호, 2022, 175쪽.

22 「유족도 깊이 공감…웰컴투 삼달리 故송해, 1년 공들인 딥페이크 부활」,《OSEN》, 2023.12.4. https://www.osen.co.kr/article/G1112234908

내포하고 있다.[23] 기존 교육 환경에서 활용하는 교과서나 텍스트 중심의 교육 콘텐츠는 학습자의 참여와 몰입을 끌어내는 데 한계가 존재하지만, 딥페이크 기술을 통해 구현한 사실적인 시청각 콘텐츠는 학습자의 흥미와 집중도를 크게 향상시킬 수 있다. 예를 들어, 역사 교육 과정에서 역사적 인물이나 과거의 사건을 실제와 흡사하게 재현하여 학습자들에게 역사적 이해와 공감을 크게 촉진할 수 있다. 의료 분야 역시 딥페이크 기술의 순기능을 가장 실질적으로 활용할 수 있는 영역 중 하나이다. 의료진 훈련과 교육 과정에서 현실적으로 재현하기 어렵거나 희소한 질환 및 복잡한 의료상황을 딥페이크 기술을 통해 실제 상황에 매우 가깝게 구현하는 것이 가능하다. 이를 통해 의료진은 안전한 환경에서 반복적이고 실제에 가까운 경험을 축적함으로써 의료적 처치 능력을 효과적으로 향상시킬 수 있다고도 한다.[24] 마지막으로, 딥페이크 기술은 언론의 영역에서도 긍정적인 기여를 할 가능성이 있다. 정치적 풍자나 패러디, 사회 비평의 형태로 딥페이크 콘텐츠가 제작된다면, 정치적 논쟁과 토론을 더욱 풍성하고 활발하게 할 수 있다. 이는 공론장에서의 자유로운 토론이 민주주의의 성숙과 발전에도 기여할 수 있다.[25] 위와 같이 부각되지 않았던 딥페이크의 긍정적인 기능을 염두에 둔다면, 헌법적으로 딥페이크 기술의 활용은 표현의 자유라는 기본권 측면에서 나름의 의미가 있다.

---

23 황정·최은정·한정혜, 「딥페이크 앱 활용 윤리교육 융합 프로젝트의 개발 및 적용」, 『정보교육학회』, 제25권 2호, 2021, 410쪽.

24 H. Uzunova et al., "Multi-scale GANs for Memory-efficient Generation of High Resolution Medical Images," arXiv preprint arXiv:1907.01376, 2019, 8쪽.

25 김유진, 「이변의 연속인 미국 대선 : 유권자 사로잡기 위한 '밈' 대결민주주의 위협하는 딥페이크도 부상」, 『신문과방송』, 통권 제645권, 한국언론진흥재단, 2024, 73쪽.

3. 딥페이크와 표현의 자유

1) 표현의 자유의 범주에 관한 논의

(1) 표현의 자유에 있어서 보호대상으로서의 딥페이크 영상

딥페이크 영상은 표현의 대상으로 보호되어야 하는가에 대한 질문에 대답이 필요하다. 앞서 긍정적인 기능에만 비추어 보면, 응당 그럴 수 있다고 볼 수 있지만, 딥페이크 영상이 표현의 자유가 보장하는 보호영역에 포섭될 수 있는지에 관한 구체적인 논의가 뒤따라야 한다. 표현의 자유의 핵심적인 영역은 '의사표현의 자유'로서 자신의 의사를 전달하고 표현하는 권리는 그 형식에 있어서 제한이 없다.[26][27] 구두 발언, 편지, 인터넷 SNS 등 그 모든 의사표현의 전달 방식이 이에 포섭된다. 헌법재판소도 표현의 수단이 계속 확장될 수 있음을 긍정하고 있다.[28] 익명 표현의 방식도 헌법재판소는 표현의 방법으로서 표현의 자유의 보호영역에 포섭될 수 있음을 선언하였다.[29] 따라서 실명을 활용하든 익명을 활용하든 딥페이크 영상 제작·유포는 원칙적으로 표현의 전달 방식으로서 표현의 자유의 보호영역에 포섭될 수 있다. 다음으로, 딥페이크 영상의 내용·목적이 주로 상업적·영리적이거나 타인의 인격권, 성적 자기결정권을 침해하는 내용으로 구성되어 있다고 하더라도 딥페이크 영상으로 나타나는 모든 표현이 표현의 자유의 보호영역으로 포섭할 수 있는지에 관하여서도 살

---

26 허영,『한국헌법론(20판)』, 박영사, 2024, 644쪽.
27 헌법재판소 1996. 10. 31. 선고 94헌가6 결정.
28 헌법재판소 2002. 6. 27. 선고 99헌마480 결정.
29 헌법재판소 2010. 2. 25. 선고 2008헌마324 결정.

펴볼 필요가 있다.

특히, 헌법 제21조 제4항 전문에 "언론·출판은 타인의 명예나 권리 또는 공중도덕이나 사회윤리를 침해해서는 아니된다"라고 규정하고 있어, 표현의 내용과 목적에 일정한 한계가 있는 것은 아닌가에 관한 논의가 있기 때문이다. 위 헌법 조항을 표현의 자유에 있어서 보호영역의 한계로 해석하게 되면 음란한 딥페이크 영상 등을 표현의 자유의 영역에서 영원히 배격할 수 있어 사전검열금지의 원칙이 적용되지도 않고, 국가의 제재에 대항하여 그러한 제작자·유포자는 자신의 표현의 자유 침해를 주장할 수 없다. 헌법 제21조 제4항 전문을 둘러싼 헌법학계의 학설은 다양하다.[30] 헌법재판소는 이에 대하여 엄격한 의미의 음란 표현은 언론·출판의 자유에 의해서 보호되지 않는다고 판시하면서,[31] 헌법 제21조 제4항 전문의 부분을 표현의 자유의 '보호영역'의 한계 여부를 정하는 것처럼 해석하였으나, 그 후 청소년이용음란물에 관하여서는 언론·출판의 자유의 대상이 된다고 판시하여[32] 음란 표현도 표현의 자유의 보호영역에 포섭되는 것으로 해석한다. 다음으로, 상업적 표현이 헌법 제21조 제1항에서 말하는 표현의 자유의 보호영역에 포함되는지에 관하여는 일찍이 우리 헌법재판소가 이를 인정하였을 뿐만 아니라[33] 이에 대한 큰 이견이 없다.[34] 현재 실무

---

30 가중적 법률유보의 문제로 보아야 한다는 견해; 계희열, 『헌법학(중)』, 박영사, 2001, 117쪽. 보호영역의 한계를 선언한 것으로 보아야 한다는 견해; 허영, 앞의 책, 660-661쪽. 기본권의 내재적 한계로 보아야 한다는 견해; 김철수, 『헌법개설』, 박영사, 2015, 189쪽..

31 헌법재판소 1998. 4. 30. 선고 95헌가16 결정.

32 헌법재판소 2009. 5. 28. 선고 2006헌바109 결정.

33 헌법재판소 1998. 2. 27. 선고 96헌바2 결정.

34 이노홍, 「상업적 광고규제와 표현의 자유 보호론 재검토」, 『홍익법학』, 제17권 1호,

상 표현의 자유의 보호영역에서 배격이 되는 표현의 내용과 목적은 확인되지 않은 것으로 보인다.[35] 결국, 음란한 딥페이크 영상을 비롯한 모든 딥페이크 영상이 원칙적으로 표현의 자유의 보호영역에 포섭된다.[36]

(2) 딥페이크 영상의 표현의 자유에 관한 이론적 근거
　―사상의 자유시장 이론

표현의 자유는 정보의 다양성 보장을 통해 의사 형성의 자율성과 다원성이라는 헌법적 과제를 수행하고 있다.[37] 다양한 견해와 정보가 폭넓게 공유되도록 하여 민주주의 체제의 안정적 유지와 지적 다양성의 발전을 실현할 수 있도록 하기 때문이다.[38][39] 표현 그 자체로 보장되어야 한다는 사상은 다양하다.[40] 그중 사상의 자유시장 이론(Marketplace of Idea)은 민주

2016, 215쪽.

35　이승선, 「헌법 제21조 제4항은 살았는가, 죽었는가?」, 『세계헌법연구』, 제28권 1호, 2022, 148쪽.

36　정재황, 『헌법학』, 박영사, 2021, 1188-1194쪽. 이에 대하여 헌법 제21조 제4항 전문의 내용의 취지를 살려 보호영역의 한계 내지 내재적 한계를 관철하여야 한다는 견해도 있다; 이문한, 「가짜뉴스 등 허위사실 표현에 대한 형사적 규제와 그 헌법적 한계」, 『한양법학』, 제32권 3호, 2019, 40쪽.

37　고민수, 「의견형성의 다양성 보장과 다원성 원리: 방송에서의 다양성 보장 수단을 중심으로」, 『언론과 법』, 제5권 1호, 2006, 552-553쪽.

38　김대규·홍순건, 「AI 학습용 데이터로서 뉴스 저작물의 적절한 활용을 위한 확대된 저작권집중관리 제도 도입에 관한 논의」, 『언론과 법』, 제23권 3호, 2024, 153쪽.

39　이춘구, 「사상의 자유 시장이론 전개의 법적 고찰 - 연원과 현대적 발전을 중심으로」, 『국가법연구』, 제10집 1호, 2014, 104-105쪽.

40　사상의 자유시장 이론 외에 국민의 자기지배론; 김민배, 「표현의 자유와 사상의 자유시장 - 홈즈(Mr. Justice Oliver W. Holmes)를 중심으로」, 『토지공법연구』, 제33집, 2006. 개인의 자기실현론; 강승식, 「표현의 자유와 인간 존엄성의 관계」, 『법과 정책』, 제15권 1호, 2009.

주의 체제 하에서 개인들이 어떠한 통제나 간섭 없이 자유롭게 의견과 주장을 개진하는 과정 속에서 다양한 사상과 가치들이 경쟁적으로 상호 교류되고, 결과적으로 가장 합리적이고 타당한 의견이 선택되어 공동체의 발전에 기여하게 된다는 이념적 기반을 가지고 있다. 사상의 자유시장 개념은 역사적으로 정부가 수행하는 검열이나 정보의 독점적 통제, 억압과 같은 비민주적 요소들에 대항하여 민주주의적 소통과 정보 교류의 공간을 보장하는 역할을 수행하여 왔다. 이때의 '시장'은 일반적 상품이나 재화가 거래되는 경제적 시장과 달리, 다양한 견해와 정보가 자유롭고 활발하게 소통되는 담론적 공간을 의미하며, 이는 곧 민주적 소통과 합리적 의견 형성을 위한 공론장의 기능을 수행한다고 볼 수 있다. 사상의 자유시장 이론은 17세기 영국의 존 밀턴(John Milton)[41]에서 시작하여 19세기 존 스튜어트 밀(J. S. Mill)의 '자유론'에[42] 계승되었다.[43] 그 후 사상의 자유시장 이론이 법실무의 세계로 들어온 것은 미국 연방대법원의 올리버 웬델 홈즈(Oliver Wendell Holmes Jr.) 대법관이 미국 수정헌법 제1조[44]가 민주사회 구성원들에게 사상과 의견의 제약 없는 교류와 소통을 보장하며, 민주주의 체제에서 진리의 탐구와 발견은 바로 자유로운 사상 교류의 장에서 사상의 자유

41 John Milton, 《아레오파지티카: 존 밀턴의 언론 출판의 자유에 대한 선언》, 임상원 옮김, 나남, 2015.
42 John Stuart Mill, 《자유론》, 김형철 옮김, 서광사, 2009, 42-43쪽.
43 문의빈, 「사상의 자유시장 이론과 플랫폼 거버넌스」, 『헌법학연구』, 제30권 3호, 2024, 122쪽.
44 "Congress shall make no law respecting an establishment of religion, or prohibiting the free exercise thereof; or abridging the freedom of speech, or of the press; or the right of the people peaceably to assemble, and to petition the Government for a redress of grievances."

경쟁(free trade in ideas)을 통해서야 가장 효과적으로 이루어질 수 있다고 역설하면서 시작되었다.[45] 이 이론은 우리나라에도 일찍이 소개되었으며 표현의 자유를 설명하는 사상적 근거로서 상당한 반향을 일으키기도 하였다. 여러 비판이 있지만 사상의 자유시장 이론은 현행 헌법적 관점에서 상당한 힘을 유지하고 있다.[46] 헌법재판소도 사상의 자유시장 이론을 표현의 자유의 두터운 보장을 위한 이론적 근거로 차용하고 있다.[47] 따라서 딥페이크 영상을 이용한 정보 전달, 표현도 사상의 자유시장 이론의 관점에서는 허용되어야 할 정보 전달의 방법이며, 그 표현의 내용도 이론의 기본적인 전제에서는 사상의 자유시장을 통해 검증받으면 충분하므로 사전적으로는 제약이 가해질 수 없는 것이 원칙이 된다.

2) 딥페이크 표현의 자유로 인하여 충돌되는 기본권에 대한 해석론

(1) 인격권과의 충돌

딥페이크 영상으로 인한 빈번한 기본권의 충돌 상황은 타인의 인격권과의 충돌이다. 피해자의 명시적 동의 없이 딥페이크 영상이 제작되었다면, 이는 개인의 명예와 존엄을 심각하게 훼손할 수 있다. 표현의 자유와 인격권이 충돌되는 상황을 헌법적으로 해결하는 방법은 기본적으로 과잉 금지의 원칙, 조화해석의 원칙과 같은 헌법원리를 통하여 해결하여야 할 것이다. 헌법재판소 역시 이를 긍정하고 있다.[48] 결국 표현의 자유와 인격권

---

45 Abrams v. United States, 250 U.S. 616, 1919.
46 한수웅, 『헌법학』, 법문사, 2024, 1017쪽; 박용상, 『언론의 자유』, 박영사, 2013, 70-75쪽.
47 헌법재판소 2015. 7. 30. 선고 2012헌마734 결정.
48 헌법재판소 2020. 11. 26. 선고 2016헌마275 결정.

사이의 충돌 문제는 딥페이크라는 기술 자체가 아니라 표현물의 구체적인 내용과 표현 대상의 사회적 지위, 그리고 표현행위가 갖는 사회적·공익적 맥락 등을 종합적으로 고려하여 개별적이고 구체적으로 판단되어야한다. 다만, 딥페이크의 특성을 고려해보면 표현의 자유와 인격권의 충돌시 이익형량의 핵심적인 판단 기준으로 해당 표현의 진위 여부에 방점을두어야 한다. 공적 사안과 관련하여 진실에 기반을 둔 표현물의 경우 표현의 자유 보호의 당위성이 크다고 평가할 수 있으나, 사실관계를 의도적으로 조작하거나 허위로 표현한 콘텐츠는 표현의 자유보다는 인격권 보호가더욱 우선적으로 고려되어야 한다.[49] 파급력과 전달력이 큰 방식으로 침해된 인격권은 회복가능성이 높지 않을 뿐만 아니라 확대·재생상성, 반복적 침해의 가능성을 고려하였을 때, 허위 딥페이크 영상의 경우에는 인격권이 더 두텁게 보호되는 방향으로 해석되어야 한다.[50]

(2) 성적 자기결정권과의 충돌

성적 자기결정권이라는 기본권은 그간 신체적 접촉을 전제로 하여 그침해 여부가 논의되어 왔다. 온라인 공간에서 이루어지는 비접촉적인 성적 표현 행위에 대해서는 성적 자기결정권의 침해가 아니라 오히려 명예훼손 등 인격권 침해의 관점에서만 이를 평가하는 경향이 강하였다.[51] 성적 표현이 담긴 영상물이 피해자의 성적 자기결정권을 직접적으로 침해하

---

49 김현귀, 「허위사실의 표현에 관한 헌법적 연구」, 『헌법재판연구원』, 2021, 51쪽.
50 문재완, 「인터넷상 인격권 침해와 시간의 경과 - 유럽연합에서의 논의를 중심으로」, 『외법논집』, 제39권 1호, 2015, 149쪽.
51 홍수경, 앞의 글, 49쪽.

는 것이라고 판단하기에는 법리적 한계가 있다는 시각도 있다.[52] 헌법재판소는 성적 자기결정권을 성행위를 할지 여부에 관한 선택권, 성행위를 누구와 할지 선택할 수 있는 결정권을[53] 성적 자기결정권의 의미로 정의하고 있다.[54] 그런데, 성적 자기결정권을 신체적 범위에 반드시 한정지어야 할 필요가 있을지는 의문이다.[55] 성적 표현이 담긴 딥페이크 영상으로 인하여 피해자는 자신이 원치 않을 뿐만 아니라 성적 불쾌감과 고통을 느낄 수 있을 만한 내용이 담김 영상의 형태로 수많은 제3자에게 공개되지 않을 결정권이 있는 것이고, 이를 성적 자기결정권의 의미로 포섭하는 것에 무리가 없다. 이러한 현상을 기술 촉진적 성 학대 현상이라고 표현하기도 한다.[56] 과거 혼인빙자간음죄에 대하여 헌법재판소의 결정에서는 사생활의 비밀과 자유 역시 성적 자기결정권의 한 형태로 발현될 수 있음을 지적하고 있다.[57] 즉, 성적 자기결정권을 반드시 신체와 직접 관련된 기본권으로만 해석하지 않고, 영상의 피해자에게 자신이 성적으로 공개당하지 아니할 권리로 확장 가능성을 열어둘 수 있다. 이러한 점에서 딥페이크 영상을 통한 표현의 자유는 타인의 성적 자기결정권을 지속적 · 반복적으로 침해할 우려가 있고, 그 피해는 피해자의 인격권과 함께 성적 자기결정권도 함께 붕

---

52 홍수경, 앞의 글, 49쪽.
53 김성돈, 「성적 자기결정권의 형법적 의의와 기능」, 『법학논총』, 제34권 2호, 2010, 404쪽.
54 헌법재판소 1990.9.10, 선고 89헌마82 결정.
55 이호중, 「성형법 담론에서 섹슈얼리티의 논의지형과 한계, 혼인빙자간음죄와 간통죄 폐지논의를 중심으로」, 『형사정책』, 제23권 1호, 2011, 353쪽.
56 한민경, 「미디어 플랫폼 속 성적 인격권 침해 - 허위영상물 편집·반포를 중심으로」, 『미디어와 인격권』, 제10권 3호, 2024, 60쪽.
57 헌법재판소 2002. 10. 31. 선고 99헌바40 결정.

괴시킬 위험이 있다. 따라서 양자의 기본권 충돌 상황에서도 성적 표현의 자유를 주장하는 딥페이크 영상 표현은 사후 규제를 통한 제약을 감당하여야 하는 것뿐만 아니라 표현 이전 단계에서도 설 자리가 쉽게 부여되어서는 안 된다.

4. 딥페이크에 대한 국내외 대응 동향

1) 국내 규제 동향

(1) 형사 관련 법령

성적 표현 관련 딥페이크 규제

딥페이크에 관한 규제로 우리나라 법제는 형사처벌 규제가 중심이 되어 있다. 딥페이크 영상에 관해 우리나라에서 2020년경 N번방 사건이 터지자[58] 입법 활동이 시작되었다. 형법상 모욕죄나 명예훼손죄, 정보통신망 이용촉진 및 정보보호 등에 관한 법률,[59] 전기통신기본법

---

58 「n번방과 조주빈 세상에 알린 숨은 영웅들…'용기있는 고발'」,《TV조선》, 2020.3.28. https://news.tvchosun.com/site/data/html_dir/2020/03/28/2020032890062.html (검색일: 2025.10.8).

59 정보통신망 이용촉진 및 정보보호 등에 관한 법률 제74조(벌칙)
① 다음 각 호의 어느 하나에 해당하는 자는 1년 이하의 징역 또는 1천만원 이하의 벌금에 처한다.
2. 제44조의7 제1항 제1호를 위반하여 음란한 부호·문언·음향·화상 또는 영상을 배포·판매·임대하거나 공공연하게 전시한 자
3. 제44조의7 제1항 제3호를 위반하여 공포심이나 불안감을 유발하는 부호·문언·음향·화상 또는 영상을 반복적으로 상대방에게 도달하게 한 자

과[60] 같이 기존의 일반적 규정을 제한적으로 적용하여 처벌할 수밖에 없는 한계가 있었다. 아동·청소년에 관한 성착취물을 처벌하는 별도 규정이[61] 있기는 하였으나,[62] 기존의 처벌 규정만으로는 한계가 분명하였으며, 처벌의 수위 또한 피해의 심각성과 범죄의 악성에 비추어 볼 때 미흡하다는 비판이 지속적으로 제기되었다. 이에 2020. 3. 24., 2020. 5. 19. 두 차례에 걸쳐 성폭력범죄의 처벌 등에 관한 특례법 개정(2020. 6. 25. 시행)을 통해 비동의 딥페이크 성적 표현물의 제작·유포 행위를 명시적으로 처벌할 수 있는 규정을 신설하였다.[63] 그 후에 2024. 8.경 서울대 N번방 사건 등을 계기

---

60 전기통신기본법 제47조(벌칙)
　　② 자기 또는 타인에게 이익을 주거나 타인에게 손해를 가할 목적으로 전기통신설비에 의하여 공연히 허위의 통신을 한 자는 3년 이하의 징역 또는 3천만원 이하의 벌금에 처한다.
61 아동·청소년의 성보호에 관한 법률 제11조(아동·청소년성착취물의 제작·배포 등)
　　① 아동·청소년성착취물을 제작·수입 또는 수출한 자는 무기 또는 5년 이상의 징역에 처한다. ② 영리를 목적으로 아동·청소년성착취물을 판매·대여·배포·제공하거나 이를 목적으로 소지·운반·광고·소개하거나 공연히 전시 또는 상영한 자는 5년 이상의 유기징역에 처한다. ③ 아동·청소년성착취물을 배포·제공하거나 이를 목적으로 광고·소개하거나 공연히 전시 또는 상영한 자는 3년 이상의 유기징역에 처한다. ④ 아동·청소년성착취물을 제작할 것이라는 정황을 알면서 아동·청소년을 아동·청소년성착취물의 제작자에게 알선한 자는 3년 이상의 유기징역에 처한다. ⑤ 아동·청소년성착취물을 구입하거나 아동·청소년성착취물임을 알면서 이를 소지·시청한 자는 1년 이상의 유기징역에 처한다. ⑥ 제1항의 미수범은 처벌한다. ⑦ 상습적으로 제1항의 죄를 범한 자는 그 죄에 대하여 정하는 형의 2분의 1까지 가중한다.
62 구법에서는 '아동·청소년음란물'이라는 표현으로 기재되어 있었다.
63 구 성폭력범죄의 처벌 등에 관한 특례법(2020. 3. 24. 법률 제17086호로 일부 개정된 것) 제14조의2(허위영상물 등의 반포등)
　　① 반포등을 할 목적으로 사람의 얼굴·신체 또는 음성을 대상으로 한 촬영물·영상물 또는 음성물(이하 이 조에서 "영상물등"이라 한다)을 영상물등의 대상자의 의사에 반하여 성적 욕망 또는 수치심을 유발할 수 있는 형태로 편집·합성 또는 가공(이하 이 조에서 "편집등"이라 한다)한 자는 5년 이하의 징역 또는 5천만원 이하의 벌금

로[64] 국회는 2024. 9. 26. 비동의 딥페이크 성적 표현물에 대한 법적 대응을 더욱 강화하기 위한 성폭력범죄의 처벌 등에 관한 특례법 개정안을 통과시켰다.[65] 최근 개정된 법률은 비동의 딥페이크 성적 표현물의 제작 및 유포 행위뿐만 아니라 이를 소지하거나 구입, 저장, 시청하는 행위까지 처벌 범위를 확대하여 디지털 성범죄의 심각성에 비추어 보다 포괄적으로 규율

에 처한다. ② 제1항에 따른 편집물·합성물·가공물(이하 이 항에서 "편집물등"이라 한다) 또는 복제물(복제물의 복제물을 포함한다. 이하 이 항에서 같다)을 반포등을 한 자 또는 제1항의 편집등을 할 당시에는 영상물등의 대상자의 의사에 반하지 아니한 경우에도 사후에 그 편집물등 또는 복제물을 영상물등의 대상자의 의사에 반하여 반포등을 한 자는 5년 이하의 징역 또는 5천만원 이하의 벌금에 처한다. ③ 영리를 목적으로 영상물등의 대상자의 의사에 반하여 정보통신망을 이용하여 제2항의 죄를 범한 자는 7년 이하의 징역에 처한다. ④ 상습으로 제1항부터 제3항까지의 죄를 범한 때에는 그 죄에 정한 형의 2분의 1까지 가중한다.

64 「서울대 N번방 40대 주범에 징역 10년…'피해자들 성적으로 모욕하고 조롱'」,《강원일보》, 2024.10.30.
  https://n.news.naver.com/mnews/article/087/0001075968?sid=102 (검색일: 2025.10.8).

65 성폭력범죄의 처벌 등에 관한 특례법 제14조의2(허위영상물 등의 반포등)
  ① 사람의 얼굴·신체 또는 음성을 대상으로 한 촬영물·영상물 또는 음성물(이하 이 조에서 "영상물등"이라 한다)을 영상물등의 대상자의 의사에 반하여 성적 욕망 또는 수치심을 유발할 수 있는 형태로 편집·합성 또는 가공(이하 이 조에서 "편집등"이라 한다)한 자는 7년 이하의 징역 또는 5천만원 이하의 벌금에 처한다. ② 제1항에 따른 편집물·합성물·가공물(이하 이 조에서 "편집물등"이라 한다) 또는 복제물(복제물의 복제물을 포함한다. 이하 이 조에서 같다)을 반포등을 한 자 또는 제1항의 편집등을 할 당시에는 영상물등의 대상자의 의사에 반하지 아니한 경우에도 사후에 그 편집물등 또는 복제물을 영상물등의 대상자의 의사에 반하여 반포등을 한 자는 7년 이하의 징역 또는 5천만원 이하의 벌금에 처한다. ③ 영리를 목적으로 영상물등의 대상자의 의사에 반하여 정보통신망을 이용하여 제2항의 죄를 범한 자는 3년 이상의 유기징역에 처한다. ④ 제1항 또는 제2항의 편집물등 또는 복제물을 소지·구입·저장 또는 시청한 자는 3년 이하의 징역 또는 3천만원 이하의 벌금에 처한다. ⑤ 상습으로 제1항부터 제3항까지의 죄를 범한 때에는 그 죄에 정한 형의 2분의 1까지 가중한다.

하고자 한 것으로 평가된다.[66]

선거 관련 딥페이크 규제

공직선거법 제82조의8에 따르면,[67] 누구든지 선거운동을 목적으로 딥페이크 영상 등을 제작·편집·유포·상영하거나 게시하려는 경우에는 중앙선거관리위원회규칙이 정하는 방식[68]에 따라 이를 명확히 표시할 의무

---

66 홍수경, 앞의 논문(주 9), 98면.

67 공직선거법 제82조의8(딥페이크영상등을 이용한 선거운동)
① 누구든지 선거일 전 90일부터 선거일까지 선거운동을 위하여 인공지능 기술 등을 이용하여 만든 실제와 구분하기 어려운 가상의 음향, 이미지 또는 영상 등(이하 "딥페이크영상등"이라 한다)을 제작·편집·유포·상영 또는 게시하는 행위를 하여서는 아니 된다. ② 누구든지 제1항의 기간이 아닌 때에 선거운동을 위하여 딥페이크영상등을 제작·편집·유포·상영 또는 게시하는 경우에는 해당 정보가 인공지능 기술 등을 이용하여 만든 가상의 정보라는 사실을 명확하게 인식할 수 있도록 중앙선거관리위원회규칙으로 정하는 바에 따라 해당 사항을 딥페이크영상등에 표시하여야 한다.
공직선거법 제250조(허위사실공표죄) ④ 제82조의8제2항을 위반하여 중앙선거관리위원회규칙으로 정하는 사항을 딥페이크영상등에 표시하지 아니하고 제1항에 규정된 행위를 한 자는 5년 이하의 징역 또는 5천만원 이하의 벌금에, 제2항에 규정된 행위를 한 자는 7년 이하의 징역 또는 1천만원 이상 5천만원 이하의 벌금에 처한다. 〈신설 2023. 12. 28.〉

68 2022. 1. 11. 발표된「딥페이크 영상 관련 법규운용기준」에 따르면, 딥페이크 표현물은 일정 요건 하에서 선거운동에 활용될 수 있으나, 허위사실을 유포하거나 후보자를 비방하는 경우「공직선거법」제250조(허위사실공표죄)와 제251조(후보자비방죄) 위반으로 처벌된다. 선거운동 목적의 딥페이크 영상은 반드시 "인공지능 ○○○"으로 표기하여야 하고, 이를 위반하거나 허위·비방 내용을 포함하면 법적 책임이 발생한다. 제3자가 후보자 동의 없이 딥페이크 영상이나 음성을 제작할 경우「공직선거법」제253조(성명등의 허위표시죄)에 해당될 수 있으며, 허위의 사실이란 선거인의 정확한 판단을 오도할 정도로 구체적이고 객관적 증명이 가능한 사실의 진술을 의미하므로, 단순히 딥페이크 기술을 사용했다는 것만으로 곧바로 허위사실공표죄로 간주되지는 않는다(중앙선거관리위원회, 딥페이크 영상 관련 법규운용기준, 2022, 2-3면).

가 있으며, 선거일 전 90일부터 선거일 당일까지 딥페이크 영상을 활용한 모든 선거운동 행위를 금지하고 있다. 딥페이크라는 용어를 법률에 편입시켰다는 점을 주목할 필요가 있다.[69] 2022년 대통령 선거를 앞두고 후보자들이 딥페이크 캐릭터를 생성하며 선거운동을 하였고, 심지어 조작된 인물 영상이 공개되면서[70]이에 대한 규제가 필요하다는 협의 끝에 입법이 되었다.[71]

별다른 정의 없이 딥페이크 영상의 활용 금지 및 처벌 규정을 두어 딥페이크의 범위와 개념이 불명확한 개념으로 남았고, 딥페이크 개념을 범용화하지 못하였다는 점은 그 한계로 지적된다. 다만, 2024. 12. 3. 개정된 정보통신망 이용촉진 및 정보보호 등에 관한 법률 제4조의2에서 '합성영상'이라는 용어를 법률에 도입하면서 처음으로 딥페이크 영상의 개념을 정의하는 법률 내용이 도입되었는바, 위 공직선거법 조항의 딥페이크 개념을 해석함에 있어서 이를 참조할 수는 있을 것으로 보인다.

(1) 형사 관련 외의 법령

인공지능에 관한 포괄적 규제

유럽연합에 이어 우리나라 국회는 2025. 1. 21. 세계에서 두 번째로 '인공지능 발전과 신뢰 기반 조성 등에 관한 기본법'이라는 명칭으로 인공지

---

69 강주영·홍준호, 「딥페이크 기술을 활용한 범죄 예방을 위한 법제도 개선방안」, 『법학연구』, 제24권 4호, 2024, 124-125쪽.

70 「AI 노무현 '두 번 생각해도 이재명'…누리꾼 반발에 영상 삭제」, 《MBN》, 2022. 2. 6. https://www.mbn.co.kr/news/politics/4693917

71 조원용, 앞의 글, 176쪽.

능에 관한 포괄적인 규제 법안을 의회에서 가결하였다.[72] 위 법 제31조 제3항에 인공지능사업자는 인공지능시스템을 이용하여 실제와 구분하기 어려운 가상의 영상 등의 결과물을 제공하는 경우 해당 결과물이 인공지능시스템에 의하여 생성되었다는 사실을 이용자가 인식할 수 있는 방식으로 고지 또는 표시하여야 하는바, 위 규정이 딥페이크 영상을 규제하는 것으로 볼 수 있다. 위 법 제40조 제1항에서는 과학기술정보통신부장관이 인공지능사업자에 대하여 위 법 제31조 제3항의 위반 사항을 발견하거나 혐의가 있음을 알게 된 경우, 또는 신고를 받거나 민원이 접수된 경우에는 인공지능사업자를 대상으로 사실조사를 할 수 있고, 그 결과 위반한 사실이 있다고 인정되면 인공지능사업자에게 해당 위반행위의 중지나 시정을 위하여 필요한 조치를 명할 수 있다(제40조 제3항)고 정하고 있다. 그럼에도 불구하고 인공지능사업자가 위 중지명령 등을 이행하지 아니할 경우 3천만 원 이하의 과태료가 부과될 수 있다고 정하고 있다(동법 제43조 제1항 제3호). 이처럼 인공지능사업자에 대한 포괄적인 규제 내용이 제정되었다는 점은 긍정적이라 할 수 있다. 그러나 인공지능사업자의 의무 위반행위에 관하여 형사처벌, 영업정지와 같은 강한 제제가 수반되지 아니하고,[73] 인공지능사업자가 타인의 인격권, 성적 자기결정권을 침해하는 딥페이크 영상에 관한 선조치를 할 수 있는 근거 규정도 없어서 인공지능사업자의 적극적인 역할도 기대할 수 없다는 비판이 있다.

---

72 위 법은 2026. 1. 22. 시행을 예정하고 있다.
73 이원복, 「인공지능 발전과 신뢰 기반 조성 등에 관한 기본법과 의료 인공지능의 규제」, 『법제』, 통권 708권, 법제처, 2025, 2쪽.

딥페이크에 초점을 맞춘 규제

2024. 12. 3. 정보통신망 이용촉진 및 정보보호 등에 관한 법률의 개정 내용 중 위 법 제4조의2가 신설되었다. '합성영상'이라는 용어를 사용하였고, 과학기술정보통신부장관 및 방송통신위원회에게 합성영상 등으로 성범죄, 명예훼손 또는 사기 등의 피해 예방을 위한 시책을 마련하여야 한다는 규정을 두었고, 과학기술정보통신부장관 및 방송통신위원회는 구체적으로 합성영상등에 관한 피해 실태 파악, 유통 실태 파악 등을 행하여야한다. 위 조항에서 합성영상 등을 "인공지능 기술을 이용하여 사람의 얼굴·신체 또는 음성을 대상으로 한 촬영물·영상물 또는 음성물을 대상자의 의사에 반하여 편집·합성 또는 가공한 정보"라고 정의하여 딥페이크의 정의 규정으로 볼 여지가 마련되었다.[74]

한편, 2024. 12. 3.자 동법 제44조의7 제3항 제1호의 개정 내용 따르면,[75]

---

74 정보통신망 이용촉진 및 정보보호 등에 관한 법률 제4조의2(합성영상등으로 인한 피해 예방을 위한 시책)
   ① 과학기술정보통신부장관과 방송통신위원회는 인공지능 기술을 이용하여 사람의 얼굴·신체 또는 음성을 대상으로 한 촬영물·영상물 또는 음성물을 대상자의 의사에 반하여 편집·합성 또는 가공한 정보(이하 이 조에서 "합성영상등"이라 한다)의 무분별한 유통으로 인한 성범죄, 명예훼손 또는 사기 등의 피해를 예방하기 위하여 시책을 마련하여야 한다.
   ② 제1항에 따른 시책에는 다음 각 호의 사항이 포함되어야 한다.
   1. 합성영상등으로 인한 피해 실태 파악
   2. 합성영상등의 유통 실태 파악
   3. 합성영상등 관련 국내외 기술 동향 파악
   4. 합성영상등의 무분별한 유통 방지를 위한 기술 개발의 촉진
   5. 합성영상등의 무분별한 유통 방지 및 피해 예방을 위한 교육·홍보
   6. 그 밖에 합성영상등의 무분별한 유통 방지 및 피해 예방에 필요한 사항
75 정보통신망 이용촉진 및 정보보호 등에 관한 법률 제44조의7(불법정보의 유통금지 등)
   ③ 방송통신위원회는 제1항제7호부터 제9호까지의 정보가 다음 각 호의 모두에 해

성범죄에 해당하는 딥페이크 영상에 관하여 관계 중앙행정기관의 장의 요청, 수사기관의 장의 요청이 있을 경우에 방송통신위원회가 정보통신서비스 제공자 또는 게시판 관리·운영자에게 해당 정보의 처리를 거부·정지 또는 제한하도록 명하여야 한다고 정함으로써 성적 표현이 담긴 딥페이크 영상에 대한 구체적인 근거가 마련되기는 하였다. 그러나 여전히 개정 전 법률과 마찬가지로 정보통신서비스 제공자의 선조치 조항은 제정되어 있지 아니한 한계점이 있다.

2) 해외 규제의 양상

(1) 미국의 규제 동향

미국은 연방의회와 캘리포니아 주의회를 중심으로 하여 딥페이크 영상의 폐단을 차단하기 위하여 아래와 같은 내용으로 딥페이크 영상 관련 규제 법안의 입법 활동이 이루어지고 있다. 여러 법안이 있으나 대표적인 사례만 소개한다. 2023. 9. 21. 미국 연방의회 하원에 딥페이크 책임법(DEEPFAKES Accountability Act)이 발의되었다. 이 법안은 딥페이크 기술이 국가 안보에 미치는 위협에 대응하고, 유해한 딥페이크 영상으로 인하여

당하는 경우에는 정보통신서비스 제공자 또는 게시판 관리·운영자에게 해당 정보의 처리를 거부·정지 또는 제한하도록 명하여야 한다.〈개정 2016. 3. 22., 2018. 12. 24., 2024. 12. 3.〉
1. 관계 중앙행정기관의 장의 요청[제1항 제9호의 정보 중「성폭력범죄의 처벌 등에 관한 특례법」제14조 및 제14조의2에 따른 촬영물·편집물·합성물·가공물 또는 복제물(복제물의 복제물을 포함한다)과「아동·청소년의 성보호에 관한 법률」제2조 제5호에 따른 아동·청소년성착취물에 대하여는 수사기관의 장의 요청을 포함한다]이 있었을 것.

피해를 입은 개인에게 법적 구제 수단을 제공하는 것을 목적으로 삼고 있다. 현재까지 딥페이크 책임법은 2023년 9월 20일 미국 하원에 발의된 이후 하원 법사위원회, 에너지 및 상업위원회, 국토안보위원회 등에 회부되었으나 추가적인 입법 절차가 진행되지 않았다. 이 법안은 악의적인 딥페이크 표현물로 인해 침해된 개인의 권리를 보호하며 피해자에게 실효성 있는 법적 구제 수단을 제공하고자 하는 취지에서 마련된 것이다. 이 법안에서는 딥페이크로 제작된 표현물이 원본 콘텐츠로부터 인위적으로 변조되었음을 시청자가 명확하게 인식할 수 있도록 디지털 워터마크 등 식별 가능한 표지를 삽입하는 의무를 제작자에게 부과하고 있다. 또한 의무 위반 시 형사처벌 및 민사적 손해배상 책임을 부과함과 동시에 피해자 보호와 지원, 딥페이크 콘텐츠에 대한 탐지·대응 체계 구축 등의 포괄적인 대책을 포함하고 있다. 특히 법안 제10조에서는 온라인 플랫폼 사업자에게 구체적이고 엄격한 법적 의무를 부과하고 있는데, 구체적으로 온라인 플랫폼 사업자는 자사의 플랫폼을 통해 유통되는 디지털 콘텐츠에 대하여 콘텐츠의 출처와 원본으로부터 변경된 사항을 명시적으로 표기할 수 있는 기술적 역량과 딥페이크 콘텐츠를 자동적으로 탐지할 수 있는 시스템을 필수적으로 구축하여야 한다.[76] 다음으로, 딥페이크 등 인공지능의 개발과 사업화가 가장 활발하게 이루어지고 있는 캘리포니아주의 빠른 입법 대응 내용을 살펴볼 필요도 있다. 캘리포니아 주의회는 2024. 9. 제289호(상원법률안 제926호)로 캘리포니아주 형법 제647조를 개정하여 동의 없이 딥페이크 음란물을 제작하는 행위를 처벌 대상으로 명시하였고, 법률 제292호(상원법률안 제981호)로 소셜 미디어 플랫폼이 딥페이크 음란물에 대한 신고 체계를 구

---

76 강준모, 「딥페이크 관련 국내외 규제 동향 분석」, 정보통신정책연구원, 18호, 2024, 6쪽.

축토록 하고, 신고된 콘텐츠를 신속하게 삭제하도록 하는 내용을 입법하였다. 하원법률안에서도 입법 활동이 있었는데 아동 보호를 위한 조치로, 법률 제926호(하원법률안 제1831호)는 인공지능을 활용한 아동 음란물 제작을 금지하고, 이를 위반한 경우 형사처벌의 근거를 마련하였다. 이는 실제 아동이 아닌 인공지능으로 생성된 아동 성착취물도 처벌 대상에 포함시키는 것을 골자로 하고 있다. 또한, 법률 제261호(하원법률안 제2655호)는 선거 전후 일정 기간 동안 가짜 정보를 포함한 콘텐츠를 차단하고 표시하며, 신고 절차를 마련해야 하는 거대 온라인 플랫폼 사업자의 의무를 명시하였다. 미국은 전통적으로 온라인에서 유통되는 콘텐츠에 대해서 직접적인 규제를 가하지 않았던 것으로 평가되고 있음에도[77]불구하고, 딥페이크 영상의 위험성을 공감하며 상당한 수준의 규제를 시도하고 있다.

(2) 유럽연합의 규제 동향

유럽연합(EU)은 온라인 플랫폼과 디지털 서비스에 대한 규제의 일환으로 디지털 서비스법(DSA, Digital Services Act)을 마련하였다. 위 법은 2022. 11. 16. 최종 승인되어, 2024. 2. 17.부터 본격적으로 시행되고 있다. 디지털서비스법은 온라인 플랫폼 및 인터넷 서비스 제공자에게 사용자 보호 강화, 운영의 투명성 제고 및 불법 콘텐츠에 대한 엄격한 관리를 요구하는 것을 주요 목적으로 하고 있다. 그중 대규모 플랫폼 사업자 등을 비롯한 정보통신서비스 제공자는 불법 콘텐츠가 신고될 경우 신속히 이를 삭제하거나 접근을 차단하여야 하며, 플랫폼이 콘텐츠 처리 절차를 명확히 공시하여 투명성을 확보하도록 하고 있다. 또한, 불법 콘텐츠에 대한 즉각

---

77 강준모, 앞의 글, 6쪽.

적인 조치가 이루어질 수 있도록 절차적 의무를 명시하고 있다.[78] 유럽연합은 2024년 세계 최초의 인공지능 규제 법률인 유럽연합 인공지능법(EU Artificial Intelligence Act)을 제정하였다. 위 법은 2026년부터 시행 예정되어 있다.[79] 위 법은 인공지능의 유해한 영향의 제거 등을 목적으로 삼고 있어 딥페이크를 포함한 인공지능에 대한 규제를 포괄적으로 시도함을 알 수 있다.[80] 특히 위 법 제50조에서 특정 인공지능 시스템의 제공자(provider) 및 배포자(deployer)[81]에게 인공지능 생성물을 명확히 식별할 수 있도록 하는 투명성 의무를 부과하고 있다. 즉, 제공자는 인공지능을 통해 생성된 콘텐츠임을 기계가 판독 가능한 형식으로 표시할 의무가 있으며, 해당 콘텐츠가 인공지능에 의해 생성 또는 변형되었음을 일반인이 쉽게 탐지할 수 있는 기술적 조치를 마련해야 한다. 또한 위법 제50조 제2항이 규정하는 '합성 오디오, 이미지, 비디오 및 텍스트 콘텐츠'는 딥페이크 콘텐츠를 포함한다고 볼 수 있다. 제작자와 배포자는 콘텐츠가 딥페이크 기술로 만들어졌다는 점을 명시할 의무를 부담하게 된다.[82] 만약 제공자 및 배포자가 이를 위반한 경우에는 최대 1,500만 유로의 과징금이 부과되는 등 강한

---

78 김현수·전성호,「유럽연합 디지털서비스법안(DIgital Services Act)의 주요 내용 및 시사점」, 정보통신정책연구원, 11호, 2020, 32-33쪽,

79 한국법제연구원 해외법령조사팀,「유럽연합 인공지능법(번역본) ; EU Artificial Intelligence Act」, 한국법제연구원, 2024.

80 김중권,「EU의회의 인공지능법안의 주요 내용에 관한 소고 - EU집행이사회의 인공지능법안과 비교해서」,『공법연구』, 제52집 3호, 2024, 258-259쪽.

81 인공지능시스템을 이용하는 개인, 법인, 공공기관 또는 기타 단체로서, 개인적이거나 비전문적으로 인공지능시스템을 이용하는 경우는 제외된다; 박상철,「인공지능 기본법의 시행 전 개정 필요성 - 규제 조항의 체계·축조상 문제점을 중심으로」,『정보법학』, 제28권 3호, 2024, 38쪽.

82 강준모, 앞의 글, 9쪽.

규제가 예정되어 있다.

5. 국내 딥페이크 규제 체제의 개선 방향과 한계

딥페이크에 관한 규제 논의가 과거보다 활성화되고 있는 점은 알 수 있었다. 그러나 정보통신망 이용촉진 및 정보보호 등에 관한 법률 개정 내용은 딥페이크로 칭해질 수 있는 합성영상 등에 관한 정의 규정과 이에 관한 관계 행정부처의 노력 의무를 규정한 내용, 딥페이크 영상 중 성적 표현이 담긴 딥페이크 영상에 관한 방송통신위원회 등의 요청에 따른 정보통신서비스 제공자의 처리 의무 등이 개정 규정으로 반영되었을 뿐이다. 직접적인 규제와 관련된 2024년 의회 발의 단계에 있는 개정안은 아래와 같다.[83] 개정안은 제작자나 유포자 뿐만 아니라 해당 콘텐츠의 제작에 활용되는 딥페이크 기술 플랫폼과 유통 경로가 되는 네이버, 카카오와 같은 포털사이트 등 정보통신서비스 제공자, 플랫폼 등에게 까지 일정한 법적 책임과 규제 의무를 부과할 필요성이 제기됨에 따라 다양한 법안이 발의되었다.

순번	법안명	발의자	발의일	주요내용
1	정보통신망 이용 촉진 및 정보보호 등에 관한 법률 일부개정안	김남희의원 등 10인	2024. 8. 27.	정보통신서비스 제공자가 자신이 운영 및 관리하는 정보통신망에 성폭력범죄의 처벌 등에 관한 특례법 제14조의2에 따른 영상물에 대하여 즉시 조치를 취하지 않을 경우 처벌
2	정보통신망 이용 촉진 및 정보보호 등에 관한 법률 일부개정안	박용갑의원 등 10인	2024. 8. 27.	정보통신망을 통하여 유통되는 딥페이크 기술을 악용한 촬영물, 영상물 또는 음성물을 편집하거나 합성, 가공한 정보의 유통을 금지하며 이를 위반할 경우 처벌

---

83 강준모, 앞의 글, 15쪽을 재인용.

3	정보통신망 이용 촉진 및 정보보호 등에 관한 법률 일부개정안	우재준의원 등 11인	2024. 8. 28.	타인에게 손해를 가할 목적으로 공공연하게 허위 내용의 정보 및 타인의 의사에 반하여 사람의 얼굴, 신체 또는 음성을 대상으로 한 촬영물, 영상물 또는 음성물을 편집하거나 합성, 가공한 정보의 유통을 금지하고 이를 위반할 경우 처벌
4	정보통신망 이용 촉진 및 정보보호 등에 관한 법률 일부개정안	김장겸의원 등 23인	2024. 8. 29.	정보통신서비스 제공자에게 인공지능 기술을 이용하여 만든 가상의 정보라는 사실을 표시할 수 있는 기능을 마련하고 해당 표시방법을 지키지 아니한 정보를 탐지하기 위한 노력 및 삭제 등의 유통 방지 조치 의무를 부과 정보를 게재하려는 자에게 표시의무 부과와 함께 정당한 이유 없이 표시를 제거하거나 변경하는 것을 금지
5	정보통신망 이용 촉진 및 정보보호 등에 관한 법률 일부개정안	이수진의원 등 13인	2024. 8. 29.	정보통신서비스 제공자로 하여금 불법촬영물 등과 관련된 수사를 위한 수사기관의 장의 요청이 있는 경우에는 불법촬영물 등을 유통한 자에 대한 정보 등을 보존하도록 하는 등 수사에 협조할 의무를 부과 불법촬영물 등을 방지하기 위하여 필요한 경우 정부가 정보통신서비스 제공자단체의 자율규제 가이드라인에 대한 개선 및 보완을 요청
6	성폭력범죄의 처벌 등에 관한 특례법 일부개정안	이해식의원 등 10인	2024. 8. 27.	성적 허위영상물을 소지, 구입, 저장, 시청하는 행위에 대한 처벌 규정 신설

공통적으로 타인의 기본권을 침해할 우려가 있는 딥페이크 영상이 유포되지 않도록 정보통신서비스 제공자들에게 사전적으로 이를 억제할 의무를 부과하고 있다. 위와 같은 규제들에 앞서 짚고 넘어가야 할 한계점들이 있음도 함께 고려되어야 한다. 대부분의 법률(김장겸 의원 등 23인 발의 개정안 제외) 등은 여전히 성적 표현이 담긴 딥페이크 영상에 그 규제를 집중하고 있다. 실제로 현재까지 입법화된 내용은 정보통신망 이용촉진 및 정보보호 등에 관한 법률 제4조의2에 있는 합성영상 등에 관한 정의 규정과 이에 관한 관계 행정부처의 노력 의무를 규정한 내용 외에 딥페이크의 여러 폐해 중에 성적 표현에 국한되고 있다. 딥페이크 영상의 폐단 중 성적 표현이 담긴 딥페이크 영상이 상당한 비중을 차지하지만 성적 표현 이외의

딥페이크 영상 중 인격권을 침해하는 내용의 딥페이크 영상의 유포·재생산을 직접적으로 차단토록 하는 정보통신서비스 제공자 등에 관한 의무 내용을 담은 법안의 내용도 반드시 반영되어야 할 필요가 있다.

다른 한편으로, 딥페이크 영상을 규제하는 법은 표현의 자유를 제약하는 법령인 만큼 '명확성의 원칙'이 준수되어야 할 필요가 있다. 우재준 의원 등 23인이 발의한 법령의 내용은 '거짓 사실을 드러내는 허위 내용의 정보'를 규제의 대상으로 삼고 있다. 그러나 명확성의 원칙은 표현의 자유에 있어서 더욱 엄격하게 적용된다는 점도 간과하여서는 안 된다. 가짜뉴스, 허위정보와 같은 개념은 그 자체로 추상적이기 때문이다.[84] 헌법재판소도 표현의 자유의 우월적 지위를 근거로 그 명확성의 원칙을 활용하여 일반적으로 다른 기본권 침해에 대한 심사기준보다 더 강도 높은 기준으로[85] 심사하고 있다.[86] 따라서 딥페이크의 규제 방식에 있어서 보다 엄격한 법률 용어와 한정적인 범위를 찾아 규제한다.

6. 마치며

표현의 자유는 민주주의의 근간으로서 최대한의 보장이 이루어져야 한다는 것이 헌법적 요청이다. 딥페이크 영상 역시 우리 헌법의 보호영역 아래에 있음은 부정할 수 없다. 그러나 표현의 자유가 타인의 인격권 등 기

---

84 황용석·권오성, 「가짜뉴스의 개념화와 규제수단에 관한 연구 - 인터넷서비스사업자의 자율규제를 중심으로」, 『언론과 법』, 제16권 1호, 2017, 69쪽.

85 헌법재판소 2010. 12. 28. 선고 2008헌바157 결정.

86 이우영, 「표현의 자유 법리와 헌법재판소의 위헌법률심사기준」, 『서울대학교 법학』, 제53권 2호, 2012, 302쪽.

본권과 충돌할 때에는 정밀한 이익형량을 통해 합리적인 조정이 이루어져야 한다. 허위·조작된 정보를 통해 타인의 인격권 등이 명백히 침해되는 경우에는 헌법적 차원에서도 일정한 제약을 가할 수밖에 없다. 표현의 자유가 선언한 우월적 지위에도 그 제약이 시급하게 그리고 사전적으로 가해져야 한다는 목소리도 있음을 간과해서는 안 된다.

미국은 온라인 플랫폼 사업자에게 딥페이크 콘텐츠의 출처 명시 및 자동 탐지 시스템 구축 등을 요구하고 있으며, 강력한 민사적 구제 수단을 보장하는 방향으로 대응을 확대하고 있다. 유럽연합은 최근 입법한 인공지능법을 통해 제공자 및 배포자에게 인공지능의 생성물임을 명시할 엄격한 의무를 부과하고 있으며, 이를 위반할 경우 높은 금액의 과징금을 부과하는 등 포괄적이고 선제적인 규제 체계를 구축하고 있다. 국내에서는 딥페이크 영상에 대한 법적 대응은 주로 가해자에 관한 형사적 규제 중심으로 발전해 오다가 위와 같은 해외의 입법 사례들과 함께 인공지능 발전과 신뢰 기반 조성 등에 관한 기본법이 제정되었고, 이에 따라 인공지능에 대한 포괄적 법령을 바탕으로 플랫폼 사업자로 대표되는 인공지능사업자에게도 딥페이크 영상에 대한 관계 행정부처의 조사, 명령에 따른 조치의무가 규정되기는 하였다.

그러나 위와 같은 규정만으로는 타인의 인격권, 성적 자기결정권 등을 직접적으로 침해할 우려가 있는 딥페이크 영상의 사전적 차단에는 한계가 있다. 정보통신망 이용촉진 및 정보보호 등에 관한 법률상의 정보통신서비스 제공자에게도 일정한 사회적 책임과 기술적 조치를 요구하는 방향으로 규제의 틀을 확대하려는 등 딥페이크 영상을 사전적으로 규제하고자 하는 개선 입법안이 마련되어 올라오고 있는 실정이다. 다만, 이 과정에서 입법의 목적을 달성하기 위해 표현의 자유라는 헌법적 가치를 과도하게 위축시키지 않도록 명확성의 원칙 등을 준수하면서 섬세한 입법적 접근이 이루어져야 할 것이다.[87] 딥페이크 기술은 우리 사회의 일상적 현실로 깊숙이 자리 잡았으며, 향후 더욱 정교하고 예측 불가능한 방식으로 발전할 가능성이 크다. 앞으로의 입법과 정책 수립 과정에서 헌법적 가치를 존중하며, 인공지능 기술의 위험성과 가능성을 모두 고려한 논의가 활발히 전개되기를 기대한다.

---

87 김민정, 「가짜뉴스(fake news)에서 허위조작정보(disinformation)로: 가짜뉴스 규제 관련 국내 법안과 해외 대응책에 나타난 용어 및 개념정의 비교」, 『미디어와 인격권』, 세5권 2호, 2019, 73쪽.

9장
미디어와 AI 학습 데이터를 둘러싼 분쟁과 전망

———

김현경

1. 문제의 발단

미디어 영역에서 인공지능(이하 AI라 한다)은 일상화된 용어다. 기사 작성의 도구, AI 아나운서·기자는 더 이상 새로운 이슈가 아니다. 그러나 이러한 AI가 언론사의 업무 도구로서 가시화되기 이전부터 뉴스는 플랫폼 사업자에게 너무나 유용한 도구였다. 국내에서 네이버, 다음 등 포털기업은 이미 오래전부터 언론사로부터 뉴스를 유료로 구매해 왔으며,[1] 글로벌 플랫폼인 구글은 직접 링크 방식의 뉴스 제공에 대하여 언론사와 잦은 분쟁에도 불구하고 사용료를 지불할 필요가 없는 '공정이용'에 해당된다는 정책을 고수해 왔다. 언론사와 플랫폼 간의 뉴스 이용을 둘러싼 갈등과 긴장은 늘 존재해 왔다. 이러한 상황에 더불어 최근 또 하나의 첨예한 갈등 상황은 AI의 학습용 데이터로 사용된 뉴스 콘텐츠의 저작권 침해 이슈다. 그뿐만 아니라 얼굴·목소리 등 초상을 학습한 AI 아나운서·기자에 대한

---

1   포털의 뉴스 제공 비용과 언론사들의 인터넷 광고 규모는 관련 업계에서 매우 민감한 데이터로 평가하고 있는 사항이다. 국내 디지털 뉴스 콘텐츠 시장은 크게 포털의 뉴스 구매 시장, 증권사HTS(Home Trading System) 뉴스 판매 시장, 뉴스 저작권 신탁단체와 일반 판매대행사에서 일반기업 및 기관에 뉴스 콘텐츠를 판매 시장, 그리고 개별 언론사가 일부 기업에 뉴스를 제공하거나 경제지를 중심으로 유료프리미엄 서비스를 제공하는 기타 뉴스 판매 시장 등으로 분류될 수 있으며, 특히 포털에 대한 의존도가 크다. 최민재·문철수, 「디지털 뉴스 콘텐츠 시장과 저작권」, 『한국언론진흥재단』, 2012-01, 2012, 27-29쪽.

윤리적 문제도 제기되고 있다.

AI가 언론사의 유능한 도구가 되기 위해서는 뉴스 콘텐츠 또는 실존 아나운서·기자의 얼굴·목소리 등(이하 "초상 등"이라 한다)을 학습해야 한다. 양질의 많은 뉴스와 초상 등을 학습할수록 더 좋은 도구들이 등장할 것이다. 그러나 미디어 기업은 자신들이 만들어낸 뉴스·영상물의 AI에 의한 무단 학습에 대하여는 저항감이 크다. 한편 충분하고 신뢰성 높은 데이터 학습과 인공지능의 완결성은 불가분의 관계다. AI가 자신이 생성한 데이터를 반복 학습하면서 원래의 데이터 분포를 왜곡시켜 성능이 저하되는 '모델 붕괴(model collapse)' 현상[2] 등을 고려해 볼 때 고성능 AI를 안정적으로 유지하기 위해서는 인간이 직접 생성한 원천 데이터를 AI 학습용으로 확보하는 것이 필수적이다. 이하에서는 미디어 영역의 AI 학습 데이터 이용을 둘러싼 분쟁 사례 뿐만 아니라 원만한 합의 사례도 검토한다. 이러한 사례 분석을 바탕으로 AI 학습 데이터 이용의 법적 쟁점을 살펴본 후 인간중심의 바람직한 제도 방향을 모색해 보고자 한다.

---

2   Shumailov, I., Shumaylov, Z., Zhao, Y. et al.. "AI models collapse when trained on recursively generated data" Nature 631, 2024, 755-759. https://doi.org/10.1038/s41586-024-07566-y.(검색일: 2025.5.2).

2. 미디어 영역의 AI 학습 데이터 분쟁 사례

1) 뉴스미디어 v. 생성형 AI

(1) 톰슨 v. 로스 인텔리전트(No. 20-613 (D. Del. 2025))

이 사례는 인공지능(AI) 학습과 관련된 공정이용 원칙에 대해 미국에서 내려진 최초의 사법적 결정이라는데 의미가 크다. 법률 검색 회사인 로스 인텔리전스(Ross Intelligence)는 AI 기반 법률 검색 플랫폼을 학습시키기 위해 톰슨 로이터(Thomson Reuters)의 저작권이 있는 Westlaw 헤드노트를 무단 사용하였다. Westlaw 헤드노트는 판결문에서 법률 원칙을 요약한 것으로, Westlaw의 변호사 편집자들이 작성하며 플랫폼의 핵심 기능 중 하나로 여겨지는 것이었다.

이 사건에서 법원은 로스 인텔리전스의 저작물 사용이 미국 저작권법(17 U.S.C. § 107)에 따른 공정이용 요건을 충족하지 못한다고 판단했다. 우선 공정이용 첫 번째 판단기준인 '사용 목적과 성격'과 관련하여 법원은 로스 인텔리전스의 사용이 상업적이며 변형적(transformative)이지 않다고 판단하였다. 로스가 헤드노트를 활용하여 새로운 의미나 표현을 추가하는 대신 경쟁 법률 검색 도구를 만들었기 때문에, 공정이용의 첫 번째 요인은 로스에게 불리하게 작용하였다. 둘째, '이용된 저작물의 성격'과 관련하여 법원은 법률 헤드노트가 사실적 요소를 포함하고 있지만, 상당한 편집적 판단(editorial judgment)이 반영된 창작물이므로 단순한 사실적 편집물보다 창의적 요소가 많다고 판단하여 두 번째 요인 역시 공정이용을 지지하지 않는 방향으로 작용하였다. 세 번째 기준인 '사용된 부분의 양과 중요성'에서도 로스는 AI 모델을 학습시키기 위해 상당한 양의 헤드노트를 복사하였는데 비록 AI 모델의 출력(output)이 헤드노트를 그대로 복제한 것은 아니었지만, 법원은 로스의 복사가 광범위하다고 판단하여 이 요인 또한 공정이용을 인정하지 않는 방향으로 작용했다고 판단하였다. 네 번째 요건인 "시장에 미치는 영향"과 관련해서도 AI 학습 데이터를 위한 라이선스 시장에 대한 잠재적 피해를 언급하면서 법원은 톰슨 로이터가 아직 헤드노트를 AI 학습용으로 라이선스하지 않았더라도, 로스 인텔리전스의 무단 사용이 해당 시장을 잠식할 우려가 있다고 판단하였다. 특히 이 네 번째 요인은 공정이용을 강하게 반대하는 요소로 작용하였다.

(2) 뉴욕타임스 v. Microsoft Corporation et al (1:23-cv-11195)(S.D.N.Y., Dec. 27, 2023)

2023년 12월 27일, 뉴욕타임스(이하 NYT)는 AI 학습에 자사의 저작물(기사 등)을 사용한 것에 대해 Open AI와 마이크로소프트(이하 MS)를 상대로 저작권 침해 소송을 제기하였다. 양사의 AI챗봇을 훈련하는데 자사의 뉴스 콘텐츠를 무단으로 사용하며 저작권을 침해했다는 것이다.

NYT는 미국 뉴욕 남부지방법원에 "자사가 발행한 수백만 개의 기사가 OpenAI의 'ChatGPT'와 MS의 '코파일럿' 등 챗봇을 훈련하는데 무단으로 사용됐다"며 "이들 기사는 연간 수억 달러를 들여 고용한 기자 수천 명이 작성한 작품으로, OpenAI와 MS는 이를 허락 없이 사용하며 수십억 달러를 아끼는 효과를 얻었다"고 지적했다. 그러면서 "이렇게 개발된 AI 서비스는 NYT의 웹 자산으로 이동하는 트래픽을 빼앗으며, 회사의 광고와 구독 수익을 박탈한다"고 했다.[3] NYT는 ChatGPT의 환각 현상(Hallucination)

---

3 「기사 불법 도용해 수조원 손해 입혀… NYT, MS · 오픈AI에 소송」,《조선일보》, 2023.

이 브랜드 소실을 초래한다고 주장하며, 사용자가 챗GPT의 새로운 출력 텍스트를 NYT의 콘텐츠로 오해한다고도 주장했다.

이에 대해 Microsoft와 OpenAI는 LLM이 생성하는 결과물은 기존 저작물의 단순 복제가 아닌, 학습된 패턴을 기반으로 생성된 새로운 창작물로서 원저작물과 실질적으로 유사하지 않다고 반박했다. 양사는 LLM이 데이터를 토큰(token) 단위로 분석하여 통계적 패턴을 학습하는 생성형 인공지능이며, 단순 검색 시스템과 다르다는 점을 강조했다. 특히, 공개적으로 접근 가능한 인터넷 자료를 이용한 모델 훈련은 저작권법상 '공정이용' 원칙에 부합한다고 주장하고 있다.[4] OpenAI 측은 NYT가 제시한 침해 사례들이 통상적이지 않은 특정 프롬프트 입력의 결과이거나 예외적 상황에서 발생한 것이며, 시스템 설계상 의도된 기능이 아니라고 주장하였다.[5] 현재 본 소송은 법원에서 심리 중이며, 아직 최종 판결은 내려지지 않았다.

이번 소송은 미국 전통적인 주요 언론사가 저작권과 관련된 문제로 주요 AI개발사를 고소한 첫 사례다. 따라서, NYT가 승소할 경우 이에 따른 파급효과는 수많은 미디어 및 출판사에 미칠 것이다. 즉 빅테크 기업들의 콘텐츠 사용 계약이 일반화되면서, NYT의 소송은 미디어 업계에 저작권 보호를 위한 법적 대응의 중요성을 일깨워주는 사례가 될 수도 있다.

12.28. www.chosun.com/economy/tech_it/2023/12/28/UZ3AJZKIKVG7TFVKTGG 22ODRGA/,(검색일: 2024.12.9).
4   OpenAI, "OpenAI and journalism", 2024.1.8. https://openai.com/index/openai-and-journalism/ (검색일: 2025.4.8).
5   NPR, "'The New York Times' takes OpenAI to court. ChatGPT's future could be on the line", 2025.1.14. https://www.npr.org/2025/01/14/nx-s1-5258952/new-york-times-openai-microsoft (검색일: 2025.9.28).

(3) 바츠 등 v. 앤트로픽(3:24-cv-05417-WHA)

미국 캘리포니아 북부 연방지방법원은 2025년 6월 23일, 앤트로픽社가 대량의 도서를 AI 학습에 무단 사용한 사건에 대해서 공정이용 관련 약식판결을 내렸다. 본 사건에서 법원은 불법 복제 사이트(Library Genesis, LibGen /Library Genesis, LibGen)에서 700만 권이 넘는 전문(full-text) 서적을 다운로드한 것은 공정이용에 해당되지 않으나, 수백만 권의 인쇄 서적을 대량으로 구매하여 책의 제본을 뜯어내고 페이지를 잘라 PDF로 스캔한 후 원본 종이책은 폐기하여 학습용으로 사용한 것은 공정이용에 해당된다고 판시하였다. "합법적으로 취득한 저작물에 대해 소유자가 내부적인 편의를 위해 포맷을 변경하는 행위는, 추가적인 배포가 없을 경우 공정 이용으로 보호받을 수 있다"고 함으로써 AI 학습 데이터의 출처(provenance)에 따라 법적 책임을 구분하는 기준을 제시하였다.

(4) 네이버

한국신문협회(이하 신문협회)는 2024년 8월 네이버와 OpenAI 등 국내외 생성 AI기업에 "저작권 침해로 뉴스 콘텐츠 가치가 훼손된다"며 기사 무단 활용의 중단을 촉구했다.[6] 네이버 뉴스 콘텐츠 제휴 약관 제8조 제3항은 "네이버는 서비스 개선, 새로운 서비스 개발을 위한 연구를 위해 직접, 공동으로 또는 제3자에게 위탁하는 방식으로 정보를 이용할 수 있습니다. 단, 제3자에게 위탁하는 방식으로 진행할 경우 사전에 제공자의 동의를 얻어야 합니다."라고 규정하고 있다. 신문협회는 네이버가 하이퍼클로바X

---

6   김태균, 「언론계 '생성 AI, 기사 무단 학습 중단하라'」, 『관훈저널』, 65권 4호, 2023, 75-81쪽.

학습에 뉴스를 사용하는 행위는 위 약관의 목적 범위를 넘는 것이므로 위 조항이 적용될 수 없고 AI 학습을 위해서는 별도의 계약이 필요하다며 저작권을 침해한다고 주장하고 있다. 이와 유사하게 2025년 1월 한국방송협회는 지상파 3사가 '하이퍼클로바'와 '하이퍼클로바 X' 학습에 방송사 기사를 무단으로 활용하였다며 네이버를 상대로 저작권 침해 및 부정경쟁방지법 위반으로 인한 손해배상 청구 소송을 제기하였다.[7] KBS, MBC, SBS 등 지상파 방송 3사는 네이버가 생성형 인공지능(AI) 학습에 뉴스데이터를 마음대로 활용했다며 저작권 소송을 제기한 것이다.

2) AI 아나운서 · 기자

방송사의 주요 수익이었던 광고 수입이 OTT, 플랫폼 등과 경쟁 속에서 심각한 타격을 받고 있다. 비용을 줄이기 위해 AI기술은 방송에 주요한 수단이 되고 있다. 그 일환으로 서비스되고 있는 것이 'AI 아나운서 · 기자'다.

제주도청의 제주도정 뉴스 진행을 '인간' 아나운서가 아닌 'AI' 아나운서가 하며, 제작비용이 한 달에 60만 원에 불과하다는 기사 내용은 이제 더 이상 새롭지 않다. 국내에서는 2020년 국내 방송사 최초로 MBN에서 'AI 김주하 앵커'가 등장했다. 지금까지도 AI 김주하 앵커는 1분 남짓의 주요 뉴스(메인뉴스 전 어떤 기사들이 나갈 것인지 헤드라인을 정리해 먼저 알려주는 뉴스)를 전하는 용도로 사용되고 있다. 이러한 서비스가 가능한 이유는 미디어 환경에서 AI · 데이터 기술의 역량이 증대되었기 때문이다. 특히 AI

---

7 「AI 학습에 기사 무단 사용…지상파 3사, 네이버에 저작권 소송」,《연합뉴스》, 2025.1.14. https://www.yna.co.kr/view/AKR20250114042500005(검색일: 2025.5.2.).

를 기반으로 한 영상제작 기술은 하루가 다르게 변혁을 거듭하고 있다.

이를 위해서는 아나운서들이 업무의 일환으로 수행한 영상물에 담긴 초상 음성 등의 데이터베이스가 필연적으로 학습되어야 한다. 해당 영상물은 대부분 방송사가 저작권을 보유한 업무상저작물이므로 저작권 문제는 차치한다 해도, 아나운서들은 자신들의 목소리나 얼굴이 학습용 데이터로 사용되는 것이 근로계약상 업무의 일환인지, 자신들의 초상권 혹은 개인정보권[8] 침해를 다툴 수 있는지 등이 쟁점화되고 있다. 이러한 문제는 AI 아나운서가 자신들의 역할 내지 일거리 축소를 야기할 수 있다는 우려에서 비롯될 것이다. 또한 자신들의 얼굴과 목소리를 이용한 노동이 새로운 수익원이 될 수 있다는 기대감도 존재한다.

3. AI 학습 데이터 이용의 법적 현안

1) 저작권 침해 vs. 공정이용

(1) 공정이용의 의의

미국에서 공정이용은 저작권법을 엄격하게 적용하면 저작권법이 장려하고자 하는 창작성을 억제하게 되는 바, 그러한 엄격 적용을 법원이 회피할 수 있도록 하는 원리[9]로 저작권자 이외의 자가 저작권자의 독점적인 권리에도 불구하고 저작권자의 허락 없이 저작물을 합리적인 방식으로 사용

---

8 이 글에서는 헌재가 인정한 개인정보자기결정권에 기한 「개인정보 보호법」상의 정보 주체의 권리를 총칭하여 '개인정보권'이라 한다.

9 Stewart v. Avend, 495 U.S. 207, 1990.

하는 특권[10]으로 이해된다. 개별 규정들을 통해 저작권자의 배타적 권리를 제한하는 대륙법 체계와는 달리 미국 저작권법에서는 공정이용에 대한 포괄적인 조항을 통해 일정한 기준을 각 사례에 적용하여 저작권을 제한하고 있다. 이러한 미국 저작권법의 공정이용 원칙은 1976년 입법화되었으며 "특히 급격한 기술 변화의 시기에는 법령에서 이 원칙을 동결할 수 없다"고 선언하기까지 했다.[11] 그러나 해당 법조문(제107조)의 문언적 의미가 명확하지 않기 때문에 무엇이 공정이용에 해당하는가에 대해 미국법원은 개별적 사례와 관련지어 지속적으로 구체화하고 있다.[12]

우리나라에서도 2011년 저작권법 개정으로 미국 저작권법과 거의 유사한 규정이 도입되었다. 저작권법 제35조의5에서 '저작물의 공정한 이용'이라는 조문명으로 "제23조부터 제35조의4까지, 제101조의3부터 제101조의5까지의 경우 외에 저작물의 일반적인 이용 방법과 충돌하지 아니하고 저작자의 정당한 이익을 부당하게 해치지 아니하는 경우에는 저작물을 이용할 수 있다"고 규정하고 있으며 이러한 공정이용에 해당되는지를 판단할 때에는 1) 이용의 목적 및 성격, 2) 저작물의 종류 및 용도, 3) 이용된 부분이 저작물 전체에서 차지하는 비중과 그 중요성 4) 저작물의 이용이 그 저작물의 현재 시장 또는 가치나 잠재적인 시장 또는 가치에 미치는 영향 등을 고려하여야 한다.

---

10 Paul Goldstein, *Copyright*, vol. Ⅰ, (2nd ed.), Little Brown Company, 1999: §10.1.

11 H.R. Rep. No. 94-1476, 94th Cong. 2nd sess., 1976, p. 66.

12 이대희, 「S/W지적재산권의 권리남용방지와 공정이용 활성화에 관한 연구」, 프로그램심의조정위원회 연구보고서, 2002-14, 2022, 74-76쪽.

(2) AI 학습 데이터 이용과 공정이용

AI 학습 데이터로 저작물에 해당되는 뉴스 콘텐츠를 사용하는 것이 적법한지 여부다. 비단 미디어 영역뿐 아니라, 그림, 음악 등을 생성하는 AI에서도 동일한 문제가 제기되고 있다. 유니버셜뮤직(UMG Recordings, Inc.),[13] 미국 작가 조합(Authors Guild),[14] 게티 이미지(Getty Images, Inc.)[15]등이 모두 이러한 사례다. 저작권자들은 AI 학습 데이터 사용이 허락을 받아 보상을 지급하고 사용해야 한다는 주장이며, AI사들은 대부분 허락 없이 사용할 수 있는 '공정이용'이라고 주장한다.

공정이용 긍정론

공정이용 해당성 판단의 첫 번째 요건과 관련하여 '변형적 목적'에 해당된다고 주장한다. 즉 AI 개발자 등은 저작물을 학습에 사용하는 목적이 원본 저작물의 표현적 목적과는 근본적으로 다르며, AI가 학습 데이터에서

---

13 2024년 6월 24일, 세계 최대 음반사들이 저작권 침해 혐의로 AI 신생 기업 두 곳을 상대로 소송을 제기했다. 소니 뮤직, 유니버설 뮤직, 워너 레코드를 포함한 음반사들은 음악생성 인공지능서비스를 제공하는 수노(Suno)와 유디오(Udio)가 "상상을 초월한 규모"의 저작권 침해를 저질렀으며, 두 회사의 소프트웨어가 음악을 훔쳐 유사한 작업물을 "내뱉는다"라고 주장하며, 저작권 침해를 당한 각 작품당 15만 달러(한화 2억 2천만 원)의 배상을 요구했다.
14 2023년 6월, 미국의 작가 조합이 미국 캘리포니아 북부 지방법원에 OpenAI를 상대로 자사의 LLM을 훈련하기 위해 작가 자신들의 저작권이 있는 책을 사용했으며, ChatGPT가 자신들의 책에 대한 요약을 생성했다고 주장하며 집단 소송을 제기하며 저작권 침해 혐의를 제기했다. Tremblay v. OpenAI, Inc., No. 4:23-cv-03223 (N.D. Cal. Jun. 28, 2023).
15 세계 주요 스톡 이미지 기업 게티 이미지는 인공지능 사진 생성 도구 스테이블 디퓨전(Stable Diffusion)의 개발사인 스태빌리티 AI를 상대로 소송을 제기하였다. Getty Images (US), Inc. v. Stability AI, Inc., 1:23-cv-00135-UNA(D. Del., Feb. 3, 2023)

기능적 패턴, 정보, 지식(예: 언어 패턴, 스타일, 사실 정보)을 '학습'하며, 단순히 저작물을 재출판하거나 재현하는 것이 아니라고 한다. 이러한 과정은 궁극적으로 새로운 결과물을 생성하는 완전히 새로운 제품(AI 모델)을 만들어낸다는 것이다.[16]

또한 Google이 수백만 권의 책을 스캔하여 검색 가능한 색인을 만든 사례(Authors Guild 대 Google)나,[17] 소프트웨어 호환성을 위해 역설계를 한 사례(Sony Comput. Ent., Inc. 대 Connectix Corp.) 등 저작물 복제가 기술적 과정의 중간 단계로 간주되어 공정이용으로 인정된 '중간 복제(intermediate copying)'의 법적 선례와 유사하다고 한다.[18] 이러한 사례에서 복제는 새로운 변형적 목적(예: 검색 기능 생성, 상호운용성 가능)을 위해 필수적인 것으로 간주되었다. AI 학습이 유사하게 '독립적인 컴퓨팅 환경'에서 자료를 사용하여 '새로운 제품'을 만들고 다양한 분야를 혁신한다는 주장이다.[19] 이

---

16 "Fair Use and the Training of AI Models on Copyrighted Works", BitLaw. https://www.bitlaw.com/ai/AI-training-fair-use.html. (검색일: 2025.9.28.).

17 Authors Guild v. Google Inc., 804 F.3d 202 (2d Cir. 2015) : 구글은 저작권물인 미시간 대학교 도서관에 소장된 수백만 권의 책을 스캔했으며, 디지털화하여 데이터 마이닝 및 "스니펫" 제공을 목적으로 검색할 수 있도록 하였다. "Google이 저작권으로 보호되는 저작물을 무단으로 디지털화하고, 검색 기능을 생성하고, 해당 저작물의 스니펫을 표시하는 것은 저작권을 침해하지 않는 공정이용에 해당된다. 복제의 목적이 고도로 변형적이고[공정이용 첫 번째 요건], 텍스트의 공개적 표시가 제한적이며[공정이용 세 번째 요건], 공개가 원본의 보호되는 측면을 대체할 수 있는 중요한 시장 대체물을 제공하지 않는다[공정이용 네 번째 요건]"고 판시하였다.

18 "AI Training Using Copyrighted Works Ruled Not Fair Use", https://www.pbwt.com/publications/ai-training-using-copyrighted-works-ruled-not-fair-use (검색일: 2025.9.28.).

19 Myers, G., Artificial Intelligence and Transformative Use after Warhol, University of Missouri School of Law Scholarship Repository, 2023, https://scholarship.law.missouri.edu/cgi/viewcontent.cgi?article=2214&context=facpubs (검색일: 2025.5.23).

러한 논리는 입력 과정이 '완전히 새로운 AI 프로그램 세트'의 생성을 가능하게 한다는 생각에 뿌리를 두고 있으며, 이를 Google Books가 새로운 검색 기능을 생성한 변형적 이용과 유사하다고 한다. 즉 이러한 주장은 학습 과정(입력)에 대한 공정이용 분석을 AI가 생성하는 결과물과 분리한다. 이는 원본 저작물의 직접적인 소비가 아닌 기능적 학습 측면에 중점을 두어, 학습 과정 자체의 혁신적이고 비대체적인 성격을 강조하고, AI의 학습 행위 자체가, 그 이후의 생성 행위와는 별개이므로, 공정이용으로 방어될 수 있다고 본다.

다음으로 '비표현적 사용(non-expressive use)' 원칙을 주장한다. 이 원칙은 AI가 원본 저작물의 창의적이고 표현적인 부분을 유지하거나 복제하는 것이 아니라, 사실, 통계적 패턴 또는 단어 간의 관계와 같은 '비표현적' 요소로부터 학습한다고 주장한다. 아이디어는 저작권 보호 대상이 아니므로, 원본 표현의 직접적인 사용이 아니라 학습 목적으로 AI에 의해 추출되고 처리되는 것은 비표현적 요소의 이용이므로 침해를 구성하지 않는다는 주장이다.[20]

공정이용 부정론

2025년 5월에 발표된 미국 저작권청(USCO)의 보고서(이하 "USCO 보고서"라 한다)[21]는 현행 AI 학습 관행이 공정이용에 의해 광범위하게 보호된

---

20 Blaszczyk, M., McGovern, G., & Stanley, K. D., Artificial Intelligence Impacts on Copyright Law, *RAND Expert Insights*, 2024.11.20, https://www.rand.org/pubs/perspectives/PEA3243-1.html (검색일: 2025.5.23).

21 USCO(united states copyright office), Copyright and Artificial Intelligence Part 3: Generative AI Training, pre-publication version, *A REPORT Of The Register of*

다는 주장에 상당한 의문을 제기하였다.[22] USCO 보고서는 생성형 AI 학습에 대한 '변형성'이 기계적이거나 자동적인 결론이 아니라 '정도의 문제 (transformativeness is a matter of degree)'임을 명확히 하고 있다.[23] 변형성의 정도는 궁극적으로 "모델의 기능성과 배포 방식에 달려 있다"라고 한다.[24] 변형성의 정도를 판단할 그 한쪽 끝은 다양한 데이터셋에서 생성적 AI 기반 모델을 훈련시켜 '다양한 새로운 상황에서' 다양한 생성물을 만드는 것이며, 이는 변형적일 가능성이 높다. 그러나 다른 반대쪽 끝단에는 AI 모델을 훈련시켜 훈련 데이터셋에서 저작물과 실질적으로 유사한 것을 생성하는 것이며, 이는 '변형적'일 가능성이 낮다. USCO 보고서는 대부분의 경우가 이 두 극단 사이에 속하며, 만약 AI모델이 '특정한 청중을 끌어들이려는 원저작물의 목적'을 공유하는 콘텐츠를 생성하도록 학습된 경우, 그 이용은 '기껏해야 제한적으로 변형적'이라고 평가된다. 즉 USCO 보고서의 내용에 의하면 학습은 연구 목적이거나 비대체적인 작업을 수행하도록 제한하는 폐쇄형 시스템에서 가장 변형적인 것으로 간주되는 반면, AI 결과물이 입력자의 의도를 밀접하게 따르는 경우(예: 유사한 스타일로 예술이나 음악을 생성하는 경우), 그러한 사용을 변형적이라기보다는 2차적 저작물로 볼 가능성도 있다[25]고 한다.

Copyrights, 2025.5.

22 Copyright Office Issues Key Guidance on Fair Use in Generative AI Training, *Wiley Rein*, 2025. https://www.wiley.law/alert-Copyright-Office-Issues-Key-Guidance-on-Fair-Use-in-Generative-AI-Training. (검색일: 2025.5.21).

23 *Ibid* p. 46.

24 *Ibid*. the extent to which something is transformative ultimately "depend[s] on the functionality of the model and how it is deployed."

25 Copyright Office Issues Key Guidance on Fair Use in Generative AI Training, *Wiley*

USCO 보고서는 AI 개발자들이 공정이용의 논거로 제시하는 다음의 두 가지 요소를 명시적으로 부정한다. 첫째, 저작물을 AI 학습에 사용하는 것이 비표현적이므로 본질적으로 '변형적'이라는 주장이다. AI 모델이 '언어적 표현의 본질'을 흡수하므로 비표현적 목적이라는 항변은 '잘못된' 것으로 본다. 왜냐하면 AI 모델은 '언어 표현의 본질', 즉 단어가 '문장, 단락, 문서 수준에서 어떻게 선택되고 배열되는지'를 흡수하기 때문이다. 둘째, AI 학습은 인간의 학습과 유사하므로 본질적으로 변형적이라는 주장에 반대한다. 이러한 비유는 학습 목적이라면 모든 행위가 공정이용의 항변이 될 수 있다는 잘못된 전제에 기반하고 있다고 비판한다. 예시로, 학생이 도서관의 모든 책을 복제하는 것이 학습 목적이라는 이유만으로 공정이용의 범주에 들어갈 수는 없다는 점을 든다. 따라서 USCO 보고서는 인간은 경험한 저작물에 대한 불완전한 인상만을 유지하는 반면, 생성형 AI 학습은 콘텐츠를 분석하고 잠재적으로 복제할 수 있는 '완벽한 복사본'을 생성하는 것을 포함하므로 AI 학습을 인간 학습에 비유하는 것 또한 부정적이다.[26] 즉 인간은 자신이 경험한 저작물을 "자신만의 고유한 성격, 역사, 기억, 세계관을 통해 필터링된 불완전한 인상"으로만 기억하는 반면, 생성형 AI는 저작물을 "거의 즉각적으로 분석할 수 있는 능력을 갖춘 완전한 복제본"으로 저장한다는 점을 들고 있다. 더불어 USCO 보고서는 이러한 차이가 중요하다고 강조하며, 독점적 저작권의 구조는 인간의 특정한 한계를

Rein, 2025.3.16. https://www.wiley.law/alert-Copyright-Office-Issues-Key-Guidance-on-Fair-Use-in-Generative-AI-Training (검색일: 2025.5.21.).

26 Copyright Office Weighs In on AI Training and Fair Use, Skadden, Arps, Slate, Meagher & Flom LLP, 2025.3.15. https://www.skadden.com/insights/publications/2025/05/copyright-office-report (검색일: 2025.5.21.).

전제로 설계되어 있다는 점을 지적한다. 그뿐만 아니라 USCO 보고서는 불법 복제되거나 불법적으로 접근된 저작물(예: 유료 장벽을 우회하여 얻은 자료)로 구성된 데이터셋을 사용하는 것이 "공정이용에 불리하게 작용한다"고 한다.

(3) 시사점

AI가 학습과정에서 데이터를 처리한 것이 저작권 침해에 해당되는지, 공정이용에 해당되는지는 매우 민감한 사안이다. 법리적 차원에서뿐만 아니라 산업적 차원에서 본다면 더욱 그러하다. 미디어 저작권자인 언론사 등은 기사 등에 대한 라이선스 제공을 새로운 시장으로 인식하기 시작했다. 일례로 OpenAI는 Wall Street Jonrnal(WSJ), New York Post, HarperCollins, The Times(영국), 호주의 Euro Broadcasting 등[27] 다양한 미디어 매체를 소유하고 있는 뉴스코퍼레이션(Newscorp)에 5년간 2억 5천만 달러(약 3,400억 원)를 지불하기로 하는 계약을 체결한 바 있다.[28] 이러한 계약에 따라 OpenAI는 뉴스코퍼레이션(Newscorp)의 기사를 ChatGPT의 훈련과 답변에 사용할 수 있게 되었으며, 뉴스코퍼레이션(Newscorp)은 사용료와 OpenAI 기술 사용권을 받기로 했다. 구글 역시 2020년 언론사와의 파트너십을 위해 총 10억 달러(약 1조 3천 100억 원)를 투자할 것이라고 발표한 바 있다. 만약 AI 기업의 학습 데이터 이용이 공정이용에 해당된다고 할 경우 이러한 새로운 시장의 형성에 미칠 영향을 무시할 수 없다.

27　https://m.blog.naver.com/jublack_0/223456986007. (검색일: 2024.12.9.).

28　"오픈AI, 뉴스코프와 3400억원 콘텐츠 사용 협약", 《동아일보》, 2024.5.24, https://www.donga.com/news/article/all/20240524/125087961/1 (검색일: 2024.12.9).

한편 AI기업의 학습 데이터 이용이 공정이용에 해당되지 않는다면, 광대한 양의 데이터 학습은 엄청난 비용이 요구되므로 신생 혁신기업의 AI 서비스 경쟁력은 기대하기 어렵게 될 수 있다. 결국 자본력을 갖춘 기업만이 범용 AI시장을 장악할 것이라는 전망도 가능하다. 일견 AI 시장은 "사다리 걷어차기" 논란이 제기될 수도 있다.

일각에서는 '선(先) 사용 후(後) 보상금' 도입, 저작권자의 '사후 거부권'(일명 '옵트아웃Opt-Out권') 도입 등을 대안으로 제안하기도 한다. 조만간 법원을 통해 결론이 도출되겠지만, 기계적 법리 판단이 아닌, 혁신 생태계에 미칠 영향에 대한 종합적 검토에 기반한, 그리고 한국의 산업 현실을 고려한 입법방안도 고민되어야 할 것이다.

2) 개인정보권

(1) '인격권'으로써 개인정보자기결정권

현재 개인정보에 대한 정보주체 권리의 법적 성격에 대하여는 헌법상의 기본권으로 인정되는 개인정보자기결정권을 구체화한 것으로 보는 견해가 다수다.[29] 판례와 학계는 개인정보자기결정권의 법적 성격을 인격권으로 이해하는 데 거의 일치하므로[30] 이를 구체화한 정보주체의 권리는 인격권이라고 할 수 있다.

개인정보자기결정권이란 "자신에 관한 정보가 언제 누구에게 어느 범위

---

29 권건보, 「개인정보보호의 헌법적 기초와 과제」, 『저스티스』, 통권 제144호(2014. 10), 17-19쪽.
30 문재완, 「개인정보 보호법제의 헌법적 고찰」, 『세계헌법연구』, 제19권 제2호, 2013, 279쪽.

까지 알려지고 또 이용되도록 할 것인지를 그 정보주체가 스스로 결정할 수 있는 권리, 즉 정보주체가 개인정보의 공개와 이용에 관하여 스스로 결정할 권리"를 말한다.[31] 이러한 권리의 핵심은 어떤 상황에서 어느 정도 자신을 노출할 것인지 결정할 수 있는 권리이다. 이러한 과정에서 정보주체의 권리가 실현되기 위해서는 '결정'의 전제로서 개인정보 처리 과정에 대한 정보주체의 '인지 가능성'이 보장되어야 한다. 즉 처리 과정을 투명하게 공개하여야 하고, 그러한 투명성에 기반하여 정보주체가 개인정보의 처리 상황을 인지하고 개인정보의 처리 여부를 허락하는 것이다. 이러한 과정을 보장하기 위해 동의권, 열람권, 정정ㆍ삭제 및 파기권, 처리정지권 등 현행의 법적 권리들이 도출된 것이다.[32]

정보주체 권리의 본질이 이러한 개인정보자기결정권이라면 공개된 개인정보에 대하여도 그 인격적 법익이 미치는 범위 내에서 정보주체의 '결정'권이 보장되어야 한다. 즉 공개된 개인정보라 할지라도 정보주체의 결정권이 포기되었다고 볼 수 없는 한 정보주체의 통제권이 인정되어야 한다. 그러나 인터넷 공간에서 모든 공개된 개인정보에 추적할 수 있는 기술적 조치를 취하지 않는 한 이미 공개된 모든 개인정보에 대하여 정보주체가 인식하고 '통제'를 행사한다는 것은 현실적으로 매우 어려운 일이다.

---

31 헌재 2005.5.26. 선고 99헌마513,2004헌마190(병합)

32 김현경, 「정보주체의 권리 실효성 확보를 위한 법적 검토- 개인정보에 대한 소유권 인정을 중심으로」, 『법학논집』, 26권 3호, 이화여자대학교 법학연구소, 2022, 190-195쪽.

(2) 공개된 개인정보의 AI 학습 데이터 사용의 적법성

공개된 개인정보가 「개인정보 보호법」의 적용 대상인지 여부

우리나라 헌법재판소는 "개인정보자기결정권의 보호대상이 되는 개인 정보는 … 반드시 개인의 내밀한 영역이나 사사(私事)의 영역에 속하는 정보에 국한되지 않고 공적 생활에서 형성되었거나 이미 공개된 개인정보까지 포함한다"[33]고 하여 일반적으로 공개된 정보에도 「개인정보 보호법」이 적용된다고 판시한 것으로 보인다. 한편 판례는 공개된 정보 중 개인정보와 비개인정보가 혼재된 경우에도 전체적으로 개인정보로 취급하여 「개인정보 보호법」에 따라 보호하는 것이 타당하다고 하기도 하였다(트위터 사건).[34]

공개된 개인정보의 적법 처리

우리 개인정보 보호법상 개인정보의 합법적 처리가 허용되는 근거를 살펴보면, 개인정보 수집·이용 단계에서는 "1) 정보주체의 동의를 받은 경우, 2) 법률에 특별한 규정이 있거나 법령상 의무를 준수하기 위하여 불가피한 경우, 3) 공공기관이 법령 등에서 정하는 소관 업무의 수행을 위하여 불가피한 경우, 4) 정보주체와 체결한 계약을 이행하거나 계약을 체결하는 과정에서 정보주체의 요청에 따른 조치를 이행하기 위하여 필요한 경

---

33 헌재 2005. 5. 26. 99헌마513등

34 서울고등법원 2017. 8. 30. 선고 2015노1998 판결 [공직선거법위반, 국가정보원법위반] : 빅데이터업체가 트위터 정보를 수집하였고, 이렇게 수집된 정보의 증거능력이 문제 된 사안이다. 추후 대법원 2018. 4. 19. 선고 2017도14322 전원합의체 판결 [공직선거법위반, 국가정보원법위반] [공2018상,1002]에서 '상고 기각'으로 확정되었다.

우, 5) 정보주체 또는 그 법정대리인이 의사표시를 할 수 없는 상태에 있거나 주소 불명 등으로 사전 동의를 받을 수 없는 경우로서 명백히 정보주체 또는 제3자의 급박한 생명, 신체, 재산의 이익을 위하여 필요하다고 인정되는 경우, 6) 개인정보처리자의 정당한 이익을 달성하기 위하여 필요한 경우로서 명백하게 정보주체의 권리보다 우선하는 경우(이 경우 개인정보처리자의 정당한 이익과 상당한 관련이 있고 합리적인 범위를 초과하지 아니하는 경우에 한한다), 7)공중위생 등 공공의 안전과 안녕을 위하여 긴급히 필요한 경우"다.[35] 다만, 2)와 3)의 경우 대부분 공공부분 또는 공적의무 수행을 위한 경우이며, 5), 7)의 경우 정보주체 또는 제3자의 급박한 생명, 신체, 재산 등 고도의 공익적 사유에 해당되는 경우로 민간영역에서 일반적 적법 요건으로 사용되기 곤란하다.

일곱 가지 적법 요건이 있지만 실제 AI 학습을 위해 개인정보 처리가 적법하기 위한 요건은 1) 정보주체의 동의를 받거나 4) 정보주체와 체결한 계약을 이행하거나 계약을 체결하는 과정에서 정보주체의 요청에 따른 조치를 이행하기 위하여 필요한 경우, 6) 개인정보 처리자의 정당한 이익을 위해 필요한 경우다.

우선 언론사 등에서 고용관계에 있는 아나운서·기자의 얼굴 등이 포함된 영상물을 학습함에 있어 개인정보 보호법상 적법한 이용 여부에 대하여 검토하면 다음과 같다.

우선 "정보주체의 동의"를 받는다면 가장 이상적일 것이다. 그러나 정보주체의 동의는 단순한 동의가 아니라, 사전에 목적, 이용범위 등을 구체적

---

35 개인정보처리의 적법요건(제15조 제1항)

으로 고지한 후 이에 대하여 동의를 받는 것이다. 따라서 복잡 다난한 데이터 처리기술 환경에서 진정한 동의의 실현에는 여러 가지 어려움이 있다. 특히 인공지능에 기반한 데이터 처리의 특징은 데이터가 처리되고 분석되는 방식과 목적이 사람의 개입 없이 계속 변화하게 된다. 그러나 개인정보처리자가 개인정보를 가지고 무엇을 할 것인지를 정보주체에게 세세히 그리고 정확히 알려주어야 하는 현행법상의 '사전 고지 및 동의' 규범은 인공지능·빅데이터 기술 환경에서 상당 부분 곤란할 수 있다.[36] 사전에 수집 이용 목적, 항목, 보유 및 이용기간, 불이익 내용 등을 고지하고 특히 민감정보에 해당할 경우 분리하여 별도 동의를 받는 등 사전에 '고지-동의'를 위한 철저한 조사가 필요하다.

다음으로 정보주체와 체결한 계약을 이행하거나 계약을 체결하는 과정에서 정보주체의 요청에 따른 조치를 이행하기 위하여 필요한 경우다. 그러나 우리 개인정보 보호법이 상당 부분 참조한 유럽 일반개인정보 보호법(GDPR)의 경우 목적의 구체성, 처리 방법 변경 시 재평가, 계약의 합법성 등 매우 엄격한 판단기준을 제시하고 있다. 또한 여기서 계약은 서비스 혹은 제품 제공자와 이용자 간의 계약의 체결을 전제로 한 것이며 통상 '고용계약'을 전제로 한 것이라 보기 어려우므로 아나운서·기자의 고용계약에 그대로 적용하기에는 한계가 있다. 무엇보다도 영상물의 초상 등을 AI 아나운서·기자를 생성하기 위해 학습용 데이터로 이용하는 것이 근로계약상 "업무" 범위에 포섭되는지는 불명확하다. GDPR에 대한 EDPB 지침 등에 의할 경우 "서비스를 개선하거나 기존 서비스 내에서 새로운 기능을

---

36 이인호, 「개인정보처리(수집 이용 제공)의 법적 기준에 대한 타당성 분석」, 개인정보 보호법제 개선을 위한 정책연구보고서, 프라이버시 정책연구 포럼, 2013.2, 7쪽.

개발할 목적으로 사용자의 서비스 이용 방식에 대한 상세 정보를 수집하는 경우 계약체결 이행 요건이 적용되어서는 안 되며, 오히려 '개인정보처리자의 정당한 이익'이나 '정보주체의 동의에 의한 적법 요건이 적합하다는 의견이다.

그뿐만 아니라 "개인의 신체적, 생리적, 행동적 특징에 관한 정보로서 특정 개인을 알아볼 목적으로 일정한 기술적 수단을 통해 생성한 정보(개인정보 보호법 시행령 제18조 제3호)"는 민감정보로써 계약의 체결·이행을 위한 처리는 곤란하다. 민감정보는 반드시 I) 정보주체에게 명확히 사전고지 후 다른 개인정보의 처리에 대한 동의와 별도로 동의를 받거나 ii) 법령에서 민감정보의 처리를 요구하거나 허용하는 경우에만 처리할 수 있다. 따라서 학습용 데이터로 이용되는 아나운서의 초상, 행동, 목소리 등 신체적, 생리적, 행동적 특징에 관한 정보 그 자체는 민감정보라고 볼 수 없으나, 그러한 정보를 이용하여 특정 개인을 알아볼 목적으로 일정한 기술적 수단을 통해 생성한 정보는 민감정보에 해당될 여지가 있다.[37]

만약 해당 초상 등의 정보가 민감정보에 해당되지 않는 단순 생체정보라면 AI 아나운서나 AI 기자가 방송사의 필수적 서비스가 되고 있는 상황

37　'개인의 신체적, 생리적, 행동적 특징에 관한 정보로서 특정 개인을 알아볼 목적으로 일정한 기술적 수단을 통해 생성한 정보'란 얼굴, 지문, 홍채, 필적 등에 관한 정보를 본인 확인이나 인증 등을 위해 다른 사람과 구별되는 특징을 추출하는 기술로 가공한 정보를 말한다. 예를 들어, 사진, 안면 영상 등은 그 자체로는 민감정보가 아니며, 특정 개인을 인증 또는 식별하기 위하여 기술적 수단을 통해 특징 정보를 생성한 경우에 해당 특징정보는 민감정보에 해당한다. 따라서 안면인식을 통해 연령·성별을 추정하여 유형에 맞는 광고를 내보내는 서비스, 이용자의 얼굴을 자동인식하여 스티커, 특수 효과 등을 적용하는 카메라 앱(App) 등을 운영하기 위하여 사진, 안면영상 등을 처리하는 경우에는 민감정보를 처리하는 것으로 판단되지 않는다. 개인정보보호위원회, 개인정보 보호 법령 및 지침·고시 해설, 2020.12, 159쪽.

이므로 해당 영상물을 AI 아나운서의 생성을 위해 학습용으로 사용하는 것은 향후 근로계약 내용으로 충분히 포섭될 수 있다고 본다. 따라서 이 부분은 앞으로 고용 과정에서 사전동의, 근로계약 등을 통해 명확히 하는 것이 바람직할 것으로 보인다.

다음으로 초상 등 데이터를 AI 아나운서·기자를 생성하기 위한 학습용 데이터로 사용하는 것이 "개인정보처리자의 정당한 이익"에 해당되는지 여부다. "근로계약의 체결 이행"이라는 적법 요건에 해당되지 않는다면 "개인정보처리자의 정당한 이익"에 해당되는지 여부가 중요한 쟁점이 될 것이다.

GDPR 관련 가이드, WP29 의견 등을 종합해서 이러한 요건의 판단 기준을 3단계로 나누어 볼 수 있다. ① 목적 테스트(정당한 이익을 인식하는 것), ② 필요 테스트(개인정보 처리가 필요한지 고려할 것), ③ 균형 테스트(정보주체의 이익을 고려할 것) 등이다. 세부 내용은 다음 표를 참조할 수 있다.

〈표 1〉 "개인정보처리자의 정당한 이익" 적법 요건 판단 기준

3단계 테스트	주요 내용

1.
정당한 이익
목적 테스트
	1-1. (구체성) 정당한 이익 목적이 막연하거나 일반적 이익이 아니라, 구체적으로 달성할 이익 목적이어야 함
	1-2. (합법성) 합법적 목적을 위한 정당한 이익이어야 함
	1-3. (관계 관련성·적절성) 개인정보처리자와 정보주체가 일정한 관계일 것
	  - 정보주체와 '적절히 관련된 관계가 있다면(예를 들어 정보주체가 고객 또는 피고용인 등) 정당한 이익이 더 용이하게 인정될 수 있음
	1-4. 정당한 이익 목적 예
	  - 정당한 이익 목적에 해당하는 경우 : 사기방지, 네트워크 및 정보보안, 공공 보안에 대한 위협 또는 형사범죄
	  - 정당한 이익 목적으로 간주될 수 있는 경우: 직원 또는 고객 데이터 처리, 직접 마케팅, 회사의 그룹 내에서 행정적 이전

2. 필요성 테스트	2-1. (비례성) 목적달성을 위해 개인정보 처리가 적절한 수단인지 판단할 것 - 개인정보를 처리하지 않고도 정당한 이익을 충족하여 목적을 달성할 수 있는 경우 또는 덜 침해적인 다른 방법이 있다면 필요성 테스트 충족하지 못함

	3-1. 개인정보의 특성
	- 처리하고자 하는 개인정보의 민감도가 높을수록 균형 테스트 충족 곤란(민감정보, 금융데이터, 범죄데이터, 아동정보는 민감도가 높음)
	3-2. 정보주체에게 미칠 영향
	- 정보주체의 이익 또는 권리와 자유 : 개인정보자기결정권 및 프라이버시권뿐만 아니라 보다 일반적인 이익과 다른 기본적인 권리도 포함하는 광범위한 개념
	- 정보주체의 권리 행사를 불가능하게 하는지, 정보주체의 개인정보에 대한 통제력을 상실시키는지, 그밖에 정보주체에게 사회적 또는 경제적 불이익을 야기하는지 등에 대하여 검토
3. 균형 테스트	3-3. 정보주체의 합리적 기대가능성
	- 정보주체가 합리적으로 기대할 수 있는 방식으로 개인정보를 처리하였는지 (합리적 정보주체 기준)
	- 개인정보처리방침에 이러한 합리적 기대에 대한 사항이 고지되어 있다면 합리적 기대 인정 용이
	3-5. 정보주체의 이익이 우선할 가능성이 높은 경우
	- 정보주체가 그러한 처리를 합리적으로 기대할 수 없는 경우
	- 정보주체가 그러한 처리를 반대할 경우
	- 개인정보의 처리가 정보주체에게 중대한 영향을 미치는 경우
	- 개인정보의 처리가 정보주체의 권리 실행을 막을 경우
	- 민간정보, 범죄사실정보, 아동정보 등 특별한 범주의 정보에 해당되는 경우

출처 : 김현경, 「개인정보 적법처리 요건에 대한 비교 연구- GDPR을 중심으로」, 『NAVER Privacy White Paper』, 64-66쪽.

우선 AI 아나운서 · 기자는 방송사 등 개인정보처리자의 합당한 서비스에 해당되므로 정당한 이익에 해당될 여지가 높다. 특히 개인정보처리자와 정보주체가 피고용인 등 '적절히 관련된 관계가 있다면 정당한 이익이 더 용이하게 인정될 수 있기 때문이다. 또한 개인정보를 학습용 데이터로 사용하지 않으면 해당 서비스를 제공할 수 없으므로 필요성 요건의 충족에 긍정적이라고 볼 수 있다. 다만 민감정보에 해당될 경우 균형 테스트를 충족하기 어려울 수 있으며, 정보주체의 합리적 기대가능성이 있어야 하므로 이를 위해 개인정보처리방침에 학습 데이터 이용에 대한 사항이 고지되어 있다면 합리적 기대 인정 가능성이 용이해질 수 있을 것이다.

이와 관련하여 개인정보보호위원회는 2024년 월 "인공지능(AI) 개발 ·

서비스를 위한 공개된 개인정보 처리 안내서"[38]를 발간하였다. 이러한 안내서에 의하면 "AI 학습·서비스를 위해 공개된 개인정보를 수집·이용하는 경우, 개인정보 보호법 제15조 제1항 제6호의 정당한 이익 조항이 실질적인 적법 근거가 될 수 있다"고 밝히고 있다. 이러한 요건에 해당되기 위해서는 1) 개인정보처리자의 정당한 이익이 있을 것, 2) 개인정보 처리가 정당한 이익의 달성을 위하여 필요하고, 상당한 관련성 및 합리성이 인정될 것, 3) 개인정보처리자의 정당한 이익이 명백하게 정보주체의 권리보다 우선할 것의 요건을 충족하여야 한다. 개인정보처리자의 '정당한 이익'은 개인정보 처리에 관한 합법적인 이익으로서, AI 개발자 및 서비스 제공자의 영업상 이익뿐 아니라, 그로부터 발생하는 사회적 이익 등 다양한 층위의 이익을 포괄할 수 있다. 또한 AI 개발자 및 서비스 제공자는 정당한 이익과 정보주체 권리 사이의 명백한 우선관계를 확인하기 어려운 경우, 정보주체 권리에 대한 제약 또는 침해를 예방·방지하기 위한 안전성 확보 조치를 충분히 시행하는 것이 바람직하며, 이를 위한 기술적 관리적 조치를 제시하고 있다.[39]

이러한 기준에 비추어 볼 때 AI 아나운서·기자의 모습이 실존 아나운서·기자의 모습과 다르게 생성된 경우에는 해당 방송사에서 소속 아나운서·기자의 얼굴 등을 학습 데이터로 이용한 경우 회사의 업무에 해당되는 내용으로서 "정당한 이익"은 인정되며 목적달성을 위해 해당 개인정보 처리가 반드시 필요하므로 필요성도 인정된다고 봐서 개인정보보호위원

---

38 개인정보보호위원회, 인공지능(AI) 개발·서비스를 위한 공개된 개인정보 처리 안내서, 2024.7.

39 개인정보보호위원회, 앞의 책, 34쪽.

회가 제시한 기술적·관리적 보호조치를 준수하는 한 "개인정보처리자의 정당한 이익"에 해당될 것으로 판단된다. 그러나 AI 아나운서·기자의 모습이 실존 아나운서·기자의 모습과 동일·유사한 경우는 '정보주체의 합리적 기대가능성'이라는 이라는 요건과 충돌될 수 있다. 다만 개인정보처리자가 더 강력한 이익을 가지고 있다면 정보주체에게 미치는 영향을 어느 정도 정당화할 수 있다. 언론사의 업무 효율성과 재정적 이유 등에 비추어 볼 때 그리고 피고용인인 아나운서나 기자의 초상 등에 대한 가치 및 인지도가 개인적으로 쌓은 것이 아니라 고용주인 언론사 등의 방송 현출 기회와 시스템에 힘입은 바가 큼에 비추어 볼 때 언론사 등 개인정보처리자의 정당한 이익이 인정된다고 볼 수 있을 것이다. 다만 근로자의 업무범위를 초과하는 AI 아나운서·기자의 생성은 정보주체인 피용자의 정당한 이익에 위배될 수 있다. 일례로 자신의 얼굴 등이 전혀 예측하지 못한 상황에서 방송 등에 현출되는 것은 사전에 고용계약(업무협약) 등을 통해 조율되지 않는 한 피고용인인 정보주체가 합리적으로 예측하기 어려운 상황이라고 볼 수 있을 것이다(예를 들어 보도 전문 아나운서를 AI 기상캐스터로 생성하는 경우 등).

4) 초상권과 부정경쟁방지법

(1) 초상권

헌법재판소는 헌법 제10조에서 인격권을 도출해 내고 있는데,[40] 성명권,

---

40 헌법재판소 1990. 9. 10.자 89헌마82 결정 등 다수.

초상권은 이러한 일반적 인격권의 구체적인 내용[41]으로서 또는 헌법에 열거되지는 않았지만 경시되어서는 아니 될 인간의 존엄과 가치를 신장시키기 위한 수단[42]으로서 인정되고 있다. 최근 대법원도 "사람은 누구나 자신의 얼굴 기타 사회통념상 특정인임을 식별할 수 있는 신체적 특징에 관하여 함부로 촬영 또는 그림으로 묘사되거나 공표되지 아니하며 영리적으로 이용당하지 않을 권리를 가지는데, 이러한 초상권은 우리 헌법 제10조에 의하여 헌법적으로 보장되는 권리"라고 하여 이를 분명히 하였다.[43] 이러한 성명, 초상 등의 인격권은 민법상 불법행위의 위법성 판단에 있어 일반적으로 비재산적 이익의 범주에 속하는 것으로 설명되고 있다.[44] 현행 우리 민법 제750조[45]는 인격권 침해를 포함하여 불법행위 일반에 대하여 포괄적으로 규정하고, 제751조 제1항은 '타인의 신체, 자유 또는 명예를 해하거나 기타 정신상 고통을 가한 자는 재산 이외의 손해에 대하여도 배상할 책임이 있다'고 규정하여 초상권 침해 구제의 근거가 되고 있다. 민법 제764조 역시 인격권 침해의 특칙으로 '타인의 명예를 훼손한 자에 대하여는 법원은 피해자의 청구에 의하여 손해배상에 갈음하거나 손해배상과 함께 명예회복에 적당한 처분을 명할 수 있다'라고 규정하고 있다.

초상권 침해에 기한 민법상의 손해배상 규정이 적용될 수 있다. 여기서 '초상'은 비단 얼굴만을 의미하는 것이 아니라, 자신의 얼굴 기타 사회통념

41   김철수, 『헌법학개론』 제12전정판, 박영사, 2000, 365쪽.
42   허영, 『헌법학원론』 신정12판, 박영사, 1999, 319쪽.
43   대법원 2006. 10. 13. 선고 2004다16280 판결.
44   곽윤직, 『제6판 채권각론』, 박영사, 2004,, 401쪽.
45   제750조(불법행위의 내용) 고의 또는 과실로 인한 위법행위로 타인에게 손해를 가한 자는 그 손해를 배상할 책임이 있다.

상 특정인임을 식별할 수 있는 신체적 특징을 의미하므로,[46] 초상, 성명, 음성, 특정인을 연상시키는 물건 등까지 확대될 수 있다. 이러한 초상권은 민법상 불법행위의 위법성 판단에 있어 일반적으로 비재산적 이익의 범주에 속하는 것으로 설명되고 있으며,[47] 현행 우리 민법 제750조의 불법행위(또는 제751조 제1항)[48]가 초상권 침해 구제의 근거가 되고 있다. 즉 침해가 인정되기 위해서는 손해 발생, 인과관계 등 민법상의 불법행위 일반의 요건을 모두 충족하여야 한다.

따라서 AI 아나운서의 생성 및 이용으로 인해 실존 아나운서에게 손해가 발생하고, 그러한 이용행위와 손해 간에 인관 관계가 인정되어야 할 것이다. 즉 AI 아나운서·기자의 모습이 실존 아나운서·기자의 모습과 다르게 생성된 경우 실질적으로 해당 인물의 초상 등이 드러나지 않으므로 실질적으로 초상권 침해가 인정되기는 어려울 것으로 보인다. 그러나 AI 아나운서·기자의 모습이 실존 아나운서의 모습과 동일·유사한 경우(일례로 AI 김주하 아나운서) 이에 대하여 일정한 합의가 전제되지 않을 경우 초상 등 침해가 문제될 수 있으나, 침해법익과 피해법익간의 이익형량이 고려되어야 할 것이다.

---

46 대법원 2006. 10. 13. 선고 2004다16280 판결 : 대법원은 초상권을 "사람은 누구나 자신의 얼굴 기타 사회통념상 특정인임을 식별할 수 있는 신체적 특징에 관하여 함부로 촬영 또는 그림, 묘사되거나 공표되지 아니하며 영리적으로 이용당하지 않을 권리"라고 하였다.
47 곽윤직,『제6판 채권각론』, 박영사, 2004, 401쪽.
48 타인의 신체, 자유 또는 명예를 해하거나 기타 정신상 고통을 가한 자는 재산 이외의 손해에 대하여도 배상할 책임이 있다.

(2) 부정경쟁방지법

"부정경쟁방지 및 영업비밀보호에 관한 법률"(이하 "부정경쟁방지법" 이라 한다)은 "국내에 널리 인식되고 경제적 가치를 가지는 타인의 성명, 초상, 음성, 서명 등 그 타인을 식별할 수 있는 표지를 공정한 상거래 관행이나 경쟁 질서에 반하는 방법으로 자신의 영업을 위하여 무단으로 사용함으로써 타인의 경제적 이익을 침해하는 행위"를(제2조 제1호 타목) "부정경쟁행위"로 추가하였다. 위 타목을 위반한 경우 금지 청구, 손해배상 청구와 특허청의 행정조사 · 시정 권고 등 구제 조치가 가능하나, 형사처벌 규정은 두고 있지 않다.[49]

AI 아나운서 · 기자의 모습이 실존 아나운서 · 기자의 모습과 동일/유사한 경우(일례로 AI 김주하 아나운서), 고용관계에 있는 소속 직원의 성명, 초상, 음성 등을 AI 아나운서 · 기자로 이용한 것이 "공정한 상거래 관행이나 경쟁 질서에 반하는 방법"으로 사용하여 피고용인의 경제적 이익을 침해한 것으로 보기는 어려울 것이다. 아나운서라는 직무수행은 본질적으로 본인의 성명, 초상, 음성 등을 활용하는 것을 전제로 하는 것이며 직무의 효율성을 위해 AI 아나운서 · 기자를 생성하기 위한 학습용 데이터로 사용하는 것이 "공정한 상거래 관행이나 경쟁 질서에 반하는 방법"으로 보기는 어려울 것이다. 그러나 해당 아나운서가 고용관계를 종료하고 프리랜서로 활동하는 경우, 즉 김주하 아나운서가 MBN과의 고용관계를 종료하였음에도 불구하고 MBN이 AI 김주하 아나운서를 계속 사용하는 경우에

---

49 개정 부정경쟁방지법은 퍼블리시티권에 관한 최초의 입법이라고 평가하기도 하나 엄격히 ㈜물권적 권리라고 보기는 어렵다. 부정경쟁방지법은 그 규정 방식으로 인해 양도할 수 있는지, 권리 보호기간, 귀속 주체는 어떻게 되는지 등에 대해서는 여전히 불명확한 점들이 존재한다.

는 특약이 없는 한 "경쟁 질서에 반하는 방법"으로 타인의 경제적 이익을 침해한 것, 즉 부정경쟁행위에 해당될 수 있다. 따라서 향후 고용계약에는 이러한 부분을 고려하여야 할 것이다. 한편 AI 아나운서 · 기자의 모습이 실존 아나운서 · 기자의 모습과 다르게 생성된 경우 "국내에 널리 인식되고 경제적 가치를 가지는 타인의 성명, 초상, 음성, 서명 등"이 현출된 것이 아니므로 실질적으로 부정경쟁행위에 해당되기는 어려울 것으로 보인다.

4. AI 학습 데이터 새로운 시장의 가능성

1) 뉴스 콘텐츠의 새로운 시장 : 새로운 미디어-AI 생태계의 형성

미디어 기업과 AI기업 간의 학습 데이터를 둘러싼 이해관계는 비단 갈등과 분쟁에 이르지 않고 협력 관계를 모색해 가는 양상도 주목할 필요가 있다.

앞선 사례에서 살펴본 바와 같이 AI기업은 언론사 등의 저작권 침해 이슈에도 대응하되 미디어 기업과 라이선스 기반의 협업도 시도하고 있다. 이는 단순히 학습용 데이터를 확보하기 위한 차원뿐 아니라 플랫폼을 통한 AI기술 협업, 서비스 공동개발 및 전략적 제휴 등 협력모델을 다각화하고 있다.

일례로 광고 수익을 공유하는 "언론사-퍼플렉시티" 사례다. 언론사는 자사의 뉴스 콘텐츠를 퍼플렉시티에 제공하고, 퍼블렉시티는 이 콘텐츠를 기반으로 AI 검색 시스템을 운영하며, 사용자가 질문을 입력하면 관련 기사나 뉴스 정보를 인용하여 답변을 생성하게 된다. 국내에서도 이데일리, 매일경제 등이 자사 계열 매체의 뉴스를 퍼플렉시티에 제공하고, 퍼플렉시티의 AI 검색엔진을 자사 웹사이트에 도입하였다.

<표 2> AI기업과 미디어社의 협력적 라이선스 사례

구분	주요내용
OpenAI	■ 10여 개 이상의 주요 미디어 그룹과의 파트너십 진행 중 **AP통신** - OpenAI는 AP의 텍스트 아카이브의 일부를 라이선스하고, AP는 OpenAI의 기술과 제품 전문성을 활용(2023년 7월 13일 AP의 뉴스 기사에 대한 이용 허락 계약을 체결 **뉴스코퍼레이션(Newscorp)** - Wall Street Jonrnal(WSJ), New York Post, HarperCollins, The Times(영국), 호주의 Euro Broadcasting 등 다양한 미디어 매체를 소유하고 있는 뉴스코퍼레이션(Newscorp)에 5년간 2억 5천 만 달러를 지불하는 계약을 체결하고, 이들의 기사를 ChatGPT에 사용 **악셀 스프링어(Axel Springer)** - 2023년 12월 14일, 사용자들이 ChatGPT에 뉴스를 요청할 경우, ChatGPT는 Axel Springer의 뉴스를 이용하여 답변할 수 있으며 일부 기사는 유료로 제공하도록 악셀 스프링어가 OpenAI와 계약을 체결 **CNN,(Warner Bros. Discovery Inc.), Fox corp.** - OpenAI는 워너 브라더스 디스커버리(Warner Bros. Discovery Inc.)의 CNN 기사 라이선스를 논의 중이며, 이를 통해 ChatGPT를 학습시키고 OpenAI의 제품에 CNN의 콘텐츠를 탑재하도록 함
Google	■ 언론사와의 파트너십을 위해 총 10억 달러(약 1조3천100억원)를 투자할 것이라고 발표 - Google은 뉴스 데이터 관련 파트너십을 비롯하여 AI 및 데이터 사용과 관련된 파트너십을 적극적으로 확대하고 있음 - 최근 Google은 Google News Initiative(GNI)를 통해 다양한 뉴스 기관과 논의 및 이니셔티브에 참여 중 **뉴스코퍼레이션(Newscorp)** - 연간 500~600만 달러(약 69억~83억)를 지급하고 콘텐츠를 이용할 예정
Apple	■ 뉴스 콘텐츠에 대한 라이선스를 얻기 위해 최소 5,000만 달러(651억 원)규모의 계약을 제안한 바 있음 ■ Apple은 iOS, iPadOS 및 macOS 내에 ChatGPT를 통합하여 사용자가 도구 간에 이동할 필요 없이 이미지 및 문서 이해 등 ChatGPT의 기능에 액세스할 수 있도록 함
Meta	■ 메타는 페이스북 뉴스 탭을 출시했을 때 뉴스 기사, 헤드라인, 미리보기 라이선스에 매년 최대 300만 달러(약 40억원)를 제공 * 그러나 2024년 2월 29일, 메타(Meta)는 4월부터 미국과 호주에서 뉴스 서비스를 종료하고, 뉴스 사용료 관련 계약을 체결하지 않을 것이며, 언론사를 위한 새로운 서비스도 더 이상 제공하지 않을 것이라 밝힌 바 있음

또한 미디어 기업이 AI기술을 도입하는 협업 모델도 등장하고 있다. AP는 Automated Insights의 자연어 생성 플랫폼 Wordsmith를 활용해 분기별로 미 상장기업들의 실적 뉴스를 자동 작성했고, 그 결과 기자들이 직접 쓰던 시절보다 10배 이상 많은 분량인 분기당 3천 건 이상의 실적 기사를 생산하였다. 이후 AP는 이 기술을 스포츠 보도에도 확대하여, MLB 마이너리그 경기 결과 뉴스를 자동 작성하였고, Automated Insights 측은 AP와의 성과로 자사 플랫폼의 신뢰도를 입증받아 다른 언론사에 같은 솔루션을 판매하는 수익 모델을 수립하였다.

이처럼 언론사 등 미디어 기업과 AI기업 간에는 갈등과 협업이 공존하고 있으며, 이는 새로운 기술과 서비스가 시장을 형성할 때마다 늘 있어왔던 현상이다. 이는 역으로 AI 학습 데이터 시장이 새로운 시장으로 등장하는 것인지에 대한 관점의 근거로 제시될 수도 있다는 점에서 향후 저작물의 공정이용 해당성에 영향을 미칠 수 있다.

2) 얼굴·목소리 등 인격 지표의 재산화 가능성

얼굴·목소리 등 초상 등에 대하여 앞서 언급한 인격권(개인정보권, 초상권)외에도 재산권으로서 독자적 권리 즉 퍼블리시티권[50]을 인정해야 한다는 논의가 지속되어 왔다. 최초로 퍼블리시티권을 인정한 미국의 경우 개인의 성명, 초상 등에 대한 경제적 이익의 보호에 관해서는 일신 전속적 권리로서 양도가 불가능한 프라이버시권과 달리 양도성과 상속성을 인정

---

50 미국은 Haelan Laboratories, Inc. v. Topps Chewing Gum, Inc.사건에서 퍼블리시티권이라고 불리는 독립된 소인(訴因)을 최초로 인정하였다. 이 사건은 운동선수들 사진을 껌의 사은품으로 제공한 행위에 대해 해당 선수들로부터 독점적 권리를 양수한 자가 제소하여 승소한 것이었다.

하여 경제적 수요를 충족시키기 위해 퍼블리시티권을 인정해 왔다.[51] 반면, 독일에서는 미국에서와 같은 퍼블리시티권을 인정하지 않는다. 그러나 그에 상응하는 일반적 인격권(general right of personality)을 인정함으로써 인격(personality) 전반에 걸친 권리를 보호해주고 있다.[52][53] 영국의 경우 퍼블리시티권을 성문법상 그리고 판례상 명백히 인정하고 있지는 않다. 미국 법원에서 이미 사망한 다이애나 황태자비의 퍼블리시티권이 문제되었을 때 법원은 "영국은 상속가능한 퍼블리시티권을 인정하지 않는다."[54]라든지, "영국은 퍼블리시티권을 긍정하고 있지 않다."[55] 등의 기술을 통해 영국의 법령상 퍼블리시티권이 인정되지 않는다는 사실을 분명히 확인한 바 있다. 그밖에 일본 또한 퍼블리시티권에 대한 명시적인 법률 규정은 없고 일본 민법 제709조 불법행위 규정에 의한 재판을 통해 개인의 동일성 표지 관련 사례의 구제가 이루어지고 있다. 대부분 인격권으로서의 초상권과 성명권을 일반적으로 인정하여 보호하고 있으며 하급심 판례에서는 퍼블리시티권이란 용어가 통용되고 있고, 상당 부분 일본 판례는 퍼블리시티권을 고객 흡인력을 갖는 경제적 이익 내지 가치를 배타적으로 지배하는 재산적 권리로 파악하고 있는 바,[56] 우리의 상황과 유사하다고 보인

---

51 김현경, 「'퍼블리시티권' 인정에 대한 비판적 소고」, 『안암법학』, 제48호, 2015.9, 281-289쪽

52 Bergmann, S., *Publicity Rights in the United States and in Germany: A Comparative Analysis,* 19 Loy. L.A. Ent.L.J. 1999, p. 502.

53 BGH GRUR 1956, S. 427, 429.

54 Cairns v. Franklin Mint Co., 24 F. Supp. 2d 1013, 1023-29, 49 U.S.P.Q.2d 1396,1999-1 Trade Cas. (CCH) 72387 (C.D. Cal. 1998)

55 Love v. The Mail on Sunday, 473 F. Supp. 2d 1052, 1057 (C.D. Cal.2007).

56 예술인의 성명초상을 상품화한 오냥꼬 클럽(おにゃん子クラブ) 사건(東京地判 平2.12.21, 東京高裁 平3.9.26.), 영국 '더비' 경마경주의 씨말 '스탈리온'에 관한 명칭을

다. 이처럼 퍼블리시티권은 미국에는 확고히 인정되고 있지만 그 밖의 국가들 간에는 그 권리 인정과 관련하여서는 여전히 논란이 있으며, 특히 우리와 유사한 성문법계를 따르고 있는 독일과 일본은 그 도입에 대하여 여전히 신중한 태도를 보이고 있다.

얼굴·목소리·몸짓 등 초상 등에 대한 '퍼블리시티'라 함은 일정한 투자와 노력에 의해 형성된 고객 흡입력에 기반 한 무형적 가치이다. 일종의 무(無)에서 창조되는 것이 아니라 인간 사이의 사회적 작용에 의해 창조되는 사회적 산물(social products)로서의 성격이 있다.[57] 지적 산물이 우리에게 가치 있는 것이라면 명백히 저작권, 발견, 발명에 대한 권리처럼 인정될 필요가 있으나 그 가치의 전부가 전적으로 창작자의 노동에서만 비롯된 것이라고 볼 수 없다. 유형물의 생성은 통상 무에서 유로 창조되는 경향이 강한 반면, 무형물은 대부분 이미 존재하는 다른 유·무형적 기반 위에서 새로운 결과물이 형성진다. 즉 대부분의 성명·초상·목소리 등이 가지게 된 무형적 가치는 일반적인 유체물과 달리 사회적 맥락(social context)에서 형성된다.[58] 대표적인 무형적 가치에 대한 창작을 보호하는 저작물의 경우에도 어떤 경우에는 위대한 천재에 의하여 기존의 수준을 훌쩍 뛰어넘는 위대한 저작물이 나오기도 하지만, 통상은 소박한 일반인에 의하여 기존의 저작에 약간의 창작을 보태는 정도가 대부분이다.[59] 이처럼 지적재산에 있어서 비롯되는 사회적 기속성의 정도는 초상 등에 있어서 더 강하게 나타난다고 볼 수 있다. 이렇게 볼 때 퍼블리시티 가치는

상품화한 Derby-stallion(ダービースタリオン) 사건(東京高判 平14.9.12.) 등.

57 Edwin Hettinger, *Justifying Intellectual Property*, 18 Phil. & Pub. Aff. 31, 1989, p.38.

58 김현경, 앞의 책.

59 정필운, 「헌법 제22조 제2항 연구」, 『연세대학교 법학연구』, 20권 1호, 2010, 212쪽.

특정인의 노동에 의해서만 생성되는 것이 아니므로, 그에게만 속해서는 안 된다는 주장[60] 역시 이러한 사회적 기속성을 강조한 견해라고 볼 수 있다. 퍼블리시티권은 특허권, 저작권, 상표권처럼 특정인이 연구실이나 개인적 공간에서 혼자만의 노력에 의해 만들기 보다는, 그 사회, 문화의 구성원과의 상호관계 속에서 만들어져 그 사회와 문화의 일부로 기능하는 경우가 많기 때문에[61] 오히려 다른 지적재산권처럼 창작자에게 전유하도록 허여해 줄 필요성 또는 당위성이 더 약하다고 할 수 있다. 따라서 그것이 대중에 의해 과용되더라도, 다른 지적재산권과 달리 퍼블리시티권 주체의 희생만이라고 단정하기 어렵다. 왜냐하면, 대중(소비자)이 문화적 산물인 특정 유명인의 퍼블리시티 가치에 대하여 그 탄생과 그 가치가 증대되는데 기여한 자신의 몫을 사용하였다고 볼 수도 있기 때문이다.[62]

이러한 점에 비추어 볼 때 실존 아나운서 등이 지니는 퍼블리시티적 가치는, 그들의 개인적 노력도 포함되지만, 업무의 일환으로 언론사가 제공한 무형의 가치(방송 현출 기회, 언론사의 명성, 언론사의 제작 시스템 등)에 힘입은 바도 크다. 즉 퍼블리시티적 가치는 공동으로 형성된 것이라고 볼 수 있다. 초상권, 개인정보 처리자의 정당한 이익 등의 판단에 있어서 이러한 점을 감안하여 양자의 합리적 법익 균형 방안을 모색해야 할 것이다.

---

60 Rosemary J. Coombe, *Authorizing the Celebrity: Publicity Rights, Postmodern Politics, and Unauthorized Genders, 10* Cardozo Arts & Entertainment Law Journal, 1992, p.369.

61 Roberta Rosenthal Kwall, Fame, 73 Ind. L.J. 1, 57 (1997). p57. Kwall은 본 고에서 "퍼블리시티권은 전적으로 우리의 역사와 문화유산과 관계되며 문화로서 우리가 포용하는 가치를 반영하고 있다. 사회학적 관점뿐만 아니라 철학적 관점에서 볼 때, 퍼블리시티권은 우리사회의 공유재산으로 취급되는 것이 정당하다."고 언급하고 있다.

62 남형두, 「퍼블리시티권의 철학적 기반(下)」, 『저스티스』, 통권 제98호, 90쪽.

5. 마무리

미디어 기업과 AI 기업이 상호보완적인 관계 속에서 함께 가치를 창출하고 발전해 나가는 동적 비즈니스 환경, 즉 미디어-AI 생태계(Media-AI Ecosystem)가 형성되고 있다. 이러한 생태계는 언론사 등이 보유한 방대한 콘텐츠와 지적 자산이 AI 모델의 학습 데이터로 활용됨으로써 미디어 플랫폼의 효용을 높이는 한편, AI 기업은 이러한 미디어 자산을 기반으로 새로운 수익원을 확보하거나 차별화된 서비스를 구현하게 된다. 언론사 등은 AI 기반 도구를 통해 기사 작성, 자동 요약, 개인화 추천 등에서 콘텐츠 경쟁력을 강화하며, AI 기업은 언론사와의 라이선스 계약, 플랫폼 통합, 공동 연구개발 등을 통해 지속적으로 기술을 고도화한다. 이러한 생태계는 저작권과 수익 배분을 둘러싼 갈등을 동반하고 있지만, 궁극적으로는 서로의 강점을 이용하면서 공진화하는 방안을 모색할 것이다. 더불어 이 생태계에는 이용자, 광고주, 규제기관 등 다수의 이해관계자가 함께 포함되어 있다. 건전한 경쟁구도 속에서 새로운 혁신 서비스가 촉진되는 것이 이용자 복리에 부합할 것이다. 제도의 설계 역시 이들의 협력적 혁신을 촉진해야 하며 생태계의 공진화에 걸림돌로 작동해서는 안 된다. 저작물, 얼굴·목소리 등 초상을 AI 학습 데이터로 이용하는 과정에서 빚어지는 갈등을 경직적 제도로 풀어내기보다는 시장의 자발적 움직임을 지켜볼 필요가 있다. 자칫 생태계의 일면과 일부 이해당사자에 경도된 제도는 결국 역동적 미디어-AI 생태계의 공진화를 막고, 그 피해는 고스란히 중소 혁신기업과 이용자에게 전가될 수 있다.

10장
AI를 이용한 미디어 이용자의 개인정보 보호 방안

장준영·이지은

1. 논의의 배경

AI가 전 세계 산업 전반에 걸쳐 혁신을 주도해 왔다는 점은 누구나 체감할 수 있는 시대적 변화다. 제조, 금융, 의료, 미디어 등 거의 모든 분야가 AI 기반 혁신의 흐름 속에 있다. 스마트 디바이스의 보급과 네트워크의 발전으로 방대한 양의 데이터가 생성 또는 축적되면서 AI는 급격한 속도로 진보하였으며, 이는 컴퓨팅 성능의 향상, 클라우드 인프라의 보편화, 알고리즘의 고도화와 맞물려 산업 전반에 걸친 AI 활용을 가속화하였다. AI가 불러온 혁신의 파급력은 단순한 기술적 진보를 넘어 산업 구조의 재편과 이용자 경험의 근본적 변화를 촉발하고 있다.

미디어 산업 역시 이러한 변화의 예외가 아니다. AI는 미디어 전반에 깊숙이 침투하여 콘텐츠 추천 알고리즘을 통한 맞춤형 정보 제공, 자동 기사 작성을 통한 뉴스 생산 자동화, 개인화 광고를 통한 수익모델 고도화 등 다양한 영역에서 활용도가 높아지고 있다. 이는 콘텐츠 제작 및 유통의 여러 단계에 걸쳐 생산의 효율성을 제고하고 비용 절감 효과[1]를 가져오는 동시에 몰입감 높은 콘텐츠 환경을 구현하여 이용자 경험을 질적으로 개선[2]

---

[1] 곽동균·김남두·주성희·황현정, 「생성형 AI가 미디어 분야에 미칠 영향」, 정보통신정책연구원, 2024, 19쪽.

[2] 한영주, 「AI 기술로 리얼리티 그 이상을 초월하는 영상콘텐츠」, 『Media Issue & Trend』 56, 한국방송통신전파진흥원, 2023, 2쪽.

하는 동력으로도 작용한다.

모든 산업과 마찬가지로 AI 기반 미디어 산업의 핵심 경쟁력은 방대한 양의 이용자 데이터에 의해 결정된다. OTT 플랫폼이나 뉴스 포털, SNS 등은 시청 이력, 검색 기록, 클릭 패턴, 체류 시간, 위치 정보와 같은 이용 행태정보와 연령, 성별과 같은 개인정보를 체계적으로 축적하여 알고리즘의 정교화를 추진하고 있다. 이러한 데이터는 단순한 서비스 최적화 도구를 넘어 미디어 산업 구조와 시장 경쟁 구도에 직접적이고 중대한 영향을 미친다. 즉, AI에 활용되는 데이터는 개별 이용자에 대한 맞춤형 서비스 제공을 통해 콘텐츠 소비의 편의성을 높일 뿐만 아니라 미디어의 수익모델을 다변화 및 극대화하는 효과를 창출한다.[3]

문제는 AI가 가진 기술적 특성과 데이터 활용의 속성, 이용자 측 행태로 인해 본질적으로 다양한 내재적 위험을 안고 있다는 점이다.[4] 이러한 위험은 이용자가 접하는 정보의 범위를 제한하고 여론 형성 과정에 직·간접적인 영향을 미치는 미디어 영역에서 특히 두드러진다. 미디어가 수집·축적하는 데이터에는 단순 시청 이력이나 검색 기록 외에도 개인의 관심사와 취향, 가치관, 나아가 사회적 네트워크까지 추정할 수 있는 민감한 정보가 포함되기 때문이다.

가장 우려되는 지점은 미디어를 통해 수집·활용되는 이러한 데이터가 AI에 내재된 위험과 맞물리는 경우다. 여기에 고도화된 AI의 예측 불가능성까지 더해지면 그 결과는 개인의 권리 침해를 넘어 허위 정보로 인한 사

---

3   강정수, 「AI 및 데이터 기반 글로벌 미디어 비즈니스 전략과 콘텐츠 제작」, 『Media Issue & Trend』 67, 한국방송통신전파진흥원, 2025, 23-24쪽.

4   정준화, 「인공지능의 내재적 위험과 입법·정책 과제: 데이터·기술·이용자를 중심으로」, 『NARS 입법·정책』 162, 국회입법조사처, 2024, 2쪽.

회적 혼란, 민주적 의사결정 과정에 대한 위협으로 이어질 수 있으며, 궁극적으로는 사회 전반의 신뢰와 안정성을 심각하게 훼손할 수 있다.[5]

〈표〉 AI의 내재적 위험 유형

구분	주요 요인	주요 내용	
		OECD1	SPRi2
학습 데이터 위험	부적절한 학습 데이터	-	데이터 편향성 및 대표성 위험
	부적법한 학습 데이터	-	-
AI 기술적 위험	투명성·설명 가능성 부족	AI 시스템 개발·배포 경쟁으로 인한 안전성 및 신뢰성 부족	신속한 배포에 따른 광범위한 피해 신뢰성 검증 및 보장 문제 내부 작동방식 이해 부족 배포 추적성 부족
	자율성 통제 곤란	AI 시스템 목적과 인간 가치에 대한 조정 실패	AI에 대한 통제력 상실, 자율성 강화에 따른 인간 통계 한계 AI의 의도하지 않은 작동 등
	인간 권리 침해	감시 강화 및 사생활 침해 중요 시스템에서의 사고 및 재난	-
AI 이용자 위험	부주의한 이용자	-	AI에 대한 잘못된 정보로 인한 오해·혼동
	악의적 이용자	조작·허위 정보, 사기 및 민주주의와 사회적 결속에 대한 피해	가짜 콘텐츠, 딥페이크 제작 허위 정보 및 여론 조작
	사이버 공격자	고도화된 악의적 사이버 활동 촉진	사이버 범죄

※ 자료: 정준화, 2024: 4-5쪽.

---

5   소병수, 「미디어 영역에서 인공지능(AI) 기술의 확산과 제문제: AI 창작물 혼동 및 권리침해 방지를 위한 워터마크 등 식별조치를 중심으로」, 『원광법학』 제39권 제3호, 원광대학교 법학연구소, 2023, 38쪽.

이와 같이 AI의 급속한 발전은 미디어 산업 전반에 새로운 기회를 제공하는 동시에 개인정보 수집·이용의 급격한 확대와 자동화된 처리 과정으로 인해 중대한 사회적 쟁점을 야기하고 있다. 특히 미디어 이용자의 개인정보는 단순한 서비스 최적화 차원을 넘어 여론 형성과 사회적 의사결정 과정에 상당한 영향을 미칠 수 있다는 점에서 정보주체의 권리 보호 필요성은 더욱 크다 할 것이다. 이러한 문제 해결을 위해서는 관련 논의가 필연적으로 법적, 제도적 영역으로 확장될 수밖에 없으며, 특히 기존에는 존재하지 않았던 새로운 기술 및 서비스 도입에 대해 기존 법체계의 적용 가능성과 그 한계를 동시에 검토할 필요가 있다.

따라서 이 글에서는 AI 미디어 환경에서의 개인정보 보호와 관련된 여러 이슈를 다각도로 살펴본 후 국내외 법률 및 제도 수립 동향을 소개하고자 한다. 나아가 이용자 권익을 실질적으로 보장할 수 있는 정책적, 제도적, 기술적 대응 방향을 함께 모색해 본다.

2. AI 기반 미디어에 대한 개인정보 보호 쟁점

AI 기반 미디어에서의 개인정보 보호 쟁점은 크게 데이터 수집·처리의 전(前) 단계와 AI에 의해 해석·활용되는 후(後) 단계로 구분할 수 있다. 전 단계는 미디어 이용자의 개인정보가 대량으로 수집·저장·처리되는 과정에서 발생하는 개인정보 유출 위험을 의미하며, 프로파일링, 동의 범위 초과 활용, 비식별화 데이터의 재식별 가능성과 같은 문제가 주로 거론된다. 반면 후 단계는 AI가 축적된 데이터를 분석, 학습하여 이를 서비스 결과로 구현하는 과정에서 드러나는 문제로, 알고리즘 투명성, 편향된 데이터가 초래하는 왜곡 또는 조작된 결과물 생성 등이 쟁점으로 제기된다.

1) 데이터 수집·처리 과정의 개인정보 침해 위험

AI 기반 미디어의 작동 원리는 방대한 이용자 데이터의 확보에 달려 있다. 서비스의 안정적 제공과 경쟁력 유지를 위해서는 이용자가 직접 생성한 원천 데이터를 꾸준히 확보하는 것이 필수적이다.[6] 이에 OTT, 뉴스 포털, SNS 등은 개별 이용자에 최적화된 콘텐츠 제공을 위해 시청 이력, 검색 기록과 같은 단순 데이터뿐만 아니라 클릭 패턴, 위치 정보, 체류 시간, 기기 정보, 심지어 SNS상 대화와 반응까지 포괄적으로 수집·분석·결합한다. 이 과정에서 AI 기반 미디어는 단순한 정보 소비의 기록을 넘어 이용자의 취향과 선호, 행동을 예측하고, 더 나아가 사회적 관계망까지 추론하게 된다.

그러나 이러한 대량의 데이터의 수집·처리는 인간의 개입 없이 자동적이고 상시로 이루어지기 때문에 데이터 흐름을 예측하는 것이 어렵다. 더 많은 데이터를 확보할수록 서비스 품질 및 이용자 경험이 향상된다는 특성상 AI 기반 미디어는 필연적으로 필요한 범위를 넘어선 대량의 개인정보를 수집·보유할 수밖에 없다. 또한 AI 알고리즘은 유의미한 정보를 추출하기 위해 막대한 양의 데이터를 포괄적이고 지속적으로 분석·학습·결합하므로, 개인정보처리자가 개인정보 수집·활용에 대한 모든 내용을 사전에 고지하거나 고지된 사항에 국한하여 데이터를 처리하는 데에는 본질적 한계가 존재한다.[7]

이와 같이 정보주체가 자신의 개인정보 활용 여부나 범위를 실질적으로

---

6   유성희·서효중, 「AI 학습 데이터와 개인정보 권리의 경계: 에이닷(A.) 사례를 통해 본 통제와 거버넌스의 과제」, 『시민사회와 NGO』 제23권 제1호, 2025, 197쪽.
7   정원준, 「개인정보 동의제도의 실질화 방안 연구」, 『고려법학』 제108호, 2023, 310쪽.

통제하기 어려운 상황에서는 현행법상 동의 절차가 형식화되기 쉽다. AI 기반 미디어를 통한 대량의 데이터 수집·활용은 정보주체의 동의 범위를 넘어 실질적인 동의 없는 개인정보 처리로 귀결될 수 있다. 「개인정보 보호법」 제15조 제1항은 개인정보의 수집·이용은 원칙적으로 정보주체의 동의에 근거하도록 규정하고 있으나, 자동적이고 상시적인 데이터 처리가 이루어지는 AI 기반 미디어 환경에서는 이 조항이 실질적으로 기능하기 더욱 어려워진다.

뿐만 아니라 AI 기반 미디어의 대량 데이터 수집은 「개인정보 보호법」 제3조의 개인정보 보호 원칙에도 저촉될 수 있다.[8] 구체적으로 처리 목적의 명확성, 최소 수집, 적법성, 이용 목적의 제한, 투명성 등의 원칙이 AI 기반 미디어 환경에서는 제대로 구현되기 어려운 한계가 있다. 실제로 서비스 고도화와 맞춤형 콘텐츠 제공을 명분으로 서비스 제공과 직접적인 관련성이 낮은 정보까지도 과도하게 수집하는 사례가 발생하고 있기도 하다. 이러한 관행은 최소 수집, 이용 목적의 제한 등 원칙의 실질적 작동을 가로막는다. 또한 AI의 알고리즘 불투명성은 데이터 처리 과정과 활용 목적의 사전 고지를 사실상 불가능하게 만들어 결과적으로 투명성 원칙의 실효성도 약화될 수 있다는 우려가 제기되어 결국 AI 기반 미디어 환경에서의 새로운 개인정보 활용 기준 마련이 필요하다.

결국 이와 같은 대량의 자동화된 데이터 수집은 AI 기반 미디어 구현 과정에서 필수적이지만, 헌법상 기본권인 개인정보자기결정권과의 조화로운 균형을 모색해야 한다. 개인정보자기결정권은 '자신에 관한 정보가 언

---

8   윤종수, 「사물인터넷, 블록체인, 인공지능이 상호운용에 있어서 개인정보자기결정권의 실현 및 데이터 이용 활성화」, 『정보법학』 제24권 제3호., 2020, 114~115쪽.

제, 누구에게, 어느 범위까지 알려지고 이용될 것인지를 스스로 결정할 수 있는 권리'로, 헌법 제10조 제1문의 인간의 존엄과 가치 및 행복추구권과 제17조의 사생활의 비밀과 자유에서 도출되는 일반적 인격권에 의해 보장된다.[9] 헌법재판소는 개인정보자기결정권을 현대 정보통신기술에 내재된 위험으로부터 개인정보를 보호하여 궁극적으로 개인의 결정의 자유를 보호하는 독자적 기본권으로 인정해 왔다.[10]

이러한 헌법적 권리는 「개인정보 보호법」에 따른 정보주체의 권리 등 관련 법제를 통해 구체적으로 구현되어 있다. 이는 정보주체가 자발적으로 제공한 자신의 개인정보의 이용 여부와 구체적 범위를 스스로 결정할

---

9   개인정보자기결정권은 자신에 관한 정보가 언제 누구에게 어느 범위까지 알려지고 또 이용되도록 할 것인지를 그 정보주체가 스스로 결정할 수 있는 권리로서, 헌법 제 10조 제1문에서 도출되는 일반적 인격권 및 헌법 제17조의 사생활의 비밀과 자유에 의하여 보장된다. 이와 같이 개인정보의 공개와 이용에 관하여 정보주체 스스로가 결정할 권리인 개인정보자기결정권의 보호대상이 되는 개인정보는 개인의 신체, 신념, 사회적 지위, 신분 등과 같이 개인의 인격주체성을 특징짓는 사항으로서 그 개인의 동일성을 식별할 수 있게 하는 일체의 정보라고 할 수 있다. 또한 그러한 개인정보를 대상으로 한 조사 · 수집 · 보관 · 처리 · 이용 등의 행위는 모두 원칙적으로 개인정보자기결정권에 대한 제한에 해당한다(헌재 2005. 7. 21. 2003헌마282, 판례집 17-2, 81, 90; 헌재 2012. 12. 27. 2010헌마153; 헌재 2023. 10. 26. 선고 2020헌마1476 전원재판부).

10 개인정보자기결정권의 헌법상 근거로는 헌법 제17조의 사생활의 비밀과 자유, 헌법 제10조 제1문의 인간의 존엄과 가치 및 행복추구권에 근거를 둔 일반적 인격권 또는 위 조문들과 동시에 우리 헌법의 자유민주적 기본질서 규정 또는 국민주권원리와 민주주의원리 등을 고려할 수 있으나, 개인정보자기결정권으로 보호하려는 내용을 위 각 기본권들 및 헌법원리들 중 일부에 완전히 포섭시키는 것은 불가능하다고 할 것이므로, 그 헌법적 근거를 군이 어느 한 두개에 국한시키는 것은 바람직하지 않은 것으로 보이고, 오히려 개인정보자기결정권은 이들을 이념적 기초로 하는 독자적 기본권으로서 헌법에 명시되지 아니한 기본권이라고 보아야 할 것이다(헌법재판소 2005. 5. 26. 선고 99헌마513,2004헌마190).

수 있는 통제권과 선택권을 보장하는 것을 목적으로 한다.[11] 그러나 이러한 헌법적 권리와 법제적 장치에도 불구하고 정보주체의 통제권이 실질적으로 보장되지 못하는 사례가 빈번하다. 특히 AI 기반 미디어 시대에는 개인정보 동의 기반, 최소수집 원칙 등 전통적 기준이 형식적으로 충족되기 어려운 한계가 있으며, 이로 인한 문제는 단순히 과잉 수집 문제 외에 다양한 사회적 우려를 야기시킬 수 있다.

데이터의 대규모 처리와 학습을 위해 활용되는 프로파일링(profiling)은 이러한 한계를 가장 직접적으로 드러내는 대표적 사례다. 프로파일링은 본래 서비스 고도화를 위해 이용자의 개인적인 특성을 평가하기 위해 이루어지는 개인정보 처리 방식의 하나로, GDPR 제4조 제4항은 이를 "개인정보를 자동으로 처리하여 자연인의 업무 수행, 경제적 상황, 건강, 개인적 선호, 관심사, 신뢰도, 행동, 위치 또는 이동 등을 분석하거나 예측하는 행위"로 정의하고 있다.[12] 이러한 프로파일링은 서비스 제공의 개인화와 운영 효율성을 극대화하기 위해 사실상 필수적으로 활용되고 있으며, 이러한 필요성 때문에 EU를 비롯한 주요 국가에서도 현행 법률에서 프로파일링 자체를 전면 금지하지는 않고 있다.[13]

하지만 프로파일링을 통해 이용자의 성향, 심리 상태, 사회적 관계망까

---

11 정원준, 「개인정보 동의제도의 실질화 방안 연구」, 『고려법학』 제108호, 2023, 294쪽.

12 GPDR Article 4. Definitions (4) 'profiling' means any form of automated processing of personal data consisting of the use of personal data to evaluate certain personal aspects relating to a natural person, in particular to analyse or predict aspects concerning that natural person's performance at work, economic situation, health, personal preferences, interests, reliability, behaviour, location or movements

13 이상용·이혜리, 「개인정보보호법에 의한 자동화된 결정의 규율」, 『선진상사법률연구』 제105호, 2024, 73쪽.

지 추론되는 경우 이는 정보주체가 예상하거나 동의한 범위를 넘어선 새로운 개인정보의 이차적 생성으로 이어질 수 있다. 또한 정보주체의 동의와 무관하게 축적된 대량의 데이터는 재식별 가능성을 높여 프라이버시 침해를 심화시킬 수 있다. 나아가 불필요하게 수집된 민감정보가 알고리즘 학습에 활용될 경우 비식별처리 되었더라도 만약 학습 데이터 원본이 보존되는 경우라면 다른 데이터와의 결합으로 특정인의 식별이 가능할 수도 있다. 이러한 위험은 결국 개인정보 노출로 이어져 정보주체의 권리가 부당하게 침해될 수 있다는 점에서 크게 우려된다.[14]

2) AI 알고리즘의 투명성과 설명가능성 한계

앞서 서술한 바와 같이 AI 서비스 운영 과정에는 기본적으로 개인에 대한 자동화된 의사결정(automated decision-making)이 불가피하게 수반되며, 이 과정은 많은 경우 프로파일링(profiling)을 기반으로 이루어진다. 이러한 자동화된 결정은 이용자 개개인에 대한 맞춤형 서비스 제공이나 콘텐츠 추천, 광고 노출 등 다양한 형태로 구현되고 있다.

그러나 문제는 이러한 프로파일링에 기반한 AI 결정 과정이 '어떤 방식으로 작동하는가' 하는 점이다. 일반적으로 알고리즘이 데이터를 분석하고 결과를 산출하는 과정은 외부에 충분히 공개되지 않으며, 그 작동 원리 또한 이용자나 규제기관이 이해하기 어려운 구조로 되어 있다. 이른바 블랙박스(black box)로 불리는 AI는 방대한 양의 데이터를 학습하여 인간의 개입 없이 자율적으로 규칙을 도출하고 판단을 내리기 때문에 개발자조차

---

14   송기복 · 이제광, 「AI의 상용화와 개인정보 보호에 관한 논의: 화상 데이터와 프로파일링을 중심으로」, 『한국경호경비학회』 제65호, 2020, 469쪽.

특정 결정이 어떤 요인에 의해 도출되었는지를 명확히 설명하기 어려운 경우가 많다.[15] 이와 같은 딥러닝의 설명 불가능한 특성은 결과적으로 정보주체가 자신의 개인정보가 어떤 방식으로 활용되었는지, 그리고 그 판단이 정당했는지를 확인할 수 없게 만든다.

대표적인 예로 2016년 미국에서 발생한 컴파스(Correctional Offender Management Profiling for Alternative Sanctions, COMPAS) 사건이 있다. 이는 재범 위험성을 예측하는 알고리즘이 법원 판결 보조 도구로 사용되던 사례로, 당시 탐사보도매체인 〈프로퍼블리카(ProPublica)〉에 의해 해당 모델의 인종별 편향(bias) 가능성이 제기되어 논란이 되었다.[16] 하지만 컴파스 개발사인 노스포인트(Northpointe)는 영업비밀을 이유로 알고리즘의 내부 구조와 판단 로직을 공개하지 않았다.[17] 당시 피해자는 본인에게 불리한 평가가 어떤 기준에 따라 이루어졌는지 설명을 들을 수 없었고, 결국 이 사건은 "설명받을 권리(right to explanation)"의 필요성을 전 세계적으로 촉발시킨 계기가 되었다.

이와 유사하게 국내에서도 AI 알고리즘의 불투명성이 사회적 문제로 대두된 사례가 있다. 진보네트워크센터 조사에 따르면 2018년~2022년 국내 공공기관 45곳이 채용 과정에 AI를 활용하는 것으로 나타났다. 하지만 이들 기관이 사용한 AI 채용 시스템은 평가 기준과 알고리즘 작동 방식이 공

---

15 김민주·김현경, 「인공지능 투명성 규제에 대한 비판적 고찰: EU AI법 투명성 의무 조항 분석을 중심으로」, 『선진상사법률연구』 제105호, 2025, 61쪽.

16 홍성욱, 「인공지능 알고리즘과 차별」, 『과학기술정책연구원』, 2018, 16쪽.

17 최은창, 「인공지능 알고리즘의 책무성」, 『사이버커뮤니케이션학회 2017년 춘계 학술 대회』, 2017, 8쪽.

개되지 않아 차별 가능성과 불투명성에 대한 우려가 제기되었다.[18] 실제로 지원자들은 AI 채용 시스템이 어떠한 기준으로 평가를 진행했는지 확인할 수 없었고, 채용 과정의 공정성과 책임성에 대한 문제 제기가 이어졌다. 유사하게 2018년 아마존(Amazon) 역시 남성 중심의 데이터로 학습된 AI 채용 알고리즘이 여성 지원자에게 불리하게 작용한 사실이 드러나 해당 시스템의 사용을 전면 중단하기도 했다.[19]

이처럼 알고리즘이 대량의 학습 데이터의 편향을 그대로 반영하거나 특정 패턴을 과도하게 일반화하는 경우 그 의사결정의 공정성을 담보하기 어렵다는 지적이 잇따라 제기된다. 그럼에도 자동화된 의사결정이 수반되는 대부분의 AI는 의사결정 과정이 공개되지 않기 때문에 오류의 원인을 추적하거나 피해가 발생했을 때 그 불합리성을 입증하기조차 쉽지 않다. 더구나 AI에 의한 판단은 기계의 결정이 객관적이고 중립적이라는 인식과 결합되기 쉬워 오히려 알고리즘에 내재된 편향을 은폐하거나 정당화하여 차별을 더욱 공고화할 위험까지 내포한다.[20]

이러한 맥락에서 설명가능성(explainability)의 결여는 AI 판단 결과의 정당성·공정성을 검증하기 어렵게 하는 핵심 문제로 작용한다. 설명가능성이란 알고리즘이 어떠한 데이터를 바탕으로 어떤 절차를 거쳐 특정한 판단이나 결과에 도달했는지, 그 과정에서 고려된 요소나 배제된 대안은

---

18   정인선, 「불공정 논란에 공공기관 45곳 'AI 채용'…근데 넌 공정하니?」, 『한겨레』,
      2022.9.7., [Online] https://www.hani.co.kr/arti/economy/it/1057938.html?utm_
      source=chatgpt.com
19   옥철, 「아마존 인공지능 채용 개발하다 여성차별 불거지자 폐기」, 『연합뉴스』,
      2018.10.11., [Online] https://www.yna.co.kr/view/AKR20181011001100075
20   양종모, 「인공지능 알고리즘의 편향성, 불투명성이 법적 의사결정에 미치는 영향 및
      규율 방안」, 『법조』 통권 제723호, 2017, 78쪽.

무엇인지를 인간이 이해할 수 있는 형태로 제시 또는 설명할 수 있는 수준을 뜻한다.[21] 이러한 설명가능성이 충분히 확보되지 않을 경우 AI가 어떠한 이유로 편향적인 결과를 산출했는지 파악하거나 이를 개선하는 것은 불가능하다. 따라서 알고리즘의 판단 과정은 최소한 부분적으로라도 외부에 투명하게 공개되어야 해당 결정이 합리적 절차와 기준에 의해 이루어진 것인지를 평가할 수 있다.

이러한 점을 고려하면 AI 알고리즘의 불투명성이나 설명 불가능성은 단순한 기술적 한계로 환원되어서는 안 된다. 프로파일링에 기반한 자동화된 결정이 일상화되는 오늘날, 알고리즘의 작동 논리와 판단 기준이 사회적 검증을 거치지 않는다면 데이터 처리의 공정성뿐 아니라 사회적 신뢰와 책임성까지 심각하게 훼손될 수 있기 때문이다. 결국 이는 정보주체가 자신의 데이터가 어떤 방식으로 활용되어 의사결정에 반영되는지를 알 권리의 보장과 사회가 자동화된 의사결정을 통제·감시할 수 있는 제도적 장치의 확보라는 규범적 요구와 직접적으로 연결된다.

3. AI 기반 미디어 이용자 개인정보 보호를 위한 법률

1) 「개인정보 보호법」

AI 기반 미디어 이용자 개인정보 보호를 위한 국내 법제는 「개인정보 보호법」을 기본법으로 하고 여기에 「정보통신망 이용촉진 및 정보보호 등에 관한 법률(이하 '정보통신망법')」, 「인공지능 발전과 신뢰 기반 조성 등에 관

---

21   양종모, 「재범의 위험성 예측 알고리즘과 설명가능성 및 공정성의 문제」, 『형사법의 신동향』 통권 제70호, 2021, 220쪽.

한 기본법(이하 'AI기본법')」등이 보충 · 특별법적으로 적용되는 구조를 가진다. 우선 「개인정보 보호법」은 개인정보의 수집 · 처리 · 제공 · 파기 등 처리 전 과정에 걸친 보호 원칙을 규정하고 있으며, 특히 목적 제한 원칙과 개인정보 최소 수집 원칙, 정보주체의 동의 및 통지 의무, 안전성 확보 조치 의무 등을 통해 AI 기반 미디어 제공자에게도 동일한 준수 의무를 부과한다(「개인정보 보호법」 제3조, 제15조~제29조 등). 또한 제15조는 개인정보 수집 · 이용 시 명확한 목적 제시와 동의를 요구하고, 제17조는 제3자 제공에 대한 별도 동의 의무를 부과하고 있다.

그러나 AI 기반 미디어에서는 이러한 사전 동의 중심 구조가 현실적으로 작동하기 어렵다는 한계가 존재한다. 콘텐츠 추천, 맞춤형 광고, 자동 기사 배열 등은 실시간으로 이용자 데이터를 분석하여 알고리즘이 자율적으로 판단하는 방식으로 운영되며, 이용자가 개별적인 데이터 처리 행위마다 동의 또는 거부를 선택하는 것은 사실상 불가능하다. 이에 따라 형식적 동의만 반복되는 구조 속에서 정보주체의 실질적 통제권이 약화되는 문제가 발생할 수 있다.[22]

이처럼 일반적 보호 원칙만으로는 AI 기반 미디어 환경에서 상시적으로 이루어지는 자동화된 분석과 개인 맞춤형 프로파일링의 영향력을 충분히 통제하기 어렵다. 특히 2023년 개정 이전의 「개인정보 보호법」은 자동화된 의사결정 및 프로파일링을 독립된 규율 대상으로 명확히 포섭하지 않았기 때문에 이용자의 시청 · 검색 · 선호 정보가 실시간으로 분석되어 추천 · 광고 · 콘텐츠 노출에 반영되는 과정에서 이용자가 이를 인지하지 못

---

22 김병필, 「2025년 개인정보 이슈 심층분석 - AI 에이전트 환경에서의 개인정보 보호」, 『Privacy Report』 vol. 1, 2025, 6쪽.

한 상태에서 선택과 판단이 유도될 가능성이 존재했다. 그럼에도 당시 법제는 자동화된 처리 결과가 개인의 권리·의무나 사회적·경제적 기회에 미치는 영향을 직접적으로 통제하기 위한 설명 요구, 이의 제기, 인간 개입 요청 등 절차적 권리를 명확히 보장하지 않았다. 다시 말해 정보주체가 '왜 이런 결과가 도출되었는지'를 설명받거나 이를 재검토하기 위해 인간의 개입을 요구할 수 있는 실질적인 통제 장치가 충분히 마련되어 있지 않았다.

이러한 문제를 보완하기 위해 2023년 개정에서는 제37조(개인정보의 처리정지 등)를 개정하고 제4조(정보주체의 권리)제6호 및 제37조의2(자동화된 결정에 대한 정보주체의 권리 등)를 신설하였다. 개정된 법은 사람의 개입이 전혀 없이 자동화된 시스템이 내린 의사결정이 정보주체의 권리 또는 의무에 직접적이고 중대한 영향을 미치는 경우 정보주체가 인간의 개입을 요구하거나 결정을 거부할 수 있는 권리(이하 '거부권')를 가진다고 규정한다(제37조의2제1항). 또한 정보주체는 해당 결정에 대해 이유와 판단 근거에 관한 설명을 요구할 권리(이하 '설명요구권')를 행사할 수 있으며(제37조의2제2항), 법은 이와 연계하여 자동화된 결정의 기준·절차 등에 대한 일반적·사전적 공개 의무를 개인정보처리자에게 부과했다(제37조의2제4항). 즉 개인정보처리자는 정보주체가 자동화된 결정을 거부하거나 설명을 요구하면 정당한 사유가 없는 한 인적 검토 등 재처리를 보장해야 하며, 자동화된 결정의 기준과 절차는 사전에 공개해야 한다.

하위법령은 자동화된 결정에 대한 거부 및 설명 요구의 절차(시행령 제44조의2), 개인정보처리자의 조치 의무(제44조의3), 자동화된 결정 기준 및 절차의 공개 의무(제44조의4) 등을 구체화하여 정보주체의 권리 행사를 위한 절차적 기반을 마련하였다. 그러나 이와 같은 제도 정비에도 불구하고 징보주체의 권리가 실효성 있게 보장되고 있다고 판단하기는 어렵다. 거부권은 적용 범위가 '완전히 자동화된 시스템'에 한정되어 있을 뿐만 아니라 해당 권리 행사 시 어떠한 조치가 이루어지는지에 대한 바가 명확하지 않다. 설명요구권 역시 사업자가 제공해야 하는 설명의 내용·수준·방식이 추상적으로 규정되어 있고 정보주체가 설명 이외에 어떠한 추가적 조치를 요구할 수 있는지 여부도 명확히 규정되어 있지 않아 자동화된 의사결정에 실질적으로 대응하기 위한 유의미한 정보를 확보하는 데에는 한계가 있다.[23]

아울러 개인정보보호위원회는 2024년 9월 「자동화된 결정에 대한 개인정보처리자의 조치 기준」(이하 '고시')을 마련하고 자동화된 결정의 유형, 거부 및 설명 요구 처리 절차, 설명 제공 시 포함되어야 할 항목 등을 제시했으나, 유의미한 인간 개입이나 설명 제공의 적정성에 관한 정량적, 객관적 판단 기준은 여전히 부재하다. 결국 AI 시대 정보주체의 권리를 보장하기 위한 형식적 권리 조항의 마련에도 불구하고, 자동화된 결정 과정에 대한 실질적 통제와 권리 행사는 여전히 제약된 상태에 머물러 있다.

2) 「정보통신망 이용촉진 및 정보보호 등에 관한 법률」

「정보통신망법」은 2020년 이른바 '데이터 3법' 개편을 계기로 개인정보 보호 규율 체계가 「개인정보 보호법」 중심의 단일 체계로 일원화되면서, 개인정보의 수집·이용·제공·유출 통지 등 핵심 보호 규정 대부분이 「개인정보 보호법」으로 이관되었다. 이는 개인정보 보호 관련 규정이 기

---

23 이상용·이혜리, 「개인정보보호법상 자동화된 결정 조항의 해석」, 『법조』 통권 제763호, 2024, 229쪽, 234쪽.

존 「개인정보 보호법」・「정보통신망법」・「신용정보법」 등 개별 법률에 분산된 규율 체계로 인해 발생하던 중복 규제, 규제 공백, 감독기관 간 역할 혼선, 동일 행위에 대한 적용 법령 불확실성 등을 해소하기 위한 제도적 정비였다.

이와 같은 체계 조정 이후 「정보통신망법」은 온라인 기반 서비스를 제공하는 정보통신서비스제공자(예: 디지털플랫폼, OTT, 포털, SNS 등)의 네트워크 환경 특유의 위험 요소를 대상으로 하는 보충적・특수적 규율 법제로 재편되었다. 다시 말해 동 법은 개인정보 처리 행위 자체가 아니라 서비스의 기반이 되는 정보통신망과 시스템 자체의 안정성 확보와 전송・유통 과정에서의 이용자 보호를 중심적으로 규율하는 것을 주요 목적으로 한다.

구체적으로는 동 법은 정보통신서비스 제공자에 대하여 서비스 제공에 사용되는 정보통신망 및 시스템 보안 및 침해・장애 방지를 위한 기술적・관리적 보호조치 의무(제45조), 침해사고 발생 시 신고 및 이용자 통지(제48조의3), 전자적 전송매체를 이용한 스팸성 광고・불법유인 행위에 대한 금지 및 수신거부 권리 보장(제50조), 개인정보 거래 및 불법정보 유통 방지(제44조의7) 등을 부과한다. 즉, 온라인 네트워크 환경에서의 이용자 보호 및 전송・유통 질서 유지에 초점이 맞추어진 법이라 할 수 있다.

한편, AI 기반 미디어 이용자의 개인정보 보호와 관련해서는 제45조(정보통신망의 안정성 확보 등)제3항의 적용을 고려해 볼 수 있다. 동 조항은 정보의 불법 유출・위조・변조・삭제 등을 방지하기 위한 기술적 보호조치(제2호)와 정보보호를 위한 인력・조직・경비의 확보 및 관련 계획수립 등 관리적 보호조치(제4호)를 의무화하고 있다. 그러나 AI 기반 미디어를 통해 이루어지는 대규모의 실시간 데이터 프로파일링 및 추석 행위는 이러한 조치가 전제하는 보호 범위를 넘어선다.

예를 들어 OTT나 뉴스포털은 쿠키, 기기 식별자, 위치정보, 시청 이력 등을 결합하여 이용자 프로파일을 생성하지만, 이 과정에서 '추적 거부(opt-out)' 또는 '익명 모드'가 형식적으로만 존재하고 실질적으로 작동하지 않는 경우가 빈번하다. 즉, 기술적·관리적 보호조치가 전제하는 '망 보안' 수준의 통제만으로는 이용자 맞춤형 트래킹·추천 알고리즘이 초래하는 문제를 충분히 다루기 어렵다.

이와 관련하여 방송통신위원회는 2025년 2월 「생성형 인공지능 서비스 이용자 보호 가이드라인」[24]을 제정하여 생성형 인공지능 서비스가 입력데이터 수집·가공·학습·출력의 전 과정에서 이용자의 선택권과 노출 통제권이 보장되도록 관리 체계 구축을 권고했다.[25] 해당 가이드라인은 입력·생성 데이터의 학습 활용에 대한 사전 고지 및 동의·거부 절차 제공, 데이터 활용의 적정성을 점검하는 책임 체계 마련 등을 통해 AI 서비스 제공 과정의 투명성과 이용자 보호를 강화하는 '행위 규율' 원칙을 제시하고 있다. 다만 이는 강제 규범이 아닌 플랫폼 사업자의 행위 책임과 이용자 보호 체계 정립을 유도하는 소프트 규범에 해당한다. 이러한 점에서 「정보통신망법」은 AI 기반 미디어가 처리하는 개인정보의 내용·범위·목적 자체를 직접 규율하는 법이라기보다는 네트워크·플랫폼 환경의 안전성·투

---

24 생성형 인공지능 개발사 및 서비스 제공자 등이 생성형 인공지능 서비스 이용자 보호를 위해 자율적으로 준수해야 할 4가지 기본 원칙 및 6가지 실행 방식을 제시하고 있으며, 6가지 실행방식 중에서 '생성형 인공지능 서비스의 결정 과정을 알리려는 노력'과 '생성형 인공지능 서비스의 입력데이터 수집·활용 과정에서의 관리'에 관련 내용이 규정되어 있음.

25 방송통신위원회, 「「생성형 인공지능 서비스 이용자 보호 가이드라인」 발표」, 2025.2.28., 보도자료.

명성·신뢰성을 확보하는 기반 법제로 기능하고 있다고 볼 수 있다.

3)「인공지능 발전과 신뢰 기반 조성 등에 관한 기본법」

2025년 1월 제정되어 2026년 1월 시행을 앞둔 「AI기본법」은 EU에 이어 세계에서 두 번째로 마련된 포괄적 AI 법제다. 이 법은 AI 진흥을 위한 기본 정책 방향과 지원 근거를 마련하는 동시에 AI 활용 과정에서 발생 가능한 위험 예방과 윤리적 활용을 위한 법적 기반을 제공한다. 국가 차원의 기본 원칙과 정책 방향을 규정한 상위 거버넌스 법제로서 인공지능 개발자·제공자·이용자 등 이해관계자의 역할과 책임을 정립하고 AI의 투명성·안전성·책임성 확보를 위한 기본 규범을 설정한 것이다.

「AI기본법」의 체계는 크게 정책 추진체계, 기술개발·데이터·인프라 지원 및 산업육성 등 진흥, AI 신뢰성 확보 및 윤리 실현을 위한 규범 및 규제로 구분되어 AI 진흥과 위험 관리가 병행되는 이중적 성격을 갖는다.[26] 실제 동 법은 글로벌 규제 흐름과 국내 AI 산업의 성숙도를 함께 고려하여 규제 강화보다는 산업 성장 및 기술 혁신을 우선적으로 지원하되, 필요한 범위 내에서의 제한적 규제 체계와 유연한 규율 방식을 도입하는 방향으로 입법 기조가 설정되었다. 이에 더해 법률 설계 과정에서는 기존 법령 간 중복·유사 규제 요소를 정비하여 수범자의 규제 부담이나 감독 권한의 중첩을 최소화하고자 했다.[27] 즉 이 법은 산업 진흥과 기술 혁신, 위험 관리 간 균형을 중심으로 한 조정형 규제 프레임워크를 지향한다는 특징을 갖는다.

---

26 김현경, 「「AI기본법」 주요 내용과 시행과제」, 『KISO저널』 제58호, 2025
27 과학기술정보통신부, 「AI기본법 하위법령 제정방향」, 2025.9.8., 3쪽.

다만 「AI기본법」은 AI 환경에서의 개인정보 수집·이용·제공 등 데이터 처리 행위 자체를 직접 규율하지는 않는다. 개인정보 처리 원칙, 동의 요건, 설명 요구 및 거부권 등 정보주체의 실질적 통제권은 여전히 「개인정보 보호법」이 전속적으로 규율하는 영역이다. 이 점에서 이 법은 AI 시스템 설계·운영·관리 과정에서의 책임성과 위험관리 구조를 마련하는 상위 규범으로서 AI 기반 미디어 환경에서 개인정보 보호 문제를 간접적으로 보완하는 역할을 수행한다. 즉, 데이터 보호의 실체적 판단은 「개인정보 보호법」이 담당하고, 「AI기본법」은 AI 시스템이 작동하는 구조와 절차에 대한 거버넌스를 통해 위험을 조정하는 상위 규범으로 작동한다고 볼 수 있다.

「AI기본법」은 고영향 AI[28]와 생성형 AI[29]를 주된 규율 대상으로 설정한다. 이와 같은 AI는 개인의 선택·평가·기회 배분에 실질적 영향을 미칠 수 있는 자동화된 의사결정 구조를 전제로 하기 때문에 이 법은 AI 제공자에게 설명 가능성 확보와 편향·차별 방지 의무를 부과했다. 즉, 알고리즘이 어떤 데이터와 기준에 따라 추천·분류·노출 결정을 수행하는지를 이용자가 인지할 수 있도록 할 것, 그리고 해당 결정이 특정 개인이나 집단에게 부당한 불이익을 초래하지 않도록 위험을 식별하고 시정을 위한 절차를 마련할 것을 요구하는 것이다.

관련하여 AI 기반 미디어 이용자의 개인정보 보호에 실질적으로 작용할

---

28 "고영향 인공지능"은 사람의 생명, 신체의 안전 및 기본권에 중대한 영향을 미치거나 위험을 초래할 우려가 있는 인공지능시스템으로서, 법에서 열거하는 영역 중 하나에 해당하는 경우를 의미한다.
29 "생성형 인공지능"이란 입력한 데이터의 구조와 특성을 모방하여 글, 소리, 그림, 영상, 그 밖의 다양한 결과물을 생성하는 인공지능시스템을 의미한다.

수 있는 조항으로는 인공지능 투명성 확보 의무(제31조), 인공지능 안전성 확보 의무(제32조), 고영향 인공지능 사업자의 책무(제34조) 등을 들 수 있다. 이는 AI 기반 미디어에서 이루어지는 개인 맞춤형 추천, 콘텐츠 노출·순위화, 이용자 군집화 등 사실상 프로파일링 과정 전반에 영향을 미치는 규범적 틀로 기능할 수 있다.

〈표〉「AI기본법」에 따른 인공지능사업자의 규율 사항[30]

항목	내용
고영향 및 생성형 인공지능 투명성 확보(제31조)	고영향 또는 생성형 인공지능이용사업자: 제품·서비스가 인공지능에 기반하여 운용된다는 사실 사전 고지 생성형 인공지능사업자: 생성형 인공지능 또는 이를 이용한 제품·서비스 제공 시 결과물이 인공지능에 의하여 생성되었다는 사실 표시 인공지능사업자: 인공지능을 이용한 결과물(딥페이크) 제공 시 인공지능에 의해 생성되었다는 사실 고지·표시
대규모 인공지능 안전성 확보(제32조)	대규모 인공지능사업자: 일정 규모 이상의 인공지능에 대해 다음 조치를 이행하고, 과기정통부장관에 결과 제출 인공지능 수명주기별 위험 식별, 평가 및 완화 인공지능 모니터링 및 위험관리 체계 구축
고영향 인공지능 확인(제33조)	인공지능사업자: 인공지능이 고영향 인공지능에 해당하는지에 대한 사전 검토 의무 부담 필요한 경우 고영향 인공지능 해당 여부에 대한 확인을 과기정통부 장관에 요청할 수 있음
고영향 인공지능 안전성·신뢰성 확보(제34조)	고영향 인공지능사업자: 다음 각 조치를 이행하여야 함 위험관리방안의 수립·운영 인공지능 설명방안(학습용데이터 개요 포함) 수립·시행 이용자 보호 방안의 수립·운영 고영향 인공지능에 대한 사람의 관리·감독 안전성·신뢰성 확보 조치 문서 작성 그 외에 국가인공지능위원회에서 정한 사항

30 구체적 사항은 하위 시행령, 고시 및 가이드라인을 통하여 확정될 예정.

고영향 인공지능 영향평가(제35조)	고영향 인공지능이용사업자: 사전에 사람의 기본권에 대한 영향평가를 받기 위하여 노력하여야 함 국가기관은 고영향 인공지능을 이용한 제품·서비스 이용 시 영향평가를 받은 고영향 인공지능 우선 고려
국내대리인(제36조)	일정 규모 이상의 해외 인공지능사업자: 국내대리인 지정·신고 의무 부담 국내대리인은 (i) 대규모 인공지능 안전성 확보조치 결과 제출, (ii) 고영향 인공지능 확인신청 및 (iii) 고영향 인공지능 안전성·신뢰성 확보조치 이행 지원 대리

우선 인공지능 투명성 확보 의무는 AI 활용에 관한 사전 고지의무와 AI 생성물 표시의무로 구성된다. 고영향 AI 또는 생성형 AI를 활용한 제품이나 서비스를 제공할 경우 해당 서비스가 어떤 데이터·논리·기준을 바탕으로 판단하고 추천·노출 결정을 내리는지에 대해 이용자가 인지 가능하도록 정보를 제공할 것을 요구하는 것이다. 이는 단순히 'AI가 사용되었다'는 사실 고지가 아니라 추천·분류·순위화 과정의 작동 원리에 대한 설명 가능성을 확보하는 데 중점을 둔다. 이는 콘텐츠 추천 알고리즘, 뉴스배열, 동영상 큐레이션 모델 등 AI 기반 미디어가 이용자의 시청·탐색·선호 데이터를 바탕으로 실시간 프로파일링을 수행하고 정보 노출 순서를 설계하는 과정에서 이용자가 자신에게 제공되는 정보가 어떤 기준에 따라 구성되는지를 이해하고 통제할 수 있는 권리를 보장하는 규범적 근거로 기능할 수 있다.

인공지능 안전성 확보 의무(제32조)는 학습 데이터의 편향, 모델 오작동, 알고리즘 조작 가능성 등 AI 운용 전반의 위험 요소를 사전에 식별하고 완화할 체계 구축을 요구하는 규정이다. 이는 AI 기반 미디어 추천·배열 시스템에 대한 위험 중심적 접근을 취함으로써 개인 맞춤형 프로파일링과 정보 노출 설계가 이용자의 인식이나 여론 형성, 사회적 차별 및 배제에 미칠 수 있는 잠재적인 영향을 고려하도록 한다.

나아가 사회·경제적 파급효과가 큰 AI 서비스에 대해 책임자 지정, 위험평가, 지속적 모니터링 체계를 마련할 것을 요구하는 고영향 인공지능 사업자의 책무(제34조) 역시 AI 기반 미디어와 직접적으로 연결될 수 있다. 콘텐츠 추천·검색 랭킹·뉴스 배열 알고리즘이 이용자의 판단·여론 형성·정보 접근권에 중대한 영향을 미칠 수 있다는 점에서 특정 상황에서는 본 조항의 규제 대상이 되는 고영향 AI[31]로 분류되어야 한다는 주장이 제기될 수도 있다. 이 경우 AI 기반 미디어 사업자는 일반적인 투명성 및 안전성 의무를 넘어 강화된 투명성·감독·책임 부과 체계의 적용을 받게 될 것이다.

그러나 이러한 역할에도 불구하고 AI기본법의 규율 방식은 원칙 규정·거버넌스 규범으로서의 성격에 방점을 두고 있다. 투명성·안전성 의무가 어느 수준까지 요구되는지, 고영향 AI의 범위가 어떻게 정의되는지, 설명 가능성이 어떤 방식으로 이용자 권리 보장으로 연결되는지는 여전히 하위법령 및 후속 가이드라인에서 정하는 체계를 취하고 있다. 또한 자동화된 의사결정에 대한 설명요구권·거부권·인간 개입 요청권과 같은 절차적 통제 장치 역시 「개인정보 보호법」 제37조의2가 근거 법령으로 남아 있어 「AI기본법」만으로는 정보주체의 실질적 권리 보장에 충분하지 않다는 지적도 있지만, 「AI기본법」이 AI 산업의 진흥을 위한 국가적 목표를 정하고 있다는 점에서 정보주체의 실질적 권리까지 구체적으로 정하기 어려운 한계도 있다.

---

31 생명·신체·기본권에 중대한 영향을 미치거나 위험 초래 우려가 있는 AI시스템으로 특정 영역(에너지, 보건의료, 원자력, 교통, 교육 등)에서 활용되는 AI시스템으로 특정 영역(에너지, 보건의료, 원자력, 교통, 교육 등 10개 영역)에서 활용되는 AI시스템을 고영향 AI로 규정하고 있으나, 미디어 분야는 고영향 AI 영역에 포함되어 있지 않음.

4. AI 기반 미디어 이용자 개인정보 보호를 위한 제도 개선 방안

1) AI 미디어 이용자 개인정보 보호를 위한 법률 개정 방향

앞서 살펴본 바와 같이 AI 기반 미디어의 콘텐츠 추천, 기사 배열 등 순위화 과정은 대규모 데이터 분석과 자동화된 판단 시스템을 기반으로 작동하며, 이용자의 정보 선택과 인식 형성에 실질적인 영향을 미친다. 개인 맞춤형 추천·배열 시스템은 이용자의 선호를 예측하여 정보 노출을 결정한다는 점에서 인간의 의사결정을 보조하는 자동화된 의사결정 과정으로 평가될 수 있다.[32] 그러나 현행 「개인정보 보호법」 제37조의2는 '완전히 자동화된 결정'에 대해서만 설명요구권 및 거부권 행사를 인정하고 있어 알고리즘 결과에 대한 형식적·잠재적 수준의 인간 개입 가능성만 존재하더라도 적용 대상에서 제외되는 한계를 가진다.

문제는 실제 AI 기반 미디어 환경에서는 정보의 배열과 노출 구조가 사실상 알고리즘에 의해 전면적으로 구성되는 경우가 일반적이라는 점이다. 이때 이용자가 체감하는 결과는 형식적으로 인간 개입 여지가 존재하더라도 '완전히 자동화된 결정'과 실질적으로 다르지 않을 수 있다.[33] 그럼에도 현행 법제는 자동화된 의사결정에 대한 권리 보장 여부를 형식적 '완전 자동화' 요건에 따라 이분법적으로 구분하고 있어 알고리즘이 정보 선택을 주도하는 AI 기반 미디어 영역에서 규범적 공백이 발생한다.

---

32 권은정, 「'지능형 미디어' 이용자의 알 권리 보장을 위하여」, 『언론중재』 겨울호, 2022, 42쪽.

33 앞의 글, 43쪽.

따라서 AI 기반 미디어 이용자의 개인정보 보호를 실질화하기 위해서는 현행 「개인정보 보호법」 제37조의2에서 규정한 '완전히 자동화된 결정'의 해석 범위를 현실적인 서비스 운영 구조에 맞게 조정할 필요가 있다. '의미 있는 인간 개입'[34]의 판단 기준을 알고리즘 결과에 대한 실질적 수정 권한과 검토 능력의 유무를 중심으로 재정립하는 것이다. 아울러 '중대한 영향' 요건 역시 신용 · 고용 등 전통적 영역에 한정할 것이 아니라, AI 기반 추천 구조가 정보 접근권, 의견 형성, 인지적 판단 과정에 미치는 영향까지 포함하는 방향으로 확장될 필요가 있다. 이는 정보 노출과 순위화가 단순 편의 제공이 아니라 개인의 인지 구조와 공론장 형성에 개입하는 자동화된 의사결정으로 기능하기 때문이다.

또한 설명요구권이 형식적 절차에 그치지 않도록 설명 제공의 방식과 범위, 수준 등을 법령 또는 고시 차원에서 보다 명확히 규정할 필요가 있다. 현행 시행령 제44조의4와 개인정보보호위원회 고시에서 자동화된 결정에 사용된 개인정보의 유형과 판단 요소를 제공하도록 규정하고 있으나, 구체성이 낮아 최소한의 정보만 제공해도 의무 이행으로 간주될 여지가 있다.[35] 이에 설명 제공의 최소 항목을 추천 · 분류 · 순위화에 사용된

---

34 GDPR은 자동화된 의사결정 규율에서 "의미 있는 인간 개입(meaningful human oversight)"의 존재 여부를 실질 기준으로 판단하므로, 사람이 알고리즘의 최종 결과를 수정하거나 거부할 실제적 권한과 능력을 갖추고 있는지가 핵심이며 단순 확인 · 승인 절차는 형식적 개입으로 간주되어 여전히 자동화된 결정으로 인정함.

35 EU GDPR과 마찬가지로 자동화된 의사결정에 사용된 개인정보의 유형, 처리 과정에서 고려된 주요 판단 요소, 결정 절차 등 결과(result)뿐 아니라 프로파일링 과정(process) 전반에 대한 투명성 제공을 요구하는 구조를 취하고 있으나, 현행 규정은 추상적인 수준에 머물고 있어 사업자가 최소한의 형식적 정보만 제시하더라도 법적 의무를 충족한 것으로 평가될 여지가 존재함.

데이터 범주, 결정에 기여한 주요 판단 요소(feature), 해당 결과의 잠재적 영향, 정보 변경ㆍ정정ㆍ이의제기 또는 인간 개입 요청 절차 등으로 표준화하는 방안을 고려할 수 있다.

더 나아가 고위험 추천ㆍ배열 시스템에 대한 사전 영향평가(Data Protection Impact Assessment, DPIA, 이하 'DPIA')를 의무화하는 방안도 고려해 볼 필요가 있다. AI 기반 미디어의 추천ㆍ배열ㆍ순위화 시스템은 이용자가 접하는 정보의 구조적 노출 방식을 결정하며 개인의 의견 형성과 사회적 여론의 구성 과정에 중대한 영향을 미친다는 점에서 고위험 처리(high-risk processing) 유형으로 분류될 여지가 존재한다. 특히 정치ㆍ사회적 이슈, 뉴스ㆍ시사 콘텐츠 영역에서의 노출 설계는 특정 정보에 대한 접근 기회를 편향적으로 제한하거나 강화하는 방향으로 작동할 수 있으며, 이는 정보 접근권ㆍ표현의 자유ㆍ민주적 공론장 형성에 실질적으로 개입하는 효과를 가져올 수 있다.

이러한 위험성을 고려할 때 DPIA를 자동화된 추천ㆍ배열 시스템에 대해 법적으로 의무화하는 것은 타당하다. EU의 AI Act는 고위험 AI에 대해 위험관리 시스템 구축(제9조), 데이터 거버넌스(제10조), 인간의 감독(제14조), 사후 모니터링 및 개선(제61조) 등 단계별 조치를 요구하고 있으며, 이는 AI 기반 미디어가 제공하는 추천시스템에도 적용 가능한 규범적 운영 모델을 제시한다.

국내 제도에 이를 반영할 경우 대규모 프로파일링, 민감정보 기반 추천 모델, 아동ㆍ청소년 데이터 활용, 여론 형성에 영향을 미치는 알고리즘과 같이 사회적 또는 인지적 영향력이 큰 처리 행위를 DPIA 의무 대상으로 명시하는 방식이 고려될 수 있다. 이때 DPIA는 단순 위험 점검을 넘어 위험요인의 사전 식별, 알고리즘 편향ㆍ차별 가능성에 대한 정량ㆍ정성 평가, 위험 최소화를 위한 기술적·관리적 조치의 설계 및 실행, 완화 후에도 남는 잔여 위험(residual risk)에 대한 소명, 필요 시 감독기관과의 사전 협의 절차를 포함하는 다단계 절차로 구성될 필요가 있다.

이와 같은 구조화된 DPIA 의무화는 이미 발생한 문제에 대응하는 사후적 규제와 달리 AI 기반 미디어가 제공하는 추천·배열·순위화 시스템의 설계 단계(privacy by design)에서부터 정보 인권 보호를 내재화한다는 점에서 중요한 의미를 가진다. AI 기반 미디어가 이용자의 정보 환경을 구성하는 행위를 단순 기술적 선택이 아닌 실질적 사회적 권리 형성에 영향을 미치는 행위임을 제도적으로 인정함으로써 그 위험을 예측·관리·통제하는 책임을 사업자에게 명확히 부과하는 메커니즘으로 기능할 것으로 기대된다.

다만 이러한 법제 개선은 AI 기반 미디어 사업자의 기술 개발 및 알고리즘 운영 자율성을 과도하게 제한하지 않도록 신중히 설계될 필요가 있다. 분명 자동화된 결정에 대한 권리 확대, 설명요구권의 구체화, 추천·배열 시스템에 대한 영향평가 의무 부과는 정보주체의 자기결정권 보장에 기여한다. 하지만 동시에 알고리즘 설계 방식의 공개 부담, 영업 비밀 노출, 서비스 경쟁력 저하, 신규·중소 사업자의 시장 진입 장벽 강화 등의 부작용을 초래할 가능성도 존재한다는 점을 고려해야 한다.

따라서 향후 제도 정비는 정보주체의 실질적 통제권 보장, 사업자의 영업의 자유 및 기술 혁신 환경 유지라는 두 대원칙을 조화시키는 방향으로 이루어질 필요가 있다. 구체적으로는 규제의 적용 대상을 사회적·인지적 영향력이 큰 고위험 추천·배열 시스템에 한정하고, 설명 제공 역시 알고리즘의 세부 로직 공개가 아니라 구조적 원리 수준에서 이용자가 이해할 수 있는 범위의 설명 가능성을 확보하는 방식으로 설계하여 영업비밀

침해와 과도한 알고리즘 노출을 방지해야 한다. 결국 AI 기반 미디어 환경에서 개인정보 보호와 기술 혁신은 상충하는 가치가 아니라 신뢰가능한 알고리즘 운영 체계 구축을 통해 상호적으로 강화될 수 있는 목표로 이해되어야 할 것이다.

2) AI 미디어 이용자 개인정보 보호를 위한 안정성 확보조치 방안

AI 기반 미디어 환경에서 개인정보 보호의 실효성을 확보하기 위해서는 법적 권리를 보장하는 장치의 정비만으로는 충분하지 않다. 데이터 처리·모델 학습·추천 결과의 제공에 이르는 전체 기술적 파이프라인에 개인정보 보호 조치를 내재화하는 구조적 접근이 함께 요구된다. 특히 AI 기반 미디어가 제공하는 콘텐츠 추천 서비스는 대규모 개인 데이터에 기반한 프로파일링과 모델의 지속적 학습·개선을 전제로 작동되기 때문에 특정 시점에서의 일회적 보호조치만으로는 개인정보 침해 위험을 안정적으로 통제하기 어렵다.

이에 AI 기반 미디어 서비스의 추천·배열 구조 설계 단계에서부터 개인정보보호 중심설계(Privacy by Design and Default, PbD)(이하 'PbD')를 적용할 필요성이 특히 강조된다. PbD는 "정보기술 및 시스템 설계, 상품 개발이나 서비스 기획 단계에서부터 프라이버시의 보호와 강화 조치를 확립하는 포괄적인 절차"[36]를 의미하며, EU GDPR을 통해 정보처리자가 준수해야 할 적절한 기술 및 관리조치로 제도화되었다.[37] PbD는 사후 규제나 침

---

36 김나루, 「'Privacy by design'의 도입과 그 적용에 관한 소고」, 『성균관법학』 제29권 제4호, 2017, 3-4쪽.
37 김남심·지성우, 「Privacy by design의 내용과 법 제도」, 『성균관법학』 제30권 제4호, 2018, 58쪽.

해 발생 이후의 시정과 같은 사후적 보완이 아니라 서비스 설계 과정에서부터 보호 조치를 사전적으로 내재화한다는 점에서 AI 기반 미디어 환경에 적합한 규범 구조를 제시한다.

아울러 PbD는 사후조치가 아닌 사전예방, 초기설정부터 프라이버시 보호조치, 프라이버시 보호를 내재한 설계, 제로섬이 아닌 포지티브섬, 개인정보 생애주기 전체에 대한 보호, 개인정보 처리과정에 대한 가시성 및 투명성 유지, 이용자 프라이버시 존중 등 7개 원칙으로 설명된다.[38] 이러한 PbD 원칙은 이용자가 별도의 설정을 하지 않더라도 개인정보 보호가 시스템의 기본값(default)으로 구현되도록 함으로써 정보주체의 개인정보자기결정권이 단순히 형식적 동의에 머무르지 않고 실질적 통제 권한으로 작동하게 하는 제도적 기반을 마련한다는 점에서 중요한 의미를 갖는다.

〈표〉 PbD의 7원칙

원칙	주요 내용
사후조치가 아닌 사전예방 (Proactive not Reactive; Preventative not Remedial)	프라이버시 침해 사고가 발생한 뒤 조치하는 것이 아닌 침해 사건을 예상하고 사전 예방
초기설정부터 프라이버시 보호조치 (Privacy as the Default)	IT시스템 또는 사업 진행과정에서 개인정보가 보호될 수 있도록 자동 기본 설정하여 프라이버시 최대 보장
프라이버시 보호를 내재한 설계 (Privacy Embedded into Design)	프라이버시 보호를 설계에 내재화함으로써 프라이버시를 IT시스템 또는 개인정보 처리와 통합·적용
제로섬이 아닌 포지티브섬 (Full Functionality-Positive-Sum, not Zero-Sum)	서비스 제공을 위한 기능성, 편리성 등과 프라이버시 보호 중 어느 하나도 포기하지 않고 프라이버시의 안전한 보호와 사업의 기능성 모두 확보하기 위해 노력

---

38 지성우, 「2025년 개인정보 이슈 심층분석 - PbD 원칙과 관련한 국제 표준 및 인증 제도 동향」, 『Privacy Report』 vol.3, 2015, 9-10쪽.

개인정보 생애주기 전체에 대한 보호 (End-to-End Security-Lifecycle Protection)	개인정보의 수집·이용·저장·제공·파기 전 단계에 걸쳐 보호될 수 있도록 안전조치 적용
개인정보 처리과정에 대한 가시성 및 투명성 유지 (Visibility and Transparency)	개인정보 처리과정에 대해 정보주체가 완전하고 명확하게 이해하도록 하여 신뢰성 제고
이용자 프라이버시 존중 (Respect for User Privacy)	프로그램, 프로세스 등에서 명시적인 보호 체계가 없더라도 사용자 프라이버시를 보장하기 위한 활동 수행

※ 자료: Cavoukian, A. 2011: 지성우, 2025, 10쪽 재인용.

더불어 프로파일링을 통한 콘텐츠 추천·순위화 또는 개인화 모델의 정교화 과정에서 대규모 이용자 데이터의 수집·학습·활용이 반복적으로 이루어지는 점을 고려하면 개인정보 처리 단계 전반에 걸쳐 위험을 사전에 완화할 수 있는 개인정보 보호 강화기술(Privacy Enhancing Technology, PET)(이하 'PET')의 도입도 필요하다. PET는 "특정 개인정보 혹은 데이터 보호 기능을 달성하고, 더불어 개인 또는 자연인 그룹의 개인정보를 위협으로부터 보호하기 위한 기술 프로세스, 방법, 지식을 모두 포괄하는 개념"이다.[39] OECD가 2023년 2월에 발표한 '개인정보 보호 강화 기술의 등장 (Emerging Privacy Enhancing Technologies)' 보고서에 따르면 PET는 데이터 난독 처리 도구, 암호화된 개인정보 처리, 연합 및 분석, 데이터 책임 도구 등 4가지 범주로 나뉜다.

구체적으로 데이터 난독 처리 도구 중 하나인 차등 프라이버시 (Differential Privacy) 기술은 특정 개인과 연결된 데이터에 무작위성을 부여하거나 분석 결과에 미치는 영향을 수학적으로 제한함으로써 해당 정보의

---

39 송은지, 「개인정보 보호 강화기술(PET)의 개념 및 사례 동향」, 『ICT Standard Weekly』 제1196호, 2024, 1쪽.

재식별 가능성을 낮출 수 있으며, 연합학습(Federated Learning) 방식은 데이터를 중앙 서버로 직접 이전하지 않고 개별 엔드포인트에서 모델을 학습시킨 뒤 요약 데이터만을 공유함으로써 데이터 집중 및 이동 과정에서 발생할 수 있는 유출 위험을 최소화한다.[40] 이러한 PET 기반 접근은 대규모 데이터 활용과 개인정보 보호를 제로섬 관계로 보지 않고 모델 학습 및 추천 결과 제공 과정 전반에 보호 메커니즘을 내재화함으로써 AI 기반 미디어 환경에서의 개인정보자기결정권을 실질적으로 보장할 수 있는 기술적 토대를 마련한다는 점에서 중요하다.

한편, 이러한 기술적 조치만으로는 개인정보 보호 체계가 완결되는 것은 아니다. PbD와 PET는 서비스 설계 단계에서 프라이버시 보호를 내재화하는 중요한 수단이지만 이들이 효과적으로 작동하기 위해서는 데이터 접근과 알고리즘 운영 과정을 통제할 수 있는 관리적·운영적 보호 체계가 병행되어야 한다. 특히 AI 기반 미디어의 추천 알고리즘은 모델 학습, 파라미터 조정, 노출 순위 결정 등 다단계 처리 과정을 거치며 작동하는데, 이 과정은 일반 이용자뿐 아니라 외부 규제기관에게도 비가시적(opacity) 구조를 갖는다는 점에서 고유한 위험을 내포한다.

AI 기반 추천·배열 시스템의 개인정보 보호 핵심은 데이터 유출 방지가 아니라, 알고리즘이 정보 노출을 결정하는 과정이 외부에서 검증 가능하도록 하는 것이다. 이를 위해 의사결정 로그·처리 이력의 기록, 알고리즘 변경 내역의 문서화, 독립적 외부검증(AI Audit) 등 추적 가능성과 검증 가능성을 담보하는 통제 장치가 필요하다. 동시에 이용자 설명 제공 및 개인화 통제권을 구조화하여 정보주체가 자신의 정보 환경을 이해하고 조정

---

40 앞의 글, 2쪽.

할 수 있도록 해야 한다. 이러한 조치는 개인정보자기결정권 보장과 공론장 신뢰성 유지를 결합한 책임 있는 알고리즘 거버넌스 구축의 핵심 기반이 된다.

결국 AI 기반 미디어 이용자의 개인정보 보호는 단순히 자동화된 결정에 대한 설명 제공이나 이의 제기 절차와 같은 사후적 권리 보장만으로는 실질적으로 작동하기 어렵다. AI 기반 추천·배열 시스템이 설계되고 학습되는 단계에서부터 프라이버시 보호 기술과 위험 완화 조치가 내재화되어야 하며, 이는 PbD 원칙을 중심으로 한 기술적·관리적 통합 보호 체계를 통해 구현될 필요가 있다. 이러한 구조는 정보주체의 자기결정권을 실질적으로 보장하는 동시에, 플랫폼 사업자가 과도한 규제 부담 없이 신뢰 가능한 알고리즘 운영 체계를 구축하는 기반으로 작동할 수 있다.

5. 결어

AI 기반 미디어 환경에서 제공되는 추천·배열 서비스는 이용자가 접하는 정보의 구조와 여론 형성 과정 전반에 실질적으로 개입하는 핵심 인프라로 기능하고 있다. 개인정보 보호는 더 이상 단순한 데이터 유출 방지나 동의 절차의 형식적 준수에 머무르지 않으며 알고리즘이 어떤 기준과 방식으로 정보 환경을 구성하는지에 대한 투명성과 이를 정보주체가 이해하고 통제할 수 있는 자기결정권, 그리고 사회적으로 신뢰 가능한 정보 질서를 유지하기 위한 책임성 확보가 그 중심에 놓여야 한다.

이러한 점에서 AI 기반 미디어 플랫폼에는 기업 내부 차원의 AI 거버넌스 구축이 필수적이다. 이는 단순한 윤리 규범 선언이나 내부 가이드라인 제정에 그치는 것이 아니라 데이터 수집·학습·추천·노출 전체 과정에 대한 위험 진단, 의사결정 로그 기록 및 검증 가능성 확보, 알고리즘 조정 절차의 문서화, 외부 감사 및 평가 메커니즘의 제도화 등을 포함하는 통합적 관리 체계를 의미한다. 이러한 거버넌스는 PbD와 PET 등 설계 단계에서부터 적용되는 기술적 내재화와 연계될 때 실질적 효과를 발휘할 수 있다.

아울러 이 글에서 제시한 바와 같이 자동화된 의사결정 관련 권리 보장 체계의 실효적 강화, '중대한 영향' 요건의 해석 확장, 고위험 추천 시스템에 대한 DPIA 의무화, 알고리즘 투명성 및 외부 검증 제도 도입 등 법률적 · 정책적 개선 방안은 AI 기반 미디어 이용자의 개인정보자기결정권을 실질화하는 데 중요한 기반이 된다. 이는 알고리즘의 사회적 영향과 민주적 공론장 형성에 대한 책무를 분명히 하는 차원에서 규제 공백을 메우고 기존 권리 보장 체계를 현실적 · 구조적으로 재설계하기 위한 방향성을 제시한다는 데에 그 의의가 있다.

마지막으로 AI 기반 생태계는 국경을 넘어 동시적으로 작동한다는 점에서 알고리즘 투명성, 데이터 이동, 이용자 권리 보장, 아동 · 청소년 보호 등과 관련된 국제적 기준 정립 및 국가 간 정책 협력이 요구된다. EU AI Act, OECD AI 권고안 등에서 논의되는 책임 기반 AI 운영(Responsible AI) 원칙이나 위험 기반 규제(Risk-based Regulation) 체계, 시장 · 산업 기반의 후견적 모델 적용을 시도하는 미국 사례 등은 국내 제도 설계에 중요한 준거 틀로 작용할 수 있다. 한국 역시 단순 규범 수용에 그칠 것이 아니라 미디어 환경과 사회적 공론 구조의 특수성을 반영한 규범적 해석과 정책 모델을 국제 논의에 적극적으로 제안하려는 노력이 필요할 것으로 보인다.

AI 기반 미디어 환경에서의 개인정보 보호는 단순히 개인 정보 통제권의 문제가 아니라, 사회적 정보 접근과 의견 형성의 과정, 나아가 민주적 공론장의 신뢰성을 유지하기 위한 공적 과제에 해당한다. 따라서 지속가능하고 책임 있는 AI 미디어 생태계를 구축하기 위해서는 기술 설계 단계에서의 개인정보보호 중심설계(Privacy by Design and Default), 알고리즘 운영 과정에 대한 내부 거버넌스 및 외부 검증 강화, 자동화된 의사결정에 대한 법·정책적 규율의 정교화, 그리고 국제적 기준과의 조화가 함께 이루어져야 한다. 이러한 노력이 결합될 때 비로소 정보주체의 개인정보자기결정권이 실질적으로 보장되고 AI 기반 미디어가 공적 정보 환경에서 신뢰 가능한 인프라로 기능할 수 있을 것이다.

11장
AI 미디어를 알면 보이는 새로운 기회들

———

이승현

현재 삶의 가장 슬픈 면은 사회가 지혜를 모으는 속도보다 과학이 지식을 얻는 속도가 더 빠르다는 점이다.

- 아이작 아시모프, '과학과 자연에 관한 질문'(1988) 중에서

1. AI 시대 생존력

1) AI는 어떻게 이 시대의 기술이 되었나

우리가 살고 있는 시대는 훗날 어떤 시대로 분류될까? 지금이 어떤 시대인지 현재를 살고 있는 우리가 논하기는 쉽지 않지만, 아마도 AI 시대의 서막이 아닐까. 소셜 미디어에서 가장 많이 언급된 기술 용어는 5년 전에는 메타버스였고, 그 보다 3년 전에는 블록체인이었다. 그리고 지금은 AI다. 뉴스에서는 AI를 둘러싼 글로벌 기업들의 기사가 쏟아지고 있고, 유튜브와 인스타그램에서는 AI가 만들어낸 콘텐츠가 쉴 새 없이 유통되고 있다.

메타버스는 가상, 초월이라는 의미의 메타와 우주를 뜻하는 유니버스의 합성어로 현실세계와 같은 사회·경제·문화 활동이 이루어지는 가상세계를 뜻한다. 메타버스는 코로나 시기 비대면 환경에서 관심을 모았지만, 코로나가 끝나자 사람들은 현실세계로 돌아갔다. 블록체인은 데이터가 블록이라는 작은 덩어리에 저장되고 이 블록들이 순서대로 체인처럼 연결되어 있다고 해서 붙여진 이름이다. 데이터를 안전하게 저장하고 투명하게 관리할 수 있는 기술로 주목받았지만, 일상에서 쉽게 접할 수 있는 관련 서비스가 부족해 대중적으로 확산하지 못했다.

그러나 AI는 다르다. 메타버스나 블록체인처럼 어렵거나 나와 관련성이 적은 기술이 아니라 휴대폰처럼 쉽고, 일상에서 내 생활에 실질적 도움을 주며 심지어 재밌기까지 해 이 시대를 대표하는 기술이 되었다. 전문기술이 없더라도 어떤 콘텐츠를 만들고 싶다는 아이디어만 있으면 AI를 활용해 실현할 수 있다. AI 툴을 이용하면 이미지부터 영상, 노래까지 형식에 구애받지 않고 즐거운 여가 시간을 보낼 수 있게 되었다.

일에서도 AI 에이전트를 활용하면 누구나 개인 상담사, 비서를 두고 업무 생산성을 높일 수 있다. 간단한 리서치는 물론이고 PDF 자료 요약, 영어 이메일 작성도 몇 초만 기다리면 완성된다. 누구나 챗GPT로 동화책 내용과 구성을 짜고 미드저니로 삽화를 그려 동화책을 만들어 출판 등록을 할 수도 있게 되자 부업 작가들도 늘어나고 있다.[1][2] AI 툴을 활용해 만든 영상콘텐츠를 유튜브에 업로드해 수익을 실현하는 부업 유튜버도 늘어나고 있다.[3] 누군가는 AI에게 내 일자리를 빼앗길 것을 두려워하지만, 오히려 AI로 업무 효율을 높여 여가 시간을 만들고, 그 시간을 활용해 AI로 부가가치를 창출하는 사례도 늘고 있다.

에듀테크 기술의 발달로 학습에서도 AI는 기억력을 보조하고 피드백을 제공한다. 대학생들은 음성 녹음을 텍스트로 바꿔주는 '클로바 노트', 메모와 문서 관리를 할 수 있는 '노션', 자연스러운 번역 성능을 보이는 '딥엘' 등 다양한 AI 툴을 적절히 활용하며 공부 효율을 높이고 있다. 요즘 초중고생

1 「[써봤다] AI와 함께 만든 첫 동화…새로운 창작 시대 길잡이 '마이라이트'」,《테크M》, 2025.10.26.
2 「전자책 한 권으로 한달에 몇 년치 연봉을 번다」,《한경닷컴》, 2022.6.13.
3 「[르포] "작사·작곡은 AI가 하고 돈은 제가 벌어요" 신종 '플레이리스트 유튜버'의 세계」,《조선일보》, 2025.10.5.

들은 수학도 AI로 공부한다. 콴다에 사진을 찍어 올리면 문제풀이를 볼 수 있다.[4] 콴다는 광학문자인식(OCR) 기술을 활용해 모르는 문제를 사진으로 촬영하면 AI가 5초 안에 풀이를 제공하는 AI 학습 플랫폼이다. 단계별 풀이와 힌트 제공, 개별 학생 맞춤형 설명 등 다양한 학습 방식을 지원한다.

필자는 스마트폰으로 수학 공부를 하는 고2 딸을 보며, 과연 공부가 되긴 하는 건지 의구심을 거둘 수가 없어 묻자, AI가 제시하는 추가 질문을 통해 자기주도적 학습 능력도 키울 수 있다고 딸은 항변한다. 90년대 말 필자가 전자사전으로 영어공부하는 것을 보고, 웬만하면 종이 사전을 사용할 것을 권유하던 선생님이 생각나 딸에게 더 이상 아무 말도 하지 않았다.

2) 인간 활동의 구조적 재편

한나 아렌트는 『인간의 조건』에서 인간의 활동을 노동(labor), 작업(work), 행위(action)라는 세 범주로 구분하며, 각각이 인간 삶과 세계 형성에서 서로 다른 차원을 지닌다고 보았다. 노동은 생물학적 삶의 유지에 직접적으로 결부된 활동으로, 소비와 재생산이라는 순환적 과정에 종속된다. 노동은 필연성과 반복성의 영역에 속하며, 그 결과물은 지속성을 갖지 못하고 즉각적으로 소멸된다. 반면 작업은 인간이 자연을 가공해 비교적 지속적인 인공물을 만들어내는 활동이다. 도구, 상품, 예술품, 건축물과 같은 결과물은 인간이 거주할 수 있는 '세계'를 형성하며, 노동과 달리 시간적 지속성과 객관성을 획득한다.

아렌트에게서 가장 중요한 범주는 행위다. 행위는 타인과 더불어 말하

---

4   「"선생님이 꼭 필요한가요?"…요즘 학생들, 수학문제 막히면 카메라부터 '찰칵'」,《매일경제》, 2025. 2. 28.

고 행동하는 공적 활동으로, 행위를 통해 인간은 고유한 '누구(who)'로서 자신을 드러낸다. 행위는 예측 불가능성과 다원성을 전제로 하며, 정치와 자유의 가능성이 출현하는 공간을 구성한다. 아렌트는 근대 사회가 노동의 논리를 사회 전체에 확장함으로써 인간 활동의 위계를 왜곡하고, 행위의 영역을 잠식해 왔다고 비판했다. 이러한 활동 구분은 AI 시대의 직업 구조 변화를 분석하는 데 중요한 이론적 틀을 제공한다. 자동화와 알고리즘은 노동과 작업의 영역에 집중되고 있으며, 이는 기술 변화가 단순한 효율성의 문제가 아니라 인간 활동의 구조적 재편이라는 점을 시사한다.

이 구분을 AI 시대의 직업 세계에 적용하면, 자동화와 대체의 압력이 어떤 영역에 집중되는지 보다 선명하게 파악할 수 있다. 반복성과 규칙성이 높은 노동(labor)의 상당 부분은 이미 알고리즘과 로봇 기술을 통해 자동화가 진행되고 있다. 제조업의 조립 공정, 물류 분류, 단순 서비스 노동뿐 아니라 데이터 입력, 일정 관리, 고객 응대와 같은 사무적 노동도 알고리즘 기반 자동화의 대상이 되고 있다. 이는 노동이 지닌 순환성과 표준화 가능성이 기술적 대체를 용이하게 만들기 때문이다.

작업(work)의 영역 역시 안전하지 않다. 사무·회계·번역·콘텐츠 생산 등 작업에 해당하는 영역도 절차가 코드화될 수 있는 부분을 중심으로 AI가 빠르게 대체하고 있다. 작업이 노동보다 더 높은 숙련과 판단을 요구하더라도 그 내부에 명확한 규칙과 형식이 존재하는 한 자동화의 대상이 될 수 있음을 보여준다.

반면 행위(action)의 영역은 상대적으로 인간의 고유한 영역으로 남아 있다. 타인과의 상호작용 속에서 신뢰를 형성하고, 새로운 규범과 의미를 제안하며, 불확실한 상황에서 책임 있는 결정을 내리는 활동은 완전한 자동화가 어렵다. 이 영역에서 중요한 것은 결과의 정확성보다 관계, 책임, 해석, 설득의 과정이다. 따라서 AI 시대의 직업 전략은 자신의 직무를 구성하는 요소 중 무엇이 노동과 작업에 속하고, 무엇이 행위에 가까운지를 식별하는 데서 출발해야 한다.

'AI가 할 수 있는 것'과 'AI가 할 수 없는 것'을 구분해서 반복적 노동과 절차적 작업은 AI에게 맡기고, 인간은 판단·전략·관계·의미 생산의 영역으로 이동해야 한다. 이 과정에서 AI 활용 능력은 단순한 기술 스킬이 아니라 생산성 프리미엄으로 작동하며, 노동시장에서 차별적 가치를 만들어낸다. 노동의 의미 자체가 재정립되고 있는 것이다. AI를 사용하는 능력은 더 빠른 성과·더 높은 임금으로 이어질 가능성이 크다. 반면에 자신의 역할을 여전히 반복적·절차적 업무에 한정하는 경우, 자동화의 진전에 따라 기회가 축소될 위험이 커진다. 이는 아렌트가 경고한 '노동의 사회적 지배'가 기술적 형태로 재구성되는 양상이라 할 수 있다.

2. AI 시대 빅테크의 그림자

1) 주목경제와 불평등

AI 개발은 '시간'과 '사람'의 싸움이다. Microsoft, Google, OpenAI, Amazon, Meta 등 최상위 빅테크 기업들은 막대한 예산을 들여 경쟁적으로 세계 최고의 인재를 영입하고, 데이터와 컴퓨팅 파워를 투여하며 기술의 지평을 확장하고 있다. 이 혁신이 인류 전체의 복지, 행복, 평등이라는 이상에 가까이 가는 것이 아니라 누가 더 빠른 속도로 미래 산업의 표준을 독점할 것인가의 자본 게임이라고 지적한다. 기업이 성장하지 않으면 주가가 떨어지고, 주가가 떨어지면 인재와 자본이 다 빠져나간다. 디지털 혁신은 접속의 민주화를 약속했지만, 실제로는 더 강한 독점 구조와 권력 집중을 만들어왔다. 자본과 인재의 집중은 불평등의 재생산으로 이어질 우려가 있다. 지금 벌어지고 있는 AI 경쟁 역시 중소기업과 신생 기업, 개발도상국이 미래기술에 접근할 기회를 점점 더 잃게 만드는 역설을 안고 있다.

Microsoft와 OpenAI는 수익과 윤리를 동시에 외치지만 실제로는 AI, 데이터, 하드웨어까지 모든 자원을 독점하는 전략을 쓰고 있다. 인재 확보, 합병과 제휴의 흐름 속에서 스타트업들의 혁신 기회는 줄고 있다. 빅테크의 독주 속에 혁신 생태계가 다양성과 사회적 신뢰를 유지할 수 있을지 근본적 회의가 남는다.

2024년 오픈AI는 '맞춤형 챗GPT 스토어'를 열었다. 모든 개발자가 자신만의 챗봇을 만들고, 사용자 수와 체류 시간에 따라 수익을 올릴 수 있는 모델이다. 이 모델의 본질은 주목 경제(attention economy)다. 빅테크는 이용자가 앱에 오래 머물수록 더 많은 데이터와 광고수익을 얻고, 사용자가 챗봇과 더 깊은 관계를 맺도록 설계한다.

캐릭터AI · 킨드로이드 · 여자친구 챗봇 서비스까지 등장하며 인간의 외로움 · 심리적 의존이 상품화된다. 챗봇이 우리의 맥락 · 대화 · 감정을 기억하며, 점점 더 많은 개인정보를 장악하게 될 때마다 프라이버시 문제는 더욱 심각해진다.

언론학자 월터 리프만(Walter Lippmann)은 『여론(Public Opinion)』에서 미디어가 현실을 있는 그대로 반영하는 '창(window)'이 아니라, 인간이 현실을 인식하도록 구성된 '의사환경(pseudo-environment)'을 만들어내는 장치라고 지적했다. 그는 사람들이 직접 경험하는 현실이 아니라 미디어와 상징체계를 통해 전달된 '머릿속의 그림(pictures in our heads)'에 근거해 판단하고 행동한다고 설명하며, 뉴스는 객관적 현실의 재현이 아니라 선택 · 강조 · 배열을 거친 구성물임을 강조했다(Lippmann, 1922). AI 시대에 이 논의를 확장하면, 추천 알고리즘과 개인화된 피드는 리프만이 말한 의사환경을 한 층 미세하고 개별화된 형태로 재구성하는 장치로 이해할 수 있다.

이제는 하나의 공통 뉴스 화면이 대중에게 동일한 '머릿속의 그림'을 제 공하는 것이 아니라 각 개인에게 맞춤화된 뉴스·영상·광고 조합이 제시 되면서 서로 다른 의사환경이 병렬적으로 형성된다. 따라서 '나는 어떤 의 사환경 속에서 세계를 보고 있는가', '내 머릿속의 그림은 무엇에 의해 구성 되고 있는가'를 인식하는 능력은 AI 시대의 미디어 리터러시이자 생존력의 핵심 요소가 된다.

2) 알고리즘 통치

AI와 챗봇, 웨어러블 기기는 이제 우리의 대화·일상·감정까지 자동 기록하고 분석한다. 잘못 설계된 알고리즘은 편향, 인종·성별·정치적 왜곡 등 수많은 위험의 씨앗이 될 수 있다. 미셸 푸코는 근대 사회에서 권 력이 작동하는 방식을 억압적 권력이 아니라 생산적 권력으로 파악하면서 권력이 주체를 억눌러 소멸시키는 것이 아니라 오히려 특정한 유형의 주 체를 만들어낸다고 주장했다. 감옥·병원·학교·군대 등 근대의 제도들 은 신체를 규율하고 행동을 표준화하는 동시에 관찰·기록·분류를 통해 정상과 비정상을 구분하는 지식 체계를 생산한다.

이러한 푸코의 관점에서 알고리즘은 단지 편리한 추천 시스템이 아니 라 주체 형성과 통치의 새로운 장치로 이해될 수 있다. 플랫폼 알고리즘은 이용자의 클릭, 시청 시간, 구매 기록, 사회적 관계, 위치 정보 등을 지속적 으로 수집·분석해 누가 어떤 상품과 정보, 어떤 사람과 어떤 정치적 메시 지를 접하게 될지를 미세하게 조정한다. 그 결과 이용자는 자신이 선택한 다고 느끼지만 실제로는 사전에 배열된 옵션들 속에서 선택하는 것에 가까운 상황에 놓이게 되며, 보고 듣고 소비하는 것의 범위가 서서히 특정한 방향으로 형성된다. 이는 푸코가 말한 규율의 시선과 정상화 권력이 알고리즘과 데이터 경제를 통해 재구성된 형태라고 볼 수 있다.

'나'를 지키기 위해서라도 AI를 이해하는 것은 중요해졌다. 초개인화 알고리즘은 개인의 관심사, 취향, 소비 패턴, 심리 상태를 분석해 '나에게 맞는' 콘텐츠를 제공한다. 알고리즘은 우리가 좋아할 것 같은 제품을 추천하고, 뉴스를 제공하고, 사람을 연결하고, 정보를 제한한다.

초개인화 알고리즘의 영향은 특히 소비와 금융 영역에서 직접적인 경제적 위험으로 이어진다. 일부 연구들은 광고·추천 시스템이 소비 성향이 강한 이용자에게 더 자극적인 상품을 반복적으로 노출하거나, 취약 계층에게 고위험 금융상품과 고금리 대출을 집중적으로 제시하는 경향이 있음을 지적한다.

따라서 AI 시대에는 알고리즘이 제공하는 선택지의 구조를 이해하고, '왜 나는 이것을 선택하는가'를 스스로에게 질문하고 답할 수 있어야 한다. 데이터 수집·프로파일링·추천 논리를 비판적으로 인식하는 능력은 필수가 되었다.

3. 예술가 없는 예술, 인간 없는 창작

1) 창작 노동 구조의 재편

생성형 인공지능의 확산은 창작 노동의 구조 자체도 재편하고 있다. 이미지, 텍스트, 음악, 음성 등 상징적 산물을 생산하던 영역에서 AI는 일정 조건 하에서 인간 창작자를 실질적으로 대체할 수 있는 존재로 기능한다. 이 변화의 핵심은 생성형 AI가 '무(無)'에서 창조하는 기술이 아니라, 인간이 축적해 온 방대한 문화적·예술적 산출물을 학습 데이터로 삼아 패턴을 재조합한다는 점에 있다.

이러한 특성 때문에 생성형 AI는 필연적으로 기존 창작물과의 관계, 특히 저작권·저작인격권·초상권·노동 보상 구조와 충돌하게 된다. 문제는 이 충돌이 기술 구조 자체에서 발생하는 상시적, 지속적 문제라는 점이다.

전통적으로 창작은 인간의 개별적 경험, 감정, 의도, 판단이 결합된 결과로 이해되어 왔다. 그러나 생성형 AI의 등장은 창작을 '개별 주체의 표현'이 아니라 '통계적 재구성'의 결과로 재정의한다. AI는 특정 작가나 예술가의 작품을 그대로 복제하지 않더라도, 다수의 창작물에서 반복적으로 나타나는 스타일·구조·표현 방식을 추출해 새로운 결과물을 산출한다.

이 과정에서 중요한 쟁점은 다음과 같다.

첫째, AI의 산출물이 기존 창작자의 개별 작품을 직접적으로 침해하지 않더라도 그 스타일을 베끼는 문제를 어떻게 해결할 것인가.

둘째, 이러한 간접적 대체를 법적·윤리적으로는 어떻게 판단할 것인가.

셋째, 창작의 과정이 자동화되면 창작 노동의 가치는 어떻게 되는가.

생성형 AI 모델은 대규모 데이터셋을 기반으로 학습된다. 이 데이터에는 공개 영역의 자료뿐 아니라 저작권 보호를 받는 텍스트와 이미지, 음성 데이터가 혼재되어 있다. 문제는 많은 경우 창작자가 자신의 작품이 학습 데이터에 포함되었는지조차 알기 어렵고, 설령 이를 인지하더라도 실질적인 거부권이나 보상 메커니즘이 없다는 점이다.

이러한 구조는 기술 기업과 개별 창작자 사이의 권력 비대칭을 심화시킨다. 데이터는 집합적 자원처럼 활용되지만, 그 원천은 개별 창작자의 노동과 시간이다. 결과적으로 AI 모델의 경제적 가치는 데이터 제공자에게 환원되지 않고 플랫폼과 기업에 집중되는 경향을 보인다.

배우의 얼굴, 성우의 음성, 연주자의 연주 스타일은 단순한 기술적 자원이 아니라 개인의 직업적 정체성이자 생계 수단이다. 특히 음성 합성 기술은 비교적 낮은 비용으로 인간 음성을 재현할 수 있어 상업적 프로젝트에서 인간 노동을 대체할 유인이 크다. 이는 중·소규모 창작 노동 시장 전반에 영향을 미치며, 다수의 창작자에게 안정적 수입원을 제공하던 작업들을 빠르게 잠식한다.

생성형 AI가 만들어내는 가장 큰 변화는 창작 노동의 하층부에 대한 압박이다. 고가의 예술 프로젝트가 아니라, 설명 영상, 홍보 콘텐츠, 단순 이미지 제작, 더빙, 내레이션 등이 AI로 대체될 가능성이 크다. 이러한 노동은 겉으로 보기에는 화려하지 않지만, 많은 창작자에게는 예술 활동을 지속하기 위한 필수적 기반이었다. 이 기반이 무너질 경우, 창작은 점점 경제적 여유가 있는 소수의 전유물이 될 위험이 있다.

최근 일부 국가와 산업 영역에서는 이러한 변화에 대응하기 위해 제도 마련에 나서고 있다. 창작자 단체와 노동조합은 AI 활용의 범위를 계약서에 명시하고, 무단 학습이나 대체 사용에 대해 제한을 두려는 시도를 이어가고 있다. 생성형 AI의 활용 조건과 책임 소재를 명확히 하여 사회적 수용성과 지속 가능성을 확보하려는 것이다.

'창작이란 무엇인가'라는 오래된 철학적 질문이 AI 시대에 다시 제기된다. 생성형 AI가 만들어내는 결과물의 근본적 한계는 그것이 '의미를 이해하는 주체'에 의해 만들어지지 않는다는 점에 있다.

반면 인간의 창작은 개인의 기억, 욕망, 사회적 위치, 신체적 경험이 복합적으로 얽힌 과정이다. 동일한 환경에서 살아온 두 사람이 전혀 다른 작품을 만들어낼 수 있는 이유는 창작이 개인의 삶이 축적된 결과이기 때문이다. 이러한 차이는 알고리즘적 연산으로 환원될 수 없다.

감각, 고통, 쾌락, 불안, 죽음에 대한 인식은 인간이 세계를 이해하고 의미를 부여하는 핵심 매개다. 예술 작품은 이러한 신체적 경험을 반영하며, 그것을 타인과 공유하는 수단이다. AI가 만들어내는 결과물은 감각적으로 정교할 수는 있지만, 고통을 이해하거나 삶의 유한성에 대한 성찰을 담아낼 수는 없다는 점에서 AI의 창작은 필연적으로 인간 예술과 다른 차원에 머문다.

2) AI 생성 콘텐츠와 아우라의 붕괴

AI가 콘텐츠 생산자로 기능하게 되면서 진짜와 가짜의 경계는 점점 모호해지고 있다. AI가 만든 콘텐츠와 인간이 만든 콘텐츠가 섞이고, 온라인에서는 누구든 쉽게 '아우라(aura) 없는 정보'로 세상을 흔들 수 있다. 발터 벤야민은 「기술복제 시대의 예술 작품」에서 사진·영화와 같은 기술 복제 매체가 등장하면서 예술작품의 존재 방식이 근본적으로 달라졌다고 진단한다(Benjamin, 1936/1969). 그는 전통적인 예술작품은 특정한 시간과 장소에 고유하게 존재하는 '여기 그리고 지금(Das Hier und Jetzt)'의 유일성을 가지며, 이 고유한 현존성이 곧 예술작품의 아우라를 형성한다고 보았다.

아우라는 작품이 지닌 역사적·의례적 맥락, 즉 오직 그 장소에 가야만 마주할 수 있는 유일한 경험과 결부되어 있으며, 이 특유의 거리감과 희소성이 작품의 권위와 진정성을 뒷받침한다. 그러나 사진·영화와 같은 기술 복제 수단은 예술작품을 무한히 복제하여 서로 다른 시간과 공간으로 손쉽게 옮겨 놓는다.

벤야민에 따르면 이러한 기술 복제는 아우라의 붕괴를 초래한다. 더 이상 예술작품은 특정한 장소와 의례에 묶인 유일한 존재가 아니라 불특정

다수에게 대량으로 배포되고 소비되는 이미지가 된다. 이 과정에서 작품의 진정성은 후퇴하고, 대신 접근성·재현 가능성·배포 효율과 같은 요소가 전면에 부상한다. 예술작품은 더 이상 거리를 두고 경외하는 대상이 아니라, 반복 재생되고 편집·조합 가능한 '사용 가능한 것'으로 변모한다.

오늘날 AI가 콘텐츠 생산자로 기능하는 환경은 벤야민이 분석한 기술 복제의 논리를 한층 급진적인 형태로 확장한다. 텍스트·이미지·영상·음악을 생성하는 AI 모델은 기존 데이터와 스타일을 학습해 인간이 만든 것과 구별하기 어려운 결과물을 거의 무한대에 가깝게 생산·복제할 수 있다. 이 과정에서 원본과 복제본의 구분은 더욱 모호해지고, 어떤 콘텐츠가 인간의 경험과 의도를 반영한 것인지, 어떤 콘텐츠가 알고리즘의 조합과 통계적 패턴의 산물인지 식별하기가 점점 어려워진다.

이러한 AI 콘텐츠는 벤야민이 이야기하는 아우라를 갖지 못한다. 특정한 시간·공간·맥락을 통해 축적된 고유한 현존성보다는 '지금 이 순간 나에게 맞춰 추천된 것'이라는 적시성과 개인화의 효용이 우선한다. 플랫폼 알고리즘은 이용자별로 맞춤형 정보를 순식간에 조합해 제공하며, 그 과정에서 텍스트·이미지·영상은 잘리고, 붙고, 변형된다. 이처럼 '아우라 없는 정보'가 대량 생산·대량 유통되는 환경에서 콘텐츠의 권위와 진정성은 '출처가 어디인가'가 아니라 '얼마나 많이 노출됐는가'에 의해 그 가치가 매겨진다.

진짜와 가짜의 경계가 흐려지는 현상은 단지 '가짜 뉴스가 많아졌다'는 차원을 넘어 인간의 지각·판단·경험 구조 자체가 재편되는 문제로 이해할 수 있다. 기술 복제 시대에 예술의 아우라가 붕괴되며 진정성보다 접근성과 효율성이 중시되었듯이, AI 시대의 정보 환경에서는 생산 속도·노출 범위·개인화 효과가 정보의 위상과 영향력을 좌우한다. 이때 진위 판단은 더 이상 콘텐츠의 표면만을 보고 결정할 수 없으며, 어떤 기술·알고리즘을 통해 생산·배치되었는지에 대한 이해가 필수가 된다.

AI 기술의 미래가 인간에게 이로운 방향으로 나아가기 위해서는 윤리와 신뢰가 반드시 수반되어야 한다. 프라이버시 보호, 데이터 투명성, 알고리즘의 공정성, 플랫폼 책임, AI 리터러시의 사회적 보장 등이 필수적으로 마련되어야 하나, 문제는 결정권이 현재 우리에게 있는 게 아니라 빅테크 기업들이 갖고 있다는 것이다. 혁신은 빠르지만, 사회가 지혜를 모으는 속도는 늘 그 뒤를 쫓는다(Asimov, 1988). 미디어의 대중성은 기술과 규제가 균형을 이루지 않으면 자본의 독점과 인간성 상실로 이어질 수 있다.

19세기에 사진 기술의 등장으로 회화가 몰락할 것이라는 예견도 있었다. 많은 화가들은 사진을 '기계적 모사'에 불과하다고 평가 절하하기도 했다. 그러나 사진은 결국 회화와 경쟁하는 대신 회화를 다른 방향으로 이동시키는 계기가 되었다. 사실적 재현의 부담에서 벗어난 회화는 인상주의, 추상미술 등 새로운 표현 양식을 탐색할 수 있었다.

이와 유사하게 생성형 AI 역시 인간 예술을 대체하기보다는 예술의 역할과 범위를 재구성할 가능성을 지닌다. AI는 창작의 일부 과정을 보조하거나 확장하는 도구로 기능할 수 있으며, 인간은 그 위에서 새로운 의미 생산에 집중할 수 있다.

인간은 AI를 통해 새로운 방식으로 자신의 경험을 조직하고 표현할 수 있다. 창작의 근본적 힘은 여전히 인간에게 있으며 기술은 그 힘을 확장하거나 왜곡할 수는 있어도 완전히 대체할 수는 없다. 따라서 질문은 'AI가 예술을 죽이는가'가 아니라, '우리는 이 기술을 어떤 창작 윤리와 사회적 규범 속에서 사용할 것인가'로 옮겨가야 한다.

4. AI, '도구'에서 '환경'으로

AI를 이해해야 일상·직장·경제 위험에서 살아남는 시대가 되었다. 이제는 일상적인 업무, 소비 활동, 인간관계, 심지어 정치적 선택까지도 AI 기반의 정보와 추천 알고리즘이 깊숙이 관여하고 있다. 이 변화 속에서 가장 중요한 것은 '기술을 어떻게 다루는가'라는 문제다. 단순히 AI를 사용할 줄 아는 수준을 넘어서 AI가 우리의 판단과 선택에 어떤 방식으로 영향을 미치는지 이해하는 것이 생존의 기본 조건이 되었다.

하이데거는 기술을 인간이 사용하는 단순한 도구가 아니라 인간의 세계 경험 방식을 규정하는 하나의 환경이라고 보았다. AI 미디어는 우리가 정보를 인지하고 판단하는 방식을 재구성한다. 예를 들어 추천 알고리즘은 우리가 어떤 뉴스를 접하고 어떤 영상을 보며 무엇을 소비할지 결정하는 데 지대한 영향을 준다. 정보 선택의 방향이 곧 소비 선택과 직결되고, 소비 선택은 장기적인 경제적 안정성과도 연결된다.

하이데거가 현대 기술의 특수한 본질을 설명하기 위해 도입한 개념이 게슈텔(Gestell, enframing)이다. '틀지음'으로 번역되는 게슈텔은 존재자들을 그 자체로 만나게 하기보다 선험적으로 '항상 동원 가능한 자원(standing-reserve)'으로 조직하는 틀을 의미한다. 이런 의미에서 현대 기술은 인간이 자연·타인·자기 자신을 자원이나 데이터, 인적 자본 등으로 파악하게 하는 환경적 조건을 형성한다는 것이다.

따라서 기술을 단순한 도구로 파악하는 관점은 도구를 '어떻게 잘 쓰느냐'의 문제에만 머물게 하며, 기술적 세계 이해가 인간의 사유·감각·실천 전반을 어떻게 형성·지배하는지에 대한 근본 물음을 가린다고 하이데거는 비판한다. 기술의 본질을 성찰적으로 파악할 때 나른 방식으로 세계를 이해할 수 있다는 점에서 그는 기술 시대의 사유 방식 전환을 요청한다.

AI 미디어를 이해하는 사람은 광고·추천·콘텐츠 흐름이 어떻게 개인을 설득하는지 감지할 수 있다. 그런데 이를 이해하지 못하면 무의식적으로 특정 소비 패턴, 특정 정치 성향, 특정 금융 위험에 더 쉽게 노출될 수 있다. 필자는 AI를 단순히 도구로 이해하는 관점에서 벗어날 것을 제안한다. 하이데거가 기술을 인간의 세계 경험 방식을 규정하는 환경으로 보았듯이 AI를 우리가 세상과 통하는 틀, 즉 미디어로 이해할 필요가 있다.

5. 지금 우리가 할 일

1) 업스킬링과 리스킬링, AI 리터러시

AI 기술의 확산은 노동과 직무의 형태를 변화시키고, 인간이 문제를 인식하고 판단하는 방식 자체를 재구성하고 있다. 업스킬링과 리스킬링, AI 리터러시, 비판적 사고는 AI 시대에 요구되는 핵심 역량이다. 따라서 본서의 결론은 'AI를 어떻게 사용할 것인가'가 아니라, 'AI 시대에 인간은 무엇을 해야 하는가'라는 물음에 대한 실천적 제안이 되어야 할 것이다. AI 시대에 우리가 수행해야 할 과제를 다음의 네 가지로 정리할 수 있다.

첫 번째 과제는 업스킬링과 리스킬링이다. 업스킬링은 AI와 함께 일하기 위해 인간의 판단·기획·책임 능력을 고도화하는 것이고, 리스킬링은 AI로 사라진 역할 이후를 대비해 새로운 역할로 이동할 수 있는 능력을 갖추는 것이다. 이는 개인 차원의 생존 전략일 뿐 아니라, 조직과 사회가 인적 자본을 유지·재생산하기 위한 필수 조건이다.

둘째, 협업·소통 역량의 중요성이 더욱 커지고 있다. 글로벌 환경에서 문화적 다양성을 이해하고 조정하는 능력, 팀 기반 의사결정 과정에서 합의를 이끌어내는 커뮤니케이션 역량은 기술 숙련도 못지않게 중요하다. 이는 AI가 인간의 관계적·사회적 차원을 대신할 수 없다는 점에서 인간 고유의 영역이자 핵심 자산으로 남는다. 의료, 경영, 교육, 정책 결정 등 다양한 영역에서 AI는 분석과 예측을 담당하고, 인간은 가치 판단과 책임 있는 결정을 수행하는 분업 구조를 만들어야 한다.

셋째, 디지털 역량과 논리적 사고는 AI 리터러시의 실질적 토대이다. AI 리터러시는 알고리즘과 데이터, 자동화 시스템이 무엇을 할 수 있고 무엇을 할 수 없는지, 그리고 그 결과가 어떤 전제와 한계를 갖는지를 이해하는 능력을 포함한다. 이는 AI가 제시하는 결과를 무비판적으로 수용하지 않고 해석하고 검증하며 의문을 제기할 수 있는 능력이다. 특히 AI가 의사결정 과정에 깊숙이 개입하는 환경에서는 AI의 판단을 이해하지 못한 채 따르거나 근거 없이 배제하는 심각한 사회적·경제적 비용으로 이어질 수 있다.

넷째, 자기주도적 학습을 통한 지속적 성장은 AI 시대 인재의 필수 조건이다. AI 기술은 변화 속도가 빠르기 때문에 현재 유효한 기술과 지식이 단기간 내에 대체될 가능성이 크다. 따라서 AI 시대의 인재는 스스로 학습 목표를 설정하고 새로운 기술과 지식을 지속적으로 습득할 수 있어야 한다.

AI는 방대한 데이터를 기반으로 패턴과 예측을 제공하지만, 그 결과는 훈련 데이터의 편향과 모델의 한계를 그대로 반영한다. 따라서 인간의 역할은 결과가 생성된 맥락을 해석하고 오류 가능성을 점검하며, 다른 관점에서 재평가하는 데 있다.

AI 시대의 교육과 조직 전략은 창의적 문제 해결, 비판적 사고, 협업과 소통, 그리고 지속적 학습 태도를 기르는 데 초점을 맞춰야 한다.

2) 켄타우로스형 주체'와 휴먼 인 더 루프

켄타우로스는 그리스 신화에 등장하는 반인반마(半人半馬)의 존재로, 인간의 이성과 판단력을 상징하는 상체와 동물의 강력한 신체를 상징하는 하체가 결합된 형상이다. AI 시대에 켄타우로스형 인재란 인간 고유의 사고 · 윤리 · 창의성과 AI의 압도적인 계산 능력과 실행력을 결합한 하이브리드형 주체를 의미한다(김난도 외, 2025). 이는 인간이 AI와 경쟁하는 존재가 아니라, AI와 한 팀을 이루어 시너지를 창출하는 존재로 재정의됨을 뜻한다.

이때 켄타우로스의 '인간의 머리'는 AI가 대체할 수 없는 영역을 상징한다. 여기에는 정답이 없는 문제에 대해 질문을 던지는 능력, AI가 산출한 결과를 맹신하지 않고 그 전제와 편향을 해석하는 비판적 사고, 기술을 어떤 방향으로 사용할 것인가를 결정하는 윤리적 판단, 그리고 결과물에 의미와 감정을 부여하는 공감 · 소통 능력이 포함된다. 이는 '무엇을 해야 하는가(What)'와 '왜 해야 하는가(Why)'를 결정하는 능력이다.

반면 켄타우로스의 '기술의 다리'는 AI가 제공하는 고유한 역량을 의미한다. AI는 인간의 인지적 한계를 넘어서는 속도와 규모로 방대한 데이터를 처리하고, 인간의 직관으로는 포착하기 어려운 미세한 패턴을 탐지하며, 수많은 대안을 생성 · 시뮬레이션하는 능력을 갖는다. 이는 '어떻게 할 것인가(How)'의 문제를 해결하는 영역이다. AI는 지치지 않고 반복 작업을 수행하며, 인간의 사고를 확장하는 강력한 실행 엔진으로 기능한다.

켄타우로스 모델의 핵심은 이 두 영역의 유기적 결합에 있다. 인간이 방향과 질문을 제시하면, AI는 그 방향을 따라 가능한 해답을 탐색하고 확장한다. 이 과정에서 인간은 반복적·소모적 작업에서 해방되어 보다 고차 원적인 사유와 창의적 활동에 집중할 수 있으며, AI는 인간의 판단 아래 자신의 계산 능력을 보다 의미 있는 영역에 투입하게 된다. 여기서 성과는 인간과 AI의 협업 구조에서 창출된다.

이러한 관점은 미디어 환경에서도 중요한 함의를 갖는다. AI는 콘텐츠 생성, 추천, 편집, 분석 등 다양한 영역에서 이미 미디어 생산과 유통의 핵심 도구로 기능하고 있다. 그러나 AI가 생성한 정보와 서사가 곧바로 의미 있는 메시지가 되는 것은 아니다. 미디어에서 여전히 중요한 것은 어떤 이야기를 선택할 것인가, 그 이야기가 사회적으로 어떤 의미와 영향을 갖는 가, 그리고 그 결과에 누가 책임을 지는가라는 문제다. 이는 인간의 판단 영역에 속한다.

따라서 AI와 미디어의 관계는 휴먼 인 더 루프(human-in-the-loop)의 문제로 재정의되어야 한다. 휴먼 인 더 루프란 AI의 판단을 맹목적으로 따르거나 전면적으로 배제하는 것이 아니라, AI를 유능한 파트너로 활용하되 그 판단 과정에 인간이 적극적으로 개입하고 통제하는 구조를 의미한다.

AI와 미디어의 미래는 빠르고 강력한 기계를 활용해 깊이 사고하고 현명한 질문을 던질 수 있는 인간에게 열려 있다. 이 점에서 켄타우로스형 주체와 휴먼 인 더 루프는 AI 시대에 인간이 인간으로 남기 위한 조건이라 할 수 있다. 결국 AI시대에도 최종 판단은 사람의 몫이다.

3) 지속가능한 AI 사회를 위한 요소들

기술 발전이 사회적 진보로 이어질 것이라는 가정은 반복적으로 반박되어 왔다. AI 역시 예외가 아니다. 기술의 편익이 특정 집단에 집중되고, 윤리적·사회적 통제가 부재할 경우, AI는 불평등을 완화하기보다 오히려 구조적으로 고착화할 가능성이 크다. 따라서 AI 사회의 지속가능성은 기술 경쟁력과 더불어 사회적 설계 능력에 의해 좌우된다. 이러한 문제의식 속에서 AI 사회를 지속 가능하게 설계하기 위한 정책적·제도적 틀로서 '접근성-책임성-적응성'이라는 세 가지 축을 중심으로 논의를 전개하고자 한다.

먼저, 기술 혜택의 사회적 확산을 위해서는 접근성(access)이 중요하다. 접근성 확보는 AI 기술의 혜택이 특정 기업·계층·국가에 집중되지 않고 사회 전반으로 확산될 수 있는 조건을 의미한다. AI는 데이터와 네트워크 효과에 의해 성장하는 기술이다. 이러한 특성을 고려할 때 초기의 접근 격차는 시간이 지날수록 확대될 가능성이 크다. 따라서 접근성은 단순히 기술 보급의 문제가 아니라 AI 혁신의 기회를 사회 전체로 확장하기 위한 구조적 조건이 된다.

접근성 전략의 핵심은 두 가지다. 첫째, 기업·연구기관·대학뿐 아니라 중소기업과 지역 사회도 AI 인프라에 접근할 수 있도록 공공 차원의 지원 체계를 구축하는 것이다. 둘째, 일반 시민을 대상으로 한 AI 리터러시 교육을 강화하여 기술 이용 능력의 격차가 새로운 사회적 불평등으로 전이되지 않도록 하는 것이다. 접근성은 AI 개발비 지원이나 생성형 AI 월 구독료 지원 등 단기적 보조금 정책이 아니라, 중장기적으로 AI 인프라의 공공재적 성격을 인정하고 이를 제도화하는 방향으로 설계되어야 한다.

기술 접근성의 불균형은 곧 정보 접근성, 경제적 기회, 정치적 발언권의 격차로 전이된다. 미디어 환경에서 접근성 문제는 더욱 중요하다. AI 기반 추천 시스템, 자동화된 콘텐츠 생산 도구, 데이터 분석 인프라는 미디어 생산과 유통의 문턱을 낮추는 동시에 대규모 자본과 기술을 보유한 주체에게 영향력을 집중시키는 이중적 효과를 낳는다. 따라서 접근성 전략은 단순한 기술 보급을 넘어 공공 AI 인프라 구축, 중소 미디어와 지역 언론에 대한 기술 지원, 시민 대상 AI 리터러시 교육을 포함해야 한다. 이는 AI가 민주적 공론장을 확장하는 도구로 기능하기 위한 전제 조건이다.

둘째, 알고리즘 권력과 미디어 신뢰의 문제를 해소하기 위해서는 책임성(accountability)이 요구된다. 책임성은 AI 시스템이 초래하는 결정과 결과에 대해 누가, 어떻게 책임을 지는가에 대한 제도적 설계를 의미한다. AI 시스템이 사회적 의사결정에 관여할수록 그 작동 원리와 결과에 대한 책임 소재는 명확해야 한다.

책임성은 투명성과 안전성을 포함한다. AI가 어떤 데이터로 학습되었고, 어떤 기준에 따라 판단을 내리는지에 대한 설명 가능성은 오류와 편향을 교정하기 위한 요건이다. 또한 오작동, 데이터 유출, 사이버 공격 등으로부터 사회적 피해를 최소화하기 위한 사전적 안전 관리 체계도 필수적이다.

AI는 점점 더 뉴스 추천, 여론 형성, 콘텐츠 검열, 광고 타기팅 등 핵심 미디어 기능에 개입하고 있지만, 그 판단 과정은 종종 불투명하게 작동한다. 이로 인해 오류, 편향, 차별이 발생하더라도 책임 주체가 모호해지는 문제가 반복된다. 미디어 영역에서는 특히 알고리즘 추천이 여론 왜곡이나 허위정보 확산에 미치는 영향을 감안해 공적 감시와 독립적 검증 체계가 병행되어야 한다.

셋째, 변화하는 AI 환경에 적응성(Adaptability)이 필요하다. 적응성은 AI 기술이 가져올 구조적 변화에 사회와 제도가 얼마나 유연하게 대응할 수 있는가를 의미한다. AI는 노동시장, 교육, 에너지, 환경, 문화 전반에 연쇄적인 변화를 야기한다. 특히 자동화와 알고리즘 의사결정의 확산은 기존 직무 구조와 미디어 노동의 성격을 근본적으로 바꾸고 있다.

AI가 초래하는 가장 큰 구조적 변화는 자동화와 산업 재편이다. 이는 일자리의 단순한 감소 문제가 아니라, 직무 구성과 역량 요구 자체의 변화로 이어진다. 적응성(adaptability)은 이러한 변화에 사회와 개인이 얼마나 유연하게 대응할 수 있는지를 의미한다.

적응성 전략의 핵심은 재교육과 전환 지원이다. 노동자의 재학습 기회를 제도적으로 보장하고, 특정 지역이나 산업에 충격이 집중될 경우 이를 완충할 정책 수단을 마련해야 한다. 미디어 분야에서는 저널리즘의 역할을 재정의 하고 저널리스트들에게 새로운 전문성을 갖추도록 요구한다.

접근성이 보장되지 않으면 AI 도입 과정에서 배제되는 집단이 확대되고, 책임성이 결여되면 기술에 대한 사회적 신뢰가 붕괴된다. 적응성이 부족할 경우, AI는 혁신이 아니라 불안정과 갈등의 요인이 된다. 따라서 지속 가능한 AI 사회가 정착되도록 하기 위해서는 접근성, 책임성, 적응성 등 3요소가 상호 보완적으로 작동하도록 설계되어야 한다.

6. 마치며

: AI 미디어를 이해한다는 것은 '살아가는 힘'을 갖춘다는 의미

AI가 몰고 온 지금의 변화는 인간의 감각·판단·노동·관계·세계관 자체에 개입한다는 점에서 근본적이다. 생성형 AI가 이미지와 영상을 만드는 기술은 현실을 구성하는 방식 자체를 바꾸는 차원의 기술이다. 그렇기 때문에 AI 미디어를 이해하는 것은 새로운 시대의 시민으로 살아가기 위해 반드시 갖춰야 할 생존 감각을 익히는 필수적인 일이 되었다.

우리는 이미 AI가 만든 정보에 둘러싸여 있다. SNS 타임라인, 온라인 광고, 추천 영상, 자동 번역된 해외 뉴스, 조정된 알고리즘이 보여주는 검색

결과들까지 인간이 스스로 판단한다고 믿는 많은 것들은 사실상 알고리즘에 의해 유도된 선택일 가능성이 크다. 미셸 푸코(1982)가 '주체가 권력과 담론 속에서 형성된다'고 말했듯이 오늘날의 시민 주체는 점점 더 알고리즘과 데이터 흐름 속에서 만들어지고 있다.

우리가 무엇을 알고, 무엇을 소비하고, 무엇을 믿고, 무엇을 두려워하는지는 AI가 설계한 정보 구조에 의해 영향을 받는다. 이해하지 못하는 사람일수록 기술에 종속될 위험도 커진다.

특히 사진과 영상이 증거로 기능하던 시대는 곧 막을 내릴 것으로 보인다. AI 모델들은 빛의 궤적과 물리 법칙을 자연스럽게 구현하고, 인물의 표정과 감정까지 조형하며, 우리가 실제로 보지 않은 현실조차 실제처럼 느끼도록 만든다. 벤야민(1936)이 「기술복제 시대의 예술」에서 '아우라'가 해체된다고 말한 지 거의 100년이 지났지만, 지금의 AI 미디어는 단순히 아우라를 해체하는 수준을 넘어서 현실과 허구의 경계를 아예 지워버린다. 이 기술은 편리하지만 동시에 인간의 판단 기반을 무너뜨릴 수 있다는 우려를 낳는다.

그럼에도 불구하고 AI 기술의 확산은 분명 새로운 기회를 제시한다. AI는 인간의 노동을 보조하고, 반복적 업무를 자동화하며, 창의적인 활동에 더 집중할 수 있는 여지를 준다. 2023년 이후 ChatGPT가 촉발한 급격한 변화는 2024년엔 사회 전체로 확산되었고, 2025년에는 기업 · 정부 · 교육 · 의료 등 거의 모든 분야에서 실질적인 변화를 만들어내기 시작했다. 기업들은 AI를 활용해 해결해야 할 핵심 문제들을 재정의하고, 디지털 트랜스포메이션의 확장판으로 AIX(AI Transformation)를 고려하고 있으며, 이는 경제 구조 전체를 재조정하는 움직임으로 이어지고 있다.

하지만 기술의 편리함은 어두운 면을 동반한다. 생성형 AI는 누구나 고품질 이미지와 영상을 만들 수 있는 기회를 줌과 동시에 가짜 영상·딥페이크·여론 조작·표정 조작을 누구나 수행할 수 있도록 하는 '위험한 기술'이 되었다. 하이데거가 '기술이 인간을 둘러싼 세계를 드러내는 방식'이라고 지적한 바 있듯, 기술은 도구가 아니라 세계관을 구성하는 환경이다. 그리고 그 환경이 왜곡되면 인간의 인식도 왜곡된다.

본서를 기획하게 된 출발점도 결국 다음의 질문들에 대한 답을 구하기 위한 것이었다.

'우리는 무엇을 기준으로 진짜와 가짜를 구분할 것인가?'

'AI가 만든 정보 속에서 어떻게 내 선택을 지킬 것인가?'

이 질문은 인간이 '나다움'을 지키며 인간답게 살아가기 위한 철학적 질문이기도 하다. AI 시대의 위험은 개인이 감당할 수 있는 문제가 아니라 사회 전체의 신뢰와 안전, 법과 제도, 플랫폼과 기업의 책임이 얽힌 집단적 문제이기도 하다.

AI가 제공하는 편리함에 지나치게 의존하면 많은 우려대로 인간의 창의성과 감각은 둔화될지 모른다. 반대로 기술을 적절히 해석하고 활용한다면, 새로운 기회를 갖게 될 것이다. AI가 정보를 제공해주더라도 우리는 검색·독서·토론을 통해 더 넓은 세계를 접근해야 하며 알고리즘이 보여주는 좁은 통로에 스스로를 가두어서는 안 된다. 정보 편식은 사고 편식을 낳고, 사고 편식은 인간의 자유를 제한한다.

AI가 우리의 일자리를 빼앗을 것인가라는 질문 역시 2025년 한 해 동안 뜨거운 화두였다. 그러나 그것은 마치 "운석이 지구에 언제 떨어질까?"라는 질문과 비슷한 성격을 갖는다. 중요한 것은 예측이 아니라 준비다. 오픈AI가 제시한 AGI 발전 단계는 아직 2~3단계 수준이며, 인간의 노동 전체를 대체할 수 있는 단계까지는 최소한 10년이 걸릴 것으로 예상된다. 따라서 우리가 집중해야 하는 것은 AI에 대체되지 않는 인간의 능력과 AI를 활용해 인간의 능력을 증폭시키는 방법이다. 이는 교육, 노동, 산업, 사회 각 분야에서 고민해야 할 주제다.

이 책의 마지막 부분까지 일독한 독자들은 다음의 질문에 대한 해답을 갖게 되었길 기대한다.

첫째, AI가 만든 정보 속에서 나는 어떻게 내 선택을 지킬 것인가?

둘째, AI와 함께 일하는 시대에 나는 어떤 능력을 갖추어야 하는가?

셋째, 기술 변화 속에서 경제적 손실을 피하고 기회를 잡기 위해 무엇을 알아야 하는가?

넷째, 정보 과잉 시대에 어떻게 '내 생각'을 유지할 것인가?

이 질문들은 AI 시대를 살아가는 우리가 반드시 가져야 할 실존적 · 실천적 태도다. 기술을 배운다는 것은 이제 경제와 직업을 지키는 일, 나의 정체성을 지키는 일, 가족의 안전을 지키는 일, 사회적 신뢰를 지키는 일과 직결된다.

인류는 향후 10년 안에 초지능(superintelligence)에 도달할 가능성이 높다. 초지능은 전문가보다 뛰어난 문제해결 능력과 창조 능력을 갖추고, 한 기업이 아니라 하나의 거대한 조직처럼 생산 활동을 수행할 수 있는 존재가 될 것이다. 그 초지능이 우리에게 위협이 될지, 기회가 될지는 결국 우리가 지금 어떤 인식을 갖고, 어떤 규범을 세우고, 어떤 결정을 내리는지에 달려 있다. 기술이 인간의 운명을 결정하는 것이 아니라, 기술을 어떻게 이해하고 사용하는지가 인간의 운명을 결정한다.

AI 미디어를 이해한다는 것은 기술을 아는 것이 아니라, 새로운 시대의 인간으로서의 책임과 자유를 스스로 자각하는 일이다. 그것이 바로 AI 시대의 '살아갈 힘'이다.

미디어로서의 AI / 홍경수

과학기술정보통신부, 「2024년 인터넷이용 실태조사: 최종보고서」, 한국지능정보사회진흥
원, 2025.

박서연, 「오픈AI '챗GPT 유료 구독 2위 한국에 서울사무소 오픈'」, 『미디어오늘』, 2025.5.26.
https://www.mediatoday.co.kr/news/articleView.html?idxno=326506

한국언론진흥재단, 「생성형 AI 확산에 따른 AI 불안 경험 및 인식」, 『Media Survey』, 2025
년 제5호.

이은주, 「무례를 가르치는 인공지능」, 『동아일보』 동아광장, 2025.10.30.
https://www.donga.com/news/Opinion/article/all/20251030/132673711/2

조정효, 「머신러닝과 정보이론: 작동원리의 이해」, 『고등과학원 HORIZON』, 2021.8.23.
https://horizon.kias.re.kr/18474/

최수하, 「생성형 AI와 구술·문자 소통에 관한 토론 게시물」, 아주대학교 e-Class 온라인
강의 토론문, 2025.9.28.
https://eclass2.ajou.ac.kr/ultra/courses/_106594_1/engagement/discussion/_2091271_1

Baym, Nancy K., *Personal Connections in the Digital Age*, Polity Press, 2015.

Bostrom, Nick, *Superintelligence: Paths, Dangers, Strategies*, Oxford University Press, 2014.

Dobariya, O., & Kumar, A., "Mind Your Tone: Investigating How Prompt Politeness
Affects LLM Accuracy," arXiv Preprint, 2025.
https://arxiv.org/abs/2510.04950

Han, Byung-Chul, *Non-Things: Upheaval in the Lifeworld, Polity* Press, 2022.

Jung, J. M., & Kim, J. N., "Rethinking Media Users in the Age of AI and Algorithmic
Mediation," *Media & Communication*, Vol. 13, Article 10915, 2025.
https://doi.org/10.17645/mac.10915

McLuhan, Marshall, *Understanding Media: The Extensions of Man*, New York: McGraw-
Hill, 1964.

Ong, Walter J., *Orality and Literacy: The Technologizing of the Word*, 2nd ed., Routledge,
2013. (Original work published 1982)

OpenAI, *ChatGPT,* 대규모 언어모델(Large Language Model), 2025.

Pelà, Tancredi A., *Estimating the Impact of Generative Artificial Intelligence on Natural
Language,* Politecnico di Milano 석사학위논문, 2024.

Schmelzer, Ron, "Geoff Hinton Warns Humanity's Future May Depend on AI 'Motherly
Instincts'," *Forbes*, 2025.8.12.

https://www.forbes.com/sites/ronschmelzer/2025/08/12/geoff-hinton-warns-humanitys-future-may-depend-on-ai-motherly-instincts/

Yudkowsky, Eliezer, *AGI Ruin: A List of Lethalities*, LessWrong, 2023.

미디어콘텐츠 산업에서의 생성 AI 기술 활용 현황과 전망 / 유진희

김채연, 주하은, 황진성, 유성권, 명윤호, 임영래, 인예원, 김다루, 이승민, 박구만, 이영화, 양지희, 최영희, 「생성형 AI 기반 단편영화 제작의 기술적 구현과 한계 분석」, 『방송공학회논문지』, 30권 2호, 2015.

「노벨상 휩쓰는 AI, 물리학상 이어 화학상」, 『동아일보』, 2024.10.10. https://www.donga.com/news/Economy/article/all/20241010/130186441/2 (검색일: 2025.10.1).

「1시간 걸릴 장면, 5분 만에 완성 … "웹툰 그리기 참 쉽죠?"」, https://www.mk.co.kr/news/it/10890345 『매일경제』, 2023.12.4.

「네이버·카카오, 'AI 사용 금지' 조치…"AI 웹툰 싫어요" 반발 의식했나」, 『시사오늘』, 2023.6.2. https://www.sisaon.co.kr/news/articleView.html?idxno=150868 (검색일: 2025.10.1).

유진희, 「생성형 AI 시대의 K-콘텐츠 산업 전망」. 심두보, 배기형, 정호재(엮), 『한류 101』, 동국대학교 한류융합학술원, 2025a.

유진희, 「제작비 상승에 따른 국내 드라마 제작 및 유통 시장의 구조적 변화 : 전문가 심층 인터뷰를 중심으로」, 『한국방송학보』, 39권 3호, 2025b.

유진희, 「〈킹덤〉부터 〈폭싹 속았수다〉까지, 넷플릭스 한국 10년! 국내 영상 콘텐츠 산업의 변화와 방송사의 과제」, 『방송문화』, 433, 2025c.

유진희, 「방송사업자들의 유튜브 채널 운영 방식과 성과 분석 연구」, 『방송통신연구』, 126, 2024.

「라이언로켓, K-웹툰 생성형 AI 기술 글로벌 기업과 어깨 나란히… 실리콘밸리·뉴욕 딥테크 투자회사 밀레니엄 뉴 호라이즌스 투자유치」, 『인공지능신문』, 2024.6.10. https://www.aitimes.kr/news/articleView.html?idxno=31355

「드레이크x위켄드 신곡, AI가 만든 가짜였다… 음원 사이트서 나흘만에 '삭제'」, 『전자신문』, 2023.4.20. https://www.etnews.com/20230420000102 (검색일: 2025.10.1).

「구글 검색 점유율 90%대로 하락…AI가 뒤흔드는 검색 시장」, 『조선일보』, 2025.5.27. https://www.chosun.com/economy/tech_it/2025/05/27/WA3H67Y4RNDBBB7GJXJNNQPMWQ/ (검색일: 2025.10.1).

「AI 활용 놓고 고민빠진 웹툰업계… 독자들은 별점 테러하고 저작권 문제 제기. 조선비즈 (2023.6.3.). https://biz.chosun.com/it-science/ict/2023/06/03/7QGYOC2RSNGQ5JGHKXT2FL6LGM/ (검색일: 2025.10.1).

「AI 기업 툰스퀘어-더그림엔터테인먼트, MOU 체결…웹툰 제작 전용 AI 기술 개발 착수」, 『한국경제』, 2022.11.18. https://www.wowtv.co.kr/NewsCenter/News/Read?articleId=A202211180138

「[보도설명 자료] '국내 생성 AI 영화 저작권 첫 인정 세계 2번째 사례' 일부 보도 사실관계 설명」, 한국저작권위원회, 2024.1.10. https://www.copyright.or.kr/notify/press-release/view.do?brdctsno=52575 (검색일: 2025.10.1).

한국콘텐츠진흥원, 『2024 웹툰산업 실태조사』.

한귀선, 「AI로 게임을 어디까지 만들 수 있을까?」, AI 콘텐츠 페스티벌 2024 컨퍼런스 발표문, 한국콘텐츠진흥원. 2024.10.31. https://youtu.be/70CaMYlrWZA?si=erAtE8ENPQquIY3q (검색일: 2025.10.1).

"스팀에 생성 AI로 제작한 게임 1000개 넘어", 『AI타임즈』, 2024.4.29. https://www.aitimes.com/news/articleView.html?idxno=159216

Bernard, M., "Grammy-Nominee Alex Da Kid Creates Hit Record Using Machine Learning", 『Forbes』. 2017.1.30. https://www.forbes.com/sites/bernardmarr/2017/01/30/grammy-nominee-alex-da-kid-creates-hit-record-using-machine-learning/ (검색일: 2025.10.1).

"AI makes pop music," Flow Machines, 2016.9.19. https://www.flow-machines.com/history/events/ai-makes-pop-music/ (검색일: 2025.10.1).

"Learning from A.I. Duet," magenta, Google AI, 2017.2.16. https://magenta.withgoogle.com/2017/02/16/ai-duet (검색일: 2025.10.1).

「AI가 만든 음악 스트리밍 급증…"모든 신곡의 20%가 AI로 생성돼」, 『IT Daily』, 2025.5.8. http://www.itdaily.kr/news/articleView.html?idxno=232777

Johnson, M., Hofmann, K., Hutton, T., & Bignell, D. "The Malmo Platform for Artificial Intelligence Experimentation," In S. Kambhampati (Ed.), the 25th International Joint Conference on Artificial Intelligence, *IJCAI 2016, 2016.*

"Global AI in Music Market," 『Market.Us』, 2024.10. https://market.us/report/ai-in-music-market/ (검색일: 2025. 10.1.)

Mnih, V., Kavukcuoglu, K., Silver, D., Rusu, A. A., Veness, J., Bellemare, M. G., Graves, A., Riedmiller, M., Fidjeland, A. K., Ostrovski, G., Petersen, S., Blundell, C., Sifre, L., Sprechmann, G., Sadik, A., Wierstra, D., & Jordan, B., "Human-level control through deep reinforcement learning,"*Nature,* 518(7540), 2015.

Quick, D., "Learning production probabilities for musical grammars," Journal of new music research, 45(4), 2016.

Shulman, M. "Suno has raised $125 million to build a future where anyone can make music," Suno Official blog, 2024.5.21. https://suno.com/blog/fundraising-announcement-may-2024 (검색일: 2025.10.1).

Synnaeve, G., Ndiaye, N., Xu, G., Chintala, S., LeCun, Y., Manzagol, P.-A., Defossez, A., Poline, J.-B., Jégou, H., & Vincent, L. "TorchCraft: a Library for Machine Learning Research on Real-Time Strategy Games," *Machine Learning Research*, 70, 2017.

"Tyler Perry Puts $800M Studio Expansion on Hold After Seeing OpenAI's Sora: 'Jobs

Are Going to Be Lost'," 『The Hollywood Reporter』, 2024.2.22. https://www.hollywoodreporter.com/business/business-news/tyler-perry-ai-alarm-1235833276/ (검색일: 2025.10.1).

AI는 콘텐츠를 어떻게 바꾸는가? / 최민근

고삼석, 『넥스트 한류』, 새빛, 2025.
김인애, 「GenZ 콘텐츠 이용 트렌드」, 『KOCCA포커스』, 171, 한국콘텐츠진흥원, 2024.
「오디션 프로그램 불황 속…2025년 여름은 보이그룹 전쟁」, 『데일리안』 2025.6.17. https://www.dailian.co.kr/news/view/1510772/?sc=Naver
박현영 외, 『2026 트렌드노트』, 북스톤, 2025.
사영준, 『AI, 인간과 가상인간에 대한 질문들』, 커뮤니케이션북스, 2025.
송유진·최세정, 「챗봇의 의인화와 자기노출이 챗봇에 대한 소비자 인식과 태도에 미치는 영향」, 『한국HCI학회 논문지』, 15권 1호, 2020.
알렉스 코녹. 『미디어 경영과 AI』. 이청기 옮김. 한울, 2025.
이승희, 「인공지능(AI) 콘텐츠: 개념과 사례, 정책적 현안 분석」, 『KOCCA 포커스』, 135. 한국콘텐츠진흥원, 2024.
「AI, 콘텐츠 산업의 새로운 문법을 쓰다」, K-콘텐츠포럼, 전자신문, 2025.9.25. https://www.etnews.com/20250924000249
한정훈, 『슈퍼팬의 시대』, 페가수스, 2025.
황하성, 「사회적 현존감 측정도구 개발에 관한 탐색적 연구: 인스턴트 메신저의 이용 사례를 중심으로」, 『언론과학연구』, 7권 2호, 2007.
Echterhoff, G., et al., 2005, "Audience-tuning effects on memory: The role of shared reality," *Journal of Personality and Social Psychology*, 89(3), 2005.
Epley, N., Waytz, A., & Cacioppo, J. T., 2007, "On seeing human: A three-factor theory of anthropomorphism," *Psychological Review*, 114(4), 2007.
Lombard, M., & Ditton, T., 1997, "At the Heart of It All: The Concept of Presence," *Journal of Computer Mediated Communication*, 3(2), 1997.
Zao-Sanders, M, 2025, "How People Are Really Using Gen AI in 2025," *HARVARD BUSINESS REVIEW*, 2025. https://hbr.org/2025/04/how-people-are-really-using-gen-ai-in-2025

생성형 AI와 저널리즘 현장 / 김현지

이현우·조성동·이상규, 『뉴스룸 인공지능 도입현황과 활성화 방안 연구』, 한국언론진흥재단, 2024.
「세일즈포스의 AI 에이전트와 고객경험: 단일 AI가 해결 못하면 '멀티AI 협업', 고객 문의 98% 풀고 2%만 사람에게 넘겨」, 『동아비즈니스리뷰(DBR)』, 2025년 4월 1호, 2025.

「언론에 우후죽순 도입되는 생성형AI…문제는 없을까」, 『미디어오늘』, 2025.2.4. https://www.mediatoday.co.kr/news/articleView.html?idxno=324086

「체결 급급해보이는 AI 기업·언론사 협업, 최선인가」, 『한국기자협회보』, 2025.8.27. https://www.journalist.or.kr/news/article.html?no=59200

「저널리즘의 본질 지키며 새로운 세대의 뉴스 소비 방식 충족시킬 방법 찾아야」, 『신문과 방송』, 2024년 12월호, 2024.

"Italian newspaper says it has published world's first AI-generated edition," *The Guardian*, 2025.3.18. https://www.theguardian.com/technology/2025/mar/18/italian-newspaper-says-it-has-published-worlds-first-ai-generated-edition

「변변한 데이터 없는데 독자 잡겠다는 언론사」, 『한국기자협회보』, 2019.1.16. https://m.journalist.or.kr/m/m_article.html?no=45635

이현우, 「다가오는 제로클릭 시대-언론사의 AI 검색 대변혁 대응 전략」, 『KPF 미디어브리프』, 2025년 5호, 한국언론진흥재단, 2025.

「팩트체크부터 검색·교열까지…AI 미디어 시대 연다」, 『조선일보』, 2025.2.3. https://www.chosun.com/special/announcement/2025/02/03/6EOWLRCZPRCTZBK2BI2NXJVXKM/

오세욱, 「해외 언론의 생성AI 활용 사례와 시사점」, 『한국언론진흥재단 미디어 정책리포트』, 2024년 6호, 2024.

미디어 AI의 사회경제적 역작용 / 이종관

김혜정, 송현수, 박용주, 「인공지능(AI) 윤리 규제 동향 및 표준화 현황」, 『인공지능윤리연구』, 제3권 제2호, 2024.

대런 애쓰모글루 & 사이먼 존슨, 『권력과 진보』, 김승진 역, 생각의 힘, 2023.

손윤규, 「알고리즘 공정성의 실제와 사회과학의 역할」, 『한국사회학』, 제58집 제3호, 2024.

유승익, 「인공지능이 인권과 민주주의에 미치는 영향과 인공지능법안의 쟁점」, 『민주법학』, 제82권, 2023.

유혜, 이소연, 김진화, 「인공지능이 미래 고용에 미칠 영향 분석」, 『산업융합연구』, 제22권 제13호, 2024.

이동진, 「인공지능산업 발전이 경제성장에 미치는 효과 분석」, 『분석과 대안』, 제8권 제1호, 2024.

이수엽, 「인공지능과 미디어 엔터테인먼트 산업」, 『미디어 이슈 & 트렌드』, 제44권, 2021. https://www.kca.kr/Media_Issue_Trend/vol44/sub01_03.html

이종관, 「시장과 규제, 그리고 공익에 대한 질문」, 한국언론학회 봄철 정기학술대회, 기획세션 발제문, 2017.4.23.

이종관, 「국내 방송콘텐츠 제작 환경 개선을 위한 제도 개선 방향」, 방송3학회 공동세미나 발제문, 2024.11.27.

이종관, 「AX 시대 미디어 정책 개편 방향: 미디어콘텐츠 산업의 국가전략 산업화를 중심으로」, 한국미디어정책학회 정기학술대회, 기획세션 발제문, 2025.6.13.

조정환, 「이중차분법(Difference in Difference)을 활용한 4차 산업혁명의 고용 영향 연구」, 『산업경제연구』, 제35권 제5호, 2022.

Arrow, Kenneth, 1951, *Social Choice and Individual Values*, Yale University Press.

Brown, S. John & Duguid, Paul, 2000, *The Social Life of Information,* Boston: Harvard Business School Press.

CMA, 2023, "AI Foundation Models: Initial Report," *Competition and Market Authority,* 2023.9.18.

Freeman, C., 1987, *Technology Policy and Economic Performance: Lessons from Japan*, London: Pinter Publishers.

Heller, M. A., 1998, "The Tragedy of Anticommons: Property in the Transition from Marx to Markets," *Harvard Law Review*, 111(3).

Lave, J., Wenger, E., 1991, *Situated Learning: Legitimate Peripheral Participation,* Cambridge University Press.

Krishnan, M., Mischke, J., and Remes, J., 2018, *Is the Solow Paradox Back?*, McKinsey Quarterly.

OECD, 2000, A New Economy?: *The Changing Role of Innovation and Information Technology in Growth*, OECD, Paris.

주요국 AI 정책 거버넌스 현황과 지향점 / 김대규

과학기술정보통신부, 인공지능 일상화 및 산업 고도화 계획(안), 2023.1.

김송죽·유호근, 「시진핑 시기 중국 인공지능의 현황과 전략」, 『국제정치연구』, 제25권 1호, 2022.

대한민국 정부, 인공지능 국가전략, 2019.12.17.

대한민국 정부, 사람이 중심이 되는 인공지능 윤리기준, 2020.12.23.

대한민국 정부, 인공지능 법·제도·규제 정비 로드맵, 2020.12.24.

대한민국 정부, 신뢰할 수 있는 인공지능 실현 전략, 2021.5.13.

대한민국 정부. 대한민국 디지털 전략, 2022.9.

대한민국 정부, 초거대 AI 경쟁력 강화 방안, 2023.4.14.

대한민국 정부, AI G3 도약을 위한 AI·디지털 혁신성장 전략, 2024.4.4.

박승찬, 「중국 차세대 AI 개방형 혁신플랫폼의 변화와 의미」. CSF 중국전문가포럼, 대외경제정책연구원, 2020.

손영화, 「EU AI Act의 입법배경과 도입철학에 대한 검토」, 『IP & Data 법』, 제4권 2호, 2024, 111-149쪽.

양천수, 「유럽연합 인공지능법과 인공지능 규제」, 『Regulatory Law Review』, 제24권 1호, 2024.

「文대통령 '인공지능 정부 되겠다'…新 국가전략산업 육성」, 『연합뉴스』, 2019.10.28.

이재승, 「중국의 인공지능 윤리 정책에 관한 연구」, 『중국학』, 80, 2022.

이웅영, 「중국의 인공지능 관련 법제 연구: 생성형 인공지능 서비스 관리 임시방법을 중심
　　으로」, 『기업법연구』, 37권 4호, 2023.

정남철, 「유럽연합(EU) 인공지능규범의 제정과 특징」, 『유럽헌법연구』, 38, 2022.

전우정. 「EU AI Act의 위험 분류 체계와 우리나라 AI 정책에 대한 시사점」, 『정보법학』,
　　28(2), 2024.

「미국의 AI 분야 리더십 확보 전략」, 『동향브리프』, 한국과학기술기획평가원, 2019-08호,
　　2019.

『미국 AI 관련 정책과 콘텐츠 산업에 미치는 영향』, 한국콘텐츠진흥원, 2025년 03호, 2025.

「중국의 인공지능(AI) 전략: '차세대 인공지능 발전계획'을 중심으로」, 『NIA Special
　　Report』, 2017-10, 한국정보화진흥원, 2017.

「EU 'AI 대륙 실행계획'을 통해 본 2025 EU AI 정책」, 『The LENS』, 2025-4호, 한국지능정보
　　사회진흥원, 2025.

「미래를 바꾸다: AI와 한국경제」, 『BOK 이슈노트』, 2025-2호, 한국은행, 2025.

「To lead on AI, US needs to lead on computer chips, commerce secretary says」, 『ABC
　　News』, 2024.2.27.

White paper on artificial intelligence: A European approach to excellence and trust,
　　European Commission, 2020.2.19. https://commission.europa.eu/system/
　　files/2020-02/commission-white-paper-artificial-intelligence-feb2020_en.pdf (검색
　　일: 2025.10.8.)

AI continent action plan, European Commission, 2025.9.4. https://eur-lex.europa.eu/
　　legal-content/EN/TXT/?uri=CELEX:52025DC0165 (검색일: 2025.10.8.)

China's surveillance state is losing its grip, Forbes, 2024.12.5.

Kokotajlo, D., et al. 2025, 「AI 2027」. AI 2027 Project. https://ai-2027.com/ (검색일:
　　2025.10.8).

Kusche, I., 2024, "Possible harms of artificial intelligence and the EU AI Act-fundamental
　　rights and risk," Journal of Risk Research.

"The 2025 AI index report," HAI, Stanford University. 2025. https://hai.stanford.edu/
　　assets/files/hai_ai_index_report_2025.pdf (검색일: 2025.10.8).

Tortoise Media. (n.d.). Global AI index. https://www.tortoisemedia.com/data/global-
　　ai#rankings (검색일: 2025.10.8).

"Technology and innovation report: Inclusive artificial intelligence for development," UN
　　Trade and Development. 2025.

"'The best or worst thing to happen to humanity' - Stephen Hawking launches Centre
　　for the Future of Intelligence". University of Cambridge. 2016.10.19. https://
　　www.cam.ac.uk/research/news/the-best-or-worst-thing-to-happen-to-humanity-
　　stephen-hawking-launches-centre-for-the-future-of (검색일: 2025.10.8.).

Wachter, S., 2023, "Limitations and loopholes in the EU AI Act and AI liability directives," *Yale Journal of Law & Technology*, 26.

"Blueprint for an AI bill of rights," Office of Science and Technology Policy, The White House, 2022. https://bidenwhitehouse.archives.gov/ostp/ai-bill-of-rights/ (검색일: 2025.10.8).

"Removing barriers to American leadership in artificial intelligence," Executive Order, The White House, 2025.1.23. https://www.whitehouse.gov/presidential-actions/2025/01/removing-barriers-to-american-leadership-in-artificial-intelligence/ (검색일: 2025.10.8).

"America's AI action plan: Winning the race," The White House, 2025.7. https://www.whitehouse.gov/wp-content/uploads/2025/07/Americas-AI-Action-Plan.pdf (검색일: 2025.10.8).

AI 시대, 미디어 리터러시의 방향성 모색 / 여현철

고학능·이영준, 「데이터 분석 과정에 기반한 프로젝트 학습 설계」, 『한국컴퓨터교육학회 하계 학술발표논문』, 2020.

경찰청, 「허위영상물 범죄 집중 단속결과, 7개월간 963명 검거, 59명 구속」, 2025.4.17.

교육부, 「학교 딥페이크 성범죄 피해현황 2차 조사결과 발표」, 2024.9.9.

교육부, 「청소년의 89.4%, 딥페이크 불법 영상물을 범죄로 인식」, 2024.12.11.

김도헌, 「국내 미디어·디지털·정보·ICT 리터러시의 연구동향 분석」, 『교육문화연구』, 제26권 3호, 2020.

김지숙, 『뉴리터러시 교육』, 도서출판 동인, 2014.

문현우·이영준, 「데이터 리터러시 기반 SW융합교육이 초등학생의 컴퓨팅 사고력에 미치는 효과」, 『컴퓨터교육학회 논문지』, 제27권 4호. 2024.

방송통신심의위원회, 『2024 통신심의사례집』, 2025.6.

정보통신기획평가원(IITP), 「주요국의 AI 인재양성 정책동향 및 시사점」, 『이슈 분석』, 143호, 2020.7.3.

안정임·서윤경·김성미, 「국내 미디어 리터러시 연구 동향 분석 : 연구 특성 및 미디어 역할, 미디어 리터러시 역량요인을 중심으로」, 『한국방송학보』, 제31권 5호. 2017.

외교부, 「사이버범죄협약(일명 부다페스트 조약) 가입의향서 제출」, 2022.10.11.

이선영·채다혜·임혜정, 「부모의 비판적 미디어 리터러시가 청소년기 자녀의 비판적 미디어 리터러시에 미치는 영향」, 『미래교육학연구』, 제35권 1호, 2022.

이유미, 「디지털 시대 새로운 패러다임과 리터러시 : 디지털 리터러시와 AI 리터러시를 중심으로」, 『교양학연구』, 20호, 2022.

이유미·박윤수, 「AI 리터러시 개념 설정과 교양교육 설계를 위한 연구」, 『중앙어문학회 어문론집』, 제85집, 2021.

정재원·신윤희, 「포스트 코로나 시대의 디지털 리터러시 재개념화-초등교육 중심으로」, 『리터러시 연구』, 제13권 2호 통권 46호, 2022.

최경희 · 조동성, 「확장된 데이터의 특성과 맥락을 반영한 데이터 리터러시의 재개념화」, 『정보화정책』, 제30권 3호, 통권 116호, 2023.

최숙영, 「AI 리터러시 프레임워크에 대한 연구」, 『컴퓨터교육학회 논문지』, 제25권 제5호, 2022.

최순욱 · 오세욱 · 이소은, 「딥페이크의 이미지 조작: 심층적 자동화에 따른 사실의 위기와 푼크툼의 생성」, 『미디어, 젠더 & 문화』, 제34권 3호, 2019.

한국과학창의재단, 『초 · 중등 인공지능(AI)교육 학교 적용 방안 연구』, 2022.

한국교육학술정보원, 『지식정보 역량 개발 지원을 위한 디지털 리터러시 지수 개발 연구』, 2006.

한국여성인권진흥원, 『디지털 성범죄 피해자 지원 보고서』, 2023.

황선영, 『인공지능 윤리원칙 분석 보고서: 하버드 법대 버크만 센터의 Principled Artificial Intelligence을 중심으로』, 『정보통신정책연구원』, 2020.

황현정 · 황용석, 「AI 리터러시 개념화와 하위차원별 세부 역량 도출에 관한 연구」. 『사이버커뮤니케이션학보』, 제40권 2호, 2023.

Aoun, J. E., *ROBOT-PROOF : Higher education in the age of artificial intelligence.* Cambridge, MA: MIT Press, 2017.

Bauer, A.T., & Ahooei, E. M., "Rearticulating Internet Literacy," *Journal of Cyberspace Studies*, 2(1). 2018.

Bimber, B., & Gil de Zúñiga, H., "The unedited public sphere," *New Media & Society,* 22(4), 2020.

Diakopoulos, N. & Johnson, D., "Anticipating and addressing the ethical implications of deepfakes in the context of elections," *New Media & Society*, 23(7). 2021.

Gilster, P., *Digital Literacy*, NY: Wiley Computer Publications, 1997.

Hameleers. M, Toni van der Meer & Rens Vliegenthart, "How persuasive are political cheepfakes disseminated via social media? The effects of out-of-context visual disinformation on message credibility and issue agreement," *Information, Communication & Society*, 28:1, 2024.

Karnouskos, S., "Artificial Intelligence in Digital Media: The Era of Deepfakes," Published in IEEE Transactions 24 June 2020.

NAMLE, "Media Literacy Defined," 2010. https://namle.org/resources/media-literacy-defined/ (검색일: 2025.9.29).

Law, N, Woo, D, de la Torre, J & Wong, G., "A Global Framework of Reference on Digital Literacy Skills for Indicator 4.4.2.", *UNESCO Institute for Statistics*, No. 51, Montreal, Canada, 2018.

Leonhard, G., 2016, *Technology vs Humanity : The coming clash between man and machine.* 게르트 레온하르트, 2018, 『신이 되려는 기술 : 위기의 휴머니티』, 전병

근 옮김. 틔움출판.

Long, D., & Magerko, B., "What is AI literacy? Competencies and design considerations," In Proceedings of the 2020 CHI conference on human factors in computing systems, 2020.

OECD, "Future of Education and Skills 2030: Conceptual Learning Framework Education and AI: preparing for the future & AI, Attitudes and Values," 2018.

Pangrazio, L. & Sefton-Green, J., "The Social Utility of Data Literacy," *Learning, Media and Technology*, 45(2), 2020.

Samoili, S., Lopez C., Gomez G., De Prato, G., Martinez-Plumed, F. & Delipetrev, B, "AI WATCH. Defining Artificial Intelligence," EUR 30117 EN, Publications *Office of the European Union*, Luxembourg, 2020.

Shane, T., Saltz, E., & Leibowicz, C., "From deepfakes to TikTok filters: How do you label AI content?", *Nieman Lab*, 2021.

Touretzky, D., Gardner-McCune, C., Breazeal, C., Martin, F., & Seehorn, D., "A year in K-12 AI education," *AI Magazine*, 40(4), 2019.

UNESCO, *K-12 AI curricula : A mapping of government-endorsed AI curricula*, 2022.

Wang, B. Rau. P. L. P., & Yuna. T., "Measuring user competence in using artificial intelligence: validity and reliability of artificial intelligence literacy scale," *Behaviour & Information Technology*, vol. 42(9), 2022.

딥페이크 영상에 관한 헌법적 소고 / 홍순건

계희열, 『헌법학(중)』, 박영사, 2001.

김철수, 『헌법개설』, 박영사, 2015.

박용상, 『언론의 자유』, 박영사, 2013.

한수웅, 『헌법학』, 법문사, 2024.

허영, 『한국헌법론(20판)』, 박영사, 2024.

강승식, 「표현의 자유와 인간 존엄성의 관계」, 『법과 정책』, 제15권 1호, 2009.

강주영・홍준호, 「딥페이크 기술을 활용한 범죄 예방을 위한 법제도 개선방안」, 『법학연구』, 제24권 4호, 2024.

강준모, 「딥페이크 관련 국내외 규제 동향 분석」, 정보통신정책연구원, 18호, 2024.

고민수, 「의견형성의 다양성 보장과 다원성 원리: 방송에서의 다양성 보장 수단을 중심으로」, 『언론과 법』, 제5권 제1호, 2006.

김대규・홍순건, 「AI 학습용 데이터로서 뉴스 저작물의 적절한 활용을 위한 확대된 저작권집중관리제도 도입에 관한 논의」, 『언론과 법』, 제23권 3호, 2024.

김민배, 「표현의 자유와 사상의 자유시장 - 홈즈(Mr. Justice Oliver W. Holmes)를 중심으로」, 『토지공법연구』, 제33집, 2006.

김민정, 「가짜뉴스(fake news)에서 허위조작정보(disinformation)로 - 가짜뉴스 규제 관련 국내 법안과 해외 대응책에 나타난 용어 및 개념정의 비교」, 『미디어와 인격권』, 제5권 2호, 2019.

김민호 · 소병수, 「딥페이크의 합리적 규제방안」, 『토지공법연구』, 제106집, 2024.

김성돈, 「성적 자기결정권의 형법적 의의와 기능」, 『법학논총』, 제34권 2호, 2010.

김유진, 「이변의 연속인 미국 대선 : 유권자 사로잡기 위한 '밈' 대결민주주의 위협하는 딥페이크도 부상」, 『신문과방송』, 통권 제645권, 2024.

김중권 「EU의회의 인공지능법안의 주요 내용에 관한 소고 - EU집행이사회의 인공지능법안과 비교해서」, 『공법연구』, 제52집 3호, 2024.

김지현 · 강진숙, 「2030세대 이용자들의 딥페이크(Deepfake) 기술 경험에 대한 사례연구」, 『한국방송학보』, 제38권, 2024.

김현귀, 「허위사실의 표현에 관한 헌법적 연구」, 『헌법재판연구원』, 2021.

김현수 · 전성호, 「유럽연합 디지털서비스법안(DIgital Services Act)의 주요 내용 및 시사점」, 정보통신정책연구원, 11호, 2020.

김희정, 「딥페이크 기술을 이용한 신종범죄에 대한 법정책적 시사점 - 외국의 법정책 대응을 중심으로」, 『서강법률논총』, 제13권 제3호, 2024.

문의빈, 「사상의 자유시장 이론과 플랫폼 거버넌스」, 『헌법학연구』, 제30권 제3호, 2024.

문재완, 「인터넷상 인격권 침해와 시간의 경과 - 유럽연합에서의 논의를 중심으로」, 『외법논집』, 제39권 제1호, 2015.

문재완, 「'사상의 자유시장'이 작동하지 않을 때 - 표현의 자유의 전제 이론 및 그 대안에 대한 검토」, 『세계헌법연구』, 제30권 제2호, 2024.

박상철, 「인공지능 기본법의 시행 전 개정 필요성 - 규제 조항의 체계 · 축조상 문제점을 중심으로」, 『정보법학』, 제28권 제3호, 2024.

박주일, 「딥페이크 기술의 발전과 저널리즘의 새로운 위협 - 이미지공정성 확보를 위한 영상 팩트체크 필요」, 『언론중재』, 통권 156권, 2020.

신동주 · 최봉준, 「Real2Animation: 애니메이션 제작 지원을 위한 딥페이크 기술 활용 연구」, 융합신호처리학회, 제23권 제3호, 2022.

염건웅, 「딥페이크 성범죄의 가해자 분석을 통한 정책적 대응방안 제시」, 『법이론실무연구』, 제12권 제4호, 2024.

이노홍, 「상업적 광고규제와 표현의 자유 보호론 재검토」, 『홍익법학』, 제17권 제1호, 2016.

이문한, 「가짜뉴스 등 허위사실 표현에 대한 형사적 규제와 그 헌법적 한계」, 『한양법학』, 제32권 제3호, 2019.

이상우, 「중국의 딥페이크 규제와 데이터 안보」, 『홍익법학, 제24권 제1호, 2023

이승선, 「헌법 제21조 제4항은 살았는가, 죽었는가?」, 『세계헌법연구』, 제28권 제1호, 2022.

이우영, 「표현의 자유 법리와 헌법재판소의 위헌법률심사기준」, 『서울대학교 법학』, 제53권 제2호, 2012.

이원복, 「인공지능 발전과 신뢰 기반 조성 등에 관한 기본법과 의료 인공지능의 규제」, 『법제』, 통권 708권, 법제처, 2025.

이춘구, 「사상의 자유 시장이론 전개의 법적 고찰 - 연원과 현대적 발전을 중심으로」, 『국가법연구』, 제10집 제1호, 2014.

이호중, 「성형법 담론에서 섹슈얼리티의 논의지형과 한계, 혼인빙자간음죄와 간통죄 폐지 논의를 중심으로」, 『형사정책』, 제23권 제1호, 2011.

조원용, 「공직선거에서 딥페이크(Deepfake) 악용에 대한 입법적 대응의 필요성 - 후보자의 정체성 정의와 미국 입법 사례를 중심으로」, 『공법연구』, 제50집 제3호, 2022.

최순욱・이소은, 「딥페이크와 사실의 위기 : 어떻게 대응할 것인가?」, 『해외미디어동향』, 1차보고서, 한국언론진흥재단, 2019.

한민경, 「미디어 플랫폼 속 성적 인격권 침해 - 허위영상물 편집・반포를 중심으로 」, 『미디어와 인격권』, 제10권 제3호, 2024.

허순철, 「유튜브 딥페이크(deepfake) 영상과 허위사실공표」, 『공법연구』, 2022

홍선기, 「디지털 권리장전과 표현의 자유」, 『언론중재』, 제169권, 2023.

홍수경, 「딥페이크(deepfake)를 통한 허위조작정보의 형사적 규제방안에 관한 연구」, 경찰대학교 박사학위논문, 2024.

황용석・권오성, 「가짜뉴스의 개념화와 규제수단에 관한 연구 - 인터넷서비스사업자의 자율규제를 중심으로」, 『언론과 법』, 제16권 제1호, 2017.

황정・최은정・한정혜, 「딥페이크 앱 활용 윤리교육 융합 프로젝트의 개발 및 적용」, 정보교육학회, 제25권 제2호, 2021.

「'서울대 N번방' 40대 주범에 징역 10년…피해자들 성적으로 모욕하고 조롱」, 『강원일보』, 2024.10.30. https://n.news.naver.com/mnews/article/087/0001075968?sid=102 (검색일: 2025.10.8).

「영어, 쫄지 않는다…AI와 대화하는 회화 앱 내놨더니」, 『한국경제』, 2023.12.19. https://www.hankyung.com/article/202312146403i (검색일: 2025.10.8).

「동급생・교사 사진으로 딥페이크 음란물 제작한 중학생들」, 『문화일보』, 2024.6.22. https://www.munhwa.com/news/view.html?no=2024062201039910119002 (검색일: 2025.10.8).

「한국, 딥페이크 음란물 취약국 1위…최대 피해자는 한국 가수」, 『KBS뉴스』, 2024.8.29. https://news.kbs.co.kr/news/pc/view/view.do?ncd=8047148 (검색일: 2025.10.8).

「n번방과 조주빈 세상에 알린 숨은 영웅들…용기있는 고발」, 『TV조선』, 2020.3.28. https://news.tvchosun.com/site/data/html_dir/2020/03/28/2020032890062.html (검색일: 2025.10.8).

「"피해자 최소 12명" 서울대에서 집단 성범죄…피의자 모두 서울대」, 『MBC뉴스』, 2024.5.20. https://n.news.naver.com/mnews/article/214/0001349696?sid=102 (검색일: 2025.10.8).

「AI 노무현 "두 번 생각해도 이재명"…누리꾼 반발에 영상 삭제」, 『MBN뉴스』, 2022.2.6. https://www.mbn.co.kr/news/politics/4693917 (검색일: 2025.10.8).

「유족도 깊이 공감..웰컴투 삼달리 故송해, 1년 공들인 딥페이크 부활」, 『OSEN』, 2023.12.4. https://www.osen.co.kr/article/G1112234908 (검색일: 2025.10.8).

「연예인 합성한 페이크 포르노의 폐해」, 『YTN라디오』, 2018.3.5. https://radio.ytn.co.kr/program/?f=2&id=54585&s_mcd=0211&s_hcd=09 (검색일: 2025.10.8).

중앙선거관리위원회, 「딥페이크 영상 관련 법규운용기준」, 2022.

한국법제연구원 해외법령조사팀, 「유럽연합 인공지능법(번역본); EU Artificial Intelligence Act」, 한국법제연구원, 2024.

Ian J. Goodfellow et al, "Deep Learning", MIT Press, 2016.

John Milton, 『아레오파지티카: 존 밀턴의 언론 출판의 자유에 대한 선언』, 임상원 옮김, 나남, 2015.

John Stuart Mill, 『자유론』, 김형철 옮김, 서광사, 2009.

Arthur L. Samuel, Some Studies in Machine Learning Using the Game of Checkers, 3 IBM J. Res. & Dev., 1959.

Erik Gerstner, "Face/Off : 'DeepFake' Face Swaps and Privacy Laws", 87 Defense Counsel Journal 1, 2020.

Delfino, Rebecca A.. "Pornographic Deepfakes: The Case for Federal Criminalization of Revenge Porn's Next Tragic Act", *Fordham Law Review*, 2019.

H. Uzunova et al., "Multi-scale GANs for Memory-efficient Generation of High Resolution Medical Images," arXiv preprint arXiv:1907.01376, 2019.

Ian J. Goodfellow et al., "Generative Adversarial Nets", 27 Advances in Neural Info. Processing Sys. 2014.

AI를 이용한 미디어 이용자의 개인정보 보호 방안 / 장준영 · 이지은

강정수, 「AI 및 데이터 기반 글로벌 미디어 비즈니스 전략과 콘텐츠 제작」, 『Media Issue & Trend』 67, 한국방송통신전파진흥원, 2025.

과학기술정보통신부, 「AI기본법 하위법령 제정 방향」, 2025.9.8.

곽동균 · 김남두 · 주성희 · 황현정, 「생성형 AI가 미디어 분야에 미칠 영향」, 정보통신정책연구원, 2024.

권은정, 「'지능형 미디어' 이용자의 알 권리 보장을 위하여」, 『언론중재』 겨울호, 2022.

김나루, 「'Privacy by design'의 도입과 그 적용에 관한 소고」, 『성균관법학』 제29권 제4호, 2017.

김남심 · 지성우, 「Privacy by design의 내용과 법 제도」, 『성균관법학』 제30권 제4호, 2018.

김민주 · 김현경, 「인공지능 투명성 규제에 대한 비판적 고찰: EU AI법 투명성 의무 조항 분석을 중심으로」, 『선진상사법률연구』 제105호, 2025.

김병필, 「2025년 개인정보 이슈 심층분석 - AI 에이전트 환경에서의 개인정보 보호」, 『Privacy Report』 vol.1, 2025.

김현경, 「「AI기본법」 주요 내용과 시행과제」, 『KISO저널』 제58호, 2025.

노재원·유재홍·장진철·조지연, 「AI 위험 유형 및 사례 분석」, 『SPRi 이슈리포트』 183, 소프트웨어정책연구소, 2024.

소병수, 「미디어 영역에서 인공지능(AI) 기술의 확산과 제문제: AI 창작물 혼동 및 권리침해 방지를 위한 워터마크 등 식별조치를 중심으로」, 『원광법학』 제39권 제3호, 원광대학교 법학연구소, 2023.

송기복·이제광, 「AI의 상용화와 개인정보 보호에 관한 논의: 화상 데이터와 프로파일링을 중심으로」, 『한국경호경비학회』 제65호, 2020.

송은지, 「개인정보 보호 강화기술(PET)의 개념 및 사례 동향」, 『ICT Standard Weekly』 제1196호, 2024.

양종모, 「인공지능 알고리즘의 편향성, 불투명성이 법적 의사결정에 미치는 영향 및 규율 방안」, 『법조』 통권 제723호, 2017.

양종모, 「재범의 위험성 예측 알고리즘과 설명가능성 및 공정성의 문제」, 『형사법의 신동향』 통권 제70호, 2021.

유성희·서효중, 「AI 학습데이터와 개인정보 권리의 경계: 에이닷(A.) 사례를 통해 본 통제와 거버넌스의 과제」, 『시민사회와 NGO』 제23권 제1호, 2025.

윤종수, 「사물인터넷, 블록체인, 인공지능의 상호운용에 있어서 개인정보자기결정권의 실현 및 데이터 이용 활성화」, 『정보법학』 제24권 제3호, 2020.

이상용·이혜리, 「개인정보보호법상 자동화된 결정 조항의 해석」, 『법조』 통권 제763호, 2024.

이상용·이혜리, 「개인정보보호법에 의한 자동화된 결정의 규율」, 『선진상사법률연구』 제105호, 2024.

정원준, 「개인정보 동의제도의 실질화 방안 연구」, 『고려법학』 제108호, 2023.

정준화, 「인공지능의 내재적 위험과 입법·정책 과제: 데이터·기술·이용자를 중심으로」, 『NARS 입법·정책』 162, 국회입법조사처, 2024.

지성우, 「2025년 개인정보 이슈 심층분석 - PbD 원칙과 관련한 국제 표준 및 인증 제도 동향」, 『Privacy Report』 vol.3, 2015.

최은창, 「인공지능 알고리즘의 책무성」, 사이버커뮤니케이션학회 2017년 춘계 학술대회, 2017.

한영주, 「AI 기술로 리얼리티 그 이상을 초월하는 영상콘텐츠」, 『Media Issue & Trend』 56, 한국방송통신전파진흥원, 2023.

홍성욱, 「인공지능 알고리즘과 차별」, 『과학기술정책연구원』, 2018.

Organization for Economic Cooperation and Development (OECD), 『Assessing Potential Future Artificial Intelligence Risks, Benefits and Policy Imperatives』, OECD, 2024.

김난도, 전미영, 최지혜, 권정윤, 한다혜, 이혜원, 이수진, 서유현, 전다현, 이준영, 이향은, 김나은, 『트렌드 코리아 2026』, 미래의 창, 2025.

김지헌, 『IT 트렌드』, 크레타, 2024.

마크 그레이엄, 제임스 멀둔, 캘럼 캔트, 『AI는 인간을 먹고 자란다』, 김두완 옮김, 흐름출판, 2025.

송경희, 『AI 혁명』, 메디치, 2025.

오순영, 하정우, 『2025 AI 대전환: 주도권을 선점하라』, 한빛비즈, 2024.

신예은, 박현영, 정석환, 유지현, 권소희, 정현아, 신수정, 『2025 트렌드노트』, 북스톤, 2024.

한상기, 『AIG의 시대』, 한빛미디어, 2025.

Benjamin, W. (1936/1969). The Work of Art in the Age of Mechanical Reproduction, in H. Arendt (Ed.), Illuminations (pp. 217-252). New York: Schocken Books. 발터 벤야민, 「기술복제 시대의 예술 작품」, 『발터 벤야민 선집 1: 기술복제 시대의 예술작품』, 최성만 옮김, 서울: 길. 2016.

Coeckelbergh, M., *AI Ethics*, The MIT Press, 2020.

Foucault, M., 1981-1982, *L'Hermeneutique du sujet : Cours au Collège de France*, 『주체의 해석학』, 심세광 옮김, 동문선, 2007.

Heidegger, M., 1954, *Die Frage nach der Technik. In Vorträge und Aufsätze* (pp. 9-40). Pfullingen: Günther Neske. 『기술에 대한 물음 외』, 백종현 옮김, 서울: 문학과지성사, 1990.

Huttunen, R. *Heidegger's critique of the technology and the educational ecological imperative,* Educational Philosophy and Theory 54(11), 2022.

Parmy, O., 2024, *Supremacy: AI, ChatGPT, and the Race That Will Change the World*, St. Martin's Preass, New York, 『패권: 누가AI전쟁의 승자가 될 것인가』, 이수경 옮김, 문학동네, 2025.

Shulman, J., A., *Isaac Asimov's Book of Science and Nature Quotations*, 1988.

「[써봤다] AI와 함께 만든 첫 동화…새로운 창작 시대 길잡이 '마이라이트'」, 《테크M》. 2025.10.26. https://www.techm.kr/news/articleView.html?idxno=145712

「전자책 한 권으로 한달에 몇 년치 연봉을 번다」, 《한경닷컴》, 2022.6.13. https://www.hankyung.com/article/2022061358097

「[르포] "작사·작곡은 AI가 하고 돈은 제가 벌어요" 신종 '플레이리스트 유튜버'의 세계」, 《조선일보》, 2025.10.5. https://biz.chosun.com/topics/topics_social/2025/10/05/MSVLVBUZRVCJNLQZAQ65OPU4DI/

「"선생님이 꼭 필요한가요?"…요즘 학생들, 수학문제 막히면 카메라부터 '찰칵'」, 《매일경제》, 2025.2.28. https://www.mk.co.kr/news/society/11252455

찾아보기

AI와 미디어

등록 1994.7.1 제1-1071
초판 1쇄 발행 2026년 2월 15일

기 획 한국언론학회
지은이 홍경수 유진희 최민근 김현지 이종관 김대규
         여현철 홍순건 김현경 장준영 이지은 이승현
펴낸이 박길수
편집장 소경희
편집·디자인 조영준
관 리 위현정
펴낸곳 도서출판 모시는사람들
         03147 서울시 종로구 삼일대로 457(경운동 수운회관) 1306호
전 화 02-735-7173 / 팩스 02-730-7173
홈페이지 http://www.mosinsaram.com/

인 쇄 피오디북(031-955-8100)
배 본 문화유통북스(031-937-6100)

값은 뒤표지에 있습니다.
ISBN 979-11-6629-257-6   93070